꿈은 삶이 된다

트레이시 키더 지음
서유라 옮김

꿈은 삶이 된다

Mountains beyond Mountains

지치지 않고 꿈을 실현한 청년의사 폴 파머 이야기

DKJS
디케이제이에스

Dèyè mòn gen mòn.

산 너머엔 또 산이 있다.

아이티 속담

올바른 행동은 곧 자유일지니
과거에도 또 미래에도.
우리 대부분에게 이는
결코 이 생에서 이룰 수 없는 목표.
그럼에도 우리가 패자가 아닌 이유는
오직 쉼 없이 노력했기 때문에.

T. S. 엘리엇, 《드라이 샐베이지즈The Dry Salvages》 중에서

—1부—
의사 폴 파머

첫
만남

그 사건으로부터 6년이 지난 어느 날, 폴 에드워드 파머Paul Edward Farmer 박사는 우리의 첫 만남을 이렇게 추억했다.

"하고 많은 일 중에서 우린 하필이면 목이 잘린 시체 때문에 만났죠."

때는 크리스마스를 2주 앞둔 1994년 겨울이었다. 사건의 무대는 아이티의 중부 고원지대에 자리한 소규모 상업도시 미르발레스Mirebalais로, 상업도시라고는 해도 도로가 드문드문 포장된 작은 마을에 불과했다. 도시 중심부에는 아이티 군부대의 전초 기지가 자리 잡고 있었는데, 기지 역시 잡초가 무성한 광장과 감옥, 누런 막사 천막을 콘크리트 벽이 둘러싸고 있는 것이 전부였다. 당시 나는 미국 특수부대 소속의 존 캐럴 대위와 함께 건물 2층의 발코니에 앉아 있었다. 하루 중 가장 쾌적한 시간대가 찾아오고 있었다. 후텁지근한 공기가 포근하게 바뀌고, 선술집에서 흘러나오는 라디오 음악 소리와 택시 역할을 하는 낡은 트럭이 울려대는 경적이 점점 크고 선명해졌다. 방치된 하수도와 지저분한 옷차림, 영양실조에 걸린 아이들의 얼굴, 크리올어로 '배고프다'는 뜻인 '그랑고우Grangow'를 연신 외치며 손을 내미는 나이 든 걸인들의 애처로운 모습. 이 거리를 뒤덮고 있는 가난과 오물은 어둠에 묻혀 서서히 흐려져갔다.

나는 아이티에 주둔 중이던 미군을 취재하고 있었다. 당시 파견된 미군 2만 명은 쿠데타를 일으켜 정권을 강탈하고 국민을 잔혹하게 통치하던 군사정권의 권력을 박탈하고 민주적으로 선출된 정부를 복권시키는 임무를 맡고 있었다. 캐럴 대위의 부대에 소속된 군인은 고작 여덟 명뿐이었지만 그들은 일시적으로나마 약 2,500km²에 달하는 시골 지역에서 인구 15만여 명의 평화를 유지하는 중책을 맡고 있었다. 얼핏 불가능해 보이는 일이었지만, 다행히도 그 중부 고원지대에서는 정치적 폭력이 사실상 끝나가고 있었다. 실제로 지난 한 달 사이에 일어난 살인사건은 딱 한 건뿐이었다. 유난히도 끔찍한 사건이긴 했지만.

몇 주 전, 캐럴 대위의 부하들은 아르티보니트Artibonite 강에서 미르발레스 전 부시장의 머리 없는 시신을 건졌다. 투표로 선출된 그는 조만간 복권될 예정인 민주 정치인 중 한 명이었다. 이 살인사건의 용의자로는 군사정권 치하의 지방 관리자였던 시골 보안관 네르바 쥐스테가 지목됐다. 그는 주민 대부분에게 공포를 안겨주는 존재였다. 캐럴 대위와 부하들은 쥐스테를 체포해 심문했지만 증거나 목격자를 확보하지 못했고, 결국 그를 풀어줘야 했다.

만 29세인 대위는 앨라배마 출신의 독실한 침례교 신자였다. 나는 그를 좋아했다. 내 눈에 비친 그는 부하들을 이끌고 아이티 시골에서 벌어지는 이런저런 문제를 해결하기 위해 최선을 다하고 있었다. 그러나 미국 정부는 타국의 '국가 재건'은 미군의 임무가 아니라고 선을 그으면서 적극적인 협조를 거부했다. 한번은 대위가 임신한 아이티 여성을 이송하기 위해 미 육군의 응급 헬리콥터를 기동시켰다가 윗선의 질책을 받은 일도 있었다. 발코니에서 그가 최근에 느낀 분노와 무력감에 대해 한창 열변을 토하고 있을 때, 밖에서 웬 미국인이 그를 찾는다고 누군가 전해왔다.

방문객은 미국인 한 명과 아이티인 네 명이었다. 아이티인들은 점점 길어지는 막사의 그림자 속에 서 있었고, 미국인만 앞으로 걸어 나왔다. 그는 캐럴 대위에게 자신의 이름이 폴 파머이며 미르발레스에서 북쪽으로 몇 킬로미터 떨어진 지역 병원에서 일하는 의사라고 밝혔다.

기억하건대 나는 캐럴 대위와 파머가 외적으로 다소 어울리지 않는 한 쌍이며, 굳이 따지자면 파머의 외모가 상대적으로 밀린다고 생각했다. 대위는 건강하게 그을린 피부에 키가 190cm에 이르는 근육질의 건장한 남성이었다. 코담배를 달고 사는 탓에 두툼한 아랫입술이 늘 툭 튀어나와 있었고, 이따금 고개를 옆으로 돌려 침을 탁 뱉는 습관이 있었다. 반면 파머는 나이대가 비슷해 보였음에도 훨씬 연약한 느낌이었다. 짧고 검은 머리에 코끝은 바늘처럼 뾰족했으며 하체에 비해 상체가 짧아 허리선이 저만치 높았고, 긴 팔이 대롱대롱 매달려 있었다. 캐럴 대위 옆에 선 그는 한층 마르고 창백해 보였다. 그럼에도 그의 태도는 오만하다 싶을 만큼 당당했다.

그는 대위에게 혹시 의료적인 측면에서 문제를 겪고 있지는 않냐고 물었다. 대위는 병든 죄수 몇 명이 있는데 인근 병원에서 진료를 거부했다고 털어놨다.

"결국 제 사비로 약을 사서 치료할 수밖에 없었죠."

"그 선행 덕분에 지옥에 갈 확률이 줄어들 겁니다." 파머가 웃으며 말하고는 이렇게 물었다. "혹시 부시장님 목을 자른 범인이 누군지 아십니까?"

"확실히는 모르겠습니다."

"아이티에 살면서 누가 누구의 목을 잘랐는지 모르기란 매우 어려운 일이죠."

그 이후로 꼬리에 꼬리를 무는 논쟁이 이어졌다. 파머는 미국 정부가 아이티 경제를 바로잡는답시고 내놓는 계획이 마음에 들지 않는다고 했다. 기업의 이익에는 도움이 될지 몰라도 아이티 국민의 고통을 더는 면에서는 아무 쓸모가 없다는 것이었다. 그는 군사정권의 고위관리가 미 육군사관학교 출신이라는 사실을 지적하며 미국이 쿠데타의 뒷배일지도 모른다는 의심을 숨김없이 드러냈다. 그의 의견에 따르면 아이티에는 딱 두 가지 부류만 존재했다. 억압하는 자와 억압받는 자. 파머는 억압받는 가난한 이들의 편이었다.

"하지만 미군이 어느 편인지는 아직 잘 모르겠군요."

아마도 공포의 대상인 네르바 쥐스테를 캐럴 대위가 풀어줬다는 사실이 지역 주민들에게 혼란을 불러일으켰다는 것을 경고하는 의미인 듯했다.

나는 파머가 대위보다 아이티에 대해 훨씬 잘 알고, 지금도 뭔가 중요한 정보를 전달하기 위해 애쓰고 있다는 느낌을 받았다. 만약 대위가 현지인의 신뢰를 잃고 있다면, 고작 여덟 명의 부하를 이끌고 15만 명을 관리해야 하는 상황에서 이러한 불신은 심각한 문제로 이어질 수 있다.

하지만 그의 조언은 제대로 전달되지 않았다. 대위는 육군사관학교를 향한 비난에 다소 거칠게 반응했고, 네르바 쥐스테에 대해서는 이렇게 받아쳤다. "그래요. 쥐스테는 쓰레기 같은 작자예요. 증거만 확보되면 나도 지금 당장 잡아넣고 싶습니다." 그는 분에 못 이겨 손바닥을 주먹으로 치며 말을 이어갔다. "그렇지만 증거도 없이 체포한다면 그런 범죄자들과 수준이 똑같아지는 것밖에 더 되겠습니까?"

파머는 법이 제대로 작동하지 않는 나라에서 헌법의 원칙에 매달리는 것은 너무 비현실적인 태도라고 지적했다. 쥐스테는 위험한 인물이고, 사회로부터 격리할 필요가 있었다.

두 사람의 논쟁은 기묘한 교착상태에 이르렀다. 대위는 스스로를 '보수적인 촌놈'이라고 선언하며 적법한 절차를 어길 수 없다고 주장했고, 파머는 인권의 수호자를 자처하며 범죄 예방 차원에서라도 쥐스테를 구금해야 한다고 우겼다. 마침내 대위가 한 발 물러서며 자신의 무력한 상황을 털어놨다.

"내 힘으로 결정할 수 있는 일이 얼마나 적은지, 정부의 개입이 얼마나 강한지 알면 선생님도 놀랄 겁니다."

"대위님이 많은 제약을 받고 있다는 건 이해해요. 눈치 없이 무리한 요구를 했다면 미안합니다." 파머가 대답했다.

날이 제법 어둑해졌다. 두 남자는 열린 막사 문에서 흘러나온 빛으로 이뤄진 사각형 위에 서 있었다. 이윽고 그들은 작별의 악수를 나눴다. 나는 젊은 의사가 그림자 속으로 걸어 들어가며 현지인 친구들에게 크리올어로 뭔가 말하는 소리를 들었다.

그 이후에도 몇 주쯤 미군 병사들과 함께 지냈는데, 그사이 딱히 파머의 이야기를 신경 쓰지는 않았다. 훈훈한 마무리에도 불구하고 나는 그가 대위의 고충을 제대로 이해하거나 공감하지 못한다고 느꼈다.

그러던 중 우연히 마이애미로 가는 비행기 안에서 그와 다시 마주쳤다. 그는 일등석에 앉아 있었다. 그가 마이애미와 아이티를 오가는 항공편을 자주 이용하며, 몇 번인가 응급의료 상황에 도움을 준 보답으로 승무원이 좌석을 업그레이드해줬다고 했다. 승무원은 내가 잠시 그의 옆자리에 앉아 대화를 나눌 수 있도록 배려해줬다. 나는 부시장 살해사건은 물론이고 아이티에 관해 묻고 싶은 것이 많았다. 미군 병사들은 그 끔찍한 사건이 부두교에 대한 믿음과 관련 있다고 생각했다. 그래서 파머에게 물었다. "피해자의 머리를 자른 행위가 부두교의 역사에서 비롯됐다고 보시나요?"

"그보다는 인간이 저지른 잔혹성의 역사에서 비롯됐겠죠." 그가 짧게 대답했다. 그러고는 '누구나 가끔은 바보 같은 질문을 하잖아요'라고 말하듯 눈썹을 찡긋하며 내 팔을 가볍게 쳤다.

나는 대화를 하는 동안 그에 대해 조금 더 알게 됐다. 일단 그는 미군에 악감정을 품고 있지 않았다. "저는 빈곤층 출신이에요. 경제적으로 어떤 처지에 놓인 사람들이 군에 입대하는지 잘 압니다." 캐럴 대위에 대해서도 이렇게 말했다. "그렇게 서른 살이 채 안 된 군인을 몇 번 만나보면 금방 깨닫게 돼요. 아, 잘못된 정책을 만드는 건 이런 청년들이 아니구나, 하고 말입니다." 그는 내가 짐작한 대로 대위에게 상황의 심각성을 알리려고 찾아왔다. 파머의 현지인 환자와 친구는 네르바 쥐스테의 석방에 강한 불만을 품고 있었고, 그들 중 상당수는 악당을 풀어준 미군의 목적이 아이티를 돕는 것일 리 없다고 믿었다.

우리가 처음 만난 날, 파머는 친구들과 그런 이야기를 나누며 미르발레스 시내를 운전하고 있었고, 아이티인 친구들은 같은 미국인이면서 미국 병사에게 부시장 살인사건에 대해 물어보지도 못하는 겁쟁이라며 그를 놀려댔다. 하필 그 순간 타이어에 펑크가 나는 바람에 그가 타고 있던 트럭이 군부대 근처에서 멈춰 섰다. 파머로서는 캐럴 대위를 만나러 가지 않을 수 없었다. "아무래도 이건 신의 계시야."

나는 파머에게 개인적인 질문 몇 가지를 했다. 그는 만 35세의 의사로, 하버드 의과대학Harvard Medical School을 졸업하고 같은 학교에서 인류학 박사학위를 받았다. 1년 중 4개월은 보스턴의 가난한 동네 교회에 머물며 환자를 보고, 나머지 8개월은 아이티에서 무보수로 일한다고 했다. 아이티의 환자는 대부분 수력발전소 건설로 삶의 터전을 잃은 가난한 소작농이었다. 한번은 군사정권이 파머를 아이티에서 추방한 적도 있으나, 그는 몰래 입국해서 병원으로 돌아갔다. "주는 사람이 민망할 만큼 작은 뇌물로 해결이 되더라고요."

비행기가 착륙한 후에 나는 탑승객들 사이에서 다시 그를 찾았다. 우리는 공항 카페에서 대화를 나눴는데, 어찌나 몰입했던지 환승 항공편을 놓칠 뻔했다. 몇 주 후에는 보스턴으로 가서 그에게 저녁을 대접했다. 당시 쓰고 있던 아이티에 관한 글에 도움이 될 만한 이야기를 듣고 싶었고, 그는 흔쾌히 내가 듣고자 하는 이야기를 해줬다. 그 덕분에 나는 아이티의 역사를 좀 더 명확하게 이해할 수 있었다. 하지만 이야기를 들으면 들을수록 아이티보다는 '빈민을 위한 의사'를 자처하는 폴 파머라는 사람이 더 궁금해졌다.

그의 모습은 내가 평소에 생각하던 인권 의사와는 거리가 멀었다. 누가 봐도 그는 빳빳한 냅킨과 향기로운 와인이 어우러진 고급 레스토랑에서 식사를 즐길 줄 아는 사람이었다. 그날 저녁, 자신이 누리는 여유 있는 삶에서 큰 행복을 느끼는 듯한 그의 모습이 내게는 꽤 인상 깊었다. 마음만 먹으면 지저분한 교회의 쪽방과 아이티 중부의 황무지 대신 보스턴의 큰 병원과 교외의 쾌적한 주택단지를 오가며 젊고 성공한 의사로서의 인생을 누릴 수 있었을 것이다. 하지만 아이티에 대해 이야기하는 그의 모습을 보고 있노라면, 그곳에서 소작농들과 함께 지내는 삶을 진정으로 사랑하는 듯했다. 의학에 대해 이야기하다가 이런 말도 했다.

"어째서 모든 사람이 나처럼 이 흥미로운 학문에 열광하지 않는지 모르겠어요."

그 순간 그의 얼굴에 천진한 미소가 번졌다. 단 한 점의 부정적 감정도 없는, 그저 순수하게 환히 빛나는 미소였다. 그 얼굴은 내 마음에 큰 파장을 일으켰다. 아무런 대가 없이 나를 기꺼이 받아들였다고 느껴질 만큼 티끌만 한 위선도 없는 미소였다.

하지만 그 저녁 식사 후 나는 한동안 그와 연락하지 않았다. 지금 와서 돌이켜보면 그에게 호감과 동시에 일종의 불편함을 느꼈던 것 같다. 아이티에 대한 글을 쓰는 동안 나는 막사에서 함께 지낸 군인들의 비관적인 관점에 상당한 영향을 받았다. 한 병사는 내게 이렇게 말했다. "저는 아이티를 그냥 내버려뒀어야 한다고 생각해요. 누가 통치하는지가 정말 중요할까요? 정권이 바뀌어도 여긴 그냥 부자와 가난한 자, 양극단이 존재할 뿐이에요. 여기서 뭘 하려고 하는 건지 모르겠어요. 무슨 짓을 해도 아이티에는 뗏목을 타고 미국으로 밀입국하려는 빈민이 넘쳐날 텐데요. 차라리 아무런 개입이나 노력도 하지 않는 게 최선이 아닐까 싶어요."

미군은 아이티에 들어와 공포정치를 종식시키고 민주정권을 복권시킨 뒤 철수해버렸다. 하지만 현지인은 여전히 그들이 도착한 순간과 다를 바 없는 빈곤과 무질서에 시달렸다. 그래도 나는 그 군인들이 최선을 다했다고 생각했다. 그들은 현실적이고 냉정했으며, 자신들이 어쩔 수 없는 일에 눈물 흘리지 않았다.

하지만 파머와 대화를 나누는 동안, 나는 같은 문제에 대한 전혀 다른 관점을 볼 수 있었다. 물론 그가 택한 길은 결코 아무나 걸을 수 없는 길이었다. 그에게 있어 '최선을 다한다'는 말은 '할 수 있는 일은 전부 한다'는 다소 극단적인 의미이기 때문이다.

세상은 비참하게 사는 사람들로 가득하다. 편하게 살고 싶다면 그들에 대해 잊어버리거나 마음이 불편해질 때마다 약간의 돈으로 양심의 가책을 씻어내면 된다. 파머와 식사를 한 뒤 5년 동안, 나는 자선단체를 통해 아이티에 있는 그의 병원에 몇 차례 소액의 기부금을 보냈다. 그때마다 그는 친필로 감사 편지를 보내왔다. 그러던 어느 날 친구의 친구로부터 파머가 국제 보건사회에서 주목할 만한 일을 하고 있다는 이야기를 들었다. 결핵과 관련된 일이라고 했다. 하지만 그 이상 자세히 알아볼 생각은 하지 못했고, 1999년 말이 돼서야 그를 다시 만났다. 오랜 공백을 깨고 만남을 청한 것은 내 쪽이었다. 그는 만날 장소를 알려줬다.

어떤 포부

보스턴에 위치한 브리검 앤 여성 종합병원Brigham and Women's Hospital 부지에 들어서면 도회적인 고요함이 엄습한다. 하버드 의과대학 캠퍼스와 카운트웨이 의학 도서관, 어린이 병원, 베스 이스라엘 디 커니스 의료센터Beth Israel Deaconess Medical Center, 데이나-파버 암 연구 소Dana-Farber Cancer Institute, 브리검 병원이 한데 모인 이곳은 가히 의 료계의 월스트리트라고 불릴 만하다. 부지에 빽빽이 들어찬 건물 앞에 서면 조금 위축된다. 그 안에서 일어나는 갖가지 일을 상상하 자면 경탄까지 하게 된다. 개흉 수술, 장기 이식, 분자 영상촬영, 유 전자 검사를 비롯한 다양한 의료행위가 이뤄진다. 의료용 장갑을 낀 손과 정교한 의료기기가 환자의 몸을 헤집고, 병을 진단하고, 또 처음의 진단을 수정하며 인간의 나약함과 강인함이 공존하는 장면을 만들어낸다. 그 앞에 서 있노라면 누구나 엄숙한 기분이 된 다. 난폭운전으로 유명한 보스턴의 운전자들조차도 이곳을 지날 때는 경적을 거의 울리지 않는다.

　브리검 병원은 프랜시스가街 한편을 차지하고 있다. 보스턴 의료계의 역사라고 할 수 있는 옛 피터 벤트 브리검 병원Peter Bent Brigham Hospital의 빅토리아 양식 로비를 둘러싸고 세워진 모습이 마치 로마제국의 폐허를 감싸 안은 도시처럼 보였다. 전통적인 로비에서 대리석 바닥과 유리 천장으로 꾸며진 현대적인 정문에 도달하려면 무려 400m에 이르는 복도를 걸어가야 한다. '고속도로Turnpike'라는 별칭을 줄여서 일명 '파이크'라고 부르는 이 길고 매끈한 복도의 끝에는 여러 대의 엘리베이터와 좌우로 늘어선 진료실이 기다리고 있다. 위층으로 가면 입원실이 나오고 아래층에는 산부인과를 제외하고도 40개에 이르는 수술실과 10여 개의 실험실이 배치돼 있다. 어떤 문을 열고 들어가도 삶과 죽음의 경계를 오가는 드라마가 펼쳐진다. 브리검 병원은 의료계의 종합 쇼핑몰이다. 모든 의료 서비스를 제공하는 종합병원이자 의료인력을 양성하는 교육기관이며, 다른 병원에서 치료하기 어려운 환자를 넘겨받아 진료하는 3차 병원이기도 하다. 흰 가운을 걸치거나 평상복에 꽃다발을 든 수많은 사람이 파이크를 바삐 오가며 저마다 대화에 열을 올린다.

　파머 박사가 이끄는 의료팀은 지하 4층에 위치한 방사선과의 창문 없는 휑한 방에서 그날 진료할 마지막 환자의 치료법을 놓고 토론을 벌이고 있었다. 파머는 올해 만 41세가 됐다. 나와 마지막으로 만났던 5년 전에 비하면 좀 마르고 머리숱이 다소 줄어든 것 같았다. 작고 동그란 은테 안경에 검은 정장을 입고 넥타이까지 맨 그의 차림은 예전보다 훨씬 격식 있어 보였다. 그는 여전히 아이티에서 대부분의 시간을 보내고 있었지만, 이제는 명망 있는 의사이자 하버드 의과대학에서 의학과 인류학을 가르치는 교수였으며, 브리검 병원의 전문의이자 선임 의료진으로 인정받고 있었다. 흰 가운을 입은 두 명의 제자와 마주 앉은 그의 모습을 바라보며 나는 19세기 흑백사진에서나 볼 수 있을 법한, 빳빳한 칼라가 달린 셔츠에 조끼를 차려입고 근엄한 분위기를 풍기는 전형적인 의대 교수의 이미지를 떠올렸다. 하지만 이런 인상은 그리 오래가지 않았다.

그와 젊은 의사들은 얼마 전 뇌 기생충 치료를 받은 환자에 대해 논의 중이었다. 기생충이 뇌수종을 유발해 뇌에 물이 찼고, 고인 물을 빼내기 위해 신경외과에서 션트(수술 때 피나 체액이 흐를 수 있도록 몸속에 끼워 넣는 작은 관 – 옮긴이) 삽입을 진행한 케이스였다. 아직 추가 감염 징후는 없지만 만약을 대비해 감염 치료를 진행할지 여부를 결정해야 했다. "어떻게 생각하나?" 파머가 팀원들에게 묻자 젊은 의사들이 질문을 이리저리 던지며 토론을 했다. 최종 결정권은 분명 파머에게 있었지만 그는 모든 의견을 묵묵히 경청했다. 몇 분 후, 의료팀은 감염 치료를 진행해야 한다는 결론에 도달했다. 그때 전화벨이 울렸다. 파머가 수화기를 들고 말했다.

"HIV 센터입니다. 어떻게 도와드릴까요?"

전화를 건 사람은 파머와 오래 함께한 동료이자 기생충의학 전문의로, 뇌수종 환자에 대한 의견을 제시하는 것 같았다. "우리 기생충 전문가 아가씨구나!" 파머가 소리쳤다. "자기는 요즘 어떻게 지내? 그럼, 나는 잘 지내지. 그런데 어쩌지? 우리 생각은 좀 다르거든. 그 녀석에게 감염 치료를 해줘야겠어. 이드가 그러자고 했거든. 사랑해, 이드.”

'사랑해, 이드.' 두 단어로 이뤄진 이 문장은 그가 자주 쓰는 표현이었다. 나는 낮에도 똑같은 말을 들었고, 궁금증이 생겨 그 의미를 곰곰이 생각해 알아냈다. 이드ID는 파머의 전문 분야인 '감염병Infectious Disease'의 약자였다. 그가 안부 편지의 마지막 문장처럼 친근하게 건넨 말에는 '복잡한 검사를 마냥 기다리는 대신 환자를 당장 치료하고 싶다'는 뜻이 담겨 있었다. 파머는 그 말이 주는 울림을 좋아하는 것 같았다. 누가 봐도 자신이 하는 일을 즐기고 있었고, 학생들이 씩 웃으며 고개를 가로젓는 모습을 볼 때 그날 내가 본 말투와 유머와 열정은 특별한 일이 아닌 그의 일상인 것 같았다.

1999년 12월 중순의 이날도 브리검 병원 기준에서는 매우 평범하게 흘러가고 있었다. 파머와 그의 팀원들은 퍼즐처럼 복잡한 문제가 얽힌 여섯 개의 의료 케이스를 다뤘다. 그나마 상대적으로 단순하다고 할 수 있는 건 다섯 번째 케이스뿐이었다. 젊은 레지던트가 차트를 확인하며 파머에게 환자 상태를 브리핑했다. 그는 만 35세의 남성 환자로(편의상 지금부터 그를 '조'라고 부르겠다) HIV 검사 결과 양성으로 확인됐다. 조는 하루에 담배 한 갑을 피우고 보드카를 2L씩 퍼마셨으며, 정맥주사와 흡입으로 코카인을 상습 복용했다. 게다가 최근에는 헤로인을 과다 복용했다. 고질적인 기침 증상이 있었는데 5일 전부터 이 증상이 악화되면서 피는 섞이지 않았지만 누런 연두색 가래가 나왔고 가슴 부위에 심한 통증을 호소했다.

지난 몇 개월 사이에 체중이 10kg 이상 줄었다. 방사선과 전문의들은 흉부 엑스레이 사진으로 볼 때 폐 우측 하단의 폐엽에 침윤이 있는 것으로 추정되며, 결핵 가능성이 의심된다고 했다.

결핵 진단에는 여전히 다소 구시대적인 방법이 동원되며 정확히 진단하기가 꽤 어렵다. 특히나 에이즈를 앓고 있는 환자라면 더더욱 그러하다. 조는 확실히 결핵에 걸리기 딱 좋은 조건을 고루 갖추고 있었다. 결핵은 HIV 환자가 감염될 수 있는 모든 균 가운데서 발병률이 가장 높다. 결핵은 오늘날 보스턴 지역은 물론이고 미국 전역에서도 찾아보기 힘든 병이다. 그렇지만 조가 머무는 노숙자 쉼터나 교도소, 길바닥, 다리 밑은 예외였다. 불행 중 다행으로 조는 에이즈에 감염됐음에도 면역체계가 크게 손상되지 않은 상태였고, 발열과 오한, 식은땀을 비롯한 결핵의 대표적인 증상도 아직 나타나지 않았다. 레지던트가 말했다.

"환자 치아 상태가 엉망이에요. 그래도 사람은 정말 좋아요."

파머가 "엑스레이 사진을 좀 볼까?" 하고 말하자, 다들 다른 방으로 옮겨 가서 조의 흉부 엑스레이 사진을 빛에 비춰 봤다. 파머는 방사선 전문의가 침윤을 의심했던 지점을 거의 1분간 뚫어지게 바라보더니 이윽고 입을 열었다. "이게 다야? 너무 별것 아니라 실망할 지경인걸."

엑스레이 검토를 마친 의료팀은 조와 직접 대화하기 위해 입원실로 올라갔다.

파머는 긴 다리로 성큼성큼 복도를 지났다. 중간중간 간호조무사와 포옹을 나누거나, 아이티 출신 청소부와 크리올어로 몇 마디

나누기도 했다. 그사이 호출기는 열 번도 넘게 울렸다. 그럴 때면 그는 전화기를 들고 병원 교환원에게 인사를 건넨 뒤 곧바로 그녀의 혈압을 묻고 남편의 심장은 어떤지 혹은 친정 어머니의 당뇨는 좀 어떤지를 물었다. 수십 명의 교환원 중 누가 전화를 받든 마찬가지였다. 그러고 나서 간호사실에 들러 환자 상태에 관한 이메일에 답장을 하고 심장질환 전문의의 질문에 의견을 주기도 했다. 이 모든 일을 처리한 후에야 그는 청진기를 목에 걸고 독일어 단어를 섞어가며 "위 아 더 월드"를 노래하면서 앞장서서 의료팀을 입원실로 이끌었다. 하지만 병실에 들어서는 순간 모든 것이 한 호흡 느려졌다.

조는 청바지와 티셔츠 차림으로 이불을 덮고 누워 있었다. 체구가 작았고, 팔은 앙상한 데다 흉터투성이고 툭 튀어나온 쇄골이 도드라져 보였다. 수염과 머리카락은 지저분하게 제멋대로 뻗쳐 있었다. 의사가 여럿 몰려오는 것을 보고 긴장한 듯 어색하게 미소 짓는 그의 입술 사이로 버티지 못하고 얼마 후면 빠질 듯 보이는 치아가 보였다. 파머는 자신과 의료팀 구성원을 소개한 뒤 조의 침대 귀퉁이에 앉아 메뚜기처럼 날렵하게 조의 상태를 훑어봤다. 환자 쪽으로 몸을 바짝 기울인 그의 작고 동그란 안경테 뒤로 연한 푸른색 눈동자가 반짝였다. 한순간이지만 그가 환자와 함께 침대에 드러누울지도 모른다는 생각이 들었다. 하지만 그는 그러는 대신 조의 한쪽 어깨에 손을 올리고 어깨를 살살 쓰다듬었다.

"엑스레이 결과는 아주 좋아요. 폐렴이 살짝 보이는데, 아주 약간이에요. 위는 좀 어때요? 최근에 위염 증세를 느낀 적이 있나요?"

"아니요, 선생님. 요즘은 눈앞에 있는 건 전부 먹어치워요. 음식이라면 뭐든지 배에 집어넣고 보죠."

그의 대답에 파머가 미소 지었다. "살을 좀 찌워야겠어요. 체중이 줄었네요."

"입원 전에는 많이 안 먹었어요. 제대로 식사를 한 적이 별로 없었죠. 이런저런 일도 하고 사고도 좀 치고 그러느라 바빴거든요."

"조금 더 자세히 얘기해줄래요? 저는 전염병 전문의예요. 제가 봤을 때 환자분이 결핵에 걸린 것 같지는 않거든요. 하지만 그렇게 단정 짓기 전에 한 가지 확인해야겠군요. 혹시 최근에 결핵에 걸린 사람과 접촉한 적이 있나요?"

조는 그런 적 없는 것 같다고 대답했고 파머는 말을 이어갔다. "그럼 소견서에 환자분이 격리 치료를 받을 필요는 없다고 적을게요. 우리는 이드예요. 이드에 오신 것을 환영합니다. 무균실에 입원하거나 특별 치료를 받을 필요도 없어 보여요."

"제 생각도 그래요. 아시다시피 여기서도 혼자 있는 거나 마찬가지예요. 어차피 입원실에 들어오는 사람들은 죄다 알아서 마스크를 쓰고 온종일 손을 씻어대는걸요."

"맞아요. 하지만 손을 씻는 습관은 아주 좋은 거예요."

그날 나는 의사로서 일하는 파머의 모습을 처음 봤다. 그는 조를 어떻게 치료할지 결론을 내린 것 같았지만, 그래도 자문을 구하기 위해 실력 있는 전문의를 추가로 호출했다. 불려 온 의사의 눈에도 환자의 상태는 분명해 보이는 듯했다. 그는 파머의 의견에 동의한다고 간단명료하게 대답했고 환자와 두어 마디 주고받은 후 곧바로 병실에서 나갔다. 그러나 파머는 계속 조의 침대에 앉아 있었다. 그는 환자와 함께 있는 걸 좋아하는 듯 보였다.

두 사람은 대화를 이어갔다. 아까 레지던트에게 들었던 브리핑을 생각하면, 레지던트도 조에게 이미 똑같은 질문을 했을 것이다. 하지만 조는 이전보다 훨씬 더 솔직하게 파머의 질문에 대답하고 있었다. 어느새 두 사람의 대화 주제는 조의 주치의에게로 옮겨 갔고, 조는 자신의 주치의에게 만족한다고 했다. 그리고 에이즈 치료를 위해 항레트로바이러스 치료제antiretroviral medicines, ARVs를 복용해왔지만 제대로 꼬박꼬박 챙겨 먹지는 못했다고 털어놨다. 파머는 약을 불규칙하게 먹는 과정에서 일부 약물에 내성이 생겼을지도 모른다며, 복용법을 철저히 지키겠다는 마음가짐이 없다면 다른 약도 먹지 않는 편이 낫다고 경고했다. 술과 마약에 대한 대화가 이어졌고, 파머는 헤로인은 절대 하면 안 된다고 못 박았다.

"하지만 몸에 가장 해로운 건 음주와 코카인에요. 아래층에서 회진을 돌다가 농담처럼 이런 얘기를 했을 정도거든요. '차라리 대마초를 피우라고 권하는 건 어떨까? 어쨌든 술이랑 코카인보다는 덜 해로우니까'라고 말이죠."

"여기서 대마초를 피우면 뉴스에 나오지 않을까요?"

"이봐요, 환자분. 병원에서는 당연히 안 되죠."

두 사람은 마주 보며 웃음을 터뜨렸다.

그들은 조가 감염된 HIV에 대해서도 얘기를 나눴다. "환자분의 면역체계는 말이죠. 음, 상당히 양호해요. 아직은 꽤 잘 작동하고 있거든요. 그래서 환자분의 체중이 줄어드는 게 걱정돼요. 내가 볼 때는 에이즈 때문에 살이 빠지는 게 아니에요. 아마도 식사를 제대로 하지 않아서 그럴 거예요. 그렇죠?"

"네, 선생님 말씀이 맞아요."

"역시 그렇군요." 파머가 부드럽게 대답했다. 그는 세상에 오직 조와 자신만 존재하는 것처럼 상대방에게 집중했는데 동시에 다른 뭔가에 정신이 팔린 것 같았다. 나는 어쩌면 그가 높은 창문에서 내려다보듯 눈앞에 있는 환자의 일과를 상상해보는지도 모른다고 생각했다. 어두운 골목 구석에서 몰래 마약을 사고, 잠을 청하기 위해 다리 밑이나 지하도로 향하는 노숙인의 일상생활을.

그때 다른 의대생 한 명이 병실로 들어왔다. 파머가 회진을 견학해도 좋다고 허용한 여학생이었다. 그가 조에게 그녀를 소개했다. 이미 다른 의사들에게도 한바탕 출신학교를 물었던 조는 새로운 여학생에게도 보스턴 특유의 억양으로 질문을 던졌다.

"선생님도 '하-바드' 대학교에 다녔나요?"

"저 말씀이신가요? 맞아요."

"우와." 조가 감탄사를 내뱉으며 파머를 향해 말했다. "엄청 대단한 분들이 저를 봐주고 계시네요."

"아주 잘나가는 친구죠." 파머가 대답했다. 그러고는 다시 조의 치료 이야기를 시작했다. "조, 터놓고 말해줘요. 우리가 앞으로 어떻게 도우면 좋겠어요? 우리는 이곳이 어떻게 돌아가는지 잘 알죠. 조가 병원에 찾아오죠. 와서 우리를 마음에 들어하고, 우리도 조를 좋아하게 돼요. 조와 우리는 서로 협조적인 관계를 만들어나가요. 아마 이곳 사람들이 아주 편안하게 해준다고 스스로 느끼고 있을 거예요."

"맞아요. 하지만 병원은 너무 쓸쓸해요!"

"알아요. 그래서 조금 덜 외롭게 지낼 수 있는 방안을 제안하려고 해요. 그전에 중요한 질문을 해야 할 것 같은데요. 조금 심각하지만 좋은 질문이죠."

"제가 원하는 게 뭐냐는 거죠?"

"맞아요!"

"말씀드려도 이해하지 못할 거예요. 정신 나간 소리라고 생각할걸요?"

"조, 내가 들어보지 못한 소원은 없어요."

"HIV 환자들을 위한 보호시설에 가고 싶어요…. 그게 가능하다면요."

파머는 부드러운 시선으로 조를 바라봤다. "그렇군요."

"밥도 주고 잠도 재워주고 TV도 볼 수 있고, 여섯 개들이 캔맥주를 마시면서 스포츠 중계도 볼 수 있는 곳이면 좋겠어요."

"그렇군요."

"융통성 있는 곳이면 좋겠어요. 말도 잘 듣고 외출 시간도 잘 지키면 가끔 조금 느슨하게 구는 정도는, 그러니까 맥주 몇 캔쯤 마시는 정도는 눈감아주는 곳 말이에요."

"무슨 뜻인지 알겠어요."

"너무 엄격하면 저는 틈만 나면 도망치려고 해서 모두를 돌게 만들 거예요. 기왕이면 저녁 식사에 와인 한 병도 곁들일 수 있으면 좋겠네요."

"아무렴요." 파머는 잠시 입술을 오므렸다가 대답했다. "이렇게 하면 어떨까요? 조는 아마 여기서 며칠 더 지내게 될 테니, 그사이에 내가 조건에 맞는 곳이 있는지 한번 알아볼게요. 지금 얘기한 희망사항이 전혀 황당한 소리라고 생각하지 않아요, 난. 거리에서 마약을 하는 것보다는 훨씬 나으니까."

"얼어 죽는 것보다도요."

"맞아요. 얼어 죽는 것보다는 따뜻한 실내에서 여섯 개들이 맥주나 저녁 식사와 함께 와인 한 잔을 마시는 게 백배 낫죠. 저 같아도 그럴 거예요. 게다가 지낼 곳이 생기면 약을 꾸준히 챙겨 먹기도 더 좋을 거예요. 물론 조에게 그럴 의지가 있어야겠지만요."

"꾸준히 먹을게요." 조가 자신 없는 목소리로 대답했다.

$$\textstyle \circ$$

며칠 뒤 브리검 병원의 사회복지과 사무실 문밖 게시판에 수수께끼 같은 손글씨 쪽지가 붙었다. 그 쪽지에는 이렇게 쓰여 있었다.

조 환자	
길바닥	보호시설
춥다	따뜻하다
마약 복용	병원 치료약
보드카 2L	버드와이저 6캔

그 밑에는 누군가 휘갈겨 쓴 코멘트가 달려 있었다. "이건 누가 봐도 폴 파머 선생이 쓴 것 같은데?"

파머는 지인들을 동원해서 적당한 노숙자 보호소를 찾아냈다. 물론 그곳의 사회복지사들은 보호소에서 음주는 절대 금지이며 이 규칙에는 충분한 이유가 있다는 사실을 거듭 강조했다. 파머는 조에게 예외적으로 음주를 허락해달라고 복지사들을 설득했다. 설득이 받아들여지리라고 기대하는 것 같지는 않았지만 최소한 조와 한 약속을 끝까지 지키고 싶어 하는 듯했다.

파머는 그해 크리스마스를 병원에서 일하며 보냈고, 시간을 쪼개서 병원 밖 환자들을 방문하기도 했다. 그는 모든 환자를 위해 일일이 선물을 준비했다. 조에게는 예쁘게 포장한 여섯 개들이 맥주를 건넸다.

조는 파머를 보고 기쁨을 감추지 못했다. 파머가 보호소를 떠날 때, 조는 들으라는 듯 일부러 큰 소리로 외쳤다. "빌어먹을, 저 의사 선생님은 진짜 성인이야, 성인!"

파머가 '성인'이라는 호칭을 들은 건 처음이 아니었다. 그런 말을 들을 때 어떤 기분이 드냐고 묻자, 그는 마치 너새니얼 호손Nathanial Hawthorn의 소설 《대리석 목신상The Marble Faun》에 나오는, 성당에서 물건을 훔쳐 나오는 길에 죄를 씻으려고 성수에 손을 담그는 도둑이 된 것 같다고 대답했다.

"저를 성인이라고 추켜세운다고 해서 어깨가 으쓱하거나 하지는 않아요. 싫다는 게 아니라, 적절하지 않다고 생각하는 거죠."

나는 그가 성인다운 겸손함을 갖췄다고 생각했다. 하지만 그의 입에서 나온 다음 말은 내 예상을 한참 뛰어넘었다.

"사람들이 제게 성인이라고 불러줄 때마다, 저는 더 열심히 일해야겠다는 생각을 합니다. 진짜 성인이 되려면 그에 걸맞은 일을 해야 할 테니까요."

내 마음에 작은 동요가 일었다. 그의 말이 오만한 허세처럼 들려서가 아니었다. 지금까지 편하게 대화를 나누던 인물이 갑자기 전혀 다른 사람처럼 느껴졌기 때문이었다. 그의 내면에는 내가 감히 헤아리지 못한 대단한 포부가 꿈틀대고 있었다.

✣

2000년 1월 1일, 파머는 브리검에서 근무를 마치고 아이티로 향했다. 우리는 이메일을 통해 근황을 주고받았다. 그는 최근에 쓴 저서라며 《감염과 불평등》을 보내줬다. 방대한 주석이 달린 이 책의 핵심 주제는 빈곤과 질병의 연관성, 의료 인프라의 불공평한 분배 그리고 이러한 현상을 바라보며 학계와 보건당국이 뻔뻔하게 논해온 '인과관계' 등 세 가지였다. 주장을 뒷받침하는 개개인에 대한 사례 연구도 세세하게 담겨 있었다. 어떤 부분에서는 저자의 참을 수 없는 분노가 고스란히 전해졌다. 그는 빈곤에 찌든 결핵 환자에게 항생제를 투여하는 장면을 이렇게 묘사했다.

"약을 투여하자마자 그녀의 몸은 곧바로 반응을 보이기 시작했다. 마치 주사만 놓으면 치료할 수 있는 병에 걸린 것처럼."

그 책을 쓴 폴 파머는 브리검 병원에서 일하던 의사와 동일인물이 아닌 것만 같았다. 《감염과 불평등》의 저자는 모든 페이지에서 분노에 찬 고함을 지르고 있었다. 나는 책을 보내줘서 감사하다는 답장을 보내며 그가 이전에 쓴 책 두 권도 읽을 계획이라고 덧붙였다. 그 메일에 나는 이런 문장을 적었다. "박사님의 평생의 역작을 읽고 있습니다."

파머는 답장에서 이렇게 말했다.

"오, 그 책은 제 평생의 역작이 아니에요. 내 최고의 걸작을 보려면 아이티로 오셔야 해요."

장미
라장테

파머는 포르토프랭스Port-au-Prince 공항에 4륜구동 픽업트럭 한 대를 보내줬고, 나는 그 차를 타고 아이티 수도와 북쪽 지역을 연결하는 2차선 포장도로로 들어섰다. 하지만 산자락이 장벽처럼 버티고 있는 고원지대에 들어서자 포장도로는 곧 말라버린 강바닥이 떠오르는 시골길로 변했다. 트럭은 몇 번이고 미끄러지며 힘겹게 절벽을 기어 올라갔다. 절벽 아래를 내려다보니 산산조각 부서진 트럭의 잔해가 널려 있었다. 그 길을 지나는 동안 그 누구도, 심지어 앞 좌석에 앉은 친절하고 수다스러운 현지인들조차 입을 열지 않았다.

아이티 지도에는 우리가 지나온 그 '3번 국도'가 대단히 큰 도로인 것처럼 표시돼 있었다. 물론 그 길은 고원을 가로지르는 유일한 '구오 오우트 라Gwo Wout La', 즉 큰길이었지만, 실상은 사방에 돌덩이와 거친 기반암이 드러나 있는 좁다란 흙길이었다. 우기에는 진창이었을 그 길은 날이 건조해지면서 딱딱하게 굳었고, 결국 모든 인간의 발과 우마의 발굽과 바퀴를 고문하기 위해 설계된 길처럼 느껴졌다. 그런 길이 메마른 산과 통나무 움막이 즐비한 마을 사이로 구불구불 이어졌다. 다리가 없는 냇물도 몇 번이나 건넜다. 승객을 가득 태운 온갖 크기의 트럭은 형편없이 느린 속도로 움푹 파인 도로의 구덩이를 이리저리 피해가며 흙먼지를 일으켰다. 하지만 굶주려 보이는 당나귀를 타거나 두 발로 터벅터벅 걷는 사람들의 모습이 더 많이 눈에 띄었다. 길가 여기저기에는 말라붙은 뱃가죽을 문지르며 밀짚모자를 뒤집어 내미는 거지가 즐비했다. 괭이를 들고 도로 위에 놓인 돌멩이를 치우는 아이들의 모습도 보였다. 그 애들은 열심히 일하는 모습을 보여주고는 노력에 대한 대가를 바라는 듯 두 손을 모아 올렸다. 뭔가 꼭 있어야 할 것이 빠진 장면도 흔히 보였다. 이를테면 소 대신 사람이 끄는 소달구지의 모습이 그랬다. 미르발레스를 벗어난 이후에는 산에 나무도 별로 없었고, 펠리그르Pèligre 마을을 마지막으로 전봇대도 사라졌다.

고작 55km밖에 안 되는 거리를 이동하는 데 세 시간이나 걸렸고, 체감상으로는 훨씬 먼 길을 달린 것 같았다. 바위투성이의 가파른 경사 꼭대기에 위치한 마을인 캉주Cange에 도착했을 때는 이미 날이 저물어 있었다. 픽업트럭 헤드라이트가 높다란 콘크리트 벽을 비췄고, 이윽고 정문과 '장미 라장테Zanmi Lasante'라고 쓰인 간판이 보였다. 장미 라장테란 '보건을 위한 파트너들'이라는 뜻으로, 폴 파머가 세운 비영리기관 '파트너스 인 헬스Partners In Health, PIH'를 크리올어로 번역한 문구다. 이름 아래에는 활짝 편 네 개의 손이 동서남북 네 방향에서 중심을 향해 손끝을 맞대고 모여 있는 그림이 그려져 있다. 트럭이 정문을 넘어서자 부드러운 포장도로의 감촉이 느껴졌다. 파머가 말한 '걸작'을 보기도 전에 그 숨결이 느껴지는 것 같았다.

나무 한 그루 없이 바짝 메마른 땅에 세워진 장미 라장테가 눈에 확 들어왔다. 열대식물로 절반쯤 뒤덮인 이 콘크리트 건물 단지는 산 중턱을 지키는 요새처럼 보였다. 정문을 넘어서니 황량하기 그지없던 풍경이 초록색으로 변했다. 정원과 산책로, 자연석과 콘크리트가 절묘한 조화를 이룬 담장 옆에는 높은 나무들이 솟아 있었다. 수풀이 우거진 언덕길을 따라 통원치료 센터, 여성 진료소, 종합병원, 커다란 성공회 교회, 학교 그리고 매일 2천 명분의 식사를 조리하는 식당이 늘어서 있고 꼭대기 부근에는 결핵 치료를 위해 새로 지은 건물이 자리 잡고 있었다. 두 개의 실험실이 별도로 갖춰져 있었고, 흐르는 물소리와 함께 전기를 생산하는 커다란 발전기가 돌아가는 소리도 들려왔다. 깨끗한 흰색 벽과 천장으로 이뤄진 건물 바닥에는 타일이 깔려 있었고, 곳곳에 강렬한 색채의 그림이 눈에 띄었다. 주로 아이티 출신 예술가들이 그린 그 작품 속에는 크리스토퍼 콜럼버스의 일지에 묘사돼 있을 법한 열대 낙원이 펼쳐져 있었다.

도착한 다음 날 아침, 나는 처음으로 파머가 회진하는 모습을 가까이서 볼 수 있었다. 이후에 여러 번 더 회진에 동행했는데 기본적인 일과는 늘 같았다. 해 뜰 무렵 파머는 통원치료 센터의 안뜰 입구에서 진료를 시작했다. 밤이면 100명가량의 아이티인이 달빛 아래 땅바닥에 누워 잠을 청했고, 날이 밝으면 그 수가 두 배로 불어나 환자로 북적댔다. 치마를 입고 두건을 두른 여성, 밀짚모자를 쓴 나이 든 남성, 그 외에도 다 떨어진 신발을 신은 온갖 사람이 의사와 간호사의 손길을 기다렸다.

파머가 아이티 버전의 진료복, 그러니까 티셔츠와 검은색 청바지를 입고 정문으로 들어오자 기다리던 무리 중 일부가 우르르 그에게 다가왔다. 급한 환자만이 아니었다. 그들 중에는 먹을 것을 살 돈이 필요한 노인, 파머를 통해 친척에게 편지를 보내고자 하는 여성, 다른 의사에게 치료를 받았지만 파머에게 한 번 더 진료를 받고 싶은 청년 등 다양한 사람이 섞여 있었다. 청년이 파머를 향해 외쳤다.

"폴 선생님, 선생님께 꼭 여쭤보고 싶은 게 있어서요."

하지만 파머는 대개 그 가운데서 가장 긴급한 환자를 먼저 보려고 노력했다. 한 간호사가 마침 심각한 환자를 찾아냈다. 어리고 예쁘장한 여성으로, 손에 수건을 둘둘 감은 상태였다. 간호사가 그녀를 데려오자 파머는 수건을 풀어낸 뒤 손을 자세히 들여다봤다.

"괴저가 생겼어요. 냄새를 맡아보세요." 그가 내게 말했다.

파머는 간호사에게 상처를 소독하라고 지시했다. 간호사를 따라 나가는 환자를 바라보는 그의 표정이 어두워졌다.

"손을 다친 지 보름은 족히 됐을 겁니다. 저 환자는 앞으로 저 손에 무슨 일이 일어날지 까맣게 모를 거예요. 안 그래도 충분히 삶이 고달플 텐데…. 여기서는 저렇게 작은 상처를 방치하다가 큰 병을 만드는 일이 허다해요."

이렇게 급한 환자를 진료하며 안뜰을 통과하는 데 보통 한 시간 정도가 걸린다. 마침내 건물에 거의 도착했을 때 노인 한 명이 다가와서 밀짚모자를 벗으며 크리올어로 말했다. "저, 폴 파머라는 선생님을 찾아왔는데요."

파머가 미소 지으며 말했다. "파머 선생을 아시나요, 어르신?"

"아니요. 사람들이 그분을 찾아가면 된다고 했어요."

이 모습을 발견한 센터 직원이 그의 팔을 잡으며 말했다. "우리 같이 파머 선생님을 찾으러 가볼까요?" 그러고는 노인을 다른 의사에게 인도했다. 마침내 탈출에 성공한 파머는 여느 아침처럼 그늘진 콘크리트 길을 따라 식당에 다다른 뒤 그 위층에 있는 작은 방으로 올라갔다. 그리고 위성전화로 이메일을 확인하며 본격적인 진료를 준비했다.

〇

장미 라장테를 처음 본 순간, 말 그대로 기적을 만난 것 같은 기분이 들었다. 무척 가난한 서반구 지역 중 하나인 캉주, 내게는 지구 끝에 위치한 것처럼 멀게 느껴지던 이곳에 장미 라장테 같은 곳이 존재한다니. 내가 아는 한, 아이티의 1인당 평균 소득은 하루 1달러를 조금 넘는 수준이며 외곽 지역은 중부 고원지대보다도 더욱 빈곤했다. 숲과 토양은 심각하게 훼손됐고 공중보건 통계 수치는 서구 사회를 통틀어 가장 열악했다. 이런 아이티에서도 가장 가난하고, 병들고, 헐벗고, 굶주린 지역에 성벽으로 둘러싸인 장미 라장테가 우뚝 솟아 있는 것이다. 차라리 외계인이 지은 건물이라고 했다면 더 믿기 쉬웠을 정도로 장미 라장테는 신비 그 자체였다.

이곳에서 지낸 첫 주에 있었던 일이다. 현지인 농부 한 명이 당나귀에 아픈 아이를 싣고 그 험한 3번 국도를 거의 20km나 걸어서 병원에 찾아왔다. 무사히 장미 라장테에 도착해서 마음이 놓이느냐고 묻자, 그는 무슨 그런 당연한 질문을 하냐는 듯 놀란 표정으로 "그럼요!"라고 대답했다. 이 지역에도 다른 병원과 의료센터가 몇 개쯤 있긴 했지만 하나같이 시설이 형편없었고 일부는 심각하게 비위생적이었다. 약값은 물론이고 검사할 때 사용하는 의료용 장갑 비용까지 환자가 부담해야 했다. 중부 고원지대에 사는 아이티의 서민 대부분에게는 그 정도의 진료비를 감당할 여력이 없었다.

물론 장미 라장테도 환자에게 진료비의 80센트에 해당하는 금액을 청구한다는 규정이 있긴 했다. 파머와 함께 일하는 아이티인 의사들의 주장으로 만들어진 정책이다. 센터의 최종 의사 결정권자는 파머였지만, 그는 동료들의 권고에 굳이 반론을 제기하려 하지 않았다. 대신 평소에 종종 그러하듯이 우회적인 방식으로 청구 절차를 유명무실하게 만들었다. 여성과 아이, 빈곤층, 심각한 질병을 앓는 환자는 예외적으로 진료비가 면제되도록 한 것이다. 모든 이에게 진료비 부담을 지웠지만 사실상 거의 모든 사람이 이 규정에서 면제됐다. 여기에 더해 파머는 어떤 환자도 그냥 돌려보내지 않는다는 원칙을 세웠다.

장미 라장테에 의존하는 농민 인구는 약 100만 명가량으로 추정된다. 통원이 가능한 거리에 사는 인구가 약 10만 명이고 70여 명의 지역 보건의료 인력이 이들의 건강을 책임진다. 하지만 그

외에도 수도인 포르토프랭스와 남부 지역, 심지어 스페인어를 쓰는 도미니카공화국 접경지대에서 이곳을 찾는 환자도 많았다. 그들은 망가진 도로와 마을 길을 따라 엄청나게 먼 거리를 걸어서 이곳을 찾아왔다. 지역 밖 환자 중에는 중부 고원지대 주민이 가장 많았는데 그들은 북적대는 트럭을 타고 3번 국도를 달려 이곳에 온다. 걷거나 당나귀를 타고 오는 이도 많았다. 가끔은 환자를 눕힌 매트리스를 한 귀퉁이씩 들고 느릿느릿 걸어오는 사람들의 모습도 볼 수 있었다.

장미 라장테의 약국에서는 처방전에 맞지 않게 약을 조제하는 실수나 특정 약품의 재고가 떨어지는 사고가 간혹 일어나기도 했다. 가끔은 실험실 연구원들이 표본을 분실하기도 했다. 솔직히 파머를 제외하고 전원 아이티 현지인으로 구성된 일곱 명의 의료진은 완벽하게 유능하다고 보기는 어려웠다. 아이티의 의료인력 교육 수준은 잘 쳐줘도 그저 그런 수준이 될까 말까였다. 그러나 이러한 결점에도 불구하고 장미 라장테는 이 지역의 환경을 엄청나게 개선했다. 집과 학교를 세우고 공공 위생시설과 상수도를 건설했으며, 모든 아이에게 백신을 접종했고 영양실조와 유아 사망률을 크게 감소시켰다. 여성에게 글을 가르쳤으며, 에이즈 예방 프로그램을 실시한 결과 장미 라장테의 영향력이 미치는 지역에서는 산모에게서 아이로 전염되는 HIV 감염률이 4%대까지 내려갔다. 이는 현재 미국의 절반 수준에 해당하는 수치로 상당히 낮은 편이다.

몇 년 전에는 아이티에 장티푸스가 유행했는데, 설상가상으로 일반적인 치료제에는 내성이 있는 유형의 티푸스균이었다. 이때 장미 라장테에서는 비싸지만 효과가 확실한 치료제를 자비로 수입하고 지역 상수도를 정화하여 전염이 중부 고원지대까지 확산되는 것을 막는 데 성공했다. 뿐만 아니라 아이티에서는 결핵이 아직까지도 다른 어떤 질병보다도 가장 많은 인명을 앗아가는 무서운 질병이지만, 장미 라장테 인근 지역에서는 1988년 이후로 결핵으로 죽은 환자가 단 한 명도 나오지 않았다.

장미 라장테는 파머가 설립했고 보스턴에 본부를 둔 소규모 비영리단체인 PIH의 기금으로 운영된다. 이곳의 운영 예산은 미국 기준으로 보자면 상당히 적은 축이었다. 파머가 이끄는 지역 보건 의료 인력은 대부분의 결핵 환자를 집에서 치료했고, 심각하지 않은 케이스에는 1인당 150달러에서 200달러의 예산을 사용했다. 반면 거의 모든 환자를 입원 치료하는 미국에서는 비슷한 수준의 치료를 하는 데 1만 5천 달러에서 2만 달러 사이의 비용이 든다.

내가 사는 매사추세츠주의 지역 병원은 1년에 약 17만 5천 명의 환자를 치료하며, 연간 운영 예산으로 약 6천만 달러를 쏟아붓는다. 그러나 장미 라장테는 1999년 통원치료와 출장진료를 포함해서 비슷한 수의 환자를 치료했음에도 사용 예산이 150만 달러에 그쳤고 그 가운데 절반은 기부받은 의약품으로 충당했다. 현금 예산의 일부는 정부 보조금이었지만 대부분은 개인 기부금으로 운영됐다. 가장 큰 금액을 후원한 기부자는 톰 화이트Tom White 라는 자산가로, 수년에 걸쳐서 수백만 달러에 달하는 거액을 희사했다. 파머 또한 PIH에 꾸준히 기부했는데 그 금액이 정확히 얼마인지는 알 수 없었다.

파머가 얼마나 벌고 또 그 가운데 얼마나 기부를 하는지 하는 현실적인 부분에 대해 파악하는 데는 꽤 시간이 걸렸다. 그래서 그가 PIH에 쏟아붓는 경제적 노력이 어느 정도나 되는지 어림짐작이라도 할 수 있게 됐을 때는 깜짝 놀라지 않을 수 없었다. 1993년에 그는 훌륭한 성과를 낸 연구자에게 맥아더재단MacArthur Foundation이 수여하는 지원금 22만 달러를 받아, 그 돈을 한 푼도 남김없이 PIH에 기부했다. PIH의 부설 기관인 '건강과 사회정의 구현을 위한 연구소Institute for Health and Social Justice'를 설립하기 위해서였다. 하버드대학교와 브리검 병원에서 1년에 약 12만 5천 달러의 연봉을 받았고 그 외에도 강연과 기고에 대한 사례금과 인세가 들어왔지만 파머는 그 돈을 만져본 적이 없다. PIH 본부의 회계 담당자는 모든 수표를 현금화해서 각종 공과금을 내고 모친의 주택마련 대출 상환금을 갚은 뒤 나머지 금액은 고스란히 PIH의 예산으로 책정했다. 1999년 어느 날, 신용카드로 물건을 사다가 한도액이 초과됐다는 말을 들은 파머가 경리부 담당자에게 전화를 걸었을 때, 그녀는 이렇게 말했다. "선생님처럼 뼈 빠지게 일하면서 이렇게 빈털터리인 사람은 처음 봐요."

청년 시절 그는 보스턴에 있는 PIH 본부 지하실에서 지냈다. 4년 전에 디디 베르트랑Didi Bertrand이라는 아이티 여성과 결혼했을 때도 이사를 하지 않았지만 1998년에 딸이 태어나자 부인의 권유로 새 보금자리를 얻었다. 현재 그의 주소는 하버드대학교의 기숙사인 엘리엇하우스Eliot House로 돼 있으며, 가족이 보스턴에서 지낼 때는 그 집에서 머문다. 하지만 그의 아내 또한 아이를 데리고 파리에서 인류학 공부를 하는 중이라서 그곳에서 보내는 시간은 그리 길지 않다. 친구들은 파머에게 가족과 더 많은 시간을 보내야 한다고 조언했다. 그때마다 그는 "하지만 파리에는 내가 돌볼 환자들이 없는걸" 하며 고개를 저었다. 물론 그도 가족을 그리워했다. 아이티에서 그와 함께 머무르는 동안 살펴본 바로는 적어도 하루에 한 번은 가족에게 전화를 했다.

통계적으로 그는 1년 중 4개월을 보스턴에서 보내고 나머지 8개월은 캉주에서 보냈다. 하지만 어디에 있든 그 기간조차 잘게 조각난 시간이었다. 환자가 있는 곳을 찾아다니느라 한곳에 오래 머물지 못했기 때문이다. 몇 년 전 그는 아메리칸항공으로부터 100만 마일 클럽에 가입됐다는 편지를 받았다. 그는 그 이후로도 족히 200만 마일은 더 여행했을 것이다.

그는 캉주에 작은 집을 가지고 있었다. 장미 라장테와 길 하나를 사이에 두고 마주한 가파른 절벽에 위치한 그 주택은 그의 일생을 통틀어 가장 '집'에 가까운 거주지였다. 현지인 농부들이 주로 머무는 움막인 '티카이 Ti Kay'를 개량한 건물로 철제 지붕에 콘크리트 바닥이 깔려 있고 비록 온수는 나오지 않지만 독립된 화장실이 있다는 점에서 이 지역에서 단연 돋보였다. 나는 그 집을 몇 번이나 들여다봤지만 침대는 거의 항상 사용된 흔적 없이 말끔한 상태였다. 그는 내게 적어도 하루 네 시간은 잔다고 했지만, 며칠 후에야 진실을 털어놨다. "도통 잠이 안 와요. 치료받지 못한 환자가 여기저기에 너무 많거든요. 그 사람들을 생각하면 가만히 있을 수가 없어요."

극심한 수면 부족에 가진 재산도 없고, 가족과 떨어져 지내는 데다 집에는 따뜻한 물 한 방울 나오지 않는다. 캉주에 도착한 지 며칠 안 된 어느 날 저녁, 나는 그에게 이러한 고난을 대가로 어떤 보상을 받는지 물었다.

"누군가 희생을 하고 있다고 해봅시다. 정해진 규범을 무의식적으로 따르는 게 아니라면 아마도 그 사람은 뭔가 마음의 불편함을 덜기 위해 그러한 행동을 하고 있을 거예요. 제가 의료혜택을 받지 못하는 사람들을 위해 의술을 펼치겠다고 결심하고 그러기 위해 노력했다면, 그걸 희생으로 여길 수도 있겠지만 제 내면의 모순을 해결하기 위한 자의적인 선택으로 볼 수도 있습니다."

말을 이어가면서 그의 목소리가 점점 달라졌다. 드러내놓고 분노를 표출하지는 않았지만 말투에서 날카로움이 묻어났다. 나는 그의 말투에서 격앙된 감정을 느꼈다.

"구매할 수 없는 사람들이 버젓이 존재하는 세상에서 내 의술을 팔고 싶지는 않아요. 누구든 이러한 현실에 모순을 느낄 수 있습니다. 아니, 반드시 느껴야만 합니다. 이상."

파머가 '이상'이라는 단어를 쓰는 것을 본 건 그때가 처음이었다. 이럴 때 '이상'은 '개자식'을 대신하는 말이다. 나는 그가 내게 욕하고 있지 않다는 사실을 알았다. 그러기에 그는 너무나 정중한 사람이다. '이상'은 언제나 제3자, 구체적으로는 오늘날의 자원과 의술이 분배되는 불평등한 방식에 편안함을 느끼는 무감각한 사람들을 향하는 비난이었다. 물론 그 말에는 듣는 사람을 향한 암시도 포함돼 있었다. '당신은 그런 무리와 다르죠? 그렇죠?'

◦

아침이면 나는 안뜰에서 컴퓨터가 있는 방으로, 다시 '토머스 J. 화이트 결핵 센터 Thomas J. White Tuberculosis Center'라고 불리는 신축 건물 1층에 있는 진료실로 향하는 파머를 졸졸 쫓아다녔다. 진료실 벽에는 그의 졸업장과 함께 아이티 최초로 선거를 통해 당선된 대통령 장베르트랑 아리스티드 Jean-Bertrand Aristide 그리고 파머가 치료한 어린 소년 결핵 환자와 셋이서 찍은 사진이 걸려 있었다. 아리스티드 대통령은 파머의 오랜 친구이기도 했다. 벽 아래에는 진찰대와 엑스레이 뷰어, 책상이 있었고 직원들이 크리스마스 선물로 사준 새 의자도 놓여 있었다. 의자에는 아직까지도 크리스마스 장식의 반짝이 가루가 붙어 있었다.

책상 앞에 앉은 파머가 나를 바라보며 물었다. "이제 우리가 해야 할 일은 뭘까요?" 정답을 떠올리지 못한 내가 어깨를 으쓱해 보이자 그가 대답했다. "가만히 자리를 지키면 됩니다. 사람들이 밖에서 기다리고 있거든요. 야생동물처럼 어슬렁어슬렁…."

서른 명, 때로는 마흔 명에 이르는 환자가 복도에서 차례를 기다린다. 몇 명은 대기석에 앉아 있고, 괜히 여기저기를 빙빙 맴돌며 서성이는 사람도 있다. 흰 유니폼을 입은 간호사가 화난 목소리로 파머에게 말했다.

"앉아서 기다리셔야 한다고 아무리 얘기해도 듣지를 않아요."

파머는 한쪽 손바닥에 다른 한쪽 손등을 부딪치는 아이티식 박수를 치며 그녀를 향해 미소 지었다. "우리가 짊어져야 할 십자가 아니겠어요?" 간호사가 성큼성큼 걸어 나가자 나를 보며 말했다. "의료진에 대한 공감이 지나쳐서는 안 돼요. 자칫 환자들에게 느껴야 할 공감이 흐려질 수 있거든요."

그렇다. 파머의 환자들은 가난하고 상처받은 이들이다. 절뚝거리고 굳어지고 눈이 먼 이들이다. 폐결핵 치료를 받고 있는 한 노인은 미국 가수 레이 찰스를 닮았다(이 노인은 앞이 보이지 않으면서도 안경을 쓰고 있었는데, 안경이 갖고 싶다는 노인의 얘기를 듣고 파머가 구해준 선물이었다). 파머가 '나사로(예수가 살려냈다고 알려진 성경 속 인물 - 옮긴이)'라고 부르는 한 청년 환자는 몇 달 전 친척들이 매트리스째 메고 이곳에 왔을 때까지만 해도 에이즈와 결핵으로 몸무게가 40kg 정도밖에 나가지 않았지만, 지금은 결핵이 완치되고 약물치료로 에이즈 증세도 호전되어 70kg까지 체중이 늘었다. 아주 건강해 보이는 젊은 여성 환자도 있었는데 그녀의 아버지는 불과 한 달 전만 해도 딸의 장례식에 대비해 돈을 모으고 있었다고 한다.

한편에서는 약물 저항성 결핵을 앓는 젊고 아름다운 여성 환자가 겸상적혈구 질환이 유발하는 통증 때문에 신음하고 있었다. 파머는 부드러운 목소리로 그녀를 달랬다.

"귀염둥이, 괜찮아요. 잘하고 있어요, 우리 예쁜 아가씨."

그는 간호사에게 모르핀 주사를 지시했다.

중년을 훌쩍 넘긴 위염 환자도 보였다. 파머에 따르면 아이티 인구의 약 25%가 마흔 전에 세상을 떠나기 때문에 서른이면 중년 중에서도 꽤 지긋한 축에 든다. "이곳의 상황이 기아에 가까운 탓이죠." 그가 환자를 진찰하며 말했다. "이 환자는 몸에 지방이 하나도 없어요. 노쇠해가는 나이에 음식을 제대로 못 먹어서 그런 것일 수도 있고, 어쩌면 다른 가족까지 부양하고 있을지 모르죠." 파머는 이 위염 환자에게 영양제를 처방했다.

다음 환자는 너무 허약해서 걷지도 못하는, 체중이 채 30kg도 안 나가는 열여섯 살의 소년이었다. 파머는 그에게 위궤양 진단을 내렸다. "이 소년의 몸은 이미 굶주림에 익숙해져 있어요. 살을 좀 찌워야겠어요." 그는 영양보충제 인슈어 한 캔을 들어 보이며 말했다. "이런 보충제가 큰 도움이 되죠. 이 아이에게 하루 세 캔씩 지급할 겁니다. 그러려면 보충제 값만 족히 200~300달러가 들 텐데, 경제논리로 보면 매우 비효율적인 선택이에요. 하지만 저는 이런 처방을 내릴 때 아주 짜릿한 희열을 느낍니다."

아주 작고 나이 든 여성 환자가 허리를 거의 직각이 되도록 구부린 채 들어왔다. 파머를 만나기 훨씬 이전에 결핵균이 척추에 침투해 뼈를 일부 갉아먹어버린 것이다. '포트 병'이라고도 불리는 결핵성 척추염은 사실 쉽게 치료할 수 있는 병이다. 그러나 아무런 치료도 받지 못하고 방치되는 사이 병이 퍼질 대로 퍼져 이제는 그녀의 몸을 완전히 잠식한 상태다. 의료적으로는 더 이상 취할 수 있는 조치가 없었다. 그녀는 다만 돈과 음식, 말벗을 구하기 위해 이곳을 찾은 것이다. 파머는 벌떡 일어나 "마미 므웬mami mewen"이라고 말하며 그녀를 맞이했다. 아이티어로 '나의 어머니'라는 뜻이었다. 그가 무릎을 꿇고 허리를 숙인 채 환자의 양쪽 뺨에 키스하고는 말했다. "아들은 늘 어머니를 염려하는 법이지." 그녀는 파머가 가져다준 의자를 붙잡고 선 채로 턱을 괴고 그가 다른 환자들을 치료하는 모습을 지켜봤다.

브리검 병원에서 그랬던 것처럼 그는 환자들에게 가능한 한 가까이 다가가려고 노력하는 것 같았다. 그는 자신이 앉는 의자 바로 옆에 환자용 의자를 놓았는데, 희고 가늘고 긴 손가락을 뻗어 그들의 어깨에 손을 얹을 수 있도록 그러는 게 아닌가 싶었다. 나이 지긋한 여성 환자는 '어머니'로, 나이 든 남성 환자는 '아버지'라고 불렀다. 이곳을 찾는 많은 환자가 선물을 들고 왔다. 한 사람은 옥수숫대로 입구를 막은, 우유가 담긴 초록색 유리병을 건넸다. "오, 세리! 메시 앙필, 앙필!(오, 내 사랑! 고마워요, 고마워요!)." 파머는 아이티어로 감사 인사를 건네며 기꺼이 선물을 받는 책상 위에 병을 올려놓고 미소 띤 얼굴로 바라보다가 영어로 중얼거렸다. "더러운 병에 담긴 살균되지 않은 우유라. 마시고 싶어 죽겠는걸." 그가 내 쪽을 바라보며 덧붙였다. "이곳 사정은 정말 열악해서 마음이라도 편하게 먹는 게 나아요."

고개를 들자 만삭의 여인이 간호사를 힘겹게 지나 진료실 문을 열고 들어왔다. 에이즈에 감염된 상태에서 결핵 환자와 접촉한 그녀는 결핵 예방 백신을 맞기 위해 이곳을 찾았다. 얼마 전에 남편이 세상을 떠나서 식량을 구할 돈도 필요한 상황이었다. 그런데도 그녀의 목소리는 밝고 명랑했다. "여러분 모두가 제 남편이에요!"

다음은 젊은 청년 환자 차례였다. "파머 선생님, 이곳에 처음 왔을 때는 너무 아팠는데 이제 많이 좋아졌어요. 기념으로 선생님과 사진을 찍고 싶어요."

파머의 책상 옆에는 세 장의 노란색 메모지가 테이프로 붙여져 있었다. 메모지의 각 줄에는 파머가 해야 할 일이 적혀 있고, 그 옆에는 파머가 손수 그린 네모박스가 있었다. 때로는 목록에 없는 임무를 갑자기 처리해야 할 때도 있었는데 그때마다 그는 방금 완수한 일을 메모지에 적은 후 네모박스를 그린 다음 그 안에 체크 표시를 했다. 네모 칸은 크리올어로 '브왓'이라고 하는데, 브왓을 채워나가는 일이 그에게는 더없는 즐거움인 것 같았다. "오늘도 많은 일을 했군요"라며 기뻐하는 그를 보면 괜스레 내 기분까지 덩달아 좋아졌다.

메모지에는 대략 60개의 할 일이 나열돼 있었다. 앞으로의 강연에 쓸 사진 자료 정리하기, 나사로에게 성경책과 손톱깎이 구해주기, 마이애미 공항에서 산 손목시계를 환자에게 전해주기, 약물저항성 결핵 환자의 타액 샘플 채취하기 그리고 보스턴으로 가져가 검사하기 등. 이 외에도 미국 병원의 관점에서는 상당히 흥미롭다고 할 만한 다채로운 과제가 목록에 가득했다. 어떤 줄에는 '주술사에게 자문받기'라는 항목이 있을 정도로.

파머는 한 저서에서 신비로운 힘에 대한 아이티 시골 사람들의 인식을 소개했는데, 그에 따르면 '부두라고 불리는 종교적 관습'과 일반적인 마법에 관한 믿음 사이에는 분명한 차이가 있었다. 모든 아이티 농민이 부두교 신자는 아니지만, 기독교와 천주교와 부두교를 포함해 종교를 막론하고 대부분의 농민은 그들 말로 '마지', 즉 마법의 효력을 믿었다. 캉주 일대에 사는 사람들은 대부분 자신에게 원한을 품은 사람이 보낸 마법의 주술 때문에 병에 걸린다고 생각했다. 이들은 또한 신성한 부두교 주술사가 그러하듯 파머가 나쁜 마지와 싸우는 방법에 통달했다고 여겼다.

한 현지인은 파머에 대해 "신은 모든 인간에게 재능을 하나씩 주십니다. 파머 선생님은 치유하는 재능을 받으셨지요"라고 말했다. 한 공공 행사에서는 파머에게 치료받은 환자 한 명이 벌떡 일어나서 "저는 파머 선생님이 신이라고 믿습니다!"라고 선언하기도 했다. 항간에는 파머의 의술에 대한 소문이 돌았다. "그분은 두 손을 다 쓴다더군." 파머가 의술과 주술을 동시에 쓸 줄 안다는 의미였다. 파머 본인은 이러한 절대적 찬사에 대해 재미있어 하면서도 다른 한편으로는 민망해했다. 하지만 자신이 주술을 부린다는 소문만큼은 가슴 아프게 받아들였다.

"아이티 사람들이 마법의 힘을 믿는 건 그들의 문화에 이제껏 실질적인 의술이 부재했기 때문입니다. 그런 상황에서 멀쩡하던 사람이 갑자기 쓰려져 의식불명 상태에 빠지면, 원수가 보낸 주술이 아니고서야 달리 이걸 어떻게 설명하겠어요? 이곳 주민들은 병에 걸리면 당연히 죽는다고 생각하며 평생을 살아왔어요. 그런데 이제는 똑같이 아프던 사람이 약을 먹고 순식간에 낫는 모습을 봅니다. 그러니 제가 주술을 부린다는 소문이 날 법도 하죠."

그의 경험에 따르면 대부분의 아이티인은 효과적인 의술을 매우 적극적으로 받아들였다. 그가 치료한 부두교 사제만도 수십 명이고, 그들 중 일부는 현지 보건인력을 자처하며 아픈 신도들을 직접 데려왔다.

마법은 결국 아이티인이 자신들의 고통을 설명하는 하나의 수단이었지만, 때로는 잘못된 믿음이 또 다른 고통을 불러오기도 했다. 막 한 노파가 진료실로 들어왔다. 그녀가 바로 '주술사에게 자문받기' 과제의 주인공이었다. 며칠 전 파머는 병원 안뜰에서 우울한 표정으로 서성이던 이 노파의 아들과 마주쳤고 그 이유를 물었다. 그는 "선생님, 어머니가 저를 증오하세요"라고 대답했다. 자신이 '주술을 걸어서' 형제를 죽였다고 어머니가 철석같이 믿는다는 것이다. 노파가 파머 옆에 앉자 그는 주술이 존재하지 않는 건 아니지만 최소한 이번 일과는 아무런 연관이 없다고 설명했다. 노파는 턱을 치켜들더니 고개를 돌리고 그를 외면했다. 시간이 지날수록 노파의 태도는 차츰 누그러졌지만 살아남은 아들에 대한 오해를 완전히 풀기까지는 몇 달이 걸릴지도 모른다. 진료실을 떠나는 그녀를 보며 파머가 말했다. "86%쯤은 재미있는 에피소드였어요." 아마도 14%쯤은 서글프다는 의미일 것이다.

　　노파는 아들이 자신의 형제를 '팔았다'고 주장했는데, 이때 '팔다'라는 단어를 아이티인들이 노예로 팔려가던 시절에 쓰이던 크리올어로 말했다(아이티인들의 주술에 대한 믿음은 어쩌면 과거 노예상에게 품었던 두려움에서 비롯됐는지도 모른다. 인류학자 알프레드 메트로 Alfred Métraux 는 "주술에 관한 아이티의 믿음과 관습의 상당수는 프랑스의 노르망디와 베리, 피카르디, 고대 리무쟁 지역에서 유래했다"고 썼다). 누군가 주술을 보냈다는 의심과 비난은 대개 엄청난 빈곤에서 비롯된 질투에서 생기는 듯했다. 이번 사건만 해도, 어머니는 아들이 자신보다 나은 티카이에 산다는 이유로 악감정을 품고 있었다. 어머니도 제대로 모시지 않는 아들이니 저주로 형제를 죽이고도 남으리라는 논리였다. 파머는 이처럼 경제적 불평등에서 싹트는 의심과 비난이 너무나도 흔하다고 말했다. 빈곤은 가족과 친구를 갈라놓는다. "그 사실을 깨달았을 때, 나는 이렇게 생각했어요. 맙소사! 아이티는 온갖 악조건 때문에 피폐해지는 것으로도 모자라 말 때문에 서로 상처를 주고받는구나."

캉주에서 파머와 함께 며칠을 보내고 나니 그의 해석적인 화법에 익숙해졌고 은근히 이를 기대하게 됐다. 파머는 이런 이야기를 '아이티 해석하기'라고 불렀다. 듣는 이에게 뭔가를 설명해주고자 하는 그의 성향을 특별히 부풀리고 싶지는 않다. 사실 그는 상대의 말을 경청하며 침묵을 지킬 줄 아는 사람이었고 오히려 조용히 있는 편을 선호하는 듯도 했다. 그리고 가벼운 대화를 즐길 때도 많았다. 그의 세계관을 자세히 이해하고 싶은 마음에 내 쪽에서 이야기를 들려달라고 그를 부추긴 면도 없지 않았다. 어쨌든, 일단 '아이티 해석하기'에 발동이 걸리면 주변의 모든 사물이 아이티의 가난한 사람들이 겪는 고통을 배우는 계기가 됐다. 그리고 때때로 이러한 자각은 세계 전체의 빈곤층에 대한 교훈으로까지 확장됐다. 파머는 한참 열을 올리다가도 이따금 숨을 가다듬으며 내 반응을 확인했다. "어때요? 제 이야기가 와닿나요?"

그럴 때마다 나는 난처했다. 그의 말에 충분한 반응을 보이지 못하는 것 같아서였다. 아이티의 아이들이 홍역으로 죽어간다는 사실은 가슴 아팠지만, 그 순간에도 파머를 만족시킬 만큼 마음 깊이 슬퍼할 수는 없으리라는 생각을 떨쳐낼 수 없었다. 그래서 가끔은 그에게 짜증이 치밀기도 했다. 마치 우리가 다른 사람에게 폐를 끼쳤을 때 도리어 피해자인 그 사람에게 짜증이 나기도 하는 것처럼.

$$\text{\textcolor{gray}{⸱}}$$

몇 번의 낮과 밤이 빠르게 흘러갔다. 파머는 하버드 의과대학 제자들에게 훌륭한 임상의가 되려면 의사 자신도 문제를 안고 있다거나 바빠서 시간에 쫓기고 있다는 걸 환자가 절대 눈치채게 해서는 안 된다고 입버릇처럼 말했다.

"이 작은 노력이 가져다주는 보상은 정말 대단합니다."

물론 그의 느긋한 태도 덕분에 일부 환자는 종일 진료실 앞에서 차례를 기다려야 했고, 그 또한 날이 어두워지기 전까지는 진료실을 떠날 수 없었다.

밤공기가 따뜻한 어느 날이었다. 파머의 책상 뒤편으로 높게 난 창문의 창살 사이로 일렁이는 별빛이 보였다. 파머 곁에 앉은 한 청년 환자가 슬픈 표정으로 뒤축이 다 닳은 운동화를 내려다보고 있었다. 그의 이름은 티 오파, 에이즈 환자다. 브리검 병원에서 에이즈 진료팀을 지휘하고 있는 파머는 그곳에서와 똑같은 방법으로 티 오파를 보살펴왔다. 약해진 면역체계로 침투한 각종 균을 죽이며 에이즈가 약한 수준의 만성질환으로 개선될 때까지 항생제를 투여한 것이다. 장미 라장테에는 체내 바이러스 수치나 면역세포 수치를 측정할 수 있는 장비가 없지만, 파머는 경험을 통해 환자 몸에 기생하는 바이러스가 최후의 발악을 하고 있다는 사실을 알 수 있었다. 티 오파가 나직이 말했다.

"이런 병에 걸렸다는 게 수치스러워요."

"전에도 얘기했듯이, 에이즈는 누구나 걸릴 수 있는 병이에요."

파머 책상 서랍을 열고 큼직한 플라스틱 약병을 꺼냈다. 그 속에는 단백질 분해효소를 억제하는 에이즈 치료 신약 인디나비르가 들어 있었다.

적어도 현재로서는 이런 신약으로 아이티인을 치료하는 의료 서비스는 어디에도 존재하지 않는다. 사실 세계 어느 빈곤국을 둘러봐도 돈 없는 에이즈 환자를 치료하는 의사를 만나기란 하늘의 별 따기다. 아이티 의료기관에서 봉사하는 파머의 친구들조차 캉주에서 이런 식으로 에이즈를 치료하는 것은 미친 짓이라며 그를 말렸다. 수많은 국제 공중보건 전문가도 이 의견에 동의할 것이다. 이러한 반대 의견은 차치한다 해도 인디나비르의 사용은 장미 라 장테에 환자 한 명당 연간 5천 달러의 재정 부담을 지우게 된다. 그럼에도 파머는 에이즈 환자들에게 세 가지 약을 동시에 투여하는 삼제요법을 시작했다. 그는 몇 달 전 '에이즈를 염려하는 케임브리지 사람들'이라는 단체의 초청으로 매사추세츠주에서 강연을 하며 호소했다. "여러분이 에이즈 문제를 걱정하고 있다는 것을 잘 압니다. 하지만 이 정도로는 부족해도 한참 부족해요." 너무 지나친 발언이었나 걱정한 것도 잠시, 얼마 후 그의 강연을 들은 보건의료 관계자들과 에이즈 환자들이 사용하지 않은 치료제를 모아 파머에게 전달했다. 캉주의 환자 몇 명을 치료하기에 충분한 양이었다. 그의 목표는 이러한 의료혜택을 받는 에이즈 환자 수를 더 늘리는 것이다. 그와 매사추세츠에 있는 동료들은 더 크고 안정적인 공급망을 확보하기 위해 보조금을 타려고 노력하고 있고, 그는 동료들을 단단히 믿고 있었다.

"우리는 필요한 돈을 구할 겁니다. 구하고말고요."

파머는 티 오파의 눈앞에 값비싼 약병을 들어 보였다. 병을 흔들자 알약이 부딪히며 절그럭 소리를 냈다. 그는 환자에게 이 약 외에도 다른 두 가지 약을 동시에 처방해 그를 치료할 거라고 설명했다. HIV를 완전히 뿌리 뽑지는 못하더라도 고통스러운 증상은 잠재울 수 있을 것이며, 운이 좋으면 에이즈에 감염되지 않은 것처럼 건강하게 여러 해를 더 살 수 있으리라고 했다. 단, 티 오파는 무조건 시간에 맞춰 약을 복용하겠다고 약속해야 했다.

티 파오는 약속을 하면서도 여전히 신발만 바라봤다. 파머는 허리를 숙여 그에게 가까이 다가가 "절대로 희망을 잃지 마"라고 격려했다. 티 오파가 그제야 고개를 들고 말했다.

"선생님과 얘기하는 것만으로도 기분이 한결 나아져요. 오늘밤에는 푹 잘 수 있을 것 같네요."

그는 마음을 털어놓을 상대가 필요해 보였고, 파머가 자신의 이야기를 경청해주라는 사실을 알고 있는 것 같았다.

"지금 제 사정이 너무 안 좋아요. 작은 집에 여러 식구가 복작복작 살다 보니 자꾸 머리를 다치거든요. 침대가 하나뿐이라 아이들에게 양보하고 저는 침대 발치에 쭈그린 채 자는데, 아침마다 그 사실을 잊어버리고 벌떡 일어나다가 머리를 쾅 부딪쳐요. 하지만 선생님이 제게 베풀어주신 은혜는 하나도 잊지 않았어요. 제가 아플 때 모두 저와 몸이 닿는 걸 피했지만 선생님만은 침대 곁에 앉아서 제 이마에 손을 얹어주셨어요. 선생님이 밤늦은 시간까지 아픈 사람들을 찾아가 만나시는 바람에 동네 사람들이 개들을 다 묶어놓아야 했죠."

그러더니 그가 별안간 선언했다. "선생님께 닭이나 돼지를 한 마리 선물로 드리고 싶어요."

희미한 주근깨가 점점이 박힌 파머의 희고 창백한 얼굴이 순식간에 목부터 이마까지 새빨갛게 달아올랐다.

"당신은 이미 내게 많은 걸 줬어요. 그러니 그런 생각은 접어둬요."

티 오파가 밝게 웃었다. "오늘 밤엔 푹 잘 수 있을 것 같아요."

"그래야죠, 네그 파(내 친구)." 파머가 대답했다.

이제 회진을 돌 시간이다. 우리는 먼저 손전등을 들고 병동으로 내려간 뒤 성인 환자들이 입원해 있는 희미한 불빛의 중앙병동을 지났다. 그리고 조마조마한 마음을 안고 위층의 소아병동으로 향했다. 이곳에는 언제나 앙상한 뼈마디에 단백질 결핍성 영양실조로 배가 툭 튀어나오고 머리칼이 붉게 탈색된 아이들이 가득하다. 불과 일주일 전에 파머가 장미 라장테로 복귀하자마자 한 아기가 뇌수막염으로 세상을 떠났다. 모세혈관이 파열돼 아이의 온몸은 보랏빛 반점으로 뒤덮여 있었다. 그로부터 며칠 지나지 않아 멀리서 찾아온 또 다른 아기가 파상풍으로 끝내 목숨을 잃었다.

파머는 팔뚝이 말라비틀어지고 복수 때문에 배가 터질 듯 부풀어 오른 한 어린 폐외결핵 환자의 병상 곁을 서성였다. 소녀는 옆으로 누워 있었다. 파머는 손을 뻗어 아이의 어깨를 어루만지며 말했다. 아주 부드러운, 거의 노래에 가까운 음조였다. "미켈라는 포기하고 싶어 하지만, 우리는 그렇게 되도록 놔두지 않을 거예요. 안 되지, 안 돼. 결코 포기하지 못하게 할 거예요."

소아병동을 확인한 뒤에는 다시 언덕을 올라 결핵센터로 향했다. 이곳을 가장 마지막에 방문하는 이유는 요즘 그곳 환자들의 병세가 많이 좋아졌기 때문이라고 했다. 우리가 도착했을 때, 환자 대부분이 한 방에 모여 앉아 TV로 축구 중계를 시청하고 있었다. 지적거리는 TV 화면에는 물결이 치다 눈발이 날리다 했다.

"이 부르주아지들 좀 보게, TV를 보고 있다니!"

파머의 말에 환자들이 웃음을 터뜨렸다. 그들 가운데 한 젊은 남자가 고개를 들더니 "부르주아지라뇨, 선생님. 진짜 부르주아지라면 안테나 정도는 갖고 있지 않을까요?" 했다.

파머가 병실을 나서며 말했다. "저 모습을 보니 힘이 나네요. 나쁜 일만 있는 건 아니거든요. 일흔한 가지를 실패해도 한두 가지는 제대로 하고 있으니까요." 회진을 끝으로 병원 일과를 마친 파머는 비로소 언덕을 내려가 정문 밖의 3번 국도 건너편에 있는 자신의 집으로 향했다.

전기가 거의 공급되지 않는 중부 고원지대의 밤이 끝없이 펼쳐져 있었다. 어디선가 수탉 울음소리가 들려왔다(무슨 까닭인지 이곳의 수탉은 밤낮없이 울어댄다). 배터리로 불을 밝힌 파머의 집 주위로 훈훈한 바람이 불어와 테라스를 에워싼 나뭇잎을 살랑이며 스쳐 지나갔다. 바다에 떠 있는 작은 배의 선실처럼 보이는 이 공간에서 파머는 보스턴 PIH 본부에서 파견된 젊은 자원봉사자의 보조를 받으며 연설문과 제안서를 썼다.

그는 무릎 위에 의학 연구자료를 잔뜩 쌓아놓고 읽었다. 잠시 후 그가 자료를 내려놓으며 "어쩐지 집중이 안 되네"라고 말했다. 그러고는 내게 안뜰을 구경시켜주겠다고 했다. 예의를 아는 손님이라면 거절하기 어려운 청이었다. "사람들은 제가 이럴 때마다 '원예 고문'을 한다고 하더군요"라며, 그는 몇 년에 걸쳐 심은 꽃과 나무, 덩굴, 관목의 이름을 줄줄이 나열했다. 얼핏 봐도 40여 종은 되는 것 같았다. 끝으로 테라스의 희미한 불빛에 의지해 이제 막 돋아난 새로운 양치식물을 살펴봤다.

"아주 밝고 활기차고 건강한 새싹이네요. 우리 환자들도 이렇게 건강해야 할 텐데 말입니다."

그에게 '환자'라는 단어는 알람 소리와도 같았다. 그는 곧바로 집 안으로 들어가 좀 전까지 뒤적이던 연구자료에 파묻혔다. 몇 분 후 장미 라장테의 행정실장인 티 장Ti Jean이 파머를 부르러 찾아왔고, 그들은 다시 어둑어둑한 3번 국도를 건넜다.

☊

병원 문 옆의 침대에 방금 당나귀 구급차에 실려 도착한 열세 살짜리 소녀가 누워 신음하고 있었다. 두 명의 젊은 아이티인 의사(한 명은 인턴이었다)가 침대 곁에 눈을 내리깔고 입을 꾹 다물고 서 있었다. 이들을 향해 파머가 아이티식 박수를 치며 물었다.

"독테음 요, 독테음 요, 사캅 빠세웅?(선생님들, 선생님들, 이게 다 무슨 일이죠?)"

이윽고 두 의사에게 설명하는 파머의 목소리에서는 분노보다 애처로움이 묻어났다. "뇌수막염 환자를 볼 때는 반드시 요추천자 검사를 해서 어떤 종류의 감염인지 파악하고 어떤 항생제가 맞을지 확인한 다음 투여해야 합니다."

말을 마친 그가 직접 검사를 시작했다. 수련의들은 소녀가 움직이지 못하도록 꽉 붙잡고 서서 파머의 시범을 지켜봤다.

파머는 내게 자신이 요추천자를 꽤 능숙하게 한다고 자랑한 적이 있다. 실제로 보니 허풍이 아니었다. 게다가 왼손을 능숙하게 놀려 일하는 모습은 오른손잡이인 내게 신기하게 보였다. 척추에 가느다란 주삿바늘을 찔러 넣는 그의 목에 힘줄이 터질 듯 돋아났다. 아이가 자지러질 것처럼 괴성을 토해냈다.

"리 프음 말, 므웬 그랑고우!"

파머가 나를 올려다보며 잠시 '아이티 해석하기'를 했다. "방금 아이가 이렇게 말했어요. '아파요! 배고파요!' 믿어지나요? 요추천자를 받는 아이 입에서 배고프다는 고함이 나오는 곳은 세상에 아이티밖에 없을 거예요."

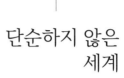

단순하지 않은
세계

파머를 찾아 캉주에 온 지 얼마 지나지 않아, 그는 단테에게 지옥을 안내해준 베르길리우스처럼 내게 아이티의 실상을 자세히 보여주겠다고 했다. 아이티에 관해서라면 그는 세상 모든 사람을 자신이 교육해야 할, 혹은 재교육해야 할 학생이라고 여기는 듯했다. 그에게 있어 아이티는 세계에서 가장 '부당한 평가'에 시달리는 나라였다. 사실 그의 주장을 반박하기도 어려웠다. 아이티 토속종교인 부두교가 광신적이고 끔찍한 의식의 대명사가 된 지 오래니까.

파머는 자신이 아이티에 대해 배워가던 중에 겪은 일화를 즐겨 이야기했는데, 그 사건은 그에게 주술에 대한 믿음과 의학의 상관관계를 깨우쳐줬다. 1988년 장미 라장테 근처에 살던 한 여인이 결핵으로 세상을 떠났다. 하필 그때 파머는 다리 골절 때문에 보스턴에 머물던 중이었다. 그가 캉주로 돌아왔을 때, 직원들은 파머만 있었어도 환자가 그렇게 죽지는 않았을 거라고 말했다. 파머에 대한 순수한 찬사의 의미였지만, 파머는 그 말을 비난으로 바꿔 마음에 담았다. 그리고 자신이 부재할 때도 제대로 굴러가는 의료 시스템을 구축하기로 마음먹었다. 그는 죽은 여인의 가족 모두가 장미 라장테에서 일할 수 있도록 일자리를 줬고, 직원회의를 열어 현재 이곳의 결핵 치료 시스템에 어떤 문제가 있는지 점검했다.

모두 토론에 열성적으로 참여했다. 농민들과 함께 살고 있으며 얼마 전까지만 해도 농사를 지어 생계를 꾸리던 지역보건 담당자들은 치료를 방해하는 가장 큰 장애물로 경제적인 어려움을 꼽았다. 그들은 가장 가난한 환자의 치료 경과가 가장 나쁘다는 사실을 꼬집으며, 분명 영양 부족이 원인 중 하나라고 주장했다. 한 담당자는 아이티 속담을 인용해가며 이렇게 말했다. "결핵 환자들에게 약만 주고 음식은 주지 않는 건 흡사 손을 씻고서 흙으로 비벼 말리는 것과 같아요." 하지만 의사와 간호사를 비롯한 전문 의료진은 의학저널에 흔히 실리는 견해와 마찬가지로 환자의 의지 부족을 지적했다. 환자들은 증세가 조금 호전됐다 싶으면 완치까지 한참 멀었는데도 약 복용을 중단하는데, 그 이유는 결핵이 세균에서 비롯된 질환이 아니라 원수가 주술의 힘을 빌려 보낸 횡액이라고 믿기 때문이라는 것이다.

파머는 상반된 두 주장 사이에서 갈피를 잡지 못했다. 지역 담당자들의 주장은 그가 '구조적 폭력'이라고 부르는 사회경제적 불평등을 제대로 설명하는 것 같았다. 그러나 그는 전문가들이 근거로 내세운 문화적 신념의 지대한 영향에 대해 교육받은 인류학도이기도 했다. 결국 그는 연구 실험을 통해 직접 사실을 확인하기로 했다. 하버드대학에 적을 두고 있는 그에게 이 프로젝트는 마치 자신이 직접 만든 수업에 교수이자 학생으로 출석하는 것 같은 느낌을 줬다.

그는 결핵 환자를 두 표본집단으로 나눴다. 연구가 진행되는 동안 두 표본집단의 환자는 브리검 병원의 환자와 동일한 수준의 치료를 무상으로 받았다. 다만 한 그룹은 오직 의료혜택만 받은 반면, 다른 한 그룹은 치료 외에도 다양한 추가 서비스를 받았다. 지역 보건의료 인력이 정기적으로 가택을 방문하는가 하면 식사와 양육비, 캉주까지의 왕복 교통비 등을 포함한 보조금을 지원받았다. 그 후 파머는 몇 주에 걸쳐 직접 환자들의 움막을 일일이 찾아다녔다.

"수다스러운 아이티 사람 100명이에요. 댁에선 절대로 따라 하지 마세요." 그가 농담조로 말했다. 그는 환자들에게 여러 가지 질문을 했고, 거기에는 주술 때문에 결핵에 걸렸다고 믿느냐는 질문도 포함됐다. 두 집단 모두에서 극소수를 제외하고는 '그렇다'는 대답이 나왔다. 하지만 두 집단의 치료 경과는 판이하게 달랐다. 치료만 받았던 환자의 완치율은 48%에 그쳤으나, 생활비를 비롯한 보조 서비스를 추가로 받은 환자는 전원 완치됐다. 환자가 결핵의 원인을 병균이라고 믿는지, 주술의 결과물이라고 믿는지는 치료에 전혀 영향을 미치지 못한 것이다.

파머는 당시의 어리둥절함을 이렇게 설명했다. "실험 전까지는 사람들의 마음가짐이 행동과 결과에 영향을 미친다고 생각했거든요."

그가 매우 아끼는 환자 가운데 한 명인 상냥한 노파를 만나 다시 인터뷰한 후에야, 그는 자신의 실험 결과가 무슨 의미인지 제대로 이해할 수 있었다. 1년 전쯤 파머와 처음 대화를 나눴을 때 그녀는 주술에 대한 질문에 가벼운 불쾌감을 표했다. 당시 그녀는 주술이 결핵의 원인이라는 믿음을 부정한 몇 안 되는 환자 중 하나였다. "파머 선생님, 전 바보가 아니에요. 저도 결핵이 보균자들이 기침하면서 나오는 세균을 통해 퍼진다는 것 정도는 안다고요." 그녀는 약을 꼬박꼬박 챙겨 먹었고 병을 완전히 이겨냈다.

하지만 1년이 지난 지금, 파머가 다시금 주술에 대해 묻자 그녀는 당연히 믿는다는 대답을 내놓았다.

"누가 제게 그 병을 보냈는지도 알아요. 그 여편네한테 반드시 복수할 거예요."

"하지만 그렇게 생각한다면 어째서 약을 먹은 거죠?"

파머의 질문에 그녀는 그를 빤히 쳐다봤다. 파머는 그녀의 얼굴에 떠오른 연민 어린 미소를 지금도 생생히 기억한다고 했다. 그건 아무것도 모르는 어린아이에게 세상 물정을 가르쳐주는 어른의 표정이었다. 실제로 당시 그는 채 서른도 안 된 청년에 불과했다.

"오, 선생님. 에스케우 빠 까 콩프란 바가이 끼 빠 쌩쁘?" 크리올어로 '빠 쌩쁘Pa senp'는 '단순하지 않다'는 뜻이다. 이는 어떤 현상에는 복잡한 원인이 얽혀 있다는 의미이며, 그 원인에는 대개 주술이 포함된다. 노파의 말을 의역하자면 "선생님, 어떤 일에든 다양한 측면이 있을 수 있다는 사실을 이해하지 못하시나요?" 정도다.

그제야 파머는 자신을 포함한 수많은 미국인도 기도와 의학이라는 모순되는 개념에 의지하며 살아간다는 명백한 사실을 떠올렸다. 그는 환자 앞에서 아무것도 할 줄 모르는 바보가 된 기분을 느꼈다. "그녀의 동정심과 유머에 마음이 사정없이 흔들렸죠."

이 실험 결과는 그에게 일종의 계시와도 같았다. 그는 환자의 믿음에 대해서는 신경 쓰지 말고 경제적인 어려움을 더 잘 보살펴야 한다고 확신하게 됐다. 그 이후로 장미 라장테 인근 지역의 모든 결핵 환자는 완치에 필요한 의료 서비스를 풀 패키지로 지원받았다. 지역 보건의료 인력이 환자를 방문해 약을 제대로 복용하는지 확인하는 '직접 확인 치료Directly Observed Therapy'가 실시됐고, 치료비 외에도 식비와 양육비 그리고 병원을 방문하는 데 쓸 교통비 명목으로 매달 약 5달러의 현금이 지급됐다. 프로그램은 매우 성공적이었다. 아니, 성공 그 이상이었다. 장미 라장테에서는 12년 동안 단 한 명의 결핵 사망자도 나오지 않았고, 파머는 스스로 세운 규칙을 한 치의 오차도 없이 지켜나갔다.

얼마 전 몽 미셸Morne Michel 이라는 마을에 사는 결핵 환자가 한 달에 한 번 있는 정기검진을 받으러 오지 않았다. 이럴 때는 누군가 환자를 찾아가 상태를 확인하는 것이 장미 라장테의 규칙이었다. 세계 보건의료의 역사에는 재원이 충분히 뒷받침됐음에도 처방받은 약을 제때 먹지 않은 '규칙을 잘 따르지 않는' 환자들 때문에 실패한 지원사업 사례가 수없이 등장한다. 하지만 파머는 늘 이렇게 말했다.

"규칙을 따르지 않는 사람은 의사들뿐이에요. 환자가 낫지 않는다면 그건 온전히 의사들 잘못입니다. 잘못은 고쳐야죠."

파머의 일화 중 나는 수년 전 케이 에핀Kay Epin 마을에서 있었던 에피소드를 가장 좋아한다. 그때 파머는 치료를 안 받겠다는 환자를 사탕수수밭 한복판까지 쫓아가서 제발 당신을 치료하게 해달라며 환자에게 애걸복걸했다. 아직도 그는 이따금 환자들을 쫓아다닌다. 이런 행동은 직원들에게 열의를 갖도록 자극을 줄뿐더러 잠시나마 사무실에서 탈출해서 휴식을 즐길 수 있어 일석이조라고 했다. 그런 이유로 그는 몽 미셸 마을에도 직접 방문하기로 했고, 나도 그를 따라가기로 했다.

'산 너머엔 또 산이 있다.' 이 아이티 속담이 마치 몽 미셸의 지리적 위치를 설명하는 듯했다. 그곳은 장미 라장테의 영향권 내에서도 가장 멀리 떨어진 마을이었다. 출발하는 날 아침, 파머는 부엌일을 도와주는 여인들에게 몽 미셸까지 나를 데려가기로 했다고 말했다. "세상에!" 그 말을 들은 여자들이 일제히 소리쳤다. "몽 미셸에요? 선생님, 저 흰둥이 손님을 죽일 작정인가요?"

'흰둥이'는 나를 의미했다. 물론 그녀들에게 모욕적인 의도는 없었다. 여자들은 파머도 흰둥이라고 불렀다(그에게는 주로 애정을 듬뿍 담아 '귀여운 흰둥이 선생님'이라는 호칭을 썼다). 게다가 흰둥이는 반드시 흰 피부의 백인만을 지칭하지도 않았다. 그들에게 있어 흰둥이의 기준은 피부색이 아니라 행동이었다. 한번은 파머가 의과대학에 다니는 자신의 흑인 제자를 이곳에 데려왔는데, 장미 라장테의 몇몇 현지인 직원은 파머에게 그가 친동생이냐고 물었다. 나중에 데려온 다른 흑인 학생을 이 첫 번째 학생과 혼동하는 이들도 있었다. 파머가 이 일을 두고 놀리자 한 직원이 이렇게 대답했다. "하지만 흰둥이들은 다 똑같이 생긴걸요."

⚲

파머는 픽업트럭을 몰고 3번 국도로 진입했다. 남쪽으로 향하는 길목에는 방 두 칸짜리 양철 지붕 움막이 흩어져 있었고 제대로 자라지 못한 돼지와 염소, 뼈가 앙상한 누렁개가 여기저기 보였다. 나무 기둥 위에 높다랗게 얹힌 곡물창고도 눈에 들어왔다. 짐승으로부터 곡물을 지키기 위해 지면에서 떼어놓은 것이라는데, 그래도 여전히 수확의 3분의 1은 쥐가 훔쳐 먹는다고 한다. 파머는 잠시 미소를 짓더니 아이티 농부가 많이들 한다는 농담을 들려줬다. 세상에 농사를 짓다가 다리가 부러질 만큼 가파른 옥수수밭이 있는 곳은 아이티뿐이고, 아이티 개들은 너무 깡말라서 짖으려면 나무에 기대야 한다는 것이었다. 이윽고 눈앞에 저수지가 펼쳐졌다. 길 한참 아래 산허리에 자리 잡은 호수였다. 황량한 산길의 가파른 경사에 감춰진 듯한 푸른 물결이 찰랑이는 모습은 너무나 아름다웠다. 하지만 농민의 눈으로 보면 잔혹하기 그지없는 풍경이라고 파머는 말했다. 비옥한 농지를 삼켜버리고 고지대를 황폐하게 만든 주범이 바로 이 호수였다.

그는 버려진 작은 시멘트 공장 옆 공터에 차를 세웠다. 녹슨 구조물 위에 식물이 마구잡이로 자라나 엉켜 있었다. 90미터쯤 떨어진 곳에 콘크리트 부벽댐이 우뚝 서 있었다. 요즘 들어 파머는 아이티를 떠나 있는 동안에는 자주 강연을 하러 다녔다. 많을 때는 하루에도 몇 건의 연설을 했다. 나도 몇 차례 그의 강연을 들었는데 매번 그는 이 댐에 대한 이야기를 빼놓지 않았다. 2000년까지 그가 집필하거나 출간 혹은 편집에 참여한 모든 책, 그의 이름으로 나온 수많은 기고문(내가 확인한 것만 42건이다)에도 항상 댐 이야기가 나왔다. 학자이자 작가로서 파머는 세계 빈부격차의 상호연관성을 증명하기 위해 큰 노력을 기울였고, 댐은 그가 가장 즐겨 인용하는 사례연구 소재였다.

아이티에서 가장 지류인 아르티보니트 강의 물줄기를 가로막고 세워진 이 댐에는 '펠리그르'라는 이름이 붙었고, 벽 뒤에 갇힌 채 찰랑거리는 물은 '펠리그르 호수'라고 불렸다. 미국 공병부대가 이 댐을 기획했고, 텍사스주에 본사를 둔 브라운앤드루트를 비롯한 미국 기업이 1950년대 중반에 댐 공사를 했다. 건설 비용은 미국 수출입은행이 댔다. 당시 아이티는 미국을 등에 업은 독재자 중 한 명이 통치하고 있었고, 그들은 댐 건설을 '개발 프로젝트'의 일환이라고 선전했다. 댐 건설의 배후에 있던 몇몇 인물은 실제로 자신들이 아이티 발전에 기여하고 있다고 믿었을지도 모른다. 하지만 계곡 상류에 터전을 둔 농민들의 삶은 그 누구도 고려하지 않았다.

댐은 농지에 물을 공급하고 전력을 생산한다는 취지로 건설됐다. 물론 중부 고원지대의 농민들도 현대적인 기술을 원했고 또 필요로 했지만, 현지인들이 종종 푸념하듯 그들은 댐 건설 이후에 전기도 농지에 댈 물도 얻지 못했다. 게다가 대다수 농민은 단 한 푼의 보상금도 받지 못했다. 사실상 이 댐은 대개 미국인 소유주가 운영하는 강 하류의 기업형 농장과 역시 외국인들이 운영하는 제조업 공장 그리고 포르토프랭스에 사는 극소수의 아이티 엘리트 가정에 전기를 공급할 목적으로 건설됐다. 댐이 농지를 집어삼킨 뒤, 파머가 '수몰 난민'이라고 부르는 캉주 지역 농가의 자녀들은 일자리를 찾아 수도로 떠났으며 그곳에서 남의 집 부엌일을 하거나 야구공 혹은 미키마우스 인형을 꿰매다가 상당수가 에이즈에 걸려 집으로 돌아왔다.

파머가 처음 이곳의 삶을 보고 그 역사를 조사하기 시작했을 때, 마을 노인들은 물이 불어나기 불과 며칠 전까지만 해도 누렸던 풍요로운 생활에 대해 그리운 목소리로 말했다. 당시에는 모두가 강가에 살며 농사를 지었고 가족을 먹이고 남아서 시장에 내다 팔 만큼 수확이 충분했다고 한다. 개중에는 자신들의 땅이 곧 물에 잠기리라는 경고를 기억하는 사람도 있었다. 하지만 강은 언제나 그 자리에 흘렀고, 댐 공사를 보면서도 콘크리트 벽 따위가 물길을 막을 수 있으리라는 상상은 하지 못했단다. 한 노인은 불어나는 물살을 멍하니 바라보다가 갑자기 몇 시간 안에 자신의 집과 염소들이 모두 수장되리라는 사실을 깨달았던 순간을 회상했다.

"아이와 염소 한 마리를 양손으로 들어 올리고 언덕을 달려 올라갔어요."

마을 사람들은 당장 챙길 수 있는 것만 챙겨서 서둘러 피난길에 올랐다. 몇 걸음에 한 번씩 고개를 돌려 물길이 자신들의 집과 정원을 집어삼키고 망고나무가 물속으로 서서히 잠기는 모습을 지켜보면서. 주민 대부분은 댐 주변의 가파른 언덕에 정착할 수밖에 없었다. 하지만 침식되고 메마른 땅에서는 농작물이 잘 자라지 않았고, 거의 매년 기근이 닥쳤다. 몇 년 사이 한때 이웃사촌이었던 사람들 사이에 욕설과 저주와 다툼이 시작됐고, 손바닥만 한 땅덩이의 소유권을 놓고 싸움이 벌어졌다.

하지만 불행은 여기서 끝나지 않았다. 댐이 세워진 뒤에도 상당수의 농민은 자녀 학비처럼 꼭 필요한 지출을 위한 일종의 보험 개념으로 검고 다리가 짧은 아이티 토종 돼지를 길렀다. 그러나 1980년대에 들어서면서 그마저도 잃어버렸다. 도미니카 공화국에서 아프리카돼지열병이 발병하자 자국의 축산업이 타격을 입을 것을 염려한 미국 정부가 아이티의 토종 돼지를 살처분하기로 결정한 것이다. 그들은 아이티 농민들에게서 돼지를 사들인 뒤 아이오와 농장에서 교배한 외래종을 대신 지급한다는 계획을 세웠다. 하지만 미국에서 온 돼지는 토종보다 훨씬 예민한 데다 사룟값도 많이 들고 번식력도 약했다. 결국 농민들은 돼지까지 잃고 빈털터리가 돼버렸다. 살처분 결정이 있은 지 1년 뒤 아이티에서는 캉주 인근 지역을 중심으로 전국적인 진학률 감소 현상이 나타났다.

우리는 걸어서 댐 위를 건넜다. 난간은 녹슬었고 콘크리트는 조각조각 떨어져 나가 있었다. 댐 오른쪽에는 아르티보니트 강의 물살이 휘몰아쳤고, 왼쪽에는 파랗고 잔잔한 수면 위로 카누 같은 작은 배 몇 척이 떠다녔다. 열대 휴양지의 리조트를 연상시키는 풍경이었다. 파머는 씩씩하게 걸었다. 어린 소년 하나가 잠시 그를 졸졸 따라다녔다. 맞은편에서 건너오던 현지인들은 파머를 보고 밝게 인사했다.

"봉쥬, 도크 므웬(안녕하세요, 선생님)."

구름이 끼었다가 해가 반짝 떴다가 다시 구름이 찾아왔고, 어디선가 따스한 바람도 불어왔다. 파머 덕분에 나까지 덩달아 인기인이 된 듯해서 힘이 나고 기분이 좋아졌다.

댐 반대편에는 흙과 돌이 널린 가파른 오르막길이 곧게 뻗어 있었다. 파머는 18년간 3번 국도를 오간 덕분에 허리 디스크를 얻은 상태였다. 1988년에 차에 치여 수술까지 받은 왼쪽 다리는 친형제의 묘사에 따르면 자전거나 오토바이의 받침다리처럼 바깥쪽으로 살짝 휘어 있었다. 선천성 고혈압이 있었고, 결핵에 걸렸다가 치료된 후에는 가벼운 천식도 앓게 됐다. 하지만 내가 숨을 헐떡이고 땀을 비 오듯 흘리며 첫 번째 언덕 꼭대기에 겨우 도착했을 때 그는 여유롭게 바위에 걸터앉아 최근에 배우자를 잃었다는 PIH의 후원자이자 오랜 친구에게 편지를 쓰고 있었다. 그 언덕은 우리가 넘어야 할 수많은 능선 중 첫 번째에 불과했다.

네발짐승처럼 기어서 겨우 앞으로 나아가는 내 곁으로 어린아이들이 미소를 띤 채 가파른 돌투성이 길을 오르내렸다. 아이들은 원래 페인트나 기름, 부동액 같은 것이 담겨 있었을 각종 양동이와 플라스틱병에 물을 채워 나르고 있었다. 발에는 신발이 신겨 있지 않았고, 물이 가득 찬 통은 아이들 몸무게의 절반은 족히 돼 보였다. 아이티의 주요 농작물인 수수를 기르는 밭도 몇 번인가 지나쳤는데, 그곳 작물들은 흙이 아니라 바위에서 돋아난 것처럼 보였고, 작은 바나나 나무나 다른 열대식물에 기생하는 형태로 자라난 것도 있었다. 파머는 이따금 멈춰 서서 '파파야, 구아바, 망고' 같은 친숙한 이름과 함께 라틴어 학명을 알려줬다. 식물의 개체 수가 원래 있었어야 할 것보다 너무 적어서인지 그의 설명이 왠지 평소보다 더 우울하고 지루하게 들렸다.

그 언덕에 남아 있는 나무와 바위의 상당수에는 정치적 메시지가 담긴 낙서가 쓰여 있었다. 붉은 페인트로 쓰인 낙서에는 하나같이 '티티드Titid' 혹은 '2001'이라는 단어가 들어 있었다. 티티드는 아리스티드 전 대통령의 별명이었고, 2001은 내가 캉주 주변에서 본 여러 포스터와 낙서를 종합해볼 때 그가 재선될 연도를 뜻하는 듯했다. 어쩌면 정치야말로 아이티 농민들이 절망감을 잊을 수 있는 수단 중 하나인지도 모른다. 파머는 부유한 지역에서 날아와서 아이티인의 절망적인 상황을 해맑게 떠들어대는 구호 전문가들을 비판하곤 했다. 몽 미셸을 향해 언덕을 오르는 그 순간 나도 그들과 같은 죄를 짓고 있었다. 우리가 지나온 산속의 집들은 대부분 캉주 인근 마을보다 상황이 훨씬 나빴다. 바나나 잎사귀를 엮어 얹은 지붕은 비가 올 때마다 줄줄 새서 흙으로 된 바닥을 진창으로 만들기 일쑤라고 했다. 우리는 바닥이 거의 드러난 강에서 빨래를 하는 여인네들 곁을 지나쳤다. 파머가 비꼬는 듯 말했다.

"토요일이잖아요. 토요일은 빨래하는 날이죠. 메이텍Maytag(미국의 가전제품 브랜드 – 옮긴이)에서 수리공을 안 보내줬나 봐요."

파머는 아이티인들이 아주 깔끔한 성품을 지녔다고 말하더니, 내 생각을 읽었다는 듯 덧붙였다.

"나도 알아요. 저는 이 사람들 삶을 구석구석 살펴봤으니까요. 많은 이들이 휴지가 없어서 옷에다 코를 풀거나 나뭇잎으로 엉덩이를 닦죠. 부모들은 아이들에게 먹을 것을 주지 못해서 항상 미안해해요."

"비참하군요." 내가 대답했다. 하지만 '비참'이라는 단어로는 부족했다. 파머의 '아이티 해석하기'에 또 발동이 걸렸다.

"이들이 자신들의 삶이 얼마나 비참한지 모를 거라고 생각해선 안 됩니다. 이른바 '백인 자유주의자'라고 불리는 자들은 아이티를 왜곡된 이미지 안에 가두려 하죠. '가난하긴 하지만 행복한 민족'이라는 이미지 말이에요. 이곳 사람들은 멋진 미소와 유머 감각을 지녔지만, 그렇다고 해서 현실을 모르는 건 아니에요."

그가 들려준 많은 이야기처럼, 이번 이야기도 나를 멈칫하게 만들었다. 그의 세계관을 겨우 이해했다고 생각할 때마다 그는 깜짝 놀랄 모습을 보여줬다. 파머는 동지처럼 보이거나 실제로 동맹 관계를 유지하고 있는 집단에 날카롭게 문제 제기를 하곤 했다. 백인 자유주의자 집단('백인'이라고 하지만 이 집단에서 큰 영향력을 행사하는 인사 중에는 성공한 흑인도 다수 섞여 있다) 또한 그중 하나였다.

"저는 그들을 사랑해요. 아주 미치도록 사랑하죠. 그들은 기본적으로 우리 편이거든요." 며칠 전 그는 '백인 자유주의자'라는 표현을 정의하며 이렇게 말했다.

"하지만 그들은 스스로 희생하지 않고도 세상의 문제를 해결할 수 있다고 믿어요. 우리는 그렇게 생각하지 않아요. 희생이나 양심의 가책, 동정심이라는 개념을 더 고민해봐야 해요. 사람에게 이런 감정이 없다면 바퀴벌레와 다를 게 뭐가 있겠습니까?"

우리는 계속 걸었다. 캉주 인근에서 봤던 것처럼, 지나가며 마주치는 많은 사람이 미국 브랜드 옷이나 낡아빠진 신발, 스포츠 팀과 컨트리클럽 로고가 새겨진 모자와 티셔츠를 착용하고 있었다. 현지인들은 이런 물건을 통틀어 '케네디스Kennedys'라고 불렀다. 파머는 그 이름이 1960년대 케네디 대통령의 지시로 진행된, 아이티에 공업용 기름을 비롯한 구호물품을 보내주는 캠페인에서 비롯됐다고 간략하게 설명해줬다. 당시 아이티인들은 지급받은 공업용 기름을 조금 다른 목적으로, 가령 요리 같은 데 사용해보려고 시도했다. 하지만 그 결과물은 형편없었고, 사람들은 케네디 대통령이 질 낮은 선물을 보냈다고 결론 내렸다. 그 이후로 미국 전 대통령의 이름은 아이티에서 '중고품' 혹은 '조악한 물건'의 대명사로 쓰였다. 가끔은 순수하게 치장을 목적으로 한 수입 상표도 눈에 띄었다. 가령, 장미 라장테에서 일하는 한 젊은 직원의 밀짚모자에는 천 조각에 본인 혹은 아내가 직접 수놓은 것으로 보이는 '나이키' 로고가 달려 있었다.

우리는 점점 더 깊은 산속으로 들어갔다. 파머가 앞장서고 나는 그 뒤를 따르면서 이야기를 나눴다. 그러는 사이 내 몸은 땀으로 흠뻑 젖었는데, 친구들이 지어준 별명처럼 연필같이 곧고 가느다란 그의 목덜미에서는 땀 한 방울 흐르지 않았다. 많은 사람이 그에게 인사를 건넸다. 손바닥은 움직이지 않고 버둥거리는 곤충의 다리처럼 손가락만 움직이는 아이티식 인사였다.

"저 사람들 손 모양이 보이나요? 너무 사랑스럽죠? 그렇죠?"

그가 내 쪽을 향해 손가락을 꿈틀거리며 말했다. 오솔길은 황량하고 가파른 산허리를 가로지르며 이어졌다. 나는 스스로 이 정도면 꽤 건강하다고 늘 자부해왔는데 언덕배기를 오를 때마다 먼저 꼭대기에 도착해 기다리는 파머를 힘겹게 따라잡아야 했다. 미안하다고 하면 그는 웃으며 나를 위로하려 애썼다. 본인이 나보다 열네 살 어리다거나 내가 아직 이곳 기후에 익숙하지 않아서 그렇다면서.

장미 라장테와 몽 미셸은 편도로 두 시간 거리였지만, 우리는 출발한 지 거의 세 시간 만에 진료를 빼먹은 환자의 집에 도착했다. 야자나무 조각을 엉성하게 이은 벽과 바나나 잎사귀로 덮은 지붕, 현지 말로 '세 개의 바위'라고 불리는 아궁이를 갖춘 전형적인 아이티식 판잣집이었다.

파머가 젊은 남성 환자에게 결핵약을 먹기 싫으냐고 물었다.

"그럴 리가요! 그 약이 없었다면 지금 이렇게 살아 있지도 못했을 텐데요."

알고 보니 지난번 정기검진 때 의료진에게서 다소 헷갈리는 주의사항을 들은 게 화근이었다. 게다가 그는 보조금도 받지 못했다고 했다. 하지만 그는 한 번도 빼먹지 않고 약을 잘 복용하고 있었다. 파머에게 이보다 좋은 소식은 없었다. 임무는 무사히 완료됐고, 파머로서는 이 환자의 치료가 중단되지 않도록 할 수 있는 모든 조치를 다 취한 셈이다.

왔던 길을 되돌아가는 여정이 시작됐다. 나는 몇 번이고 미끄러지며 파머의 뒤를 쫓았다.

"어떤 사람들은 이런 일에 다섯 시간이나 쏟아부을 가치가 없다고 말하죠." 그가 어깨 너머로 말했다. "하지만 저는 의료 시스템이 제대로 돌아가는지 확인하는 데 이 정도 투자는 해야 한다고 생각해요."

"그럼요. 하지만 만약 누군가 이렇게 묻는다면 뭐라고 대답할 거죠? '파머 씨, 당신이 하는 일을 다른 사람이 똑같이 하기를 기대하는 것은 무리 아닌가요?'"

그가 고개를 돌리고 상냥한 미소를 지으며 대답했다. "엿이나 먹으라고 해야죠."

그러고는 큰 소리로 자신이 한 말을 곧바로 정정했다. "아니요, 이렇게 말하겠어요. '제 목표는 이런 행위를 통해 의료진들에게 환자에게 헌신하는 마음을 심어주고, 특히 결핵 같은 질병에 대해 결과 지향적인 관점을 갖도록 하는 것입니다'라고요." 별안간 그의 얼굴이 환해지며 짓궂은 미소가 떠올랐다. 어린 소년 같은 천진난만한 표정이었다. "이걸 두 단어로 줄이면 '엿이나 먹어'죠."

우리는 길을 재촉했다. 파머가 다시 어깨 너머로 이야기를 시작했다. "환자를 보기 위해 다섯 시간 거리를 이동하는 게 무슨 문제죠? 그들에게 우유나 손톱깎이나 건포도, 라디오, 손목시계 따위가 필요하다면 얼마든지 구해다 줄 수 있는 거 아닌가요? 뉴욕에서는 결핵 환자 한 명당 6만 8천 달러를 쏟아부어요. 하지만 이곳 환자들에게 시계나 라디오를 준다고 하면 지속 불가능한 프로젝트니 뭐니 하며 세계 공중보건 전문가들이 비난을 퍼붓기 시작하죠. 손톱깎이나 성경을 필요로 하는 환자가 있다면, 오, 제발, 그까짓 거 좀 가져다주자고요!"

내가 또다시 튀어나온 가파른 경사를 겨우 내려가고 있는데,

아래쪽 수풀에서 시끄러운 소리가 들렸다. 누군가 고함을 지르는가 싶더니 잠잠해지고, 뒤이어 또 다른 고함 소리가 들렸다. 몇 분 후 닭싸움 판이 시야에 들어왔다. 낡은 옷에 밀짚모자, 찢어진 운동화나 슬리퍼, 끈이 다 떨어진 갈색 구두 등을 신은 남자들이 투계장 울타리를 촘촘히 둘러싸고 있었다. 그 옆에는 먹을 것을 파는 장사꾼 서넛이 서성였고 '조$_{zo}$'라는 게임판도 벌어져 있었다. 조는 빅토리아 시대의 찻주전자처럼 생긴 통에 주사위를 넣고 흔드는 게임이다. 군중 가장자리에는 여인들도 있었다. 곧 파머가 관전할 수 있도록 난간에 자리가 마련됐다. 파머는 잠시 닭싸움을 지켜봤다. 수탉들이 서로를 노리며 빙빙 돌았다. 이윽고 한 마리가 날개를 퍼덕이며 달려들자 파머는 고개를 돌렸다.

그가 나무 그늘로 이동하자 순식간에 누군가 의자 두 개를 가져다줬다. 철제 다리에 찢어진 인조 가죽이 씌워진 의자로 하나는 빨간색, 하나는 파란색이었다. 최소한 내가 머무는 동안, 그와 함께 시골을 다니다 보면 늘 이런 일이 벌어졌다. 어디선가 의자 두 개가 나타나고 하나는 파머 선생님 용, 다른 하나는 선생님의 흰둥이 손님 용이 되는 식이다. 자리에 앉으니 삽시간에 주위로 사람들이 몰려들었는데, 전부 여성이었고 열 명은 족히 넘었다. 나이 지긋한 여성도 있었고 한쪽 어깨끈이 끊어진 원피스 차림의 사랑스러운 젊은 여성도 있었다. 얼굴은 예뻤지만 앞니가 몇 개나 빠져버린 중년 여성이 나무에 기대어 파머에게 나직이 인사를 건넸다. 다른 사람들도 저마다 나무 옆에 서거나 근처의 흙바닥에 자리를 잡았고, 이따금 파머를 향해 말을 걸었다. 한 여성이 지역보건 인력을 충원해야 한다고 건의했지만, 대부분은 그저 그의 곁에서 말없이 시간을 보냈다. 시골 사람은 말수가 적다는 편견이 있다. 아이티에서만큼은 이 편견이 사실이다. 이곳 사람들은 정말로 말수가 적다.

나는 완전히 방전됐고, 옷은 땀에 흠뻑 젖었다. 생각은 갈피를 잃고 이리저리 떠돌다가 우리가 앉아 있는 의자에 잠시 머물렀다. 미니애폴리스나 마이애미의 사무실을 개조하면서 버려진 뒤 이곳까지 흘러왔을 이 물건의 험난한 여정이 머릿속에 그려졌다. 문득 이곳 여성들이 어째서 토요일 오후에 국민 스포츠인 닭싸움 구경을 마다하고 파머 곁에 모여서 음악처럼 나직하고 느릿한 말투로 별 의미도 없는 수다를 떨고 있는지 알 것도 같았다. 그는 꾸준히 성장시켜온 의학 프로젝트에 몇 년 전 여성만을 위한 건강 프로그램을 추가했고, 부인과 의료진도 변변히 없는 상황에서 이 분야를 얼마간 독학해서 해당 진료도 시작했다. 많은 여성이 태어나서 처음으로 그에게서 골반 검사를 받았을 것이고, 피임에 대한 설명을 들었을 것이며, 원하는 사람은 피임 도구도 지급받았을 것이다. 투계장에서 들려오는 고함과 외침은 최고조에 달했지만 웬일인지 아주 멀리서 들려오는 듯 아득했다. 잠이 쏟아졌다. 주위의 여성들이 만들어내는 부드러운 기운에 둘러싸여 이미 잠들어버린 듯한 착각이 들었다.

장미 라장테에 이르는 나머지 길은 대부분 내리막이었지만 가끔은 올라가야 하는 비탈길도 나왔다. 협곡을 비틀거리며 기어 올라가면 매번 파머가 나를 기다리고 있었다. 나는 벼랑에 서서 먼 곳을 바라보는 그를 향해 걸어갔다. 그가 선 곳에서 바라본 풍경은 말 그대로 장관이었다. 비구름과 햇살로 이뤄진 장막이 황금빛으로 빛나는 산자락과 그 너머의 산줄기, 그리고 펠리그르 호수를 휘감고 돌았다. 바로 어제까지만 해도 이 모습은 내게 아름답게만 비쳤을 것이다. 이 짧은 여행에서 나도 뭔가를 배운 것일까? 그래도 파머를 흡족하게 할 만큼은 아니라는 생각이 들었다. 그의 목적은 나를 비롯해 이 세상 누군가에게 뭔가를 가르치는 것이 아니었다. 그가 원하는 것은 본질적인 변화였다.

나는 살짝 끈적해진 라이프세이버스Life Savers(미국 사탕 브랜드 - 옮긴이) 사탕을 주머니에서 꺼내 그에게 건넸다.

"파인애플 맛이군요! 내가 제일 좋아하는 맛이에요."

기쁜 듯 사탕을 받아든 그가 다시 먼 곳을 응시했다. 그는 댐 저수지에 갇힌 아르티보니트 강물을 내려다봤다. 동서로 넓게 퍼져나간 저수지의 경계선은 산자락에 가려 흐릿했다. 위에서 보니 이 밑으로 수몰된 토지가 얼마나 넓었는지 충분히 짐작할 수 있었다. 파머가 시선을 거두지 않은 채 말했다.

"러시아를 이해하려면, 그리고 쿠바와 도미니카공화국과 보스턴을 이해하려면, 또한 정체성 정치identity politics(인종, 성, 종교, 계급 등 여러 기준으로 분화된 집단이 그들의 권리를 주장하는 데 주력하는 정치 - 옮긴이)와 스리랑카, 라이프세이버스의 사탕 맛을 진정으로 이해하려면, 누구나 이 자리에 한 번은 서봐야 해요."

굉장히 우스꽝스러운 목록이었다. 그의 말투도 유머러스했다. 하지만 나는 그가 뭔가 굉장히 중요한 얘기를 했다는 느낌을 받았다. 그가 하려는 말을 대강은 알 것 같았다. 수몰된 농지, 그의 환자들을 세상에서 가장 가난한 사람들로 만들어버린 댐 건설의 결과물을 바라보는 그의 시선은 곧 그가 세계를 바라보는 렌즈였다. 그 렌즈를 통하면 아마도 수십억에 달하는 세계의 빈곤층과 그들의 절망을 초래한 상호 연계된 원인이 눈에 들어올 것이다. 이 짐작이 얼마나 맞는지 모르겠지만 그는 내가 그의 말뜻을 정확히 이해했다고 믿는 것 같았다. 그 순간 나는 그를 실망시킬까 두려워 감히 아무 말도 하지 못했다. 그리고 그런 스스로가 조금은 짜증스러웠다.

— 2부 —
캉주의 양철 지붕

별난
가족과 함께

파머와 함께 있다 보면 그가 어떻게 현재의 삶을 선택하게 됐는지 궁금하지 않을 수 없다. 그래서 나는 단서를 찾기 위해 누구나 살펴볼 법한 곳부터 뒤지기 시작했다.

파머의 부모님은 미국 서부 매사추세츠주 출신이었다. 그는 1959년 오래된 공업 지대인 노스애덤스North Adams에서 3남 3녀 중 둘째로 태어났다. 그의 어머니 지니 파머Ginny Farmer는 농부의 딸이었고, 일찍 결혼하느라 대학을 중간에 그만뒀다. 파머는 어머니의 외모를 많이 닮았는데, 어머니는 키가 크고 호리호리했으며 코는 둘째 아들과 똑같이 끝이 뾰족했다. 얼굴이 잘 빨개지는 것도 비슷했다.

아버지 폴 파머 시니어Paul Farmer Sr.는 키 190cm에 몸무게 100kg이 넘는 거구였다. 운동신경이 뛰어나고 경쟁심도 강한 사내로, 함께 농구하던 친구들에게 '팔꿈치'로 통했다. 훗날 딸들은 아버지에게 '교도관'이라는 별명을 붙였는데, 화장도 연애도 늦은 외출도 금지하는 그의 엄격한 성품 때문이었다. 파머 시니어는 잠시도 쉬지 못하는 사람이었다. 매사추세츠주에서 세일즈맨으로 일하며 나름대로 안정적인 삶을 꾸리던 그에게 어느 날 한 친구가 "앨라배마는 잠자는 노다지야"라며 진짜 돈을 벌려면 앨라배마 남쪽으로 가라고 권했다. 아이들이 점점 자라나면서 1966년 교도 관은 가족을 이끌고 앨라배마주 버밍엄 남쪽으로 이주했다.

돌이켜보면 앨라배마에서 살던 때가 폴의 어머니에게는 가장 행복한 시절이었다. 가구가 조금 부족하긴 했지만 멀쩡한 집에서 살았고 세탁기도 있었다. 세탁기를 쓴 건 그때가 처음이었다. 또 아버지가 공개 경매로 산 대형 버스를 타고 큰돈 안 들이고 바캉스를 떠날 수도 있었다. 신기한 우연의 일치로, 이 버스는 한때 이동식 결핵 진료소로 쓰였었다. 지붕에는 엑스레이 기계를 싣기 위해 전차의 포탑처럼 툭 튀어나온 부분이 있었다. 블루버드 사 제품이라 파머 가족은 브랜드명을 따서 이 버스를 '블루버드 여관'으로 불렀다.

당시 폴 파머 주니어(가족에게는 PJ 혹은 펠Pel이라는 애칭으로 불렀다)는 영리한 소년으로 자라나고 있었다. 그의 누이들은 그가 비쩍 마른 몸에 강한 분노와 애착을 지닌 소년이었다면서 "그리고 머리가 어마어마하게 좋았어요"라고 입을 모았다. 초등학교 선생님들은 파머 주니어를 영재반에 넣기도 했다. 4학년 때 폴은 파충류 연구 동아리를 만들었다. 첫 모임을 위해 반 친구들을 모두 집으로 초대했고, 어머니에게 간식을 준비해달라고 부탁까지 해뒀다. 하지만 친구는 단 한 명도 오지 않았고 어린 폴은 한동안 말이 없었다. 누나가 보기에 이는 매우 화가 났다는 분명한 신호였다. 결국 아버지는 가족들에게 파충류 연구 동아리 가입을 명령했고, 모임은 주로 집 거실에서 열렸다. 파머 주니어는 목욕 가운을 입고 파충류와 양서류가 그려진 목탄화를 막대기로 가리키며 설명했다. 그림은 동아리에 별로 관심 없던 남매들이 인정할 만큼 아름다웠다. 폴은 동호회 회원들에게 동물들의 식습관과 번식 형태, 수명, 흥미롭고 신기한 특징을 죽 설명해줬다. 동물 이름을 말할 때면 항상 라틴어 이름을 먼저 언급했는데 그럴 때마다 그의 누이 중 한 명은 '그냥 한 대 쥐어박고 나가서 놀면 안 되나?' 하고 생각했다고 한다. 하지만 설명이 이어지는 동안 누이를 비롯한 다른 사람들도 흥미를 느끼며 질문을 던지기도 했다.

친할머니와 외할머니 두 분은 모두 독실한 로마 가톨릭 신자였고, 자연스레 가족 모두 성당에 다니며 첫 성찬식과 견진성사도 받았다. 폴은 한때 미사를 돕는 소년 시종인 '복사'로 발탁되기도 했지만 그 일에 큰 흥미를 느끼지는 못했다.

"너무 형식적이었거든요. 미사 자체는 좋아했고 그 마음은 지금도 변함없어요. 하지만 딱딱한 종교의식은 책 속에 나오는 이야기들의 반만큼도 흥미롭지 않았어요."

당시 서점을 운영하던 영재반 친구의 부모님이 열한 살 즈음의 파머에게 J. R. R. 톨킨의 3부작 《반지의 제왕》을 선물했다. 그는 불과 며칠 만에 시리즈 전체를 다 읽고 이내 한 번 더 읽었다. 그런 다음 공공도서관에 가서 사서에게 부탁했다.

"《반지의 제왕》 같은 책을 읽고 싶어요."

사서는 판타지 소설을 몇 권 추천해줬지만, 그는 얼마 지나지 않아 그 책들을 도로 들고 왔다.

"아니에요. 이런 게 아니에요."

이런 패턴이 한동안 반복됐고, 마침내 사서는 열한 살짜리 소년이 이해할 수 있을까 걱정하면서 톨스토이의 《전쟁과 평화》를 건넸다. 일주일 후 돌아온 그는 이렇게 외쳤다.

"바로 이거예요! 《반지의 제왕》과 똑같아요!"

수년 후 그는 당시의 기억을 이렇게 회상했다.

"세상에 《반지의 제왕》이나 《전쟁과 평화》만큼 종교적인 이야기가 또 어디 있을까요?"

꘎

안타깝게도 앨라배마에서의 세일즈 일은 결과가 썩 좋지 않았다. 그래서 이번에는 교편을 잡았다. 그러나 1960년대 후반 버밍엄의 분위기는 그와 아내가 아이들의 안전을 걱정해야 할 정도로 좋지 않았다. 아버지는 1971년에 플로리다주의 한 공립학교에 일자리를 구했고, 파머 일가는 또다시 삶의 터전을 옮겨야 했다. 그들은 블루버드 여관에 가능한 한 모든 살림살이를 실었지만 안타깝게도 세탁기는 포기해야 했다. 온 가족이 힘을 합쳐 가까스로 세탁기를 집 밖으로 끌어내긴 했지만, 블루버드의 옆문으로 그 덩치를 밀어 넣는 데는 실패했기 때문이다. 버밍엄의 셋집을 떠나던 순간은 파머의 뇌리에 잊히지 않고 선명히 새겨진 기억 중 하나이다.

뒤뜰에 어지럽게 널린 석탄 조각 사이로 새하얀 세탁기가 반짝였고, 젊고 아름다운 어머니는 버스 뒷유리에 붙어서 슬픈 얼굴로 세탁기를 하염없이 바라봤다. 그 후 여러 해 동안 어머니는 손으로 빨래를 해야 했다. 그들은 그렇게 플로리다주 탬파Tampa 북단에 위치한 작은 마을 브룩스빌Brooksville로 향했다.

파머의 누나는 블루버드 여관을 타고 브룩스빌의 번화가를 지나던 날을 기억했다. 거리에는 스패니시모스Spanish Moss가 줄기를 주렁주렁 늘어뜨리고 있었고, 주택들은 하나같이 남북전쟁 이전 시대에 유행했던 기둥 달린 현관을 뽐내고 있었다. 아버지는 운전석에 앉아 "우리도 곧 저런 집에서 살게 될 거야" 하고 말했다. 하지만 당장은 시대에 한참 뒤떨어진, 소나무 숲을 끼고 있는 브렌트우드 호수 캠핑촌Brentwood Lake Campground에 자리를 잡을 수밖에 없었다. 그때 아버지는 분명 여러 가지 일을 생각하느라 정신이 없었던 것 같다. 위쪽에 설치된 전선을 보지 못했는지, 아니면 튀어나온 버스 지붕을 계산하지 못했는지, 결과적으로 캠핑촌 관리사무소로 차를 몰던 그는 전선을 통째로 잡아채 끊어버리는 사고를 냈다.

사태를 겨우 수습한 후에야 폴 가족은 현관 앞 디딤돌 역할을 해줄 콘크리트 블록을 구해 정착 생활을 시작할 수 있었다. 어머니는 윈딕시Winn-Dixie 슈퍼마켓에 계산원으로 취직했고, 컨베이어 벨트 페달을 밟으면서 고객에게 미소 짓는 동시에 물건값을 계산하는 법을 익혔다. 그러면서도 밤이면 아이들에게 《울어라, 사랑하는 조국이여Cry, the Beloved Country》를 읽어줬고 몇 년 뒤에는 스미스칼리지Smith College에 진학해 학사 학위를 받았다. 플로리다에서 지내는 동안, 가족은 그녀가 불평하는 소리를 단 한 번도 듣지 못했다. 파머의 누이 가운데 한 명은 어머니에 대해 이렇게 말했다.

"어머니는 결혼했다는 점만 빼면 그야말로 동정녀 마리아 같은 분이었어요. 사랑과 친절이 넘치고 편견이 없었죠. 어떤 상황에서도 침착함을 잃지 않았어요."

사실 어머니는 세월이 흐른 후 남편에게 더 많이 맞서지 못했던 것을 후회했지만, 어쨌든 당시는 아내가 남편에게 순종해야 한다고 여겨지던 시대였다. 게다가 그녀는 남편을 정확히 이해하고 있었다. "그이와 말다툼을 벌여서 좋을 일은 없었을 거예요. 성격이 좀 불같았거든요. 하지만 가족을 사랑하는 마음만큼은 분명히 알 수 있었죠."

아버지는 버스 지붕 안에서 사내아이들이 잘 수 있도록 3층 간이침대를 만들어줬다. 파머 주니어는 맨 위층을 차지했고, 아래층의 동생 제프Jeff가 "이게 바로 크루파 비트야"라며 드럼 치는 연습을 하는 동안에도 묵묵히 책을 읽거나 숙제를 했다. 이런 환경 속에서도 어린 파머의 학업 성적은 매우 뛰어났다. 그는 당시 생활에도 나름의 이점이 있었다고 했다. 버스에서 가정을 꾸릴 정도로 특이했던 그의 아버지는 그 안에 큰 수족관을 설치하고 싶다는 둘째 아들의 바람도 아무렇지 않게 허락했다. 파머는 어린 시절에 자신이 가난하다거나 불우하다는 생각은 단 한 번도 해본 적이 없다고 확실히 말했다. "조금 이상한 가족이긴 했지요"라고 인정은 했지만… 한번은 하굣길에 스쿨버스를 타고 캠핑촌 입구에 내렸는데, 같은 반의 아프리카계 미국인 학생이 깜짝 놀라 이렇게 물었다.

"여기가 네가 사는 곳이야?"

파머 가족은 이 캠핑장에서 5년이라는 짧지 않은 세월을 보냈고, 때로는 보금자리이기도 한 버스를 타고 여행을 즐기기도 했다.

버스를 집 삼아 지내던 그 시절에도 아버지는 끝내 자동차 배선을 완전히 파악하지 못했다. 여행에서 돌아와 차를 세우고 전원 콘센트에 플러그를 꽂으면 전기쇼크를 받을 확률이 절반이었다. 플러그를 잘못 꽂으면 양극이 반대로 연결되기 때문이었다. 그래서 파머 집안의 아들들은 "지난번엔 내가 꽂았잖아!"라며 서로 그 일을 미루기 바빴다. 그럼에도 아버지는 전원 꽂는 일을 늘 아들들에게 맡겼기 때문에 그럴 필요를 못 느낀 탓인지 플러그에 라벨을 붙일 생각을 하지 않았다. 어머니는 엷은 미소를 띠며 남편은 다른 일을 하느라고 너무 바빴다고 변명해줬다.

이런 일도 있었다. 매사추세츠 여행을 마치고 돌아오는 길에 폭풍우를 뚫고 고속도로에 진입한 버스가 갑자기 말을 듣지 않았다. 버스 뒤편에 달린 견인 장비가 오작동을 일으킨 것이다. 블루버드 여관은 도로 바깥으로 미끄러져 가파른 제방 아래로 곤두박질쳤다. 차량은 완전히 전복됐지만, 천만다행으로 튀어나온 지붕 모양 덕분에 차가 계속 구르지는 않았고 기적적으로 크게 다친 사람도 없었다. 그래도 아버지는 거주공간이자 이동수단인 블루버드를 고치는 데 꼬박 몇 달을 매달려야 했다.

파머가 내게 이 이야기를 들려줬을 때, 나는 버스를 고치는 동안 어디서 지냈느냐고 물었다.

"당연히 텐트 치고 살았죠, 그럼 어디서 지냈겠어요?"

버스에서 사는 동안 아버지는 춤을 추거나 노래를 부르기도 했고, 아이들에게 셰익스피어 희곡이나 《이솝 우화》 같은 책을 읽어주기도 했다. 그러나 파머의 누나 케이티만큼은 그 책 읽는 소리가 종종 불길한 계시처럼 들렸다고 고백했다. 아버지가 읽어주던 책 중에 《스위스의 로빈슨 가족The Swiss Family Robinson》은 특히 그러했다. 배가 난파되어 섬에 정착한 가족이 자연 속에서 소박한 행복을 찾아나간다는 이야기를 들으며 그녀는 생각했다. '오, 이런…' 아버지가 《로빈슨 크루소》를 읽어주기 시작할 때는 속으로 외쳤다. '안 돼! 제발!' 불안한 징조는 그것으로 끝나지 않았다. 생전 바다에 나가본 적도 없는 아버지가 앨라배마 시절부터 항해 관련 잡지를 사 모으기 시작했다. 캠핑촌에 정착할 무렵에는 이미 그 분야의 자료가 산더미처럼 쌓인 상태였다.

파머가 고등학교에 입학할 무렵, 아버지는 공개 경매에서 길이 15m가량의 오래된 대형 모터보트를 구입했다. 선체는 텅 비어 있었고 구멍까지 뚫려 있었지만 아버지는 보트를 직접 수리했다. 그때까지 그는 브룩스빌의 학교에서 아이들을 가르치거나 지적 장애가 있는 성인들을 도우며 돈을 벌었는데, 배를 산 직후부터 약 1년 동안은 경제활동에 손을 대지 않았다. 그 대신 배의 구조를 연구해가며 욕설과 한숨 속에서 손수 선실을 만들기 시작했다. 가족 모두가 매달린 대공사가 진행되는 가운데 슬슬 현금이 떨어지기 시작했다. 결국 그는 파머와 다른 두 아들에게 선언했다.

"우리는 이제부터 오렌지 따는 일을 하도록 한다."

"하지만 아버지, 백인들은 오렌지 따는 일을 안 하는데요?" 파머가 이의를 제기했다.

"그래? 백인이 그 일을 하는지 안 하는지 어디 한번 보자."

실제로 사다리를 타고 오렌지 나무에 오르는 노동자가 거의 흑인이긴 했다. 파머는 그들이 이 나무에서 저 나무 너머로 알아듣지 못할 언어로 외치는 소리를 듣고 아버지에게 그들이 쓰는 말이 무엇이냐고 물었다.

"크리올어란다. 저들은 아이티인이야."

그는 아들에게 아이티의 극심한 빈곤에 대해 설명해줬다. 그렇다고 파머가 그때부터 아이티인들과 가깝게 지낸 것은 아니었다. 보수가 너무 적어서 일을 오래 할 수 없었기 때문이다. 아버지는 불과 며칠 만에 농장 일을 그만두기로 했고, 아내의 이름을 따서 '레이디 진Lady Gin'이라고 이름 붙인 배의 선실 공사에 몰두했다. 마침내 공사가 끝나자 그는 발전기를 설치했고, 빚까지 내서 온갖 낚시 도구를 구입했다. 아버지는 그 장비들로 금세 본전을 뽑을 수 있으리라 믿었고, 레이디 진이야말로 그들을 진정으로 자립시켜줄 것이라고 생각했다. 그의 계획에 따르면 배는 집의 기능을 하는 동시에 내다 팔 만큼 많은 물고기를 잡아다 주는 역할을 할 것이다.

레이디 진의 첫 항해는 물살이 잔잔하고 햇살이 밝게 내리쬐는 날에 이뤄졌다. 아버지는 키를 잡고 육지가 보이지 않는 멕시코만까지 배를 몰았다. 이윽고 가족은 수심이 얕은 해안에 닻을 내리고 점심을 먹은 뒤 수영을 즐겼다. 파머와 형제들은 배 주변을 맴돌며 신나게 헤엄을 쳤다. 그렇지만 낚시로 잡은 물고기 중에 먹을 만한 것은 몇 마리 되지 않았고, 밤에는 폭풍우까지 몰아쳤다. 바람이 날카롭게 울부짖고, 곧 빠뜨릴 듯 닻이 배를 사정없이 흔들어 당기자 어머니는 겁에 질렸다. 두려움 때문인지 그날 밤은 어머니도 아버지 못지않게 막무가내였다. 아버지는 닻이 더 필요하다는 어머니의 완강한 주장에 못 이겨 발전기를 밧줄에 매달아 바다에 던졌다. 발전기를 두 번째 닻으로 쓴 것이다. 그러는 동안 아이들은 마구 출렁이는 선실 안에서 상황을 한껏 즐기고 있었다.

"폭풍이라니, 정말 끝내주는걸!"

수년이 흐른 후 동생 제프는 아버지가 배를 전혀 다룰 줄 모른다는 사실을 처음부터 알고 있었다고 털어놨다.

"하지만 중요한 건 그게 아니에요. 설명하기가 굉장히 어려운데… 아버지가 아무것도 모른다는 걸 알면서도 괜히 마음이 든든한 거예요. 무슨 일이 일어나더라도 우리를 지켜주리라는 믿음이 있었어요. 그 어떤 것도 아버지를 쓰러뜨릴 수 없다는 확신이 있었던 거죠."

파머의 어머니는 직접 겪은 그 모든 어려움에도 불구하고 남편에 대해 이렇게 말했다. "그이는 대단한 모험가였어요. 그래도 언제나 일이 잘 풀렸죠." 그리고 말을 멈추고는 덧붙였다. "그러니까 제 말은, 크게 다친 사람은 없었다는 뜻이에요."

다음 날 육지로 향하던 레이디 진 호는 잠시 길을 잃고 암초에 긁혔지만 결국 무사히 항구로 돌아왔다. 그 후로도 가족은 여러 번 짧고 다사다난한 항해를 떠났다. 한번은 아버지가 항로 표지를 무시하는 바람에 배가 엉뚱한 곳으로 향하기 시작했다. 아마 이 표지를 굳이 따를 필요 없는 임의적인 안내라고 생각한 듯했다. 제프가 지적했다.

"아빠, 지금 항로를 이탈하셨잖아요."

파머의 아버지는 이렇게 답했다. "조용히 해라! 네가 바다에 대해 뭘 알아?"

그렇지만 잠시 후 배는 암초에 세게 부딪쳐 좌초됐다. 그날의 낚시 여행 이후 레이디 진 호는 사람이 거의 살지 않는 걸프 코스트의 후미진 '젠킨스 크릭 Jenkins Creek'이라는 곳에 매여 있게 됐다.

아이티 내륙의 황폐한 언덕에 위치한 파머의 작은 집에는 그 시절을 담은 사진이 책장 선반에 고이 놓여 있다. 사진 속 레이디 진 호는 흰색 페인트가 누렇게 바랜 모습으로 해안에 정박해 있다. 배의 후미는 금속 파이프에 묶인 채 물 위를 둥실둥실 떠다니고, 주변에는 습지의 잡초가 무성하고 뒤에는 키 큰 야자수가 늘어서 있다. 배와 육지 사이에는 걸어서 건널 수 있도록 널빤지를 대놓았다. 꼭대기에는 TV 안테나가 보이고, 그 아래로 유선형 선체와 어울리지 않는 직사각형 선실이 어색하게 자리 잡고 있다. 사진에는 보이지 않지만, 근처 흙길에 새워진 블루버드 여관은 언제든 가족을 싣고 여행을 떠날 준비가 돼 있었다.

아버지는 젠킨스 크릭에서 행복을 찾았다. 그는 가족을 원하는 곳에(말하자면 세상의 모든 악영향으로부터 멀리 떨어진 섬에) 정착시키는 데 성공했다. 어린 파머 역시 그곳을 좋아했다. 고독한 별빛, 뱃머리에 둥지를 튼 물수리, 해안가로 헤엄쳐 오는 수달 떼, 멀리서 들려오는 악어의 울음소리가 그를 설레게 했다. 그는 브룩스빌의 약국이나 햄버거 가게에서 아르바이트한 돈을 모아 원예 작업에 필요한 재료를 샀고, 널빤지 너머 해안에 자신만의 정원과 작은 연못을 꾸몄다. 이따금 높은 파도가 밀려와 애써 만든 정원을 쓸어갔지만 크게 낙담하지는 않았다.

하지만 그곳에서의 삶은 어머니에게 무척 힘들었다. 어머니는 슈퍼마켓에서 일한 뒤 배로 돌아와 남편과 여섯 아이를 돌봐야 했다. 파머와 두 남동생은 쑥쑥 자라서 어느새 아버지만큼 덩치가 커졌고, 성장기 소년들의 왕성한 식욕을 만족시키기 위해 어머니는 매일같이 선실의 작은 냉장고를 새로 채워야 했다. 비가 오면 지붕이 줄줄 새서 사방에 냄비와 후라이팬을 늘어놓아야 했고, 밤이면 바퀴벌레들이 배 밑바닥을 기어다니는 소리가 꼭 참을성 없는 여자가 손톱으로 테이블을 두드리는 것 같았다. 빨래는 시내 빨래방에서 했고 설거지와 샤워는 바닷물로 했다. 식수는 보통 배에서 수 킬로미터 떨어진 편의점 바깥에 있는 수도꼭지에서 해결했는데 물통에 몰래 물을 받아 날랐다. 식수 사냥을 나갈 때는 아버지가 경매로 구입한 자동차를 돌려가며 이용했다. 알록달록한 페인트로 칠해진 트럭을 몰고 갈 때도 있었고 재고 처리로 288달러에 구입한 '스태프 카'라고 부르던 올리브색 군용 세단을 탈 때도 있었다.

한번은 브룩스빌에서 한참 떨어진 외딴 도로에서 스태프 카가 과열로 멈춰버렸는데, 하필 차에는 물이 하나도 없었다. 아버지는 아들들에게 냉각기에 소변을 보라고 했다. 파머와 아이들은 아버지의 고물차들을 부끄러워했고, 그중에서도 스태프 카를 가장 싫어했다. 그 차를 타고 등교하는 날에는 아버지에게 학교에서 멀찍이 떨어진 곳에 내려달라고 부탁했다. 하지만 아버지는 오히려 학교 바로 앞 스쿨버스 차선에 차를 대며 우렁차게 경적을 울렸다. 그리고 이렇게 말했다. "어때, 끝내주지?"

ㅇ

파머는 어린 시절을 회상하던 중 문득 이렇게 말했다.

"제가 모든 사건을 너무 깔끔하게 이어 붙여서 말하는 것 같네요. 어렸을 때 캠핑촌에 살았고, 그러던 중 아이티인과 함께 과일 농장에서 일했고, 그 일을 계기로 이주민 문제에 관심이 생겨서 라틴아메리카로 떠났다는 식으로 얘기할 수 있으면 좋겠어요. 물론 그 일들은 모두 실제로 일어났던 사실이지만 진실이라고 할 순 없어요. 사람들은 지금까지 일어났던 일이 깔끔하게 정리된 일관성 있는 이야기를 듣고 싶어 하죠. 다들 그래요. 그렇지만 전혀 다른 버전의 일대기도 얼마든지 같은 결말에 다다를 수 있습니다."

그의 말이 옳다. 교도관처럼 엄격한 아버지나 수도 시설도 없는 버스나 배에서 보낸 유년 시절이 모두를 같은 인격이나 운명으로 이끈다고 볼 수는 없다. 성인이 된 파머의 남매는 모두 평범한 주택에 살았다. 세 누이 중 한 명은 상업 예술가가 됐고, 또 한 명은 정신건강 프로그램의 지역사회 관계 담당자로 일하고, 나머지 한 명은 청중에게 동기를 부여하는 전문 강연자가 됐다. 남자 형제들도 각기 다른 길을 갔다. 한 명은 전기 기사가 됐고, 제프는 프로 레슬러가 됐다(제프의 팬들은 그를 '슈퍼 제이Super J'라고 불렀고 가족은 그를 온순한 거인이라는 뜻의 '젠틀 자이언트Gentle Giant'라고 불렀다).

어쨌든 파머의 어린 시절이 장거리를 여행하며 사는 지금의 삶을 가능케 한 좋은 준비운동이 됐다는 사실은 분명하다. 다른 남매들과 마찬가지로 젠킨스 크릭 시절을 보내며 그는 그의 말마따나 '적응력이 매우 뛰어난 위장'을 지니게 됐다. 핫도그와 콩 수프로 간단히 저녁을 때워도 전혀 불만이 없었으며, 아무리 환경이 열악해도 주어진 일에 집중할 수 있었다. 아이티의 한 병원에서 일한 어느 해에는 여름 내내 치과 진료의자에서 잠을 자야 했는데도 오히려 지금까지 경험한 잠자리보다 훨씬 편하다고 여유를 부릴 수 있을 정도였다. 어쩌면 좋은 호텔과 고급 와인을 좋아하는 취향 또한 같은 바탕에서 나왔을지 모른다. 스태프 카로 하는 등하교를 경험한 뒤에는 어지간한 일에 당황하거나 부끄러움을 느끼지 않게 됐다고 파머는 종종 말했다. 독특한 유년기를 보낸 덕에 한곳에 정착해서 살아야 한다는 강박에서도 해방됐다.

"저는 살면서 고향을 가져본 적이 없어요. 어딜 가도 '이번에는 여기서 캠핑을 하는구나'라는 느낌이었죠. 그렇게 살다가 마침내 처음으로 '여기가 내 고향이다'라는 확신이 생겼어요."

그가 말한 '여기'란 캉주였다.

파머 집안의 아이들은 브룩스빌의 에르난도 고등학교Hernando Highschool에서 제공하는 거의 모든 수업 외 활동에 열심히 참여했다. 이런 적극성은 일면 아버지가 시키는 고된 집안일을 피해보려는 마음에서 비롯됐다.

"소파에서 뒹구는 게으름뱅이는 없었겠네요?"

내가 농담 섞인 질문을 던졌을 때, 파머의 어머니는 이렇게 대답했다. "소파가 없었죠."

파머는 늘 친구가 많았고 여학생들 사이에서 특히 인기가 높았다. 그의 어머니는 그 이유를 간단히 설명했다. "그 아이는 경청하는 법을 알았거든요." 파머는 고등학교 학생회장을 거쳐 전액 장학금을 받고 듀크대학교에 입학했다.

어머니는 폴의 첫 학기 성적이 모두 A학점은 아니었고, 이 사실에 그가 상당히 놀랐다고 했다. 대학생이 된 파머는 완전히 새로운 세상을 만났다. 그는 상류사회의 문화를 열심히 흡수했다. 교내 신문에서 연극과 미술 평론 기사를 맡게 됐는데, 사실 그때 평론했던 작품이 그가 태어나서 처음 본 연극이었다. 생전 처음 부유층의 세계와도 마주했다. 기숙사에서 만난 토드 맥코맥Todd McCormack이라는 동기는 잘나가는 스포츠 에이전트의 아들이었다. 파머는 그가 짐을 푸는 모습을 지켜보다가 물었다. "어째서 셔츠를 죄다 비닐 백에 따로 포장한 거야?" 플로리다 남부의 작은 마을에서 올라온 이 똑똑한 청년은 온수 샤워가 익숙하지 않았고, 옷을 제대로 갖춰 입을 여유가 없었고 늘 용돈이 궁했다. 그런데 그의 동기 중에는 부모님이 기숙사에서 고생하지 말라며 아파트를 사줄 정도로 부유한 집안의 아이도 몇 있었다. 그가 한동안 사귀었던 여자친구는 학교 근처 마구간에 본인 소유의 말을 맡겨둘 정도였다. 재학생의 약 60%가 사교클럽에 가입했는데 파머도 예외는 아니었고 부장 직책까지 맡았다. 파머는 이렇게 말했다.

"그런 생활이 꽤 즐거웠어요. 돈의 맛을 알게 된 거죠. 그렇다고 해서 완전히 빠진 건 아니었어요."

듀크대학교에서의 첫 2년 동안 가족 중 몇은 파머가 미국인들에게는 통과의례와 같은 가족에게서 등을 돌리는 과정을 겪고 있는 건 아닌가 하는 생각을 했다. 그는 라코스테 셔츠를 입고 집에 돌아와서 '프레피preppy(프레피는 비싼 사립학교 학생을 뜻하며, 프레피룩은 고급 옷을 소탈하고 편하게 마구 입고 다니는 것이 특징이다 – 옮긴이)한' 스타일이 아니면 못 입겠다는 식으로 말했다. 그러자 아버지가 대꾸했다.

"오, 그러냐? 그렇지만 우리 '프레피한' 폴도 배 바닥 청소 정도는 해야지."

한번은 파머의 여동생 중 하나가 폴을 보러 듀크대학교에 놀러 왔고, 파머는 당시 사귀던 여자친구를 동생에게 소개해줬다. 셋이서 아침 식사를 하던 중에 동생은 알을 밴 물뱀을 죽인 뒤 창자를 빼내고 그 가죽으로 오빠에게 메두사 모자를 만들어줬던 어린 시절 일화를 아주 생생하게 풀어놨다. 그 이야기는 여동생이 의도했던 효과를 즉시 가져왔다. 여자친구는 손도 대지 않은 오믈렛 접시를 멀찍이 밀어놓았고, 파머는 터져 나오는 웃음을 참느라 얼굴이 새빨개졌다.

이런 일도 있었다. 폴이 집에 다니러 왔는데 아버지가 낡아빠진 픽업트럭 짐칸을 열어 보이며 아무짝에도 쓸모없는 폐목재를 보여줬다. 말벌 몇 마리가 튀어 나왔고 아버지는 냉소적인 미소를 지으며 말했다. "언젠가 이 모든 걸 네게 물려주마."

그 무렵은 파머가 이미 사교클럽을 그만둔 뒤였다. 그는 집행부에 '백인만 모인 집단의 일원이 될 수 없다'는 편지를 써서 탈퇴 의사를 밝혔다. "굉장히 차가운 답장이 돌아왔어요." 그는 이 얘기를 하면서 지금도 그들의 반응을 믿을 수 없다는 듯 의아한 목소리로 말했다. 그는 거만한 인간을 경멸하고 사회적인 약자를 포용하는 아버지의 모습을 존경하게 됐다. 아버지는 지체장애인들을 돌봤고 재활용품으로 저금통을 만들어 자기 아이들에게 선물하는 캠프촌의 이웃들을 사랑했으며 극심한 빈곤에 시달리는 이들에게 기꺼이 돈을 나눠줬다.

졸업이 가까워질수록 파머가 집에 오는 횟수는 점점 줄어들었지만, 그것은 과거의 삶을 버리거나 화려한 삶을 추구한다는 신호가 아니었다. "그 아이는 아버지 그늘에서 벗어나고 싶었던 거예요. 집에 돌아오면 모든 것이 옛날 방식으로 돌아가버릴 테니까요." 파머의 어머니가 설명했다.

파머의 어머니는 그를 비롯한 아이들이 모두 아버지의 인정을 갈망했다고 했다. 그러나 파머의 아버지는 칭찬에 후한 사람이 아니었다. 한 아이가 성적표에 A학점을 받아 오면 기껏해야 이런 대꾸를 던질 뿐이었다. "너희 반에 A+ 받은 애는 없냐?" 아버지는 스포츠광이었는데, 다른 형제와 달리 파머는 운동이라면 뭐 하나 잘하는 게 없었다. 그래도 항상 엄청난 노력을 기울였다. 그가 야구팀에서 뛴 1년 동안 배트로 친 것은 실수이긴 했지만 코치 아들의 머리뿐이라는 이야기는 이 집안의 전설이었다. 고등학생 때는 테니스팀과 육상팀에서 활동했는데 육상 경주에 나갈 때면 과도하게 자신을 몰아붙인 나머지 결승선에서 토하기 일쑤였다.

"그때를 생각하면 그냥 눈물이 나요. 그 아이는 아버지에게 자기도 운동을 할 수 있다는 걸 보여주고 싶었던 거예요. 지금 남편이 살아 있다면 네가 정말 자랑스러웠다고 얘기해줄 수 있을 텐데⋯"

사실 제프의 기억에 따르면 아버지는 언제나 파머 자랑을 하고 다녔다. 그러나 고등학교에서 뛰어난 성적을 올리고 듀크대학교에서 전액 장학금을 받은 멋진 아들에 대한 칭찬은 언제나 본인이 없는 자리에서만 이뤄졌다. "아버지는 믿기 어려울 만큼 형을 자랑스러워했어요. 그렇지만 절대로 형에게 직접 얘기하진 않았어요. 아버지는 '네가 거만해지는 꼴은 못 본다' 하시는 분이거든요."

아버지는 아이들이 자라서 가정을 꾸리고 부모 곁에 정착하기를 바랐다. 그러나 성인이 된 아이들은 하나둘 집을 떠나기 시작했다. 그러던 중 젠킨스 크릭 부근의 땅을 소유하고 있던 사람이 사망하고 주 정부에서 토지를 사들이면서 가족은 영영 해안가의 보금자리를 떠나야 했다. 그들은 이동식 집을 끌고 브룩스빌의 스타로드에서 조금 떨어진, 소나무가 드문드문 자라는 황량한 공터로 이사했다. 나이가 어린 두 딸 제니퍼와 페기는 그때까지도 부모님과 함께 살았다. 그들은 새 보금자리에 '스타로드 주립교도소'라는 별명을 붙였다.

레이디 진도 어딘가 다른 정박지로 옮겨야 했다. 배를 남쪽 항구에 대기로 결정한 아버지는 당시 10대였던 제니퍼만 데리고 마지막 항해를 떠났다. 세월이 지나도 그의 항해술은 전혀 나아지지 않았고, 부표와 항로 지표를 무시하는 습관도 여전했다. 제니퍼는 이렇게 회상했다. "배는 중간에 모래톱에 박혔고, 밤새 애를 썼지만 다시 빼낼 수가 없었어요."

아침이 되자 아버지는 선언했다. "할 수 없지. 레이디 진을 여기서 화장하자." 그는 사랑하는 배에 '바이킹식 장례식'을 치러주고 싶다고 했다. "다른 인간이 여기서 사는 꼴은 죽어도 못 보지."

아버지와 딸은 일단 중요한 물건(대부분 책과 사진이었다)만 챙겨서 '미니 지니'라고 이름 붙인 소형 보트에 옮겨 싣고 정박지로 노를 저어 갔다. 두 사람이 바이킹식 장례식을 성대하게 치르기 위해 휘발유를 구입하는데 부두에 있던 한 남자가 우연히 그 무모한 계획을 듣게 됐다.

"말도 안 되는 소리! 그러다 죽고 싶소? 다 그만두고 그럴 바엔 나한테 엔진이나 파슈." 그는 모래톱에서 레이디 진을 빼낸 뒤 항구까지 견인해줬다. 아버지는 끝내 선체를 태웠지만 화장식은 최소한 바다가 아닌 육지에서 모닥불로 간소하게 진행됐다.

제니퍼는 파머가 그 시절의 아버지와 어느 정도 닮은 면이 있다고 말했다. 다른 부분은 차치하고라도 두 사람은 한번 목표를 세우면 무슨 일이 있어도 포기하지 않았다. 아버지는 자연의 힘마저도 정복할 수 있다고 믿었고, 어떤 상황에서도 주눅 들지 않았다.

"아버지가 제 앞에서 약한 모습을 보인 건 딱 한 번뿐이었어요. 레이디 진 호를 불태우기로 결심한 그날 아침이었죠. 정말 어느 것 하나 마음대로 되지 않았으니까요. 배는 모래바닥에 처박혀 움직이지 않았고, 아들딸은 둥지를 하나둘 떠나고 있었고요. 주변에 아버지 말에 따라 척척 도와줄 사람이 더 이상 없었던 거예요."

그로부터 몇 년이 지난 1984년 7월, 아버지는 농구를 하다가 갑자기 세상을 떠났다. 당시 그는 마흔아홉 살이었고 겉으로는 상당히 건강해 보였다. 아마도 급작스럽게 심장마비가 일어난 듯했다.

전화는 파머의 아버지 같은 이가 진심을 전하기에 효과적인 수단이 아니었다. 아이티에 머물고 있던 파머가 하버드 의과대학 입학 허가 통보를 받고 이 사실을 알리려고 집에 전화했을 때, 아버지는 무뚝뚝하게 대답했다.

"어, 그래. 그럴 줄 알았다."

이들 부자관계가 때때로 매우 어려웠음을 짐작할 수 있는 대목이다.

아버지가 세상을 떠날 무렵 파머는 여자친구와 진지하게 교제 중이었다. 장례식이 끝나고 얼마 지나지 않아 그녀는 그와 함께 플로리다에 있는 파머의 집을 찾았고 스타로드 교도소에서 며칠을 함께 보냈다. 반쯤은 폐차 상태가 된 블루버드 여관도 그 옆에 세워져 있었다. 파머는 이 고물 버스에서 오래된 책 몇 권과 편지 꾸러미를 발견했다. 마침 여자친구는 잠깐 볼일이 생겨 자리를 비웠다.

"제가 돌아왔을 때 파머는 운전석에 앉아 있었어요. 손에는 그가 의과대학 입학 허가를 받았을 때 아버지가 쓴 편지가 들려 있었죠. '아들아, 네가 얼마나 자랑스러운지 모른다.' 뭐 이런 내용이었던 것 같아요. 파머는 눈물을 펑펑 쏟으며 울었어요."

인생 모델과
아이티행

파머의 대학 친구들은 그가 붙임성이 좋아 늘 무리에 둘러싸였다고 기억했다. 남자친구만큼이나 여자친구가 많았고, 한 사람 한 사람의 사소한 특징까지도 사진을 찍어놓은 듯 세심하게 기억했다고 한다. "파머는 제가 언제 얘기했는지조차 잊어버린 먼 친척의 안부를 묻곤 했어요."

그와 함께 학생식당에 점심을 먹으러 가면 자리에 앉기까지 30분씩 걸렸다. 마주치는 사람들과 일일이 인사하고 이야기를 나누기 바빴기 때문이다. 파머는 친구들과 함께 공부하길 좋아했는데, 밤늦은 시간까지 그와 있다 보면 왠지 그가 다른 사람보다 수월하게 공부를 해내는 것처럼 보였다. 하지만 열심히 집중하는 듯하다가도 별안간 벌떡 일어나서 음식을 던지며 장난을 걸거나 복사기에 자기 얼굴을 밀어넣고 우스꽝스러운 얼굴 복사본을 만들어 친구들을 웃기곤 했다. 공부를 마치고 아무도 없는 어두컴컴한 교정을 걷다가 영화 〈사운드 오브 뮤직〉에 나오는 노래를 목청껏 부르기도 했다. "Raindrops on roses and whiskers on kittens."

파머는 두 번째 학기부터 A학점을 받기 시작했다. 어느 해에는 여름방학과 이어지는 가을학기를 파리에서 보냈다. 가진 돈도 거의 없고 일자리도 없이 출발했지만, 다행히 현지에서 오페어(외국 가정에 입주해 아이 돌보기 등의 집안일을 하고 언어를 배우는 사람 – 옮긴이)를 구하는 프랑스계 미국인 가족을 만났다. 어머니가 매주 편지를 보내며 5달러짜리 지폐 한 장을 동봉했는데 그 돈으로 주로 연극을 보러 다녔다. 수업이 없는 날에는 정치 집회에 참석했다. 신세를 지고 있는 집의 주인은 그에게 종종 물었다. "토요일인데, 오늘은 어떤 집회에 다녀왔나?"

파리에 머무는 동안 파머는 네 개의 강의를 들었다. 그중 하나가 인류학자 클로드 레비-스트로스Claude Lévi-Strauss 의 마지막 수업이었는데, 당시 그는 너무나 쇠약해져서 수업 때마다 누군가 그를 안고 강단까지 올려줘야 했다. 듀크대학으로 돌아온 그는 프랑스어를 유창하게 읽고 쓰고 말할 줄 알았다. 학부에서 첫 2년은 주로 과학 강의를 들었고, 그 이후로는 의학과 인류학을 집중적으로 파고들었다. 전공과 관계없는 과목도 폭넓게 공부했다. 그런 그를 교수들은 아꼈고, 그 또한 교수들을 잘 따랐다. 그에게 우수졸업의 영예를 안겨준 졸업 논문의 주제가 '젠더 불평등과 우울증'이었던 것은 그가 알고 지내던 의료인류학자들이 모두 정신의학 전문가였기 때문이었을 것이다. 하지만 그는 어떤 교수도 자신의 지도교수로 지명하지 않았다. 파머의 평생 롤모델 자리는 이미 100년 전에 세상을 떠난, 루돌프 피르호Rudolf Virchow라는 독일의 병리학자에게 돌아갔다. 자신의 전문 분야 외에도 다양한 분야에 조예가 깊은 인물이었다.

파스퇴르나 슈바이처, 나이팅게일 등 의학계의 이름난 위인들과 비교하면 피르호는 그다지 알려지지 않은 편이다. 그의 일생을 다룬 전기는 딱 한 권뿐이다. 그러나 후대의 어느 연구자가 평가했듯 그는 '과학적인 의학의 기초를 세운 장본인'으로서, 생명 활동의 기본 단위가 자가 복제능력을 지닌 세포이며, 따라서 질병에 대한 연구는 세포의 변화에 집중하는 데서부터 출발해야 한다고 주장한 최초의 인물이다. 피르호는 종양학과 기생충학 분야에 지대한 공헌을 했고, 오늘날 사용되는 의학용어를 적어도 50개는 직접 만들었으며, 선모충병을 포함해 수많은 질병의 병리를 규명했다. 그뿐 아니라 독일에서 육류 품질검사 캠페인을 주도해 성공으로 이끌었고, 베를린의 하수도 체계를 고안해 악취에 시달리던 도시를 유럽에서 가장 건강한 도시로 탈바꿈시키기도 했다. 그는 병원과 간호학교를 설립했다. 고고학자로서 참여해서 하인리히 슐리만Heinrich Schliemann이 트로이 유적을 발굴하는 데도 중요한 역할을 했고, 의료인류학이라는 분야의 토대를 세웠다. 그는 의사이자 교수인 동시에 실천적인 정치인이기도 했다. 독일의 제국주의적 야망에 반기를 들었다가 비스마르크에게 결투 신청을 받은 적도 있을 정도였다.

피르호는 무려 2천 편이 넘는 논문과 수십 권의 저서를 남겼다. 파머는 듀크대학에서 영어로 번역된 그의 책 몇 권과 그에 관한 여러 기사를 찾아 읽었다. 젊은 나이부터 펼쳐진 피르호의 이력은 지성과 실천이 어우러진 흥미진진한 모험과도 같아서 비상한 두뇌를 지닌 청년의 상상력을 한껏 자극했다.

독일 정부는 겨우 스물여섯 살인 피르호를 전염병이 창궐한 실레지아Silesia 지방으로 파견해 당시에는 기근열이라 알려졌고 오늘날에는 재귀열Relapsing Fevers이라고 불리는 전염병에 대해 조사하도록 했었다. 파르호는 그곳에서 부재지주의 지배하에서 빈곤에 시달리는 처참한 상황을 마주했고, 주로 폴란드인으로 구성된 그곳 주민은 감자와 보드카로 연명하며 풍토성 이질과 말라리아에 시달리고 있었다.

피르호는 독일 정부에 제출한 보고서에서 전염병의 근본적 원인은 극도로 열악한 사회적 여건이며, 그 바탕에는 이런 사태를 조장하고 방치한 정부의 책임이 있다고 지적했다. 당시는 재귀열의 생물학적 매개체(기생충)가 밝혀지기 40년도 더 전이었지만, 이후의 연구는 피르호의 주장이 옳다는 사실을 입증했다. 대개 사회적인 격변 이후에 뒤따르는 인구 과밀, 위생 불량, 영양 부족 등을 바탕으로 주기적으로 고열이 발생하는 전염병인 재귀열이 걷잡을 수 없을 정도로 번졌던 것이다. 피르호는 자신의 보고서에서 전염병학의 기본 원칙 하나를 다음과 같이 정의했다.

"질병이 열악한 환경에 처한 개인의 삶에서 비롯된다면, 전염병은 다수의 삶에 대규모의 문제가 발생했음을 나타내는 지표이다."

그는 실레지아 사태에 '완전하고 무제한적인 민주주의'를 처방했다. 다시 말해, 폴란드어를 공용어로 인정하고, 가난한 사람들

대신 부자에게 세금을 부과하고, 정부 사업에 대한 교회의 입김을 막고, 도로를 건설하고 폐쇄된 고아원을 다시 열고, 농업에 투자해 식량 생산을 늘리는 것 등의 실천 사항이 처방에 포함됐다. 정부는 피르호를 파면했다. 그는 이 사건을 두고 "나는 정치의 목적이 근본적인 예방책이라고 믿었으나 나의 반대자들은 일시적인 완화책을 선호했다"라고 썼다.

피르호는 명언을 많이 남겼다. "의학은 사회적인 과학이고, 정치는 넓은 범위의 의학과 다름없다." "최악의 상황에도 적응해버리는 습관은 인간에게 내려진 무서운 저주다." "의학 교육의 목적은 돈을 버는 직업인이 아니라 공중보건에 이바지하는 인재를 길러내는 것이다." "의사는 가난한 자들의 타고난 대변인이며, 많은 사회적 문제를 직접 해결해야 한다." 마지막 문장은 파머가 가장 좋아하는 명언이다.

피르호는 파머가 세상의 질서를 이해할 수 있게 해줬다. "피르호는 종합적인 시각을 갖고 있었어요. 병리학과 사회의학, 정치학, 인류학을 하나로 통합했죠. 그는 내 인생의 모델이에요."

ꝯ

파머는 피르호를 통해 부분적으로나마 공중보건의 도덕적 측면을 이해할 수 있게 됐다. 그리고 듀크대학에서 공부하는 동안에는 일생에 걸쳐 탐구할 주제도 발견했다.

그는 인류학, 역사학, 사회학, 정치학을 폭넓게 공부했다. 시사에 관심이 많았으며, 특히 중남미의 폭력 사태에 큰 관심을 보였다.

1980년 엘살바도르에서 오스카 로메로Oscar Romero 대주교가 극우 암살단에게 살해당했을 때는 교수, 학생들과 함께 듀크대학교 채플에서 이에 항의하는 밤샘 시위를 했다. 이 사건을 계기로 가톨릭의 한 분파인 해방신학에 대한 공부도 시작했다. 로메로 대주교가 암살된 이유도 그가 해방신학을 설파했기 때문이었다. 해방신학은 라틴아메리카 신학자들이 발전시켰고 1960년대 후반에는 일부 주교가 부분적으로나마 그 교의를 받아들였다. 어린 시절 견진성사를 받았던 브룩스빌의 성당에서는 늘 혼전 성관계의 위험성 등을 강조하곤 했다. 하지만 파머가 읽은 책에서 라틴아메리카의 주교들은 가난한 사람들에 대한 탄압에 대해 논하며 이를 '제도화된 죄악'으로 규정하고 비판했다. 그들은 교회에 '가난한 자들을 우선적으로 선택하고 사랑할 의무'가 있다고 선언했다. 이런 글을 읽으며 파머는 생각했다. '와! 이건 내가 알던 가톨릭교가 아닌데!'

그러나 파머를 움직이는 주요한 추진력은 정치나 종교가 아니었다. 당시의 그는 세상에 대해 분노하기보다 호기심을 느끼고 있었다. 그는 엘살바도르 같은 곳에서 일어나는 사건의 진실은 대다수 미국인에게 제대로 알려지지 않는다는 느낌을 받았다. 이러한 의심은 듀크대학교에서 멀지 않은 이주노동자 캠프에 관심을 갖는 계기가 됐다.

"풍요로운 대학 한복판에서 지내다 보니 머릿속이 속 편한 관념으로 가득 차 있었어요. 그러던 중 한 수녀님을 만났습니다. 벨기에 출신의 율리아나 드볼프Julianna DeWolf 수녀님이셨는데, '농장노동자연합의 친구들Friends of the United Farm Workers'이라는 단체에서 활동하고 계셨죠. 그야말로 두려움을 모르는 분이었어요. 제가 살면서 만난 어떤 사람보다도 진보적이고 헌신적이었고, 오만한 동시에 겸손했어요. 무엇보다, 아이티 출신의 이주노동자들은 그분을 아주 존경했어요."

파머는 드볼프 수녀 외에도 몇 명의 수녀를 만났는데(그는 그녀들을 '성당의 레이디'라고 불렀다) 그들의 종교적 신실함보다 이주노동자를 도우려는 의지에 깊은 인상을 받았다.

"백인 자유주의자나 학자들보다 훨씬 더 투쟁적이었어요. '투쟁적'이라는 표현이 적절할지는 모르겠지만요. 그분들은 상대의 고통에 공감하는 성직자의 관점에서 농장 노동자를 도와 불의에 맞섰어요. 그들이 아프거나 불합리한 일을 당하면 병원과 법원으로 인도했고, 직접 통역을 해주고 장을 봐주고 운전면허증을 딸 수 있도록 도왔죠."

파머는 드볼프 수녀를 따라 노스캐롤라이나주의 담배 농장을 돌면서 수많은 아이티인 노동자를 만났다. 그들의 비참한 환경을 마주하니 결코 편치 않았던 자신의 어린 시절조차 풍족하게 느껴질 정도였다. 그는 아이티에 대해 구할 수 있는 모든 자료를 찾아 읽기 시작했고, 졸업할 무렵에는 듀크대학교 근처의 농장에서 일하는 아이티 출신 이주노동자의 실상에 대해 6천 단어 길이의 기사를 쓸 수 있을 정도로 이 문제에 대해 많은 것을 알게 됐다. 그는 그 기사에 '집 없는 아이티인들Haitians without a Home'이라는 제목을 붙였다. 그의 눈에 비친 아이티인은 고향에서나 타국에서나 억압을 받는 약자 중의 약자, '피해자 중의 피해자'였다.

수석으로 듀크대학을 졸업할 무렵, 파머는 이미 아이티의 모든 것에 지대한 관심을 갖고 있었다. 이후에는 플로리다의 크롬수용소를 방문하고, 쿠바 난민은 사실상 전원 입국시키면서 아이티 난민은 기아와 질병 그리고 카리브해에서 가장 잔인한 독재정권의 손아귀로 돌려보내는 미국 이민자 정책의 부당함에 항의하는 집회에 참여했다. 이 시점에 그의 호기심은 상당 부분 분노로 발전한 상태였지만, 아이티에 대한 궁금증은 여전했다.

아이티의 역사는 호머나 톨스토이의 대서사시만큼이나 파란만장했고, 특히 파머의 눈에는 톨킨의 판타지 소설 같았다. 콜럼버스는 스스로 '히스파니올라Hispaniola'라고 이름 붙인 섬에 상륙해 원주민이었던 아라와 인디언을 몰살했다. 이후에는 프랑스와 스페인이 섬을 나누어 지배했는데 프랑스령으로 편입된 서쪽의 3분의 1은 노예를 끔찍하게 착취해 어마어마한 부를 창출하는 노예식민지가 됐다. 서아프리카에서 노예를 실어 올 때마다 그중 3분의 1은 3년 안에 목숨을 잃을 만큼 혹사당했다. 노예들은 1791년을 기점으로 길고 피비린내 나는 투쟁을 시작했다. 나폴레옹이 이끄는 4만 명의 군대로도 혁명의 불꽃을 진압할 수 없었다. 마침내 1804년, 라틴아메리카 최초의 독립 국가이자 세계 최초의 흑인 공화국 아이티가 탄생했다. 그러나 독립 후에도 아이티는 거의 200년 동안 폭정에 시달렸는데, 그 배경에는 프랑스와 미국을 중심으로 한 외세의 개입이 있었다(1915년부터 1934년 사이에는 미국 해병대가 아이티를 점령하고 직접 통치했다).

아이티의 역사는 파머에게 마치 《반지의 제왕》처럼 느껴졌다.

부유한 자와 가난한 자, 선한 자와 악한 자가 벌이는 길고도 거대한 투쟁의 이야기였던 것이다. 자료를 통해 확인한 아이티의 문화 또한 매혹적이었다. 아이티는 고유한 음악과 문학을 지닌 나라였고, 미국과 유럽의 여러 박물관에는 아이티 출신 예술가의 작품이 전시돼 있었다. 아이티의 토착 종교인 부두교는 인간계로부터 상당히 거리가 있는 절대 신과 그 아래 수많은 신을 믿는 종교로 이 하위 신에는 가톨릭 성인도 포함됐다. 이 복잡한 고유 신앙은 연구할 가치가 충분해 보였다. 부두교에 대한 오해와 조롱이 너무나 널리 퍼져 있었기에 더더욱 그러했다.

한편, 아이티의 언어인 크리올어는 흔히들 말하는 것처럼 '조악한 방언'이 아니라, 프랑스에서 유래한 로망스 언어에 속한다. 그 근원은 프랑스어지만 음성학적 관습이나 문법적 구조 면에서는 분명 아프리카적인 속성을 내포하고 있는 아이티 고유의 언어이다. 크리올어의 바탕에 깔린 풍부하고 사랑스러운 표현력과 비극적인 필연성(프랑스인 농장주는 같은 언어를 쓰는 노예들을 의도적으로 떼어놓았기 때문에 노예들은 의사소통을 위해 그들 사이에 통용되는 새로운 언어를 만들어야 했다)은 세상 어디에도 없는 아이티만의 특성을 담고 있었다. 파머는 1983년 봄에 아이티로 떠난다는 계획을 세우고 크리올어를 공부하기 시작했다. 그곳에 1년 정도 머물 예정이었다.

파머는 듀크대학에서 아이티 예술가들에 대한 에세이를 써서 1천 달러의 상금을 받았고, 이 돈으로 1년을 버틸 수 있으리라 생각했다. 책에서 읽은 바에 따르면 아이티인은 보통 그보다 훨씬 적은 돈으로 1년 생활을 꾸렸기 때문이다. 그사이에는 듀크 대학병원의 응급실에서 자원봉사자로 일했고 하버드 의대와 케이스웨스턴 리저브대학교에 원서를 제출했다. 이 두 학교에 의학과 인류학 학위를 동시에 받을 수 있는 커리큘럼이 있었기 때문이다. 그는 아이티에서 두 분야를 실전에 활용해봄으로써 의사와 인류학자의 삶이 진정한 자신의 길인지 확인해볼 생각이었다.

1983년에 파머가 포르토프랭스에 도착할 당시만 해도 공항은 악명 높은 독재자 '파파 독Papa Doc'의 이름을 따서 '프랑수아 뒤발리에François Duvalier 공항'으로 불리고 있었다. 파파 독은 1957년부터 세상을 떠난 1971년까지 공포정치를 펼쳤다. 그의 뒤를 이은 아들 '베이비 독Baby Doc'의 통치는 아버지보다는 조금 덜 교활했지만 정적을 암살하거나 해외 원조금을 착복하고 횡령하는 등 못된 습관을 그대로 답습했다. 그는 '종신 대통령' 선포를 준비 중이었는데, 그때까지만 해도 30년을 이어온 뒤발리에 부자의 권력이 조만간 끝장나리라고 예측한 사람은 아무도 없었다.

파머가 처음 접한 아이티는 세계 각국의 관광객(매춘 관광객도 포함하여)에게 이국적인 여행지로 손꼽히는 나라였다. 아이티인은 외모가 잘생겼지만 절대 다수가 지독한 가난 속에서 허우적거리고 있었다. 1983년 발행된, 동성 매춘 관광을 안내하는 한 가이드북에는 이런 문구가 쓰여 있었다. "당신의 파트너는 서비스의 대가를 요구하겠지만, 그 비용은 매우 저렴합니다."

포르토프랭스는 빈민촌으로 가득했지만 일부 지역에는 고급 주거지와 호텔, 식당이 있긴 했다. 해외 여행객은 검은 선글라스를 긴 뒤발리에의 경호부대 '통통 마쿠테Tontons Macoutes'를 비롯한 호위대의 보호를 받으며 안전하게 관광을 즐겼다. 통통 마쿠테라는 이름은 아이들을 가방에 담아 납치한다는 전설 속 귀신에서 유래했다. 이 경호부대는 뒤발리에 부자를 조롱하는 그레이엄 그린의 풍자소설 《코미디언스》를 가지고 있다가 적발되지 않는 한 외국인에게는 안전한 존재였고, 적발된다 해도 위협적인 설교 몇 마디를 듣는 정도였다.

어쨌든 파머는 《코미디언스》를 가지고 있지 않았고, 처음에는 포르토프랭스에 머물지도 않았다. 피츠버그대학교에서 짧은 대학원 연구과정을 수료하는 중에 그는 우연히 개인 자산을 들여 아이티에 알버트슈바이처병원Hôpital Albert Schweitzer을 세운 멜론Mellon 가문의 친구를 만났다. 그 인연으로 파머는 아이티의 수도에 도착하자마자 그 병원이 있는 아르티보니트 계곡 저지대의 데샤펠Deschapelles 지방으로 직행했다. 그는 기대감에 한껏 부풀어 있었고, 처음 마주한 병원의 인상은 훌륭했다. 하지만 잠시 후 그는 이곳에 거의 백인 의료진밖에 없다는 사실을 깨달았다. 그는 뭔가 다른 것을 기대했었다. 아이티인을 위해 운영되는 병원이라면 현지인 의료인력을 교육하고 훈련시키는 기능도 어느 정도는 겸하고 있으리라 믿었던 것이다. 게다가 병원 측은 멜론가 사람들과의 친분에도 불구하고 그곳에는 파머에게 줄 일자리가 없다고 선을 그었다. 그는 잔뜩 실망한 채 포르토프랭스로 발걸음을 돌려야 했다.

파머는 다른 일자리를 찾기 시작했다. 그러던 중 포르토프랭스에 본부를 둔 소규모 자선단체 아이케어 아이티Eye Care Haiti와

인연을 맺게 됐다. 그들은 미레발레Mirebalais에 작은 사택을 마련해서 중부 고원지대에 의료 서비스를 제공하는 동시에, 이동 클리닉을 운영해 소외된 시골 환자들에게 다가갔다. 파머는 그곳으로 향했다.

오필리아 달

그로부터 수년 뒤 파머는 그가 프러포즈했던 여성으로부터 다음과 같은 편지를 받았다.

　사랑하는 펠,

　내가 아내로서 너와 평생을 함께하겠다고 약속하지 못하는 건 너에 대한 사랑이나 믿음이 부족해서가 아니야. 오히려 나는 마음 깊은 곳에서부터 너를 믿고 있어. 잘 알겠지만 나는 너를 만난 1983년 이후로 다른 누구에게도 진지한 감정을 느껴본 적이 없어. 하지만 이 대답은 우리가 함께할 인생을 진지하게 그려보고 아주 신중하게 내린 결정이야. 나는 우리가 반려자로서 서로 맞지 않는 사람이라는 결론을 내렸어. 사실 우리가 맞지 않는 부분은 딱 한 가지뿐이지. 나는 오랫동안 아이티에서 평생 살고, 일하고, 그곳에서 너와 함께 생활을 꾸려갈 수 있으리라고 착각을 해왔어. 하지만 이제는 내가 그렇게 할 수 없다는 걸 인정해야 할 것 같아. 그리고 이런 내 생각은 우리의 삶이 조화를 이룰 수 없다는 걸 의미하지. 너는 10년 전에도 내게 아이티에 평생을 바치는 삶을 꿈꾼다고 얘기한 적이 있잖아. 한번은 나와 다투던 중에 네가 딱 부러지게 말한 적이 있지. 내가 네게 끌렸던 그리고 내가 사랑하는 너의 특성이 동시에 너를 원망하게도 하는 것 같다고. 굳이 말하자면 빈민을 향한 변함없는 헌신과 끝없는 이타심, 타인에 대한 무한한 공감 능력 같은 것이 그래. 네 말이 옳았어. 너와 결혼한다면 나는 개인적이고 감정적인 요구사항을 들이밀며 네 인생의 중요한 비전을 방해할 거야. 가난한 사람은 물론 이 세상을 살아가는 모든 이에게 지대한 영향력을 미치게 될 그 훌륭한 비전을 말이지….

아직 어릴 때 너를 만났던 건 무엇보다 큰 행운이었어. 덕분에 너와 평생 알고 지냈던 것처럼 느낄 수 있으니까. 네게 사랑받고 너로 인해 많은 것을 배울 수 있었던 것 역시 행운이었어. 나라는 생명체를 구성하는 데 있어 네가 그 무엇과도 바꿀 수 없는 자리를 차지하고 있음을 꼭 알아주면 좋겠어.

그녀의 이름은 오필리아 달Ophelia Dahl이었다. 영국 버킹엄셔 출신인 그녀가 1983년 1월에 아이티로 온 것은 아버지를 기쁘게 해주고 싶어서였다. 마음 한구석에는 막연하게나마 뭔가 좋은 일을 하고 싶다는 의지도 있었다. 열여덟 살 소녀였던 그녀는(스스로 내게 '또래보다는 약간 성숙한 열여덟'이었다고 말했다) 아이케어 아이티에서 자원봉사자로 일하고 있었다. 파머를 처음 만났을 때는 미레발레의 아이케어 사택에 일주일째 머물던 중이었다.

그때만 해도 미레발레는 마담 막스 아돌프Madame Max Adolphe의 별장이 있는 곳이었다. 마담 막스 아돌프는 뒤발리에 정부에서 정치범을 수용하던 포트 디망슈Fort Dimanche 교도소의 소장이었다. 포트 디망슈는 한 역사학자가 나치 강제수용소에 비유할 정도로 끔찍한 감옥으로, 아돌프는 그곳을 거쳐 이제는 통통 마쿠테의 수장이 됐다. 어쨌든 권력자의 별장 덕분에 미레발레는 북쪽 숲이나 계곡 주변에 흩어진 다른 마을과 차별화되는 혜택을 누릴 수 있었다. 드물게나마 전기가 들어왔고, 온종일 라디오가 나오는 곳도 있었으며, 중앙의 일부 지역에는 짧지만 포장도로가 깔려 있었다. 도로 양옆에는 금방이라도 쓰러질 것 같은 구멍가게와 더불어 맥주나 '클라랭Clairin'이라는 독한 럼주를 판매하는 술집도 보였다. 게다가 시내 중심부에는 텔레코라는 건물이 있는데, 일단 험난한 여정을 뚫고 거기까지 가기만 하면 포르토프랭스나 브루클린, 버킹엄셔까지도 전화가 연결되기도 했다.

오필리아는 당장 아버지와 통화를 하고 싶었다. 아버지가 보낸 편지에는 집에 생긴 여러 가지 문제 상황이 적혀 있었고, 그녀는 자신이 그 문제를 해결해야 한다는 다급하고 절박한 책임감을 느꼈다. 그녀는 무슨 말을 해야 할지 고민을 거듭하며 텔레코로 달려갔다. 그러나 그녀의 전화는 결국 아버지에게 닿지 않았다.

우울한 기분으로 건물을 나서는데 하늘에서는 비까지 추적추적 내렸다. 사람들은 모두 실내로 몸을 피했다. 날씨가 좋았다면 거리의 아이들이 그녀에게 몰려들었을 테고 가는 곳마다 '흰둥이!

흰둥이!' 하는 외침이 들렸을 것이다. 물론 이제는 그들이 나쁜 뜻으로 그러는 게 아니라 단순한 호기심의 표현이라는 사실을 안다. 그녀의 새하얀 피부는 이곳 아이티에서 가는 곳마다 눈에 띄는 존재감을 뿜냈다. 하지만 피부색이 아니더라도 그녀는 분명 젊고 매우 아름다웠다. 한낮의 더위 속에서는 붉게 달아올랐지만 보통 기온에서는 피부가 맑고 투명해서 아주 고왔다.

미지근한 비를 맞으며 아이케어 사택으로 터덜터덜 돌아오던 오필리아는 건물 발코니에 서 있는 백인 남성을 보고 깜짝 놀랐다. "창백하고 팔다리가 길쭉한 사람이었어요." 그녀는 파머의 첫인상을 이렇게 묘사했다. 오필리아는 몇 달간 아이티 현지인들과 함께 지내며 그들의 음식을 먹고 그들의 언어를 조금씩 배워가며 스스로 뻔한 관광객이 아니라는 사실에 자부심을 느꼈다. 그런데 저 흰둥이는 여기서 뭘하는 거지? 여긴 내 구역인데! 그녀는 괜스레 불끈 심통이 났다. 하지만 그녀는 교양 있는 영국인 숙녀답게 행동했고, 안으로 들어가 먼저 자신을 소개했다.

사택에는 시멘트 바닥에 나무 의자와 테이블이 갖춰진 공동 휴게실이 있었다. 오필리아와 파머는 테이블에 마주 앉아 이야기를 나누기 시작했다. 대화를 시작한 지 겨우 몇 분 만에 그녀는 이곳에 온 뒤 처음으로 상대방에게 마음을 열고 싶다는 생각을 했다. 어쩐지 파머에게는 외설적인 농담이나 욕설을 즐기는 '약간 괴이한' 모습을 포함해서 자신을 있는 그대로 보여줘도 괜찮을 것 같았다. 얼마 지나지 않아 그녀는 이 낯선 이방인에게 연결되지 않은 전화와 그것 때문에 자신이 얼마나 마음이 아픈지, 집에 문제가 생겼는데 자신은 머나먼 땅에서 연락조차 할 수 없어서 괴롭다는 이야기를 서슴없이 털어놓았다. "아버지에게 편지라도 잘 써서 보내고 싶어요."

"그럼 '세상에 하나뿐인 사랑하는 아버지에게'로 시작하면 되겠군요." 파머가 미소 띤 얼굴로 대답했다.

오필리아는 웃음을 터뜨렸다. 대화는 점점 무르익었고, 파머는 그녀에게 말했다. "당신의 가족에 대해 알고 싶어요."

그로부터 몇 년 후, 오필리아는 한 친구에게 이성을 유혹하는 비결을 들었다. "저녁 식사를 할 때 이렇게 말하는 거야. '당신 인생에 대해 알고 싶어요.'" 그 순간 그녀는 파머가 그 말을 언제 어떻게 했는지를 떠올렸다. 폴은 수많은 사람으로 하여금 그 순간 함께하는 한 사람에게만 오롯이 집중한다고 느끼게 했다. 물론 때로 그에게도 다른 목적이 있었을 것이다. 하지만 상대에 대한 파머의 흥미와 호기심은 늘 진심이었고, 그 진심이야말로 사람들을 움직이는 힘이었다. 그런 이유로, 오필리아는 유명 영화배우인 어머니 패트리샤 닐Patricia Neal과 그 이상으로 유명한 작가인 아버지 로알드 달Roald Dahl에 대해 고백하며 처음 만난 파머에게 가족 문제를 이야기했다. 어머니의 오랜 뇌출혈 투병은 끊임없이 사람들 입에 오르내렸고, 최근에는 부모님의 시끌벅적한 결별 덕분에 더욱 큰 가십의 중심에 서게 됐다. 오필리아가 아이티로 온 것은 아버지 때문이었다. 그녀에게 용감하고 의미 있는 일을 좀 해보라고 다그치는 아버지에게 뭔가를 보여주고 싶어서였다. 솔직히 고등학교에서 2년간 세계지리를 공부했지만 그녀는 포르토프랭스로 향하는 비행기에 타서 지도책을 찾아보기 전까지 아이티가 어디 붙어 있는지도 몰랐다.

오필리아의 마음속에는 쌓아둔 생각이 너무나 많았지만 마땅히 그걸 꺼내놓을 사람이 없었다. 그런 그녀 앞에 폴 파머가 나타난 것이다. 굳이 파머가 아니더라도 영어를 할 줄 아는 사람이라면 누구라도 그녀의 말벗이 돼줄 수 있었겠지만, 파머는 그 이상으로 완벽한 대화 상대였다. 오필리아는 그에게 가족사와 내면의 슬픔, 현재의 근심을 쏟아냈고 파머는 그녀의 이야기를 경청했다. 귀를 기울이는 동안 그는 그녀가 틀렸다는 말은 한 번도 하지 않았다. 그저 이따금 그녀가 자신의 감정을 편안히 받아들일 수 있는 방법을 제안할 따름이었다. 그녀는 신기한 기분을 느꼈다. 지금 눈앞에 있는 스물셋의 미국인 청년은 어딘가 사춘기 티를 못 벗어난 듯 보였고, 적당히 잘생겼지만 창백하고 멀대같이 크고 동안이라 섹시하다고는 느껴지지 않았다. 그녀는 생각했다. '이 남자는 어떻게 내게 위안이 되는 말을 이렇게나 잘 알까?'

그녀는 유명인의 가족인 자신을 아무렇지 않게 대하는 파머의 태도가 마음에 들었다. 그 순간 그가 속으로 '세상에! 내가 영화배우의 딸과 얘기를 나누고 있다니!'라고 감탄하고 있다는 걸 그녀는 몰랐다. 그녀의 눈에 비친 파머는 그저 대화 자체를 즐기는 것 같았다. 파머도 자신의 가족 이야기와 어린 시절의 에피소드를 몇 가지 들려줬고, 그녀는 그의 이야기에 웃음을 터뜨렸다. 오필리아는 파머가 아이케어 아이티에 합류할지 말지 고민하는 중이라고 넘겨짚고 함께 일하는 팀 구성원 개개인에 대해 자세히 말해줬다.

파머는 눈을 동그랗게 뜨며 "알려줘서 고마워요"라고 말했다. 그 진심 어린 반응에 그녀는 그가 두 배로 좋아졌다.

두 사람은 그날 새벽 3시까지 이야기를 나눴다. 그 후 며칠 동안 파머는 아이케어 팀 사람들을 따라 트럭을 타고 여기저기 돌아다녔다. 파머는 오필리아에게 인류학을 연구하기 위해 이곳에 왔다고 설명했고, 그녀는 그 말이 무슨 뜻인지 명확하게 알지 못했다. 그는 어딜 가나 녹음기와 카메라와 공책을 챙겨 다녔고, 오필리아는 폴 곁에 붙어 앉아 트럭 바깥을 유심히 살피는 그의 모습을 지켜봤다. 차량이 거친 흙먼지 길을 덜컹거리며 형편없는 움막촌을 지날 때 그녀가 파머에게 물었다.

"왜 이렇게 많은 사람이 아프죠? 어째서 도로를 제대로 정비하지 않았을까요?"

그는 질문에 성실히 대답했지만, 처음에는 아직 그녀가 어떤 사람인지 확신할 수 없다는 듯 조심스러운 태도를 보였다. 그렇지만 아이티인과의 소통에는 당황스러울 만큼 열정적이었다. 길가의 현지인들이 "흰둥이! 흰둥이!" 하고 외치면 미소 띤 얼굴로 정신없이 손을 흔들며 소리 높여 대답했다. "안녕!"

'저렇게 손을 흔들다니. 촌스러운 관광객도 아니고.' 그녀는 그의 이런 행동이 마음에 들지 않았고, 약간 비꼬는 투로 말했다.

"갈색 피부의 형제들에게 인사하는 건가요?"

"그게 무슨 뜻이죠?" 파머가 그녀를 돌아보며 대답했다.

파머는 미소를 잃지 않으려고 애썼다. 그런 그를 보며 오필리아는 생각했다. '악의적인 말에 면역이 전혀 없는 사람이구나.'

파머는 자기 생각을 쉽사리 말로 표현하는 사람이 아니었다. 하지만 그 순간 그녀는 그가 한번 마음을 연 상대에게 모욕감을 느끼면 다시 마음을 열기까지 굉장히 오랜 시간이 걸리리라는 사실을 직감적으로 알아챘다. 몇 달 만에 처음으로 함께 있으면 즐거운 친구가 생겼는데 그 모든 것을 망쳐버리다니. "미안해요. 내가 잘못했어요. 상처 줄 생각은 없었어요."

그는 미소를 지어 보였고, 잠시 후 다른 현지인이 "흰둥이!"라고 소리치자 이전과 똑같이 반갑게 손을 흔들었다. 그녀는 용서받은 기분을 느꼈다. 파머는 온갖 나무와 풀의 이름을 라틴어 학명으로 읊어대는 등 그야말로 괴짜 같은 행동을 많이 했다. 폴은 수줍음을 모르는 사람 같았고 누구에게나 쉽게 말을 붙였다. 특히 현지인 농부와의 대화에 큰 관심을 보였다. 도시의 빈민층을 포함해서 아이티 인구의 절대 다수가 농부라고 그녀에게 설명해준 것도 파머였다. 그는 자주 카메라를 꺼내 들었고 방문한 병원에서는 열심히 메모했다. 농부를 만나면 "어디서 식수를 길어 오나요?", "병에 걸리는 이유가 뭐라고 생각하나요?" 등 이런저런 질문을 했다. 그는 대화 내용을 일일이 녹음했다가 밤마다 아이케어 사택에 돌아와서 그 내용을 받아적었다. 그의 크리올어 실력은 오필리아가 질투할 정도로 빠르게 향상됐다. 그녀는 아이티에 몇 달이나 머물렀고 그는 며칠 전에 왔는데도, 함께 다닌 지 일주일이 지나자 그의 크리올어 실력이 훨씬 더 유창해졌다. 아이티식 표현을 빌려 말하자면 거의 '쥐새끼처럼' 빠르게 말하는 수준이었다.

시골에서 한 주를 보낸 봉사팀은 주말이 되자 포르토프랭스 본부로 복귀했다. 파머와 오필리아는 긴 여정 내내 트럭 뒷좌석에 함께 앉았다. 파머는 그녀를 이름 대신 가족끼리 부르는 애칭인 '민Min'이라고 부를 만큼 오필리아와 가까워져 있었다. 3번 국도의 좁고 가파른 절벽 길을 따라 '염소 언덕'이라는 뜻의 모른 카브리Morne Kabrit를 따라 내려가는 동안 파머는 자신의 가족들이 서로를 부르는 수많은 별명을 나열하며 그녀를 웃겼다. 그때 트럭이 절벽 옆 모퉁이를 돌다가 기우뚱했고 그들은 중심을 잃고 한쪽 구석으로 함께 쓰러졌다. 자세를 바로 하고 고개를 드니 망고가 눈앞 도로 위에 카펫처럼 펼쳐져 있었다.

어린아이들은 여기저기서 과일을 줍느라고 야단법석이었다. 조금 떨어진 곳에 작고 낡은 픽업트럭 한 대가 모로 누워 있었다. 뻔히 짐작되는 상황이었다. 트럭은 승객과 과일을 지붕까지 가득 실은 채 시장으로 향하고 있었을 것이다. 브레이크와 충격 완화 장치는 낡고 닳아 제대로 작동하지 않았을 것이다. 사방에 뒤집힌 바구니와 망고가 널려 있었다. 승객 대부분은 시장에서 장사를 하는 여인들이었다. 두건을 쓴 여인 중 일부는 멍한 표정으로 길바닥에 앉아 있었고, 나머지는 트럭을 둘러싸고 서서 뭐라고 소리치고 있었다. 그 곁에 한 여인이 망고로 둘러싸인 채 바닥에 누워 있었다. 판자로 신체 일부를 가려놓은 모습이었다. 현장에 출동한 경찰이 금니 세 개를 번쩍이며 쾌활하게 말했다. "네, 저 여자는 죽었어요. 저희가 할 수 있는 일은 없습니다."

이 장면은 오래도록 오필리아의 머릿속에서 지워지지 않았다. 그녀가 맡았던 아이티의 첫 냄새, 프랑수아 뒤발리에 공항에 처음 도착했을 때 불어왔던 그 시큼한 쓰레기 냄새와 마찬가지로. 차가 다시 출발했을 때 그녀는 파머를 슬쩍 바라봤다. 그는 말없이 창밖을 내다보고 있었다. 오필리아는 그런 그의 모습을 이렇게 기억했다. "정말로, 아주아주 조용했어요."

⸙

두 사람이 그해 봄 바로 연인 사이로 발전한 건 아니지만, 그다음 달부터는 거의 매일 만났다. 주로 포르토프랭스에서 만났고, 아이케어의 이동 클리닉이 환자를 찾아 떠날 때 동행했다. 둘 다 포르토프랭스에 있는 동안에는 오필리아가 일을 마친 후 파머의 숙소로 찾아가곤 했다. 그는 한때 멋진 발코니와 세공된 나무 기둥으로 둘러싸였었지만 이제는 거의 쓰레기더미 한복판에 있다고 할 만큼 폐허가 된 오래된 저택에 세 들어 있었다. 그 집은 한 미술품 수집상 소유였다. 소문에 따르면 이전 소유주는 길거리에서 총을 맞아 죽었다고 했다. 베이비 독이 통금을 선포했던 시절이었는데 한밤중에 임신한 아내의 진통이 시작되는 바람에 도움을 청하러 밖에 나갔다가 그대로 사살됐다는 것이다.

현재는 그 넓은 저택에 파머와 다른 세입자인 아이티인 여성 한 명만 살고 있다. 그녀는 가끔 안뜰에서 요리를 했는데 그럴 때면 숯불 피우는 냄새가 창문을 타고 파머의 방까지 날아 들어왔다. 2층에 위치한 그의 방에는 낡긴 했지만 정교한 나무 덧문이 달린 창문이 여럿 있었고 그 밖으로 발코니가 나 있었다. 창밖으로는 탁 트인 도시와 선착장의 풍경이 펼쳐졌고, 한쪽으로는 라 살린느La

Saline 라고 불리는 슬럼가의 텐트와 판지 움막이 보였다. 오필리아가 찾아갔을 때 파머는 종종 글을 쓰고 있었다. 그중에는 '망고 부인The Mango Lady'이라는 제목을 붙인, 오필리아에게 바치는 자작시도 있었다. 그는 그 시를 그녀에게 소리 내어 읽어줬다. 3연은 이렇게 시작된다.

> 우리는 자리를 떴지, 마지못한 눈길로 돌아보며
> 바구니 너머로 숨겨 누운 망고 부인을
> 열대과일 관 위에 굳어버린 그녀를.
> 시신을 덮은 한 조각 골판지는
> 주름진 조국의 깃발이었을까
> 상처를 덮기엔 너무 얇았던 그 한 조각은.

고국에서 멀리 떨어져 있다는 특수한 상황에서 두 사람은 자연스럽게 연애를 시작했다. 그들의 관계는 너무 자연스러워서 언뜻 보기에 연애처럼 보이지도 않았다. 데이트를 할 때면 오필리아가 돈을 썼다. 그녀는 돈이 있고 그는 없었으니까. 오필리아에게는 자신이 가진 것을 연인과 나누는 상황이 너무나 당연했다. 그 대신 파머는 아이티에 대한 풍부한 지식을 그녀에게 나눠줬다. 예를 들어 그는 마담 막스 아돌프 같은 인물에 대해 얘기해주곤 했는데, 아이케어 아이티의 사택이 아돌프의 땅에 자리 잡고 있으니 사실상 오필리아는 통통 마쿠테를 위해 일하고 있는 셈이라고 농담을 곁들이는 식이었다.

그러던 어느 날 그녀가 말했다. "지난번에 포르토프랭스의 올로프손 호텔Hotel Oloffson에 갔다가 이상한 남자를 만났어. 그가 말하길, 자기가 그레이엄 그린이 쓴《코미디언스》에 나오는 쁘띠 피에르Petit Pierre 캐릭터의 모델이라는 거야." 파머는 그의 말이 사실이며, 그녀가 만났던 작고 우스꽝스러운 남자는 뒤발리에의 정보원이라고 알려줬다. 그녀는 파머가 의도하지는 않았더라도 그녀를 가르치고 있다는 느낌을 받았다. 대개 질문은 그녀 쪽에서 했다. 그에게 뭔가를 물어볼 때는 세심한 주의를 기울여야 했다. 가령, 그의 설명이 알쏭달쏭하거나 의미하는 바가 너무 포괄적일 때도 이의를 제기하지 않은 편이 좋았다. 안 그러면 그가 입을 꽉 다물어버릴 수도 있기 때문이다. 그보다는 "더 자세히 듣고 싶어"라며 구슬리는 편이 나았다. 당장이라도 유령이 나올 것 같은 저택의 2층 방에서 두 사람은 많은 대화를, 훗날 그녀가 '끝없이 이어지는 수다스러운 토론'이라고 묘사한 이야기를 나눴다.

"인류학이라는 게 정확히 뭐야?"

그녀의 질문에 파머는 이렇게 대답했다. 인류학이란(여기서는 그가 1년 반 뒤에 썼던 한 기고문의 내용을 인용해서 대답을 구성했다) 측정보다는 의미 파악에 초점을 두는 학문이다. 언어를 배울 때와 마찬가지다. 어떤 언어에 통달하려면 사전적 정의뿐 아니라 그 안에 담긴 함의를 해석할 줄 알아야 하며, 그러려면 그 사회의 정치와 경제, 역사에 대한 총체적 이해가 뒷받침돼야 한다. 이러한 배경지식이 다 갖춰진 후에야 비로소 망고 부인의 죽음과 같은 사건을 제대로 이해할 수 있다고 그는 설명했다.

이듬해에 파머가 쓴 어느 기고문에는 "한 나라의 질병과 영양 상태, 사회경제적 요인, 건강과 병에 대한 믿음과 행동 사이에 형성돼 있는 밀접한 상관관계" 혹은 그와 유사한 표현이 많이 등장한다. 평소 그는 망고 부인의 죽음과 같은 주제에 대해 직접적으로 얘기하기를 꺼렸지만, 오필리아는 그가 돌려 말한 이야기를 이렇게 해석했다. 살다 보면 불행한 사고가 일어나기 마련이지. 그래, 그래. 하지만 모든 불행한 일을 사고라고 볼 수는 없어. 모른 카브리의 도로가 형편없었다거나 트럭에 언제나 적정 인원을 넘어서는 승객을 태운다는 것 그리고 가족을 먹여 살리기 위해 시장에 나가 물건을 팔아야 하는 한 여인의 절박함은 모두 우연한 사고가 아니야. 이러한 현상에는 모두 원인이 있었고, 그중에서 가장 심각한 원인은 뒤발리에 부자가 대를 이어 폭정으로 나라를 도탄에 빠뜨렸고 미국이 그들에게 오랫동안 원조를 아끼지 않았다는 거지. 베이비 독은 지원금을 자신과 일부 엘리트들이 사치를 즐기고 권력을 유지하는 데 썼을 뿐, 도로와 교통망 같은 최소한의 인프라에는 한 푼도 투자하지 않았어.

파머를 만나기 전, 오필리아에게 아이티는 그저 선명했을 뿐이다. 끔찍함과 불합리함이 완연했다. 처음 일했던 병원에서 그녀는 갓난아기의 항문에서 30cm에 달하는 기생충을 끄집어냈다. 설사병에 시달리는 아이도 셀 수 없이 많았다. 그 와중에 대통령궁 앞에서는 매일같이 애국가 연주의식이 열렸고, 금관악기가 국가를 연주하기 시작하면 모든 사람이 가던 길을 멈추고 음악이 끝날 때까지 기다려야 했다. 그러지 않으면 통통 마쿠테의 끔찍한 보복이 뒤따랐다. 이제 이 모든 일이 일어나는 아이티라는 나라를 그녀에게 풀어서 설명해줄 사람이 생긴 것이다. 파머는 한 나라가 시달리는 빈곤, 각국의 엘리트가 자신만의 이익을 위해 만들어낸 세계질서, 이데올로기라는 가면 뒤에 숨겨진 검은 계획 그리고 그사이에 지워져버린 역사의 진실을 한데 엮어 종합적으로 바라볼 줄 알았다. 여기에 더해 그는 아이티의 현실을 구체적으로 알고 있었다. 서구 열강, 그중에서도 미국과 프랑스의 손자국이 선명히 찍힌 그 현실은 말 그대로 재앙이었다.

폴이 최근에 쓴 시를 낭독하고 있을 때, 오필리아는 그의 방 창문으로 바깥을 내다봤다. 빈곤은 폴이 늘 고민하는 주제였고, 그녀는 이 쓰러질 듯한 저택의 창이 그가 세상을 관찰하는 전망대라고 생각했다. 그는 더 나은 전망대를 찾고 있었다. 아직 계획은 뚜렷하지 않았지만 목표만큼은 분명했다. 그는 인류학 중에서도 스스로 가장 높이 평가하는 민족지학을 공부하기 위해 이곳에 왔고, 책이나 유물이 아니라 문화를 계승하며 직접 만들어나가는 사람들을 통해 문화를 배우려고 했다. 세부전공으로는 의료민족지학을 택할 예정이었다. 파머는 서반구에서 질병이 가장 만연한 아이티의 질병률과 사망률에 대해 알고 싶어 했다. 한때 그녀에게 말했듯이, 자신이 발견한 것을 글로 씀으로써 '목소리 없는 자들에게 목소리를 빌려주고' 싶어 했다. 그는 의사도 될 것이다. 어느 분야를 선택할지는 아직 확실하지 않았다. 어쩌면 정신의학일지도 모른다. 어떤 분야로 나아가든, 그는 빈민을 위한 의사가 되고 싶어 했다. 어쩌면 아프리카나 미국 내륙의 어느 도시에서 일하게 될지도 모른다.

파머에 대해 알면 알수록 그녀는 한편으로는 매혹되고 다른 한편으로는 불안함을 느꼈다. 그의 방에서 여느 때처럼 긴 대화를 나누다가 문득 인생이 바뀌었다고 할 만한 순간을 경험하기도 했다. 그로부터 한참이 지난 시점에 그녀는 내게 말했다.

"살다 보면 내가 세상에 눈을 떴구나 하고 깨닫는 시점이 찾아오죠. 마치 부모님에게 선한 면만큼이나 악한 면도 있다는 사실을 알게 되는 순간처럼요. 어, 안 돼. 이제 내 인생은 다시는 예전 같지 않겠구나 하는 그런 느낌이 드는 때 말이에요."

어쨌든 그녀는 아직 어린 소녀였다. 그녀보다 다섯 살이나 많았던 파머는 대부분 믿을 만한 멘토가 돼줬지만 가끔은 본인도 아직 미성숙한 청년이라는 사실을 상기시키는 말을 하곤 했다. 그해 봄, 아이티를 떠나기 전에 오필리아는 영국으로 돌아가서 의과대학 예과과정에 진학하겠다고 말했다. 어느덧 그녀도 의사라는 꿈을 품게 된 것이다.

"좋은 생각이야." 그가 진지하게 대답하더니 이제 막 예과과정을 끝낸 선배로서 조언을 했다. "팁 하나 줄까? 색인 카드를 만들어봐."

두 사람은 편지를 주고받기로 약속한 채 헤어졌다.

〇

폴은 오필리아에게 영국으로 돌아가면 자신의 부모님께 전화해서 안부를 전해달라고 부탁했다. 하지만 아버지가 딸들에게 매일

밤 아르바이트를 끝내고 집으로 돌아오기 전에 반드시 집에 전화하도록 한다는 사실을 미리 알려주는 걸 깜빡 잊어버렸다. 여동생 페기가 최근에 영국 악센트를 연습하는 데 푹 빠져서 꽤 그럴싸한 억양을 구사한다는 사실도 알려주지 않았다. 오필리아는 아무것도 모른 채 파머의 집으로 전화를 걸었다.

"안녕하세요. 파머 씨 댁이죠? 저는 오필리아라고 해요. 얼마 전까지 아이티에서 폴과 함께 일했어요. 폴이 부모님께 안부를 전해달라고 해서 전화 드렸어요. 폴은 건강하게 잘 지내요."

"오, 그래? 그렇구나, 페기. 장난은 적당히 쳐라."

"아뇨, 아버님. 제 이름은 오필리아고요, 얼마 전까지 파머와 같이 지내던 친구예요."

"적당히 하랬지? 당장 집에 오기나 해!" 그는 거칠게 소리치고는 그대로 전화를 끊어버렸다.

오필리아는 다시 전화를 걸어서 겨우 그에게 상황을 설명할 수 있었다. 파머의 아버지는 그녀에게 사과했다. 수화기 너머로 깔깔거리는 가족들의 웃음소리가 들려왔다.

오필리아는 아이티를 떠나면서 폴에게 현대소설 몇 권을 선물했다. 영국 집에 도착하니 이미 그로부터 편지 한 통이 와 있었다. 일종의 독후감이었다.

"이 책은 단테의 《신곡》, 제임스 조이스의 《율리시스》(특히 블룸이 몰리에게 아침 식사를 가져다주는 대목), 호머의 서사시, 마르셀 프루스트의 《잃어버린 시간을 찾아서》, 장 주네의 희곡 《하녀들》을 보고 다시 읽으면 훨씬 재미있을 거야."

그리고 끝에는 추신을 남겼다.

"p.s. 나쁜 계집애, 나를 혼자 두고 가버리다니."

이후에도 답장을 열렬히 요청하는 편지가 이어졌다. "무정한 여자 같으니, 어째서 소식을 전하는 비둘기를 보내주지 않는 거지?" 그 안에는 '즉시' 답장을 보내지 않으면 평소 그녀가 제일 싫어하는 인간과 함께 그녀를 빗자루 보관함에 가둘거라는 둥, 그러면서 두 사람에게 '강력한 최음제'를 먹이고 '치약과 가글'은 빼앗아버리겠다는 둥 장난스러운 협박도 담겨 있었다. 하지만 그녀는 한동안 답장을 하지 않았다. 자신도 그 이유를 알 수 없었다. 어쩌면 단순히 게을러서였을지도 모른다. 하지만 의사가 되겠다는 뜻에는 변함이 없었고, 폴을 다시는 볼 수 없을지도 모른다는 가능성은 생각조차 하기 싫었다.

오필리아가 영국으로 돌아온 직후, 그녀의 아버지는 소설가 그레이엄 그린과의 점심 식사 자리에 그녀를 데리고 갔다. 그는 폴이 무척 좋아하는 작가 중 한 명이라고 했던 인물이다. 나이가 지긋하고 키가 훤칠하며 허리가 구부정한 소설가는 그녀가 들려주는 아이티 이야기를, 특히 쁘띠 피에르의 소식을 진심으로 흥미롭게 들었다. 그리고 갖고 있던 《코미디언스》 속표지에 '아이티의 진실을 아는 오필리아에게'라는 친필 메시지를 써줬다. 그 순간 그녀는 내심 '나를 이렇게 생각한다면, 폴 파머를 만났다면 얼마나 대단하게 생각했을까' 하는 의문이 들었다.

인생의
길

파머가 캉주를 처음 방문한 것은 오필리아가 떠난 지 얼마 안 된 1983년 5월 말이었다. 그는 여전히 자신이 진짜 있어야 할 곳이 어디인지를 고민하며 중부 고원지대로 돌아왔고, 프리츠 라퐁탕 Fritz Lafontant 이라는 아이티 출신의 성공회 신부와 함께 지내고 있었다. 라퐁탕 신부는 체격은 작았지만 위풍당당한 데가 있었고, 표정에는 사자 같은 용맹스러움이 감돌았다. 그리고 태도는 때로 강압적으로 느껴질 정도로 단호했다. 그는 어퍼사우스캐롤라이나 성공회 교구에서 받는 지원금으로 미레발레에서 기초적인 진료를 하는 1인 클리닉을 운영하고 있었다. 그와 그의 아내는 작고 가난한 마을에 학교를 세우고, 지역 협의회나 여성단체를 조직하고, 성인 문맹률을 낮추는 프로그램을 만들었다. 캉주는 그의 손길이 닿은 지역 중 하나였다. 라퐁탕은 캉주에 학교와 예배당이 설립될 수 있도록 주선하고 그 과정을 손수 감독했다. 파머는 그가 운전하는 트럭 뒤칸에 타고 미레발레에서 캉주로 향했다.

아이티의 봄은 보통 우기에 해당한다. 캉주로 가는 길에는 봄비를 맞고 자라난 풀이 무성했고, 특히 농사를 짓기에 너무 가파른 아르티보니트 계곡은 짙은 녹음으로 완전히 뒤덮여 있었다. 파머는 푸르른 나무와 관목과 힘차게 흐르는 물줄기가 자아내는 아름다운 풍경에 감탄했다. 하지만 잠시 후 거대한 댐과 저수지가 시야에 들어왔고, 머리와 콧구멍과 땀에 젖은 피부에 사정없이 달라붙는 회색 먼지구름을 뚫고 지나간 다음에는 완전히 다른 광경이 펼쳐졌다. 그 많던 나무가 어디론가 다 사라지고 없었다. 사방에 흰색과 갈색만이 가득했던 그 장면을 그는 이렇게 기억했다.

"놀랍도록 메마르고 황폐했어요. 마치 성경에 나오는 불모지에 뚝 떨어진 것 같았죠."

미개간지를 불법적으로 점거해 삶의 터전으로 삼은 사람들이 모여 사는 소도시 캉주는 거대한 저수지에서 약 1km 떨어진 이 황무지 한가운데에 자리를 잡고 있었다.

대부분의 주거지는 흙바닥에 조잡한 목재 벽을 덧댄 형태였다. 훗날 파머의 친구가 묘사했듯이 집을 지을 줄 아는 사람의 솜씨로는 보이지 않았다. 파머는 이 작은 움막에 달린 지붕을 유심히 바라봤다. 바나나 나무 껍질을 엮어 만든 지붕은 군데군데의 틈새를 누더기로 틀어막아놨는데 비가 오면 분명히 샐 것 같았다. 지금까지 그는 미레발레의 녹슨 양철 슬레이트 지붕을 가난의 상징으로 여겼다. 하지만 그 지붕은 그나마 금속으로 돼 있었다. '양철 지붕조차 없는 캉주의 풍경이 마치 곤궁함을 소리치는 것 같구나.'

그가 만나거나 얘기를 나눠본 이곳 어른들은 대부분 자신이 처한 현실에 체념한 기색이 역력했다. 이 형편없는 집을 짓는 과정에서 상황이 나아지리라는 희망을 모두 잃어버리고 나빠질 것 같다는 걱정만 짊어지게 된 것 같았다. 많은 이들이, 아마도 대부분이 질병을 앓았으나 어떤 종류의 의료 서비스도 제공되지 않았다. 파머는 얼마 전에 방문한, 끔찍하게 열악한 공공 진료소의 대기실 풍경을 떠올렸다. 이 빈곤한 지역은 마치 마을 전체가 하나의 병원 대기실과도 같았다. 아이티에 도착해서 그는 이미 가난의 의미를 새롭게 정의했다. 그런데 캉주를 보고 나니 그 의미가 다시 한번 바뀌었다. 물론 세상에는 이보다 더 가난한 개인이 존재할 수 있다. 그러나 공동체 전체가 이토록 가난하고 병들 수 있다는 사실은 상상할 수조차 없었다.

라퐁탕 신부 일행은 마을 학교의 교실 바닥에 낡은 군용 담요를 깔고 잠을 청했다. 새벽 2시에 눈을 뜬 파머는 세면장에 가서 양동이에 소변을 봤다. 요란한 물줄기 소리를 들으니 문득 버스에서 지내던 어릴 적 기억이 떠올랐다. 그 시절 그는 밤에 소변이 마려우면 주로 차 안에서 해결하는 방법을 택했다. 차 밖에는 거대한 벌레와 거미 떼를 비롯한 끔찍한 생물이 득실거렸기 때문이다.

⸫

파머는 첫 방문에서 캉주에 오래 머물지 않았다. 그 대신 지나가는 외지인의 차를 얻어 타거나 농부와 망고, 닭 따위로 가득한 트럭에 끼어 타면서 아이티 곳곳을 돌아다녔다. 돈이 부족해 길거리에서 파는 음식으로 끼니를 때워서인지 설사병에 걸리기도 했다. 화장실도 없는 포르토프랑스의 한 지저분한 병원 바닥에 누워서 치료를 받았는데, 현지에서 알게 된 중년의 미국인 공중보건 전문가 한 명이 문병을 왔다. 그녀가 파머의 상태가 더 나빠지면 미국으로 데려가겠다고 말했다. 그는 "아니요, 전 괜찮아요. 신경 쓰지 마세요"라고 대답하면서도 사실 속으로는 '제발 절 집에 보내주세요'라고 생각했다고 고백했다. 회복한 후에는 아이티인의 삶을 구석구석 탐색하면서 어떻게 인류학과 의학을 접목할 수 있을지 고민했다. 부두교 의식에 참여했고, 농부들과 그들의 삶에 대해 이야기를 나눴으며, 마침내 포르토프랑스에서 서쪽으로 약 20km 떨어진, 아이티 남부 반도의 레오가네Léogâne 마을 병원을 찾았다. 그는 그곳에서 한동안 의료진을 도와 자원봉사자로 일했다.

파머는 내게 책이나 이론이 아니라 아이티를 직접 경험함으로써 인생의 길을 찾았다고 했다.

"학술적인 책을 읽고 그것들이 잘못됐다는 걸 깨달았어요. 아이티에서 지내는 동안 권력을 가진 특권층의 티끌만 한 오점이 가난한 이들에게 엄청난 비극을 초래할 수 있다는 사실을 알게 됐죠."

아이티의 토종 돼지를 집단 폐사시킨 일이나 펠리그르 댐을 건설한 일 등은 이 사실을 단적으로 보여주는 예였다.

그는 이미 해방신학에 깊이 매료돼 있었다. 그의 눈에 비친 해방신학 교리는 '빈곤을 은폐하려는 시도에 대한 강력한 질책'이자 '학술적인 분석을 초월한 실질적 비판'이었다. 아이티에서는 해방신학의 진수가 생생히 살아 움직였다. 그가 만난 거의 모든 농부는 하나의 믿음을 공유하고 있었다. 그것은 마치 정제된 형태의 해방 신학과도 같았다. 그들은 입을 모아 이렇게 말했다. "세상 사람들은 우리를 싫어하지만, 신은 가난한 이들을 더 사랑하세요. 우리의 대의는 정당합니다." 파머가 지금껏 탐독한 책을 쓴 마르크스주의자 그리고 그가 만난 많은 지식인은 하나같이 종교를 무시했다. 사실 일부 기독교 분파와 선교사들은 가난에 찌든 아이티인들에게 천국을 기대하며 현실의 비참한 운명에 순응하라는 무책임한 교리를 전파하기도 했다. 라퐁탕 신부는 그들의 주장을 '체념의 교리'라고 불렀다. 하지만 파머와 대화를 나눈 농부들은 자포자기와는 거리가 먼 교리를 따르고 있었다.

"아이티를 제외한 세상 모든 나라가 아이티인을 고통 속에 빠뜨리고 방관한 죄를 지었다. 누군가, 정의롭고도 어쩌면 전지전능할지도 모르는 그 누군가가 다 선악의 점수를 매기고 있을 것이다."

파머는 다시금 가톨릭에 끌리기 시작했다. 그 자신의 믿음 때문이 아니라 아이티인들의 믿음에 동조하는 마음에서, 그들과의 연대의 행위로 가톨릭교로 기울게 된 것이다.

"캉주의 빈민촌이나 끔찍하게 열악한 병원, 장례식 등을 찾아다니면서, 또 방 두 칸에 잔뜩 굶주린 아이들이 바글거리는 그런 현실 속에서도 사람들이 삶을 이어가는 현실을 알게 되면서 종교에 대해 다시 생각하게 됐어요. 그들에게 종교는 의지할 수 있는 유일한 버팀목이거든요."

어떻게 정의로운 신이 세상에 이토록 큰 고통을 내릴 수 있는가?

아이티인 농부들은 이 질문에 현지의 속담으로 대답한다. "본제 콘 베이, 멩 리 빠 콘느 세빠레." 직역하자면 '하나님은 주시나 나누시지는 않는다'라는 뜻이다. 파머는 그 안에 담긴 뜻을 이렇게 설명했다. "신은 모든 인간이 풍요롭게 살아가는 데 필요한 자원을 주셨다. 하지만 그 자원을 분배하는 것은 신이 아닌 인간의 몫이다. 따라서 불평등한 분배는 인간의 죄악이다." 해방신학자들 역시 비슷한 답을 제시한다. "십자가에 못 박힌 예수 그리스도가 어디 계시는지 알고 싶습니까? 가난한 이들이 고통받고 투쟁하는 곳으로 가보십시오. 바로 그곳에 예수님이 계십니다." 해방신학은 빈곤의 참혹함을 강조하고, 그 부당함을 현재 바로 이곳에서 바로잡는 데 집중한다. 그들이 강조하는 봉사와 개선의 신념은 아이티의 상황에 딱 들어맞는 것처럼 보였다. 이론에 관심이 지대하고 학문에 흥미를 느끼면서도 그 무엇보다 실용성을 중시하는 파머의 성향에도 잘 어울렸다. 겉보기엔 전형적인 책벌레 괴짜였지만, 그는 몇 년 후 나와 대화하며 확신에 찬 어조로 선언했다.

"저는 행동파예요."

파머는 아이티에서 보낸 첫해를 돌아보며 머릿속을 맴돌던 많은 생각이 점차 하나로 통합돼 자신이 일생을 바쳐서 할 일에 대한 하나의 비전으로 거듭났다고 말했다. 하지만 그 일은 한순간에 일어나지 않았고 순차적으로 이뤄졌다. "제게 그것은 일회적인 사건이 아니라 과정이었어요. 찰나의 깨달음이라기보다 천천히 눈을 떠간 것이지요." 하지만 잠시 후 그는 레오가네의 병원에서 보낸 시간을 회상하더니 어쩌면 한순간의 깨달음도 가끔 찾아왔을지도 모르겠다고 인정했다.

그는 레오가네에 위치한 생크루아 병원Hôpital St. Croix에서 자원
봉사자로 일하며 젊은 미국인 의사를 알게 됐다. 파머는 "그는 아
이티인을 사랑했어요. 매우 사려 깊었고요"라고 말했다. 아이티
에서 약 1년간 일한 그는 며칠 후에 미국으로 돌아가기로 돼 있었
다. "그 의사와 대화를 나누면서 내 안에서 이미 본질적인 변화가
일어났다는 사실을 깨달았어요. 그를 비판하고 싶은 마음은 없어
요. 하지만 그 의사 선생은 아이티를 봤으면서도 아이티를 떠날 수
있구나, 하는 생각이 들었어요. 어떻게 그럴 수가 있지? 어떤 사람
은 그렇게 홀홀 털어버리고 몸도 마음도 가볍게 떠나는데, 나는 과
연? 아마 저는 그럴 수 없으리라는 강한 예감이 들었죠."

"떠나기가 힘들진 않겠어요?" 파머가 그 젊은 의사에게 물었다.

"지금 장난해? 빨리 떠나고 싶어 죽겠어. 여긴 전기도 안 들어
온다고. 도저히 사람이 살 만한 곳이 아니야."

"하지만 이곳에서 보고 들은 것을 잊기 어렵진 않을까 걱정되
진 않으세요? 아픈 사람이 이렇게 많은데…."

"전혀. 나는 미국인이고 이제 집으로 돌아갈 거야."

"그렇군요. 저도 그럴 거예요." 파머가 대답했다.

그는 해가 질 때까지 그와의 대화를 곱씹었다. '나는 미국인'이
라는 말은 대체 무슨 뜻일까? 사람들은 어떤 것을 근거로 자신을
특정 집단의 일원으로 분류하는 걸까? 파머는 그 의사의 입장을
이해했다. 하지만 자신의 입장은 무엇인지 정리가 되지 않았다. 확
실한 거라곤 그 자신이 몇 년 안에 의사가 되리라는 것뿐이었다.

그날 밤에 젊은 여성 환자가 실려왔다. 임신 중이었고 말라리아 증세를 보였다. 파머는 그녀에 대한 기억을 하나씩 꺼내기 시작했다.

"기생충혈증Parasitemia이 굉장히 심했어요. 악성 말라리아였습니다. 이미 혼수상태였어요. 그때는 잘 몰랐지만 이젠 제 전문 분야니까 잘 알지요. 당장 수혈이 필요했는데 병원에는 비축된 혈액이 없었어요. 다행히 보호자로 같이 온 언니가 있어서 포르토프랭스의 큰 병원에 가서 혈액을 구해오라고 했어요. 돈이 필요할 거라고 했죠. 저도 돈이 없었어요. 병원을 이리저리 뛰어다니면서 15달러를 긁어모아 언니에게 건넸죠. 그녀는 정신없이 달려나갔지만 곧바로 돌아와버렸어요. 포르토프랭스로 가는 차비와 수혈할 피까지 구하려면 돈이 부족하다면서요. 그사이 환자는 호흡곤란을 일으켰고 입에 피거품을 품기 시작했어요. 간호사는 '가망이 없네'라고 수군댔고 의료진은 '제왕절개를 해야겠어'라고 했어요. 내가 '환자에게 수혈할 방법이 분명히 있을 거예요'라고 하자 반쯤 정신이 나간 언니가 울부짖었어요. 환자에게는 이미 아이가 다섯이나 있다고 했어요. '말도 안 돼요. 가난하면 수혈도 받을 수 없는 건가요? 우리도 똑같은 사람이잖아요.' 그녀가 흐느끼며 말했어요."

그녀가 울부짖으면서 내뱉은 마지막 크리올어 문장 '뚜 문 세 문'은 그가 그날 자신에게 던졌던 질문에 대한 대답처럼 들렸다. 미국인이라는 것만으로 한 인간의 정체성을 규정할 수 있을까?

"그녀는 그날 몇 번이고 같은 말을 외쳤어요. 우리 모두 똑같은 사람이라는 말을요."

환자와 태아는 모두 사망했고 그 후 환자의 언니는 파머를 찾아와 감사 인사를 전했다. 하지만 이는 오히려 긴급 기금 마련에 실패한 데 대한 파머의 죄책감을 가중시켰다. 그는 눈에 띄게 상심했고 의사와 간호사는 그런 그에게 많은 관심을 보여줬다. 간호사는 "불쌍한 파머, 어찌나 마음씨가 고운지…"라고들 말했다. 한편 파머는 의사들이 뭐라고 생각할지 잘 알았다. '순진한 젊은이가 세상 물정을 모르는군.' 당시의 사건을 돌이켜보면서 그는 지금도 그들에게 반박할 말을 떠올리곤 한다. "맞아요. 전 세상 물정을 몰라요. 하지만 끈기가 있죠. 그게 중요한 거예요. 그리고 전 순진하지 않아요."

아니, 어쩌면 조금은 순진했을지도 모른다. 그는 레오가네의 병원에서 혈액은행을 운영할 수 있도록 직접 기금을 모으기로 결심했다. 그리고 우선 생각나는 친척과 듀크대학교 동창들의 부모님에게 편지를 썼다. 그 안에는 그가 아이티에서 목격한 끔찍한 실상과 혈액은행 프로젝트에 대한 계획이 담겨 있었다. 많은 사람이 수표로 화답했고 순식간에 수천 달러가 모였다. 그는 날아갈 듯이 기뻐하며 오필리아에게 편지로 소식을 알렸다. "당장 병원 책임자를 만나서 내가 세운 '빅 플랜'을 논의할 거야." 하지만 얼마 지나지 않아 오필리아는 한층 풀이 죽은 편지를 받았다. "이 병원에서는 일이 내 생각처럼 진행되지 않을 것 같아. 이곳에서 하는 일 자체는 의미 있지만, 가장 큰 문제는 이 병원이 빈민을 위한 시설이 아니라는 거지. 솔직히 당황했어, 아주 많이. 이곳에서 의료 서비스를 받으려면 무조건 모든 비용을 선불로 내야 한대."

　가난한 이들에게 우선권을 준다는 해방신학의 가르침은 그에게 일생을 바칠 만한 가치 있는 목적으로 보였다. 물론 이러한 목적은 세상 어디에서라도 추구할 수 있겠지만, 교리를 제대로 따르려면 빈곤의 정도를 따져서 우선순위를 매겨야 할 것 같았다. 그렇다면 가장 절박한 환자들이 있는 곳에 우선적으로 의료 서비스를 제공하는 것이 마땅하다. 최소한 서반구에서 아이티만큼 그 조건에 들어맞는 나라는 없었다. 그리고 캉주는 아이티에서도 가장 궁핍한 곳이었다. 그는 더 이상 레오가네에서 혈액은행이 설립되는 과정을 지켜보고 싶지 않았다. 병원 측에서 환자들이 혈액은행을 이용할 때마다 비용을 청구하기로 결정했다는 걸 알게 됐기 때문이다. 그는 중부 고원지대로 돌아가며 결심했다.

　"젠장, 내가 직접 병원을 세워야겠어. 가난한 사람들이 진료비 걱정 없이 찾을 수 있는 그런 병원을 말이야."

⸎

　중부 고원지대로 돌아온 그는 잠시 라퐁탕 신부가 운영하는 미레발레의 진료소에서 일했다. 안타깝게도 그곳은 그가 아이티를 탐험하면서 본 다른 많은 병원과 크게 다를 바 없었다. 환자들은 대개 한 명뿐인 의사의 진료를 받기 위해 끝없는 기다림을 견뎌야 했다. 그렇게 겨우 진료실에 들어가도 환자의 병력을 파악하거나 제대로 된 검사를 진행하는 일은 드물었다. 파머는 "그곳 사람들에게 진료란 당장 진료실에서 벗어나고 싶어 안달하는 의사와 형식적인 대화를 나누는 과정이죠"라고 말했다. "그 후에는 옥수숫대로 입구를 틀어막은 더러운 유리병 따위를 '약국'이라는 곳에 들고 가서 기침약이나 비타민 따위를 채워 집으로 돌아가요. 그런 무성의한 의료 행위에도 '돈을 내야' 하죠. 정말 우울한 광경이에요. 때로 진료소 직원들이 너무 더러운 병을 가져오는 환자에게 소리를 지르기도 했어요."

파머는 라퐁탕 신부의 도움으로 캉주의 고지대에 위치한 먼지 투성이 빈민촌을 집중적으로 관찰했다. 이 무렵은 그의 인생에서 무척이나 결정적인 시기였다.

"당시 캉주의 상황은 미레발레에 비하면 정말로 열악했어요. 그런데도 그곳 사정을 보니 묘하게 마음이 편해지더군요. 일단 진료소가 한 곳도 없다는 사실이 오히려 홀가분하게 생각됐어요! 물론 캉주에는 진료소가 반드시 필요하죠. 하지만 병원이 있다 해도 미레발레의 형식적인 진료소 같은 곳이라면 큰 의미가 없다고 생각했어요. 저는 경험을 통해 아이티에 있는 대부분의 의료기관이 비슷한 실정이라는 걸 잘 알았고, 그런 곳에서는 도저히 일하고 싶지 않았어요. 제 기분이나 현지인 의사의 기분은 중요한 게 아니에요. 그보다는 환자들과 그들이 겪는 고통이 중요하죠."

캉주에는 진료소와 병원, 지역보건 시스템이 필요했다. 파머는 가난한 사람에게 무상으로 진료를 제공하고 현지 환경과 환자 개개인의 상황에 맞춰 치료를 진행하는 의료 서비스를 만들고 싶었다. 따라서 그가 맨 처음 착수한 일은 이곳 사람들에게 정확히 무엇이 필요한지 파악하는 것이었다. 그는 우선 기초 보건 조사를 실시하기로 하고, 자기 또래면서 적어도 중학교 1학년 수준의 학력을 갖춘 현지인 다섯 명을 모았다. 그들은 마을 사람들의 집을 드나들며 각 가정의 가족 수, 최근에 일어난 출산과 사망 현황, 질병과 사망을 유발하는 가시적인 원인 등을 묻는 설문을 했다. 첫 설문조사는 다소 엉성하게 진행됐지만 그럼에도 파머가 이미 짐작하고 있던 몇 가지 사실을 분명히 확인해줬다. 우선 유아와 청소년 사망률이 끔찍할 정도로 높았다. 모성 사망이 초래하는 심각한 결과도 명확해졌다. 한 가정의 어머니가 사망하는 경우, 남은 아이들은 높은 확률로 굶주림과 질병, 매춘, 또 다른 죽음으로 이어지는 재앙의 늪에 빨려 들어갔다.

파머에게 이 조사는 거대한 프로젝트의 작은 출발점이자 인류학과 공중보건의학의 수련 과정에 불과했다. 1984년 초, 캉주에 머물던 파머는 다시 한번 말라리아와 극적으로 마주했다. 이 사건은 레오가네의 임산부 말라리아 환자처럼 그의 의사 인생에 지대한 영향을 미쳤다. 캉주의 말라리아 환자는 젊은 여성으로, 그녀의 부친은 부두교 사제인 훈강Houngan에게 딸을 데려가 치료받겠다고 결정한 상태였다. 수많은 논쟁과 설득 끝에 그녀의 어머니는 파머와 그의 동료들이 말라리아 치료제인 클로로퀸Chloroquine을 사용한 치료법을 병행하도록 허락했다. 그 결과 환자의 병은 완치됐다.

파머는 훗날 〈내 안의 인류학자The Anthropologist Within〉라는 글에서 그 환자를 치료한 후 의료 서비스에서 인류학이 어떠한 역할을 해야 하는지 심각하게 고민하기 시작했다고 밝혔다. 학교에서는 인류학자의 역할은 상황을 관찰하고 해석하는 것이지 바꾸는 것이 아니라고 가르쳤다. 하지만 그런 식이라면 인류학은 '적절한 영양공급, 깨끗한 물, 질병 예방 대책'을 비롯한 일상적인 문제 앞에서 무력할 수밖에 없다. 글의 마지막 부분에 이르면 그에게 인류학이란 독자적인 학문으로서보다는 스스로 '개입'이라고 부른 실천의 도구로서 의미를 갖는다는 사실이 분명하게 드러난다. 그는 관찰과 행동을 통합하는 데 그치지 않고 인류학을 바탕으로 실천하는 의료 서비스와 공중보건 사업에 투신하기로 결심한 것이다.

이 과정에서 인류학이 왜 필요한지는 분명했다. 토착 신앙에 대해 아무것도 모르는 의사는 부두교 사제와 전쟁을 벌일 수도 있다. 그러나 현지인의 신앙을 이해하는 의사 겸 인류학자라면 훈강을 자신의 동지로 만들 수도 있다. 현지 문화를 잘 모르는 의사는 환자의 호소를 비과학적인 미신으로 치부하거나 당황할 것이다. 가령 진료실을 찾은 여성 환자가 '모베 상, 레 가떼'라는 증상을 호소한다고 하자. 이는 '세지스망', 즉 깜짝 놀라거나 누군가 위협을 가했을 때 생기는 증세다. 이처럼 놀라면 '모베 상(피가 오염됐다는 믿음)'과 '레 가떼(모유가 오염되거나 줄어들었다는 믿음)' 같은 이상을 느끼는 것이다. 파머처럼 질병의 사회적 의미까지 연구하는 인류학자 의사에게 이런 현상은 충분히 풀 수 있는 수수께끼였다. 그는 한 기고문을 통해 이렇게 밝혔다.

"모베 상 증후군의 가장 놀라운 점은 그 극단적인 상징성에 있다. 이 증상은 산모가 위협을 받을 때 신체의 가장 중요한 구성 요소인 피와 모유가 오염될 수 있다는 믿음을 바탕으로 한다. 이 강력한 은유는 여성 학대를, 특히 임신했거나 수유 중인 여성에 대한 학대를 경계하는 강력한 경고인 셈이다."

'모베 상, 레 가떼'에 대해 연구하는 동안 그는 현지 여성에게 이 증상을 치료하는 데 쓰인다는 약초에 대해 물었다. 그녀는 질문에 대답한 뒤 이렇게 덧붙였다. "선생님은 그 약효를 이해하고 아픈 사람을 더 잘 치료하기 위해 이 약초를 모으는 거죠?" 파머는 캉주에 있는 동안 몇 번이고 비슷한 교훈을 얻었다. 그곳 사람들은 자신의 고통을 누군가가 그저 자세히 살펴보기만 하는 데에는 관심이 없었다. 그들을 진정으로 치유하려면 연구만 할 것이 아니라 나아가 실천에 옮겨야 했다.

파머가 하버드에서 의학과 인류학, 공중보건학을 공부하기 전에 아이티에서 어느 정도 실전 경험을 쌓을 수 있었던 것은 행운이었는지도 모른다. 적어도 그는 분명히 그렇게 생각했다. 그는 학술적인 연구에도 탁월한 재능을 보였지만, 아이티에서 시간을 보낸 이후로 순수 연구에 대한 애정은 확연히 줄어들었다.

♀

파머는 1984년 가을 하버드 의대에 진학했다. 그의 나이는 고작만 스물넷이었다. 하긴 내게 "스물세 살에 완전한 어른이 됐거든요"라고 말할 정도였으니 스스로는 어린 나이라고 생각하지 않았을지도 모르지만. 그가 말한 '어른'이란 아마도 자신만의 철학과 세계관을 갖추고 이러한 신념을 실천으로 옮길 줄 아는 사람을 의미했을 것이다. 그가 캉주에서 그랬듯 말이다. 그는 입학 후에도 학교에만 붙어 있지 않았다. 하버드 생활에 적응하고 필요한 교과서를 구한 다음에는 책을 싸들고 아이티로 날아가곤 했다.

의과대학 첫 2년은 대부분 대규모 강의 위주의 커리큘럼으로 구성돼 있었다. 파머는 주로 실습을 하거나 시험을 칠 때만 캠퍼스에 모습을 드러냈고, 나머지 시간은 아이티에서 보냈다. 물론 그의 기행을 눈치챈 사람이 없진 않았다. 2학년이 되자 동기들은 그에게 '외국인 폴'이라는 별명을 붙여줬다. 학생이 이렇게 먼 거리를 통학한 일이 전례 없긴 했지만 교수들도 그의 선택을 저지하기는 어려웠을 것이다. 이 청년은 의술이 부족한 나라에 도움의 손길을 내밀려고 애쓰고 있었다. 게다가 그는 아이티를 오가면서도 늘 최상위권 성적을 유지했다.

하버드와 아이티를 오가는 삶은 파머에게 새로운 믿음을 가져다 줬다. 수년 뒤 당시를 떠올리며 그는 내게 말했다. "하버드에서 그토록 경멸하는 종교적 신념이 가난한 이들에게는(꼭 아이티가 아니라 세상 어느 곳에서라도) 너무나 소중할 수 있다는 사실이, 종교는 좋은 것이구나 하는 확신을 줬습니다."

자기 소유의 땅 한 뼘 없는 캉주의 농부가 전지전능한 절대자가 점수를 매기고 있다고 믿는다면 본인 또한 믿음을 가질 필요가 있다고 느끼기 시작했다. 그런 믿음이라도 없으면 버티기 어려울 정도로, 그들의 세상에서는 '어리석은 죽음'이라고밖에 부를 수 없는 불필요한 죽음이 너무나 많이 일어났다. '그래, 누군가는 이 처참한 광경을 지켜보고 있겠지.' 그는 이렇게 스스로를 다독였다.

"종교에 기대서 고통을 누그러뜨린다는 게 속 편한 소리로 들릴 수 있다는 거 알아요. 하지만 막상 겪어보니 그게 그렇게 가벼운 감정은 아니었어요. 종교가 주는 위안은 오히려 제가 알던 그 어느 감정보다 더 깊이가 있었습니다. 요즘 세상은 얼핏 보면 신이 죽어버린 것 같죠. 사람들은 부와 권력만을 추구하고, 기껏해야 진보니 개인의 발전이니 하는 가치에 매달릴 뿐이잖아요. 하버드도 듀크도 다 마찬가지예요. 하지만 이런 세상에도 여전히 신이 살아 있는 곳이 있어요. 바로 가난한 사람들이 고통받는 현장이지요. 십자가에 못 박힌 그리스도니 뭐니 입으로만 떠드는 인간들은 아무것도 몰라요. 그런 놈들에게는 진짜 십자가에 못 박히는 고통이 뭔지 보여주는 수밖에요."

1985년 여름 파머와 함께 일하기 위해 아이티 고원지대로 돌아온 오필리아는 그가 옷을 차려입고 나갈 일이 있으면 셔츠 위에 나무로 된 큼직한 십자가 목걸이를 건다는 사실을 알아차렸다. 하지만 그 소품은 그가 예전부터 자연스럽게 풍기던 특유의 '성직자 느낌'을 조금 더 강하게 드러내줬을 뿐 특별히 종교에 깊이 빠졌다는 인상을 주진 않았다. 훗날 그는 내게 당시 '믿음'를 갖고 있기는 했다고 말했다.

"저는 페니실린, 리팜핀, 이소니아지드의 효력을 믿습니다. 플루로퀴놀론 계열의 약품이 잘 흡수된다는 것도 믿고, 실험을 통한 과학과 임상실험, 과학의 발전도 다 믿습니다. 에이즈의 전적인 원인이 HIV 바이러스라는 것도 믿습니다. 부자들이 가난한 자들을 억압하고 있고, 부가 그릇된 방향으로 흐르고 있다는 것, 그리고 그로 인해 끔찍한 전염병이 창궐해 수백만 명의 생명을 앗아갈 거라는 것도 믿습니다. 이 모든 것이 사실이라는 확고한 믿음을 갖고 있어요. 그러니 만약 제가 해방신학을 비롯한 종교와 과학 중 하나를 택해야 한다면 저는 과학을 선택하겠어요. 빈민에게 대한 봉사까지 포함하는 것이라면요. 그렇지만 굳이 그런 이분법적인 선택을 할 필요는 없잖아요. 안 그래요?"

그는 어릴 때 배운 전통적 종교의 교리에 큰 관심이 없었고, 지금도 그 대부분을 불신한다. 일례로 그는 "저는 아직도 성경 어디에 '콘돔을 사용하지 말지어다'라는 경구가 쓰여 있는지 찾고 있어요"라고 말했다. 그는 오필리아에게 '망고 먹기 대결'을 제안했다가 과식으로 고생하곤 하는 천진난만한 젊은이였고, 한편으로는 어릴 적 견진성사를 준 신부님이 그토록 강조했던 순결 원칙을 기꺼이 무시할 정도로 혈기왕성한 청년이었다. 실제로 그는 순결을 지키라는 교리를 거스르기 위해 기쁜 마음으로 미사를 빼먹곤 했다.

오필리아는 그에게 자신을 '주었던(이 표현을 쓰고 그녀는 까르르 웃었다)' 어느 일요일 오후를 기억했다. 미레발레에서 시간을 보내던 그들은 갑자기 찾아온 폭우를 피하기 위해 라퐁탕 신부의 사제관으로 달려갔다. 다들 미사에 참여하느라 사제관은 텅 비어 있었다. 게다가 미사가 끝나려면 아직 한참 남았고, 아이티인들은 비가 오는 날 바깥에 나오는 걸 싫어했다. "우리는 당분간 아무도 오지 않으리라는 걸 알았죠. 그래서 함께 샤워를 했어요." 오필리아는 지붕에 떨어지는 빗소리와 일요일 저녁 만찬을 위해 안뜰에 피워 놓은 장작불 냄새를 생생히 기억했다. 그 오후가 자신의 인생에서 가장 로맨틱한 시간이었다고, 그녀는 내게 말했다.

오필리아는 여름 내내 아이티에서 파머와 함께 지냈다. 저녁에는 주로 커피를 마시면서 그의 정규 의과 공부를 도왔다. 아니, 도우려고 노력했다. 파머는 주로 교과서 내용을 요약해 카드에 기록한 후 색인으로 정리하며 공부했는데, 공부할 양이 방대했던 만큼 카드가 수천 장에 달했다. 한쪽 면에는 "통풍과 리소좀은 어떤 관계입니까?" 하는 식의 질문이 적혀 있었다. 왼손잡이인 파머 특유의 우아한 필기체로 쓰인 문장에는 노래하듯 읽어달라는 의미로 음표 기호가 그려져 있었다. 예를 들어, 오필리아는 한 질문을 이런 식의 대사로 처리했다. "파머 선생님, 호너 증후군Horner's Syndrome과 동안신경마비Oculomotor Nerve Paralysis의 증세를 설명해주시겠습니까? 아가일 로버트슨 동공Argyll Robertson Pupil은 어떨 때 나타나죠?" 답은 카드 뒷면에 쓰여 있었는데 직접 그린 그림이 곁들여져 있는 경우도 많았다(가령 위 질문에 대한 답에는 시신경 조직도가 그려져 있었을 것이다). 오필리아는 그 그림들이 진심으로 사랑스럽다고 생각했다.

그녀는 카드 더미를 열심히 넘기며 파머가 오답을 낼 만한 질문을 찾느라 애썼다. 그에게 정답을 읽어주면 자신이 실제로 도움이 되고 있다는 생각에 기분이 좋아질 것 같았다.

"좋아, 파머 선생님. 이영양성석회화Dystrophic Calcification가 뭐죠?"

"괴사 조직에 칼슘염이 과도하게 축적된 상태입니다." 그는 망설임 없이 대답한 뒤 미소 띤 얼굴로 검지를 치켜든 뒤 덧붙였다. "물론 고칼슘혈증Hypercalcemia에 의한 것은 아닙니다. 고칼슘혈증은 전이석회화Metastatic Calcification와 관련이 있지요."

오필리아는 실망한 표정을 짓지 않으려고 애쓰며 정답 면을 확인했다. "맞아요. 완벽한 정답입니다."

그들은 가끔 인근 마을을 산책했다. 가는 길에 파머는 눈에 띄는 식물을 가리키며 묻곤 했다. "이건 인디고야. 인디고의 라틴어 학명이 뭘까?"

파머는 오필리아와 처음 만났을 때부터 이런 놀이를 계속해왔다. 오필리아는 종종 그가 자신의 무지를 일깨워주려고 일부러 그러나 싶기도 했다. 하지만 이내 생각을 고쳐먹었다. '왜 이렇게 배배 꼬였담. 그럴 리가 없잖아. 그냥 이름 외우는 걸 좋아하는 거야. 폴은 원래 그런 걸 재미있어 하니까.'

하지만 파머와 자신을 비교하지 않기란 쉬운 일이 아니었다. 가령, 함께 의료 봉사를 나가면 집마다 음식을 차려 내왔다. 물론 음식 중 상당수는 두 사람의 입맛에 전혀 맞지 않았지만(파머는 이런 음식을 '제5 식품군'이라고 불렀다) 집주인이 보지 않을 때는 서로 얼굴을 찌푸려가며 땀 냄새 같은 야릇한 냄새가 나는 파이 비슷한 음식을 맛있게 먹는 척했다. 한번은 돼지기름과 연골 위에 둥둥 떠운 튀긴 계란 같아 보이는 음식이 나왔는데, 오필리아는 한 숟갈 뜨자마자 저도 모르게 구역질을 할 뻔했다. 환자 가족이 잠시 고개를 돌린 사이, 그녀가 접시를 밀어내며 파머에게 속삭였다. "폴, 네가 먹어." 그는 접시를 받아들고 단숨에 훌훌 마셔버리더니 그녀를 보고 씩 웃으며 말했다. "B⁻야, 오필리아." 돌아오는 길에 그들은 방금 일어난 사건을 되짚으며 웃음을 터뜨렸다. 차마 눈 뜨고 보기 힘든 음식도 잘 먹어왔던 그녀였기에, 그 한 번의 실패는 유달리 강렬하게 기억에 남았다.

이런 일도 있었다. 그녀가 캉주 인근의 가파른 언덕을 걸어 내려오다 잠시 중심을 잃었는데, 근처에 있던 아이티인들이 크리올어로 외쳤다. "이봐요, 조심해요!" 그녀는 순간적으로 반발심을 느꼈다. '지금 나를 나약하게 보는 건가?' 지나가던 노인이 다가와 지팡이를 내밀었지만, 그녀는 "괜찮아요!"라며 단호히 거절했다. 폴은 그런 그녀를 보고 얼굴이 굳어졌다. "호의를 그렇게 거절하는 건 예의가 아니야. 그런 배려는 소중한 선물이야." 물론 그의 말이 옳았다. 그녀의 두 뺨이 발갛게 물들었다.

두 사람은 캉주에서 서로 다른 숙소를 썼다. 신부가 운영하는 시설이었으니 어쩌면 당연한 일이었다. 어느 날 밤, 오필리아는 잠자리에 들면서 내일은 반드시 파머보다 일찍 일어나겠다고 다짐하며 자명종을 5시로 맞췄다. 하지만 다음 날 새벽, 그녀는 자신의 방 창문 아래서 노래를 불러주는 폴의 목소리에 눈을 떴다.

"뭐 하나라도 그보다 잘해봤음 좋겠어. 정말 딱 한 번만이라도."

파머는 1983년에 처음 시작한 기초 보건 조사를 좀 더 다듬고 확대했다. 인도의 시골에서 진행된 인구조사에 관한 책을 발견하고서는 그것을 길잡이로 삼았다. 오필리아는 자료를 수집하는 일을 했다. 이 작업에는 마을과 마을 사이를 돌아다니면서 산기슭을 오르고 계곡을 기어 내려가며 잡초로 반쯤 뒤덮인 산길을 끊임없이 걷는 과정이 반드시 필요했다. 종종 폴이 동행할 때도 있었지만 대개는 그가 모집한 이 지역 청년들과 함께 다녔다. 캉주의 더위는 어마어마했다. 오필리아의 얼굴은 열기에 벌겋게 달아올랐지만 그 대신 크리올어 실력이 훌쩍 늘었다. 그리고 길을 나설 때면 힘들면서도 중요한 일을 한다는 자부심이 차올랐다.

그녀가 마을에 도착하면 주민들이 방 두 개짜리 움막에서 뛰어나와 앉을 의자를 마련해줬다. 음료를 대접하기도 했다. 그들이 아픔과 고통에 대해 이야기하는 동안 그녀의 펜은 바빠졌다. 그녀는 누구를 만나든 빼놓지 않고 출생년도를 물었다. 이 질문에 주민들은 정확한 날짜 대신 어느 대통령의 임기였다느니 댐 건설 이전 혹은 이후라느니 하는 식의 두루뭉술한 대답밖에 내놓지 못했다. "이 집에 몇 명이 사나요?"라고 물으면 부모는 아이들 이름을 줄줄 늘어놨는데, 심할 때는 이름이 열한 개에 이르기까지 했다. 그러면 오필리아는 구멍이 숭숭 뚫린 바나나 나무 껍질 지붕 틈새로 하늘을 바라보며 우기를 걱정했다. 조그마한 곡물 저장고의 기둥 위에 얹어진 금속 컵을 보고 귀중한 식량을 훔쳐 먹는 쥐를 떠올리기도 했다. 식구가 많은 가정의 판잣집에서는 고유한 냄새가 났다. "더러운 양말 냄새 같은 악취가 아니라 가난한 사람들이 옹기종기 살을 맞대고 사는 냄새라고나 할까요. 여러 명이 배를 곯으며 내뿜는 냄새 말이에요."

방문한 집에 죽어가는 환자가 있을 때도 있었다. 특히 캉주의 수몰 이재민 가정에는 대개 어린아이들이 다양한 이질성 질병에 시달렸다. 식수는 250m나 되는 가파른 비탈을 내려가야만 구할 수 있었다. 대부분은 조롱박이나 재활용 플라스틱 주전자에 저수지의 고인 물을 퍼 날랐고, 한번 물을 길어오면 최대한 오래 마시려고 항아리나 주전자에 뚜껑도 덮지 않은 채 며칠이고 담아뒀다.

식수 문제에 대한 해결책은 미국과 아이티 출신 기술자로 구성된 팀에서 나왔다. 미국인 기술자들은 어퍼사우스캐롤라이나에 근거를 둔 성공회 교구 소속으로, 이미 수년 동안 라퐁탕 신부를 도와왔다. 마을이 위치한 언덕 아래에는 맑은 물이 솟아나는 지하수 샘이 있었다. 이 지하수는 댐 건설 전에 주민들의 식수원으로 이용됐다. 기술자들은 캉주에 공동 우물을 만든 뒤 지하수의 수압을 이용해 파이프로 물을 끌어 올린다는 계획을 세웠다. 이 공사가 완료되는 것과 거의 때를 같이하여 유아 사망률이 급격하게 감소하기 시작했다고 오필리아는 기억한다.

파머는 공중보건에서 물이 얼마나 중요한지를 점차 배워나갔다. 그는 기술에 애정을 갖게 됐고, 기계를 극단적으로 혐오함으로써 생겨날 수 있는 맹점인 '러다이트 덫Luddite Trap'을 경멸하게 됐다. 그는 '러다이트 덫'의 의미를 설명하기 위해 한 가지 일화를 즐겨 이야기했다. 그가 하버드에서 캉주로 막 돌아왔을 때, 라퐁탕 신부는 마을 곳곳에 30여 개의 멋진 콘크리트 화장실을 짓는 중이었다. 퍼머가 대수롭지 않게 질문했다.

"신부님, 이 화장실은 '적정 기술Appropriate Technology'로 지었나요?"

적정 기술이란 파머가 하버드 공중보건학 수업에서 배운 용어로, 특히 저소득층의 삶의 질을 향상하는 사업에는 항상 저렴하면서도 자연 친화적인 기술을 사용한다는 의미였다.

"자네, 적정 기술이 무슨 뜻인 줄 아나? 그건 한마디로 좋은 건 부자한테 주고 가난한 사람에게는 개떡 같은 걸 줘도 충분하다는 뜻이네."

신부는 기분이 상해 거칠게 쏘아붙였고 그 후로 며칠 동안 파머와 단 한 마디도 나누려 하지 않았다.

라퐁탕 신부는 그 밖에도 사우스캐롤라이나 교구의 신도들이 기부한 돈으로 캉주에 실험실이 갖춰진 진료소를 짓는 것을 감독하고 있었다. 파머는 세계보건기구가 제3세계 국가에 알맞게 실험실을 설비하는 법을 수록해 발간한 매뉴얼을 구했다. 그 안에는 극히 기본적이고 제한적인 설비밖에 나와 있지 않았다. 그 책자에 따르면 싱크대는 하나면 족했다. 전기를 구하기 어려우면 태양열을 이용하면 되고, 집에서 간단히 조립한 태양열 현미경 하나면 대개의 실험을 충분히 진행할 수 있다고 했다. 파머는 책을 쓰레기통에 던져버렸다. 캉주 병원의 실험실에 들어온 첫 번째 현미경은 제대로 된 물건이었다. 파머가 하버드 의과대학 연구실에서 슬쩍한 장물이긴 했지만. 그는 이 사건에 대해 훗날 이렇게 말했다.

"재분배에 의한 정의를 구현했달까요. 우린 그냥 하버드 분들이 지옥에 가지 않도록 도와드린 것뿐이에요."

☽

캉주와 주변 마을은 라퐁탕 신부의 지휘 아래 기본적인 공중 보건 시스템과 인프라를 하나씩 갖추기 시작했다. 전기는 물론 제대로 된 상점이나 도로조차 없는 곳에서 어찌나 빠르고 튼튼하게 공사가 진행됐는지 믿을 수 없을 정도였다. 라퐁탕 신부가 시작한 공중보건 시스템 구축의 비전에서 파머가 기여하는 비중은 나날이 커졌다.

그들이 진행한 프로젝트는 상당 부분 공공 보건대학에서 흔히 가르치는 기본적인 조치였다. 파머는 기초인구조사를 실시했다. 보건에 관한 문제를 파악하고 통계자료를 확보해야 향후 새로운 보건 시스템이 얼마나 잘 작동하는지를 비교, 측정할 수 있기 때문이다. 그리고 병원 바깥의 지역 공동체를 보호하기 위한 이른바 '제1방어선'을 구축한다는 계획을 세웠다. 이 계획에는 백신 접종 프로그램, 상수원 보호 및 하수도 설비 마련이 포함돼 있었다. 그리고 무엇보다 가장 중요한 방어전략은 마을 사람 일부를 교육하는 것이었다. 약물 투여, 건강 관리를 비롯해 가벼운 질환에는 대처할 수 있도록 하고, 결핵, 말라리아, 장티푸스 같은 중병은 증세를 파악하는 등 의료 관련 업무를 직접 수행할 수 있도록 했다. 여기에 더해 부인과 진료 서비스와 보건 교육, 가족계획 등의 사업을 통해 이 지역의 모성 사망률을 줄이고 여성 건강을 증진하는 각종 프로젝트도 고안했다. 제1방어선이 막아내지 못하는 질병은 얼마 후에 완공될 '캉주 자애로운 구원자 클리닉Clinique Bon Sauveur'이 제2방어선으로서 역할을 해줄 터였다. 파머는 언젠가 그 옆에 더 큰 병원을 지을 꿈도 꾸고 있었다.

공중보건 분야에 종사하는 사람이라면 보통 이렇게 많은 프로젝트를 추진하는 것은 지나치게 야심 찬 데다 특히 캉주처럼 빈곤한 지역에서 이를 추진하는 것은 무리라고 생각할 것이다. 그러나

1985년 무렵 파머는 당시의 일반적인 공중보건의 기준에 신물이 난 상태였다. 그는 오필리아에게 캉주에 만연한 질병이라는 짐은 일반적인 궁핍의 결과물일 뿐이라고 말하곤 했다.

"우리는 가장 넓은 의미의 보건을 늘 염두에 둬야 해."

이런 그의 신념은 부분적으로 라퐁탕 신부의 영향이었다. 라퐁탕 신부는 1970년대 후반에 캉주에 첫 학교를 세웠다. 지붕은 지푸라기를 엮어서 얹었고 교실이 너무 좁아서 일부 학생은 근처 망고나무 아래서 수업을 들었다. 1980년대 초에는 사우스캐롤라이나주 신도들이 보낸 기부금으로 3번 국도 위 언덕의 작고 평평한 터에 더 넓은 2층 건물을 지었다. 산기슭의 허름한 움막을 내려다보며 우뚝 선 그 건물은 파머의 눈에 '상대적으로 웅장하게' 보이기까지 했다.

"집도 없고 농사지을 땅도 없고 당장 먹을 식량도 없는데, 이 수몰 이재민 공동체에 학교를 먼저 짓는 것은 그다지 적절한 지원 사업이 아닐 수 있었죠. 하지만 정작 캉주 주민들은 그렇게 생각하지 않았어요."

아이들은 새 학교가 생기자 앞다퉈 몰려왔다. 한 여성 농민은 이렇게 말했다. "우리 중 상당수가 글을 쓸 줄 알았다면 어땠을까 생각해보곤 해요. 읽고 쓸 줄 알았다면 지금처럼 되지는 않았을지 모르죠." 게다가 학교는 건강에 대한 지식을 가르치는 동시에 영양실조에 걸린 아이들에게 자연스럽게 무상급식을 하기에 좋은 공간이었다. 학교를 짓는다는 것은 곧 실용성과 도덕성을 한자리에 결합하는 일이었다. 파머는 "깨끗한 물과 음식, 학교, 의료 서비스,

양철 지붕과 시멘트 바닥이 갖춰진 집은 인간으로 태어났다면 누구나 누릴 수 있는 기본 조건이자 권리로 인정돼야 해요"라고 말하곤 했다.

⚲

사실 사우스캐롤라이나 신도들이 모아준 기부금만으로는 이 모든 일을 해낼 수 없었다. 그렇다고 파머가 기금 모금을 해본 경험이 많지도 않았다. 다행스럽게도 1985년은 그에게 행운의 해였다.

이야기는 그로부터 두 해 전인 1983년으로 거슬러 올라간다. 당시 하버드 의대 면접을 보러 보스턴에 들렀던 파머는 내친 김에 '프로젝트 브레드Project Bread'라는 자선단체 본부를 방문했다. 그는 단체 관계자들에게 캉주에 빵 굽는 오븐을 설치하고 싶다며 몇천 달러 정도의 기부금을 지원해달라고 요청했다. 라퐁탕 신부가 입버릇처럼 캉주에 제빵소가 꼭 필요하다고 했던 말이 기억나서였다.

이야기는 생각보다 쉽게 풀렸다. 마침 아이티의 빈민들에게 식량을 제공하는 데 기부하고 싶다고 나선 후원자가 있다고 했다.

"그분이 누군가요?"

"이름을 밝히길 원치 않는 기부자세요."

제빵 오븐은 1984년 여름에 학교에서 그리 멀지 않은 곳에 설치됐다. 그리고 이듬해 초에 하버드 의과대학 출판부는 파머의 글 〈내 안의 인류학자The Anthropologist Within〉를 출판물에 실었다. 얼마 후 프로젝트 브레드의 대표가 파머에게 연락을 해왔다. 익명의 기부자가 그의 글을 읽고 "이 녀석 좀 만나보고 싶은데, 크게 될

재목 같아" 했다는 것이다.

"저를 만나고 싶다면 아이티로 오시라고 전해주세요." 파머가 대답했다.

후원자의 이름은 톰 화이트이며, 보스턴에서 꽤 큰 규모의 건설회사를 운영하는 사업가라고 했다. 그 설명을 들으며 파머는 속으로 시가를 피우고 유관 정부기관과 뒷거래를 해 노동조합이 회사 근처에 얼씬도 못 하게 하는 풍채 좋은 공화당원의 모습을 떠올렸다. 어쨌든 그는 프랑수아 뒤발리에 공항까지 화이트를 마중 나갔다. 체크무늬 바지에 폴리에스테르 골프웨어를 입은 60대 남성이 뜨거운 바람에 얼굴이 벌겋게 달아오른 채 그를 기다리고 있었다. 화이트는 현금 뭉치를 잔뜩 챙겨 왔지만 잠깐 사이 걸인들에게 모두 나눠주고 빈손이 됐다. 파머의 철학에 비춰 봤을 때 불쾌한 일은 아니었지만 그렇다고 흡족하다고 보기도 어려웠다. 파머는 캉주로 향하는 트럭 안에서 아이티의 비참한 상황을 설명했다. 화이트는 충분히 놀라는 듯했지만 파머는 여전히 그를 경계했고 굳이 그 감정을 숨기려 하지 않았다.

당시 파머는 고작 스물다섯이었고 잠재적 후원자와의 관계를 '성숙하게 이끌어가는' 데 익숙하지 않았다고 스스로도 인정했다. 덜컹거리는 트럭 안에서 그들의 대화는 어느새 미국 정치 쪽으로 흘러갔고 화이트가 말했다.

"흠, 나는 레이건을 찍지 않았어."

"그게 무슨 뜻이죠?" 파머가 물었다.

"지난 선거에서 레이건에게 투표하지 않았단 말일세."

"하지만 공화당 후보가 당선되는 편이 사업에 유리하지 않나요?"

"그게 뭔가?"

화이트는 나와의 인터뷰에서 당시를 회상하며 말했다.

"그때부터 냉랭하던 파머의 태도가 누그러졌습니다. 그는 내가 알고 지내던 사람들과는 전혀 달랐어요. 하지만 저는 그런 점이 좋았습니다. 어떤 주제에 대해서든 어떤 사람에게든 자기 의견을 솔직하게 말하는 젊은이였어요. 게다가 빈민을 위한 봉사에 있어서는 저보다 한참 앞서 있었죠."

파머가 미국으로 돌아왔을 때 화이트는 그를 점심 식사에 초대했고 두 사람은 '죄책감'이라는 주제를 두고 열띤 논쟁을 벌였다. 화이트는 죄책감이 쓸모없는 감정이라고 생각했지만 파머는 상당히 유용할 수도 있다고 주장했다. 화이트는 자신의 이혼과 재혼 이야기를 꺼냈다. 이혼 당시 그는 전 부인에게 자발적으로 거액의 위자료를 줬을 뿐 아니라 아이들의 양육비와 교육비도 전적으로 부담하는 데 합의했다고 했다. 나중에 만난 재혼 상대는 아이를 여섯 명이나 키우는 이혼녀였는데, 일반적으로 부자가 배우자로 택할 만한 조건의 여성은 아니었다. 그럼에도 화이트는 자신이 이혼했다는 사실 자체에 불필요한 죄책감을 느꼈다고 말했다.

파머가 생각하는 죄책감은 애초에 개념부터 달랐다. 그가 유용하다고 생각하는 종류의 죄책감은 부자가 빈자를 보면서 느끼는 감정이었다. 이러한 감정은 상대방을 도와주고 싶다는 마음으로 이어지기에 의미 있으며, 부자들은 의무적으로 그런 마음을 가져야 한다고 그는 못 박았다.

사실 화이트는 이미 수년에 걸쳐 가톨릭 자선단체나 형편이 어려운 친구에게 상당액을 베풀어왔다. 이러한 선행은 그가 부를 쌓기 전부터 시작됐다. 아일랜드 출신의 가톨릭 가정에서 자란 그는 아버지의 과도한 음주 때문에 피폐한 어린 시절을 보냈고 이른 나이부터 아버지 대신 온 가족이 의지하는 기둥 역할을 했다. 그의 인생은 그야말로 파란만장했다. 하버드대학교에서 로망스어를 전공했고, 졸업 후에 군대에 자원했다가 원치 않는 상황에서 101 공수부대 사령관이었던 맥스웰 테일러_{Maxwell Taylor} 장군을 보좌하게 됐다. 화이트는 2차 세계대전 당시에는 노르망디 상륙작전 전날 밤 낙하산을 타고 침투한 부대원 중 한 명이었으며, 그 후에는 네덜란드 전투에도 참여했다. 참전을 후회하지는 않는다고 했지만, 그는 전쟁에 대한 증오를 안고 전역했다. 테일러 장군을 개인적으로 좋아했고 그의 용기를 높이 샀지만, 인간을 지도 위에 찍힌 점처럼 하찮게 취급하는 권력자들의 성향에는 치가 떨렸다. 그리고 한 젊은 공수부대원이 장군의 보급품까지 대신 지고 낙하하다가 그 무게에 깔려 사망하는 광경을 목격한 뒤로는 권력에 부수적으로 따라오는 불공정한 특혜도 혐오하게 됐다.

전쟁이 끝난 후, 화이트는 아버지의 작은 건설회사를 보스턴에서 가장 큰 사업체로 키워냈다. 그는 여러 추기경과 친분이 두터웠고 아홉 개 기관에서 이사직을 겸하고 있었으며, 존 F. 케네디 대통령 취임식에서는 민주당 의원들과 한 테이블에 앉을 정도로 명망이 높았다. 하지만 그는 부유하고 유명한 사람들과 어울리는 자리를 불편해했고 언론 취재도 부담스러워했다. 지금까지 여러 번 우울증에 시달렸다는 고백도 은연중에 내비쳤다. "저는 자존감이 굉장히 낮아요. 건설 사업가에게는 굉장히 유리한 자질이죠. 이 바닥에서는 가장 낮은 입찰가를 제시하는 사람이 공사를 따내니까요." 그가 농담처럼 말했다.

고작 20대 의대생에 불과했던 파머에게 어떻게 그런 큰 도박을 걸었는지 물었을 때는 이렇게 답했다. "글쎄요, 처음 본 순간 느낌이 왔달까요? 매우 똑똑하고 자신이 하는 일에 헌신적이었어요." 그리고 잠시 생각한 뒤 덧붙였다. "정말 뭐라고 설명하기가 어렵네요. 그냥 나 또한 뜻을 같이할 동료를 찾고 있었던 것 같아요."

아이티의 현실은 화이트의 마음을 아프게 했다. 특히 캉주로 가는 길 상태가 마음에 들지 않았다. "그 망할 놈의 길이 끝도 없이 이어졌죠"라고 그는 내게 말하곤 했다. 그 울퉁불퉁한 길 위를 달릴 때면 늘 '이 길 하나 정비하는 건 정말 식은 죽 먹기인데…' 하는 생각을 했다. 단백질 결핍성 영양실조에 걸린 아이를 처음 본 순간은 이렇게 묘사했다. "빨갛게 탈색된 머리에 배가 불룩 튀어나온 아이가 있었어요. 저는 파머에게 이렇게 말했죠. '당장 급식 프로그램을 시작해.'" 그는 자신을 아이티인이라고 상상해보는 것이 어렵지 않았다고 했다. 흙바닥이 깔린 움막에서 사랑스럽게 웃는 커다란 눈망울과 마주쳤을 때는 회사 불도저라도 몰고 오고 싶은 심정이었다. 그가 파머와 동행한 라퐁탕 신부에게 말했다. "하나님 맙소사, 이 집에 당장 양철 지붕을 좀 얹어주고 바닥에 콘크리트를 깔아줍시다. 돈은 내가 낼게요."

파머가 보스턴으로 돌아와 브리검 병원에서 인턴으로 일할 때였다. 화이트는 종종 점심시간에 맞춰 차를 몰고 와서 구내식당 샌드위치를 샀다. 둘은 주로 화이트의 차 안에서 이렇게 점심을 함께 먹었다. 하루는 파머가 평소보다 더욱 창백한 표정으로 나타났다.

"밥은 제때 먹고 일하는 거냐?" 화이트가 물었다.

"전 괜찮아요. 신경 쓰지 마세요."

"혹시 돈이 부족한 거야?"

"아니에요"라고 했다가 곧 다시 "흠, 한 40달러만 있으면 좋긴 하겠네요"라고 답했다.

화이트의 주머니에는 마침 100달러짜리 지폐 한 다발이 있었다. 그는 그중 한 장을 꺼내 파머의 무릎에 얹었다.

"배고파 보여서 그래." 이 말을 내뱉고는 그는 저도 모르게 충동에 휩싸여 다시 주머니에 손을 뻗었다. "부탁이다. 제발 밥은 제대로 챙겨 먹어." 그리고 식사를 거르지 말라고 신신당부하면서 또다시 지폐 한 장을 더 꺼내 줬다.

파머는 난데없이 생긴 300달러를 빤히 바라봤다. 그리고 입을 열었다. "이제는 아저씨께 말씀드릴 수 있겠어요. 사실 어제 무슨 일이 있었냐면요…." 그는 병원에서 치료 중이던 에이즈 환자가 입원비 때문에 쫓겨날 위기라는 사실을 알게 됐다고 했다.

"그래서 가진 돈을 털어서 대신 수납을 해줬어요."

"맙소사, 폴, 그건 너무 비현실적인 행동 아니냐?"

파머는 미소 지으며 대답했다. "그렇긴 하지만, 하나님이 오늘 아저씨를 보내주셨잖아요."

화이트는 보스턴에 있는 동안에도 캉주에서 진행 중인 프로젝트를 위해 여러 가지 잡다한 일을 해주곤 했다. 가령 주문해놓은 싱크대를 자신의 벤츠 트렁크에 싣고 배달해주는 식이었다. (이 싱크대는 원래 새 진료실에 설치될 예정이었는데, 처음 나온 설계도가 잘못되어 공사를 처음부터 다시 해야 할 상황이 됐다. 이때도 화이트는 재공사 비용을 전담했다. 그는 이 모든 것을 드러내지 않고 조용히 했다. "이름을 새긴 명판 하나도 허락하지 않으셨죠"라고 파머가 말했다.)

보스턴에서 함께 시간을 보내던 어느 날, 화이트가 파머에게 말했다. "가끔은 모든 걸 버리고 너와 함께 아이티에 가서 선교사로 일하고 싶구나."

잠시 생각에 잠겼던 파머가 대답했다. "아저씨의 경우는 말이죠, 그렇게 하는 게 오히려 죄악이에요."

특별한
사람

1980년대 중반 오필리아가 찍은 사진 속 파머는 날렵하긴 하지만 눈에 띌 정도로 심하게 마르지 않은 보기 좋은 모습이다. 지금보다 체중이 4~5kg은 더 나가 보이는 그가 반바지 차림으로 쪼그리고 앉아 방금 심은 묘목 주변을 토닥이고 있다. 묘목을 심은 곳은 그때만 해도 황량하기 그지없던 3번 국도 위쪽의 언덕이다. 오필리아는 1985년부터 1989년까지 매년 여름 아이티를 찾았는데, 그녀가 돌아올 때마다 언덕에는 새로운 나무가 심겨 있고 건물이 한두 채 늘어나 있었다. 파머와 오필리아는 아이티에 머무는 동안 거의 쉬지 않고 일에 매달렸다. 파머는 점심을 거르고 환자를 보기 일쑤였고, 그럴 때면 오필리아가 고픈 배를 부여잡고 진료실로 그를 찾아갔다. "배 안 고파? 새벽 6시에 커피 한 잔 마시고 아무것도 안 먹었잖아." 그러면 그는 그제야 그녀와 함께 식당으로 가겠다고 했지만 오필리아는 그가 마지못해 따라나선다는 느낌을 받았다.

때로 그녀는 이 암울한 곳에서 벗어나고 싶다는 충동을 억누를 수 없었다. 그럴 때면 파머를 졸라 포르토프랭스로 바람을 쐬러 갔다. 그러나 속으로는 바쁜 그를 꾀어낸 자신이 나쁜 사람처럼 느껴졌다. 그런 죄책감을 덜어내기 위해 굳이 핑계를 대기도 했다. "병원에 필요한 물건을 사러 가는 거야." 일부러 파머의 공부용 색인 카드도 챙겼다. 그때만 해도 캉주에서 포르토프랭스까지는 편도로 세 시간 가까이 걸렸고 중간에 타이어가 구멍 나거나 스프링이 망가지는 일도 흔했다. 그럴 때면 길가에 앉아서 수리가 끝날 때까지 카드를 가지고 공부를 했다. 언제나처럼 오필리아가 문제를 내면 파머가 맞혔다. 그리고 포르토프랭스에 도착하면 오필리아가 말했던 것처럼 진료에 필요한 약품과 의료기기 그리고 점점 커져가는 의료단지에 심을 꽃과 나무를 샀다.

그렇게 주말을 보내고 포르토프랭스를 빠져나오던 길이었다. 오필리아는 돌아가는 길에 무더운 열기 속에서 한참을 걸어야 할 일을 떠올리고는 그 긴 도보 끝에 다이어트 콜라를 한 캔만 마실 수 있다면 얼마나 좋을까 생각했다.

"다이어크 콜라 마시고 싶다."

"시간 없어. 안 돼."

오필리아는 그의 말뜻을 바로 이해했다. 파머는 캉주에 최대한 빨리 돌아가고 싶은 것이다. 다이어트 콜라를 사느라 추가로 20분이나 지체하기도 싫고, 수많은 걸인을 지나쳐서 소수의 특권층을 위해 운영되는 슈퍼마켓에 가기도 싫은 것이다. 하지만 그 순간 그의 단호함이 그녀의 신경을 건드렸다. 파머의 말이 마치 그와 이곳 농민들이 다이어트 콜라 같은 음료수 없이도 잘 지낼 수 있다면 그녀도 그럴 수 있다는 뜻으로 들렸기 때문이다. 그녀는 내게 이렇게 말했다. "그는 자신의 생각을 지나치게 확신했어요. 분한 건, 대개는 그가 옳다는 거예요."

오필리아는 혼자만 고결한 척하지 말라며 파머에게 화를 내기 시작했다. 계속 분통을 터뜨리고 있는데, 결국 참다못한 파머가 브레이크를 확 밟았다. "당장 내려!" 그가 조수석 문을 거칠게 열어젖히며 말했다. 상스러운 욕도 했다. 오필리아는 꼿꼿하게 자리에서 버텼다. 화가 나긴 했지만 한편으로는 속으로 웃음이 났다. '그래, 파머도 인간이었어. 너도 사람은 사람이구나. 너에게도 결점이 있다고!'

포르토프랭스로 외출했던 날 중에서 또 한 번 그녀의 기억에 선명히 남은 순간이 있다. 1986년 베이비 독이 아이티를 떠난 지 얼마 되지 않았을 때였다. 뒤발리에 부자의 통치는 끝을 맺었지만 곧이어 또 다른 형태의 독재정치가 시작됐다. 새로 정권을 잡은 아이티 군부는 반체제 운동가들이 '뒤발리에 없는 뒤발리에즘'이라고 부를 만큼 전과 다를 바 없는 폭정을 휘둘렀다. 그해 여름 내내 불안한 기운이 감돌았다. 아직 충분히 조직화되지는 않았지만 타이어를 높이 쌓아두고 그 위에 불을 놓아 도로를 차단하는 등 미레발레 곳곳에서 농민들의 시위가 이어졌다. 상당수 농민은 베이비 독만 사라지면 생활이 나아지리라 기대했던 듯하다. 그러나 기대와 달리 달라진 것 없는 현실에 분노를 터뜨리기 시작한 것이다. 오필리아는 '언제 폭발해도 이상하지 않은 분위기였다'고 기억한다.

그녀와 파머는 문제의 그 주말에 포르토프랭스에 있는 라퐁탕 신부의 집에 머물고 있었다. 필요한 물건을 사려고 시내 가게에 들렀다 나왔는데, 문득 거리가 이상하리만치 조용하고 공기에서 이상한 냄새가 났다. 일상적인 시큼한 악취만이 아니라 태워서는 안 될 무언가가 타는 냄새, 바로 고무 타이어가 불타는 냄새였다. 설상가상으로 하필이면 그때 차 안에 뒀던 열쇠는 어느새 동네 아이들의 손에 들려 있었다. 파머가 키를 돌려달라고 아이들을 타이르는 동안 교차로를 내다보던 오필리아는 아이티어로 '쿠리Kouri'라고 알려진 장면을 목격했다. 수많은 인파가 떼를 지어 교차로로 달려오고 있었다. 총포를 탑재한 여러 대의 거대한 군용 트럭이 그 뒤를 바짝 쫓았다. 이윽고 총소리가 들렸다. 시위대를 진압하기 위한 소동임이 분명했다. 잠시 후 그들이 있는 곳까지 도착한 시위대는 파머의 차를 비롯해 그 자리에서 벗어나려는 사람들의 자동차를 에워쌌다. 그녀와 파머는 일단 차 문을 열고 부상자 몇을 태웠다. 오필리아는 두려움에 위장이 조여드는 듯했다. "폴, 빨리 여기서 빠져나가자."

그들은 가까스로 도망쳤고, 파머는 라퐁탕 신부의 집으로 차를 몰았다. 오필리아는 도착하자마자 차에서 내렸다. 하지만 파머는 여전히 운전대를 잡고 있었다. "아무래도 돌아가야 할 것 같아."

"폴, 안 돼. 제발 그러지 마." 오필리아가 애원했다.

하지만 그는 단호하게 차를 돌려 그 아수라장으로 돌아갔고, 병사들은 그의 차에 매달리는 시위대를 몽둥이로 사정없이 내리쳤다. 파머는 심하게 다친 시위대 몇 명을 더 구조했고, 다행히 자신은 큰 상처 없이 무사히 돌아왔다. "그 사건을 직접 목격한 경험이 폴에게는 매우 큰 의미였어요." 오필리아가 당시의 혼란을 떠올리며 말했다. "저도 불타는 타이어 냄새는 잊기 힘들어요. 그건 제 안에서 평생토록 정치적 폭력을 상징하는 냄새로 남을 거예요."

캉주에서는 그런 소요가 일어나지 않았지만 변화의 분위기는 곳곳에서 감지됐다. 베이비 독이 강제 추방을 당하기 전만 해도 캉주의 농민들은 감히 정치 이야기를 꺼내지 못했다. 하지만 이제는 그들의 입을 막고 있던 '바부께 라 통베Baboukèt la tonbe' 즉 재갈이 떨어져나갔다. 파머는 나중에 쓴 글에서 당시 분위기를 이렇게 회상했다. "마을 사람들은 과거에 금기시되던 주제를 자유롭게 이야기했을 뿐 아니라 당연하다고 여기던 사실도 새로운 관점에서 논하기 시작했다." 기껏해야 아이가 세균 때문에 설사병에 걸린 거냐고 묻던 이들이 이제는 그 세균이 오염된 물 때문에 생겼냐고 질문하기 시작했다. 그리고 오염된 물은 무능하고 탐욕스러운 정부의 실정 때문이 아닌가?

타이어 타는 냄새, 도로를 봉쇄하고 시위대를 학살하는 폭력의 냄새는 이후로도 몇 년 동안 아이티를 떠나지 않았으며 파머와 오필리아의 삶에서도 오래도록 지워지지 않았다.

◦

1988년에 오필리아는 보스턴으로 이사 와 폴과 함께 살기 시작했다. 어느새 임상실습 과정을 수료할 단계에 접어든 파머는 여느 수련의와 마찬가지로 보스턴의 여러 병원에 한 달씩 돌아가며 출근하기로 했다. 그는 실습에 성실히 임했지만 보스턴에 머무는 동안에도 결코 아이티 생각을 놓지 않았다. 캉주에서 함께 봉사를 할 무렵, 그는 이미 오필리아에게 자신의 뜻을 이야기했었다.

"이곳에 의료 활동에 필요한 장비들을 갖춰야겠어. 날 도와주지 않을래?"

오필리아는 1985년 여름 영국으로 돌아오자마자 독자적으로 기금 모금을 시작했고, 돈이 어느 정도 모이자 파머가 필요하다고 말했던 영유아용 체중계를 구입했다. 영양실조 위험군에 속한 아기들을 식별하는 데 필요한 장비였다. 그녀는 다음 해 여름에 체중계 열 개와 남은 돈을 챙겨서 캉주로 돌아왔다.

그 무렵 두 사람은 점점 확장되는 캉주의 공중보건 시스템을 지탱할 수 있는 재단을 설립하는 계획을 세우고 있었다. 톰 화이트는 이 일에 적극적으로 힘을 보태기로 했고, 1987년에 그들의 꿈을 현실로 만들어줬다. 그는 변호사를 선임해 서류 작업을 처리하도록 했고 그 결과 보스턴에 '파트너스 인 헬스'라는 이름의 비영리기관이 설립됐고 동시에 아이티에 자매 법인인 장미 라장테가 설립됐다. PIH는 기부금을 받아 세금 면제 혜택이 돌아가도록 처리한 후 전액 캉주로 송금했다. 물론 총액의 상당액은 화이트의 주머니에서 나왔다. 그는 '종잣돈'으로 사용하라며 100만 달러를 흔쾌히 내놓았다.

파머는 또 다른 부유한 친구, 듀크대학교 동창이자 당시 보스턴에서 아버지 사업을 돕고 있던 토드 맥코맥에게도 도움을 요청했다. 만 스물여덟인 그는 어떤 단체든 간에 자문위원이 될 수 있다는 사실 자체를 재미있어했다. 그러다 PIH 활동 대한 파머의 진심 어린 열정을 이해하고는 기꺼이 참여 의사를 밝혔다. 맥코맥이 볼 때 파머는 PIH를 단순한 전략기지가 아니라 새로운 공동체를 향한 출발점으로 삼으려 하는 것 같았다.

"PIH를 설립함으로써 파머는 지금껏 개인적으로 열정을 바쳐 왔던 일을 하나의 공공단체 차원에서 추진할 수 있게 됐어요. 이 기회를 발판 삼아 그의 친구들을 이 사업에 동참시키고 싶었던 거예요. 폴 신부님의 성당이라고나 할까요?"

PIH가 공식적으로 설립된 지 몇 개월이 지나고 이 단체에 새로운 멤버가 들어왔다. 하버드대학교에서 파머와 함께 의학과 인류학을 공부한 한국계 미국인 김용Jim Yong Kim(이하 김용 혹은 짐으로 표기 – 옮긴이)이었다. 그는 보스턴에서 파머와 여러 차례 긴 대화를 나눈 후 뜻을 함께하기로 결정했다. 두 사람의 대화는 파머와 오필리아가 포르토프랭스에서 나눴던 끝없는 이야기 타래와 크게 다르지 않았고, 파머는 김용에게 새로운 조직의 비전을 설득력 있게 제시했다. 사실 현실은 폴이 그려준 이상향만큼 멋지지 않았다. PIH의 직원은 술을 좋아하는 시인 지망생 한 명이고 전부고 그 외에는 자문위원이 몇 있을 뿐이었다. 케임브리지의 한 해산물 레스토랑 위층에 자리 잡은 원룸 사무실은 그 시인 지망생이 지키고 앉아 있었다. 파머와 오필리아, 김용, 톰 화이트가 사실상 PIH의 전부였고 그들은 많은 시간을 함께 보냈다. 때로 이 세 젊은이는 화이트가 소유한 여러 채의 저택 중 하나에 머물며 밤새도록 이야기를 나눴다. 화이트는 보통 가장 일찍 잠자리에 들었는데 아침에 일어나면 질렸다는 듯이 물었다. "도대체 자네들은 잠도 안 자고 무슨 얘기를 그렇게들 하나?"

그들은 주로 정치적 올바름 같은 사회적 이슈를 놓고 토론했다. 김용은 정치적 올바름을 이렇게 정의했다.

"사람들의 주의를 돌리려는 교묘한 도구지. 지극히 이기적인 개념이야. 솔직한 의견을 억누르고 제한된 표현만 사용하면서 이런 문제를 논의하는 무리, 사회자본을 독차지하고 있는 무리와 어울리는 사람이라는 걸 과시하는 거잖아."(정치적 올바름의 예를 들어본다면? 일부 학구적인 타입은 이렇게 따지려 들지도 모른다. "왜 너희를 찾는 환자들을 빈민이라고 부르지? 그들 스스로는 그렇게 부르지 않는데 말이야." 김용이라면 이렇게 답할 것이다. "그럼 뭐라고 부를까? 곧 죽을 사람이라고 부를까?")

그들은 아이티 농민이 현대 서양 의학을 받아들이는 데 있어 소위 '문화적 장벽'은 큰 문제가 되지 않는다는 데 동감했다. "질병이 치료되는 기적만큼 사람들의 문화적 인식을 확실히 바꿔놓는 일도 없을 거야."

또 차림새에 대해서도 논의했다. "멍청한 급진주의자들은 과테말라 농촌에 봉사하러 가려면 그들과 같은 옷을 입어야 한다고 주장하잖아. 실제로 배고픈 농민은 상대가 무슨 옷을 입든 말든 관심 없어. 그들이 원하는 건 물과 음식을 가져다주는 사람이라고. 이상."

의학은 가난의 결과로 생겨난 병을 치료하는 데서 그친다는 한계를 지닌다고 말하는 사람도 있었다. 세 청년은 이 관점에 공감하며,

아이티 같은 나라의 '정치적인 경제'를 바꾸기 위해 진정으로 노력하는 사람들과는 '공동의 대의'를 위해 연대하기로 다짐했다. 하지만 혁명 외에는 아무것도 의미 없으며, 캉주 프로젝트 같은 평화적인 노력은 현 상태를 지속시키고 '의존성'을 높일 뿐이라고 주장하는 자칭 급진주의자들의 주장에는 동조하지 않았다. 가난한 이들은 고통받고 있었다. 그들은 '물고기 떼처럼' 죽어갔다. 그렇기에 PIH는 미국에서 모금한 자원을 캉주로 보냄으로써 '가파른 불평등의 무게에 짓눌린' 빈곤층을 지금, 당장, 지체 없이 구조하고자 했다. 그들은 이러한 선택을 '실용주의적 연대'라고 불렀다. 우스운 표현이지만 사실 용어 자체는 중요하지 않았다. 대의를 직접 실천한다면 그 행위에는 굳이 이름을 붙일 필요가 없으며, 실천에 따른 결과로 모든 것을 설명할 수 있기 때문이다.

폴, 짐, 오필리아가 함께 저녁을 먹으러 나가면 식당이 문을 닫을 때까지 이런 대화가 이어졌다. 그 후에는 짐이 지내는 아파트로 가서 토론을 이어갔다. 그들은 PIH의 정체성을 규정하는 데 많은 시간을 들였다. 대개는 자신들이 절대로 속하지 않을 부류를 배제해나감으로써 자기 정체성을 간접적으로 설명하는 방식을 활용했다. 가령 백인 자유주의자들은 '모든 것이 그렇게 흑과 백으로 명확하게 나뉘지는 않아'라는 논리를 펼쳤지만, 그들은 옳고 그름으로 분명히 구분되는 일이 생각보다 많다는 데 동의했다. 세 사람은 이러한 일을 '명확한 도덕성의 영역'이라고 불렀다. 그 영역은 그들 세계에서는 드물게 일어나는 예외적인 일이었고 문제의 해결책 또한 명확해 보였다. 하지만 마땅히 해야 할 일이 분명함에도 이를 실천하는 길은 항상 복잡하고 어려웠다. 그들은 이러한 어려움에 대해 자주 이야기했다. 일단 파머와 용은 PIH 일과 학업을 병행하며 학위를 따내야 했다. 그리고 명확한 도덕성의 영역이 넘쳐나는 캉주에서 PIH가 가장 먼저 해야 할 일이 무엇인지도 결정해야 했다.

⸸

산더미 같은 과제가 있었지만 그들은 캉주 근처의 황량한 땅에 학교를 추가로 세우기로 했다. '소나무 집'이라는 뜻의 카이 에핀 Kay Epin이라고 불리는 그 지역은 목재를 비롯한 모든 자원이 부족했다. 다행히 오필리아의 아버지 로알드 달이 3천 파운드를 기부해줬다.

공사가 시작되기 직전이었던 1988년 어느 저녁, 파머는 아이티로 날아가기 전에 처리해야 할 잡무를 보느라 케임브리지 주변을 정신없이 누비고 있었다. 그런데 길을 건너려고 차도 쪽으로 한 발을 내딛는 순간, 달리던 차가 순식간에 그를 덮쳤다. 무릎뼈가 산산조각 났고, 그는 아이티 대신 매사추세츠 종합병원으로 실려 갔다. 몇 주 동안을 병원에서 시들시들하게 보낸 파머는 거대한 깁스를 하고 오필리아와 함께 사는 아파트로 돌아왔다. 그녀는 다친 파머를 간호하려고 애썼다.

일상적인 가사노동을 분담하는 문제쯤은 두 사람의 애정 앞에서 아무것도 아니었다. "그가 진심으로 저를 사랑한다는 걸 알고 있었어요. 저도 폴을 무척 사랑했고요." 오필리아는 말했다. 그럼에도 오필리아는 파머와의 관계에서 불편한 긴장감을 느꼈다. "내가 아닌 다른 뭔가에 푹 빠진 남자와 함께 산다는 건 쉽지 않은 일이었어요. 저는 그것과 결코 경쟁하고 싶지 않았고 경쟁한다 해도 이길 수 없다는 걸 알고 있었죠." 파머는 금요일이면 의학 수업이나 인류학 세미나를 마치고 일찍 귀가하기도 했다. 하지만 보통은 곧바로 공항으로 향했고 그대로 며칠을 아이티에서 지냈다. 심지어는 주말 이틀 동안을 보내려고 아이티에 갈 때도 있었다. 어느 날 오필리아가 파머를 붙잡으며 말했다.

"오늘은 안 가면 안 돼? 이번 주말은 나와 함께 있어줘."

"네가 나랑 함께 가면 되잖아." 그가 대답했다.

두 사람은 말다툼을 벌였고 파머의 태도는 단호했다. "나는 내가 어떤 인생을 살고 싶은지 분명히 네게 밝혔어. 그리고 네가 그 인생을 함께하려 한다고 믿었는데."

잠시 후 혼자 남겨진 오필리아는 생각했다. '그 말이 맞아. 넌 한 번도 내게 숲길을 산책하자거나 미술관이나 오페라 극장에 가자고 한 적이 없었지.'

교통사고 이후 둘의 관계는 더 나빠졌다. 거추장스러운 깁스를 한 파머는 극도로 예민해져서 캉주의 진료소로 돌아가지 못하는 현실에 툭하면 짜증을 냈다. 부러진 다리에 무게를 실으면 안 된다는 오필리아의 조언도 무시했고, 그녀가 만들어준 음식도 먹으려 하지 않았다. 그녀는 최선을 다했지만 성격상 그의 행동을 가만히 보고만 있지는 않았다. 두 사람은 여러 번 싸웠다. 그리고 마침내 파머가 아이티로 떠나겠다고 선언했다. "나는 아이티로 갈 거야.

그곳 사람들은 기꺼이 나를 돌봐줄 테니까."

몇 년이 흐른 1988년 12월 10일이었다. 오필리아는 아직까지 그 날짜를 선명히 기억했다. 그들은 여느 때처럼 말다툼을 했고 가까스로 화해했지만 그녀는 둘 사이에 뭔가가 깨져버렸다는 사실을 깨달았다. 다시 몇 년 후에 파머가 청혼했을 때 그녀는 거절하기 힘들었지만 승낙은 더더욱 불가능하다고 생각했다. 폴은 그녀의 거절에 크게 상처받고 분노했다. "너의 남편이 될 수 없다면 친구도 될 수 없어. 너무 고통스러울 테니까."

오필리아는 한동안 김용을 통해서만 파머의 소식을 들을 수 있었다. 그와 헤어지면서 의사가 되고자 했던 목표도 자연스레 희미해졌다. 사실 그녀는 화학을 좋아하지 않았다. 그렇지만 파머와 떨어져 사는 삶은 상상도 하기 싫었다. 게다가 그 시기의 그녀는 그 어느 때보다 믿고 따를 수 있는 길잡이로서 파머의 존재가 간절했다. 먼발치에서 바라보며 '봐, 아직 세상에 선이란 게 존재하는구나' 하고 위안을 주는 그런 인물로서가 아니었다. 오히려 그 반대였다. 한판 붙어 싸워볼 만하다는 증거로서, 불필요한 죽음을 막을 수 있다면 뭔가를 해야 한다는 것을 깨우쳐주는 동지로서 그가 필요하다고 생각했다. 오필리아는 PIH의 일원이자 파머의 인생에서 한 부분이 되고 싶었다. 그녀는 파머에게 사람을 잘 용서한다는 약점이 있다는 걸 잘 알았다. 이는 그의 성직자 같은 성향 중에서도 가장 두드러진 부분이었다. "점차 저는 다시 그의 곁으로 돌아갈 수 있었어요."

그때까지만 해도 PIH는 자리를 잡아가는 중이었고, 구성원은 각자 알아서 자신의 업무를 정했다. 오필리아는 재무 파트를 맡고 안정적인 기금 조성을 위한 계획을 세우기 시작했다. 그녀는 약 1만 5천 달러의 연봉을 요구했고, 매년 그 세 배의 금액을 기부했다. 파머와의 관계는 차츰 이상적인 파트너십으로 발전해갔다. 연인 사이일 때는 아이티에 일주일에서 한 달씩 머물다가 막 귀국한 폴이 공항에서 전화하면 버림받은 아내가 된 듯한 기분에 화가 치밀었다. 그러나 이제 그럴 필요가 없었다. 그녀는 오랜만에 연락한 그에게 순수한 반가움을 느꼈고, 그가 불쑥 문가에 나타나면 기쁨이 밀려왔다. "민!" 파머는 밝게 상기된 얼굴로 환한 미소를 지으며 그녀를 향해 팔을 뻗었다.

파머의 누이들을 제외하고 그를 그토록 웃게 만들 수 있는 사람은 세상에 오필리아뿐이었다. 그녀가 지인들을 두고 야한 농담을 하면 폴은 소파에 쓰러져 발을 동동 구르며 웃었다. 천식기가 있는 그가 숨넘어갈 듯 헐떡일 때까지. 그 모습을 보며 오필리아는 그에게 꼭 필요한 특별한 사람이 된 것 같다고 느꼈다. 서로에게 공식적인 의무가 없어진 만큼, 파머 역시 그녀에게 무슨 말이든 편하게 털어놨다. 오필리아는 가끔 혼잣말처럼 조용히 이렇게 말했다.

"그의 아내로 지냈다면 아마 행복하지 못했을 거야. 하지만 파머의 친구로 산다는 건 정말 멋진 일이야."

연약한
희망

1988년 12월 휠체어를 타고 캉주에 돌아온 파머는 다리가 회복되는 동안 중부 고원지대의 결핵 프로그램을 개선하기 위해 연구에 착수했다. 캉주를 비롯한 아이티 전역에서 굵직한 사건이 연달아 일어나던 때였다. 걸을 수 있게 된 후 포르토프랭스에 방문한 그는 몇 가지 사건을 직접 목격했다. 그가 성당에서 예배를 보는 동안 밖에서 총격전이 시작된 적도 여러 번이었고, 그럴 때면 허둥지둥 기둥 뒤로 몸을 숨겨야 했다.

베이비 독이라고 불리던 뒤발리에가 강제출국 당한 뒤 몇몇 독재자가 국민의 동의 없이 정권을 차지했다가 물러났지만, 1986년부터 1990년까지 아이티를 실질적으로 지배한 것은 군부 세력이었다. 공개된 여러 공식 문서를 조사한 결과 파머는 아이티 군부 뒤에 미국 정부가 있다는 사실을 확인했다. 그는 아이티 역사를 파고들었다. 국민에 의해 선출되지 않고 힘으로 거머쥔 권력으로

비리와 폭정을 일삼는 정부가 들어섰다가 그보다 하나 나을 것 없는 다른 세력이 이를 몰아내고 정권을 잡는 일은 아이티에서 새로울 것 없는 일이었고, 미국이 정책적으로 이를 조장한다는 것도 잘 알려진 사실이었다. 굶주린 시민의 봉기도 처음 있는 일이 아니었다. 하지만 파머는 지금이야말로 진정한 민중운동이 일어나고 있는지도 모른다고 내심 기대했다.

일단 농촌과 도시의 빈민들이 '데슈카Dechoukaj'라는 기치 아래 전례 없는 단합을 이뤄냈다. 데슈카란 '뿌리 뽑기'라는 뜻의 아이티어로, 뒤발리에 정권의 잔재를 척결한다는 의미를 담고 있었다. 여기에는 통통 마쿠테로 활동하던 무리를 체포해 재판에 넘기고 판결에 따라 처형하는 과정이 포함돼 있었다(물론 시민에게 붙잡힌 통통 마쿠테는 대부분 잔챙이였다). 아이티 군부와 그들 밑에서 일하는 무장단체는 극단적인 진압 노선을 택했다. 봉기 세력과 진압 세력 모두 무력을 행사했지만, 당연히 돈과 권력을 가진 이들이 훨씬 폭력적이었다. 파머는 이러한 상황을 전해 듣기도 하고 때로는 직접 체험하기도 했다. 나중에는 당시의 폭력 사태에 관한 증거자료를 수집하기도 했다. 군부 세력은 비무장 상태인 시위대를 총으로 쏘고, 도시 병원에 난입하여 의료진을 위협했으며, 처형이라는 명목으로 병상에 누운 환자를 살해하고, 심지어 시신을 탈취하기까지 했다. 1987년 군부 휘하의 무장단체는 투표소에서 수십 명의 유권자를 학살하는 만행으로 아이티 역사상 최초의 민주 선거로 기록될 뻔했던 선거를 무효화했다.

지금은 사정이 달라졌을 수 있지만, 과거에는 아이티 국민의

90%가 가톨릭 신자인데 또한 100%가 부두교 신자라는 말이 농담처럼 떠돌았다. (독실한 기독교 신자인 한 현지인 농부에 대해 파머는 "물론 그도 부두교를 믿지요. 부두교가 틀렸다는 걸 알면서도 믿을 뿐이에요"라고 말했다.) 어쨌든 민중 봉기의 중심에는 가톨릭 교회가 있었다. 물론 뒤발리에식 계급 질서가 존재하는 대규모 성당이 아니라 일명 '티 레글리즈Ti Legliz'라고 불리는, 가난한 시골 마을이나 도시의 슬럼가에 위치한 작은 성당들이 주축이 됐다. 그중에서도 가장 중요한 역할을 한 것은 장베르트랑 아리스티드 신부가 이끄는 포르토프랭스의 생 장 보스코St. Jean Bosco 성당이었다.

파머는 1986년 캉주에 있을 때 라디오에서 아리스티드 신부의 설교를 처음 접했다. 그 후 성당에 직접 찾아가서 그가 주재하는 미사를 들어보기로 했다. 군중은 그의 설교에 넋을 잃었고, 파머 역시 마음을 빼앗겼다.

"사람들은 복음서의 내용이 자신과 상관없는 시대 혹은 장소에서 일어난 일이라고 생각합니다. 하지만 복음서에서 묘사한 투쟁은 바로 지금 여기에서 일어나고 있어요. 빈민에 대한 억압, 약자에 대한 폭력, 옳은 일을 위해 투쟁하는 자들에게 내려지는 구원… 이 모든 투쟁이 우리 아이티보다 더 치열하게 일어나는 곳이 세상에 있을까요?"

파머는 그 순간을 이렇게 기억했다. "저는 해방신학을 추구하는 진보적인 성당을 찾기 위해 아이티 전체를 뒤지고 있었어요. 생 장 보스코 성당은 제가 찾아 헤매던 바로 그런 교회였습니다."

그는 미사가 끝난 후 아리스티드를 만나러 몰려드는 신도 무리에 합류했다. 파머의 모습은 상당히 눈에 띄었을 것이다. ("그의 신도 중에 크리올어를 할 줄 아는 키가 큰 백인이 몇이나 있었겠어요?") 두 사람은 즉시 친구가 됐다. 그러나 1988년에는 아리스티드 신부를 만나기가 쉽지 않았다. 파머도 캉주의 일을 처리하느라 바빴지만 아리스티드 신부 역시 여러 차례의 암살 음모를 피해 다니느라 하루하루 긴장 속에서 보내야 했다. 그의 암살 시도 중에는 포르토프랭스 시장의 지시로 성당에 폭탄 테러가 가해진 사건도 있었다.

파머는 아이티의 진정한 변화를 원했지만, 그 과정에서 발생하는 분쟁과 유혈사태는 감당하기 어려웠다. 그가 '난리통'이라고 부르던 혼란 속에서 이미 형편없는 아이티의 공중보건 상태는 필연적으로 더욱 악화됐다. 1989년 어느 날, 그는 혼자서 캉주가 내려다보이는 언덕에 올랐다. 그는 아이티에 머무는 동안에는 공식적인 서류나 감사 편지 이외에 거의 글을 쓰지 않았다. 시간이 없었을뿐더러 이곳에 오면 환자를 치료하거나 학교 혹은 수도 시스템을 구축하는 일이 글쓰기보다 훨씬 시급했기 때문이었다. 하지만 그날만큼은 예외적으로 인류학 박사논문 집필 작업을 하기로 했다. 이후 《에이즈와 비난AIDS and Accusation》이라는 제목으로 출간될 이 논문은 그의 '에이즈 시리즈' 중 첫 번째 타이틀이었다.

캉주에서 에이즈가 처음 발견된 것은 그가 이곳에 온 지 2년 만인 1985년이었다. 그는 논문에서 에이즈가 아이티로 건너온 경로를 다루기로 했다. 아이티는 그가 '비난의 지리학Geography of Blame'이라고 정의한 힘의 논리에 따라 희생양이 된 경우였다. 그에 따르면 미국에 에이즈가 퍼지기 시작했을 무렵 수많은 사회학자가,

심지어 의학자까지도 HIV균이 아프리카에서 아이티를 건너 미국으로 넘어왔다는 가설을 세웠다. 일부 전문가라는 자들은 아이티가 에이즈의 근원지라는 가설까지 내놨는데, 그들은 부두교 사제들이 닭의 머리를 베고 피를 마신 뒤 어린 사내아이들과 성관계를 맺는 풍습이 있다는 낭설을 사실인 양 제시했다. 게다가 미국 연방정부기관인 질병통제예방센터Centers for Disease Control 는 동성애자Homosexuals, 혈우병 환자Hemophiliacs, 헤로인 중독자Heroin Users 와 함께 아이티인Haitians 을 'H로 시작하는 에이즈 고위험군'으로 분류했다. 이러한 결정은 그렇지 않아도 취약한 아이티 경제에 큰 타격을 입혔으며 세계 곳곳에 흩어져 살아가는 아이티인에게 헤아릴 수 없는 상처를 줬다. 그러나 파머가 다양한 전염병학 자료를 동원해 밝혀낸 바에 따르면, 에이즈는 오히려 북미에서 아이티로 유입됐을 가능성이 매우 높다. 미국인과 캐나다인, 아이티계 미국인으로 구성된 매춘 관광객이 포르토프랭스의 슬럼가인 통칭 '카르푸Carrefour '에서 헐값에 하룻밤을 보내며 HIV균을 퍼뜨린 것이다.

파머는 이 논문을 통해 '고통에 관한 해석적 인류학'을 추구할 작정이었다. 자신의 주장을 뒷받침하기 위해 그는 민족학과 역사학, 전염병학 그리고 경제학 등 다양한 분야의 논증을 결합할 계획이었다. 그리고 이 이야기를 풀어나가기 위한 시작점을 캉주로 잡았다. 연구 대상의 실제 이름을 밝히지 않는 인류학의 전통에 따라 그 마을에 '도케이Do Kay '라는 가명을 붙였다. 언덕 꼭대기의 바위에 앉아, 그는 원고를 써 내려가기 시작했다. "도케이 마을의 지형을 한눈에 살펴보려면 마을을 둘러싸고 우뚝 선 유난히 가파른 언덕에 올라가야 한다…."

그가 앉아 있는 곳에서 내려다보면 캉주는 나무라고는 거의 없는 민둥산 기슭에 제멋대로 흩어진 작은 움막들의 집합체처럼 보였다. 가장 가까운 곳에는 디외도네의 집이 있었다. 작년 10월 그가 에이즈로 사망한 뒤로 그 집은 쭉 비어 있었다. 건너편 도로 근처에 살던 아니타 조세프도 에이즈로 천천히 죽어갔다. 그 풍경 속에는 고통스러운 기억이 수없이 녹아 있었다. 이미 세상을 떠난 다른 환자들도 하나씩 그들의 검사 결과와 함께 머릿속에 떠올랐다. 캉주에서 처음 공중보건 설문을 실시할 때 함께 일했던 세 명의 현지인 청년도 생생히 기억났다. 아체피, 미슐레, 티탑 조세프. 그들은 각각 말라리아와 장티푸스, 산후패혈증으로 세상을 떠났다. 좋은 약만 있었어도 그들의 죽음을 막을 수 있었다. 하지만 그들은 아이티의 전형적인 저급 의료시설에서 열악한 치료를 받다가 목숨을 잃었다. 파머는 그러한 의료시설을 혐오했다.

하지만 언덕 위에서 내려다본 풍경에 실패와 죽음만 녹아 있는 것은 아니었다. 깨끗한 지하수를 끌어다 만든 공동 식수대와 울타리 용도로 심은 작은 나무숲도 보였다. 라퐁탕 신부가 지은 공중화장실도 보였는데, 이 화장실 덕분에 캉주에서는 장티푸스가 거의 사라졌다. 장미 라장테로 이어지는 언덕을 바라보며 파머는 그 너머에 세워진 시설들을 머릿속에 떠올렸다. 그곳에는 이미 기숙사와 예배당, 공중보건 사업 사무소, 학교 건물이 들어서 있었다. 그가 손수 심은 나무들 뒤편에는 톰 화이트의 기부금으로 지어진 손님용 숙소와 마을 장인들이 공예품을 만드는 작업실, 자애로운 구원자 클리닉이 입주해 있는 제법 큰 건물이 자리하고 있다. 파머의 시선은 다시 마을로 향했다. 캉주는 이제 더는 허름한 판자로 얼기설기 지어진 움막촌이 아니었다. 그사이 107가구였던 마을 인구는 178가구로 늘었고, 비탈길을 따라 작은 집들이 점점이 박혀 있었다.

라퐁탄 신부의 아내인 만미토Manmito 여사는 장미 라장테의 안주인이었다. 그녀는 화이트가 보낸 자재를 분배하고 가장 열악한 집을 먼저 보수하는 등 캉주의 주택환경 개선 프로젝트를 총지휘했다. 대부분의 집에는 방이 두 칸뿐이고 여전히 흙바닥이 깔린 집도 많았지만, 이제는 거의 모든 지붕에 양철이 덮여 있었다. 갓 페인트칠을 한 지붕과 오래되어 칠이 벗겨진 지붕이 저마다 밝은 햇살 아래 반짝였다. 파머가 캉주를 처음 찾은 뒤로 어느덧 6년이 흘렀다. 이제 마을은 갈 곳 없는 이재민이 모여 사는 비참한 난민촌이 아니었다. 적어도 심한 빈곤에 시달리는 전형적인 다른 아이티의 마을 정도는 됐다.

⸙

이듬해인 1990년 봄, 파머는 의학과 인류학 박사학위를 동시에 받았다. 그의 논문은 상을 받았고 하버드대학교 출판부에서 출간이 확정됐다. 의과대학 몇몇 교수들, 특히 저명한 인류학자인 아서 클라인먼Arthur Kleinman 과 그게 뒤지지 않는 명성을 지닌 아동심리학자 레온 아이젠버그Leon Eisenberg 는 파머를 매우 아끼며 전례가 없는 그의 불규칙한 출석 행태를 눈감아줬다. 그리고 시간이 지나면서 그들을 비롯한 많은 학자가 파머를 적대시하는 세력과 불문율로부터 파머를 보호하기 위해 최선을 다했다. 봉사하는 삶을 사는 사람은 다른 사람들의 조력에 의지하기 마련이다. 파머는 많은 이들로부터 도움을 받았다.

파머는 밥 먹듯이 결석을 했지만 학업에 큰 타격을 받지는 않았다. 사실 인류학 연구의 무대로는 보스턴보다 아이티가 훨씬 바람직했다. 그의 의과대학 학점은 매우 우수했다. 틈틈이 색인 카드로 공부한 덕도 있었지만 6년간 캉주에서 사실상 의사 역할을 한 경험도 큰 도움이 됐다. 만 31세 즈음에는 이미 대다수의 미국 의사가 평생 다뤄볼까 말까 할 정도의 다양한 질병에 관한 임상경험을 쌓은 상태였다. 여기에 더해, 그는 공공의료 시설과 진료소 시스템을 어떻게 설계하고 관리하는지를 아무것도 없는 맨땅에서부터 배웠다. 서반구에서 가장 험난하고 빈곤한 지역에서, 정부가 의도적으로 국민에게 글을 가르치지 않는 나라에서, 당나귀로 콘크리트를 나를 수 있으면 다행인 이 험난한 땅 위에서 이런 성취를 이뤄낸 것이다.

브리검 병원과 부속 여성병원이 그를 레지던트로 받아들인 것은 당연한 일이었다. 브리검은 세계적으로 권위 있고 시스템이 유연하기로 유명한 종합병원이었다. 허가만 받는다면 레지던트는 병원의 의료실습 외에 다른 관심 분야에도 얼마든지 시간과 열정을 쏟을 수 있었다. 파머와 김용(그 역시 같은 병원에 레지던트로 채용됐다)은 임상 실습기간을 반으로 나눴다. 병원 측은 파머가 1년의 절반을 보스턴에서, 나머지 절반은 캉주에서 보낼 수 있도록 공식적으로 허가해줬다.

1990년 말 아이티에서는 민주적인 선거를 치를 수 있다는 희망이 싹트고 있었다. 물론 군부 세력과 뒤발리에 정권의 엘리트들, 그 밑에서 일하는 무장단체가 이런 상황을 순순히 허용할 리 없었다. 보스턴에서 아이티로 돌아온 파머는 포르토프랭스에서 캉주까지 가는 동안 무려 다섯 번이나 군인에게 검문을 받아야 했다. 군인들은 당연하다는 듯 뇌물을 요구했고, 진료소에서 쓰려고 가져온 의료기기를 압수하기도 했다. 이런 종류의 폭력과 강탈이 예고 없이 찾아오기도 했다. 가령 선거 예정일 몇 달 전부터 장미 라장테의 포르토프랭스 사무실에는 파머를 찾는 협박 전화가 수차례 걸려왔다. "기다려. 조만간 네놈 할머니 무덤 옆에 나란히 묻히게 될 거다." 다른 곳에 전화를 걸려고 수화기를 들면 요란한 잡음이 들렸다. 파머는 건물 옥상을 뒤져 어설픈 도청 장치를 찾아냈고, 껄껄 웃으며 발로 밟아 산산조각 내버렸다.

자신이 정치적으로 눈에 띄는 역할을 하지 않았다고 생각했기에 파머로서는 이 사태가 혼란스러웠다. 어쩌면 환자들이 체포될 때마다 감옥에 찾아가 석방을 위해 애썼던 것이 군부의 심기를 건드렸을 수도 있다. 미레발레 교도소에서 '감옥 탈출' 작전을 벌이다가 군인들의 제지를 받은 적도 두어 번 있었으니까. 어쩌면 생각했던 것 이상으로 그의 존재가 눈에 띄었는지도 몰랐다. 예를 들어 그가 아리스티드 신부와 함께 있는 모습을 봐서는 안 될 사람들이 목격했을 수도 있다.

1990년에 파머는 이미 유명인사가 된 아리스티드 신부와 자주 만났다. 하루는 신부가 먼지를 잔뜩 뒤집어쓴 몰골로 포르토프랭스 사무실을 찾아왔다. 고아원에 전달할 밀가루 부대를 싣고 운전 중이었는데, 그의 흰색 픽업트럭 시동이 갑자기 꺼져버렸다고 했다. 파머는 밀가루를 장미 라장테의 밴에 옮겨 싣고 신부와 함께 고아원으로 향했다. 하지만 중간에 자동차 바퀴가 깊은 웅덩이에 빠져버렸다. "이거 안 되겠는데요." 그러다 파머가 문득 생각났다는 듯 화제를 바꿔 물었다. "신문을 보니까 신부님이 대선에 출마할 거라고 하더라고요. 기자들이 신부님을 잘 모르나 봐요. 정치 같은 걸 하실 분이 아닌데….."

신부는 딱히 부정도 긍정도 아닌 말로 얼버무렸다. 그리고 일주일 후 정식으로 출마를 선언했다. 파머는 한동안 분노를 감추지 못했다. "어떻게 아이티 정치판처럼 불결한 바닥에 뛰어드실 수가 있지?" 그러나 차츰 생각을 고쳐먹었다. '중요한 건 내가 아니라 아이티 사람들이 어떻게 생각하느냐잖아. 그들은 신부님의 출마를 간절히 바라고 있어.' 이 시기에 쓴 일기장에는 이런 문장이 적혀 있다. "어쩌면 이것은 아이티를 변화시킬 수 있는 단 한 번의 기회일지도 모른다."

그는 캉주의 거의 모든 시민과 마찬가지로 아리스티드의 열렬한 지지자가 됐으며, 수도에서 송출되는 라디오 방송으로 그의 소식을 놓치지 않고 확인했다. 선거 당일, 그는 라퐁탕 신부와 함께 포르토프랭스로 향했다. 지미 카터 전 미국 대통령을 비롯한 여러 해외 인사가 참관인 자격으로 투표 결과를 검증했고 아리스티드가 67%의 지지율로 당선됐다는 사실을 확인했다(33%는 나머지 열두 명의 후보가 나눠서 득표했다). 파머는 일기장에 기쁨을 쏟아냈다. 아이티는 첫 민주 선거에서 해방신학을 설파하는, '빈곤의 존엄성'을 강조하는 지도자를 전례 없이 높은 지지율로 선출했다. 새 대통령은 소수 엘리트가 특권을 독점하는 사회 시스템을 변화시키겠다고 직접적으로 선언했다. 그는 당선 연설에서 '물속에 있는 자갈은 햇볕 아래에 있는 자갈의 기분을 알 수 없다'라는 아이티 속담을 살짝 바꿔서 인용했다. "이제 물속의 자갈들도 햇볕 아래 있는 자갈의 기분을 알게 될 것입니다!"

파머는 선거 다음 날 차를 몰아 중부 고원지대로 돌아왔다. 캉주에 막 도착했을 때, 험한 산기슭을 맨발로 기어 올라가는 노인의 모습이 눈에 들어왔다. 노인이 길가에 널린, 현지 주민들이 '이빨 난 자갈'이라고 부르는 날카로운 돌멩이에 다치지는 않을지 걱정하던 파머는 문득 우울한 생각을 떠올렸다. 얼마 후 그는 일기장에 이렇게 썼다. "아무리 학자와 성직자로 구성된 정부라 해도 이렇게까지 열악한 상황에서 제대로 일을 할 수 있을까?" 하지만 우울은 곧 기쁨으로 바뀌었다. 그에게 이번 선거의 진정한 승자는 아리스티드 당선인이 아니었다. 선거의 진짜 혜택은 캉주의 환자와 농민을 비롯한 아이티 빈곤층에 돌아갈 것이다. 그들은 온갖 협박 속에서 목숨을 걸고 투표장으로 향했다. 수세기 동안 이어진 잔혹한 노예제도와 독재정부의 폭정, 외세의 간섭에 맞서 드디어 주권을 되찾기 위해서였다. 훗날 나와의 대화에서 파머는 그 사건만큼 자신의 인생에서 감동적인 경험은 없었다고 말했다.

1991년 여름, 브리검 병원으로 돌아가는 그의 마음은 여러 가지 이유로 희망에 부풀어 있었다. 쿠데타가 일어나리라는 소문이 자자했고 실제로 한 번의 시도가 있었지만 불발로 그쳤다. 새 정권은 다행히 무사히 자리를 잡았다. 이제 포르토프랭스 공항까지 가는 길에는 검문하는 병사도 없었고 바리케이드도 없었다. 그 모든 것이 3번 국도에서 사라졌다. 활기를 되찾은 아이티 보건당국은 장미 라장테와 협력하여 중부 고원지대에서 에이즈 예방 사업을 시작했다. 그리고 마침내 캉주에 진짜 병원다운 병원이 지어질 기미가 보였다. 당초 목표했던 자금이 거의 다 마련된 것이다.

○
|

영원히 잊을 수 없을 1991년 9월 29일, 파머는 김용에게 자신을 대신해 진료를 봐달라고 부탁하고 공항으로 출발했다. 짧게나마 아이티에 머물며 그곳에 새로 지어질 병원에 관한 회의에 참석할 예정이었다. 당시 보스턴에서 택시기사나 건물 관리인으로 일하는 사람 중 상당수가 아이티 출신이었는데, 브리검 병원에서 그를 태운 택시기사는 우연히도 파머가 알고 지내는 아이티인이었다. 로건 공항으로 향하던 도중 기사가 어깨 너머로 말을 건넸다.

"선생님, 요즘 아이티 상황이 많이 안 좋답니다."

파머는 생각했다. '그럴 리가 없는데. 세계적으로 현 아이티 정부만큼 국민의 압도적인 지지를 받는 나라도 없으니까.'

그리고 기사에게 말했다. "걱정 마세요. 무사히 오늘 밤에 아이티에 도착할 겁니다."

아이티로 향하는 여정은 그에게 너무나 익숙했다. 그래서 비행기가 마이애미 공항에 도착했을 때 그는 표지판을 살피지도 않고 곧바로 포르토프랭스행 환승 게이트로 직행했다. 그러나 탑승 수속 데스크에 도착한 그에게 돌아온 것은 결항 안내였다.

"왜죠?" 그가 데스크의 승무원에게 물었다.

"저희도 확인이 안 됩니다, 손님."

그는 공항 근처의 모텔에 방을 잡고 TV 채널을 CNN으로 돌렸다. 뉴스에서는 아이티 군부가 아리스티드 대통령을 축출했다는 소식이 보도되고 있었다. 충격에 빠진 그는 밤새 한숨도 못 자고 멍하니 TV 화면만 바라봤다.

그는 비행기 운항이 재개되기를 기다렸다. 그러나 설사 항공편이 있다고 해도 파머는 아이티에 입국할 수 없다는 통보가 돌아왔다. 새로운 군사정권이 그를 입국 금지 리스트에 올렸기 때문이었다. 그는 어쩔 수 없이 보스턴으로 돌아갔다. 그리고 두 달 동안 매일같이 라퐁탕 신부에게 전화를 걸어 입국 금지를 해제할 방법을 상의했다. 그는 1992년 초가 돼서야 아이티로 돌아갈 수 있었다. 라퐁탕 신부가 육군 대령에게 뇌물을 주고 파머의 이름을 명단에서 제외한 덕분이었다.

포르토프랭스 공항에 내린 파머는 땀에 흠뻑 젖어 있었다. '온몸의 세포가 두려움에 떨고 있구나.' 하지만 입국심사는 순조롭게 진행됐고, 캉주로 향하는 길에 다시 설치된 검문소도 무사히 통과했다. 이틀 후, 진료소에서 업무를 보는데 한 여인이 찾아왔다. 예전에 장미 라장테에서 결핵 치료를 받은 환자였는데 아이를 안은 채 반쯤 정신이 나가 울부짖고 있었다. 그녀는 남편이 지역 군부 세력에 구타를 당해서 죽어가고 있다고 했다. 파머는 매사에 곧잘 과장을 섞는 아이티인의 성격을 떠올렸다. '기껏해야 골절상이겠지.' 그는 왕진 가방을 챙겨 그녀를 따라나섰다. 두 사람은 댐을 가로질러 저수지 반대편에 위치한 오두막으로 들어갔다.

피해자 가족을 보호하기 위해, 파머는 이 책에 남편의 이름을 '슈슈 루이'라는 가명으로 실어달라고 요청했다. 그 또한 한참이 지나서야 이 사건의 배경을 알게 됐다고 했다. 사건은 슈슈가 무심코 던진 한마디에서 시작됐다. 그는 중부 고원지대를 지나는 승객용 트럭을 타고 가던 중 도로 상태가 형편없다는 요지의 말을 했다고 한다. 재수 없게도 트럭에는 사복을 입은 군인과 '아따셰Attaché'라고 불리는 지역 치안 관리자들이 타고 있었다. 슈슈의 발언이 반군부적이고 친아리스티드적이라고 판단한 그들은 다음 검문소가 위치한 도몽Domond 마을에서 그를 끌어내렸고, 본부 건물로 연행해 사정없이 구타했다. 그들의 손아귀에서 겨우 풀려났지만 슈슈의 이름은 이미 국가안보기구 지역사무소의 블랙리스트에 올라간 상태였다. 집으로 몰래 숨어 들어가 한동안 조용히 지내겠다는 계획이 무색하게도, 그가 도착했을 때는 이미 지역 관리자와 아따셰 한 명이 기다리고 있었다. 파머가 도착했을 때 그들은 이미 볼일을 끝내고 자리를 뜬 뒤였다. 슈슈는 오두막집 흙바닥에 처참하게 누워 있었다.

파머는 가지고 온 의료기구로 할 수 있는 모든 응급처치를 했다. 하지만 브리검 병원의 장비를 총동원했다 해도 환자를 살릴 수는 없었을 것이다. 파머는 사망한 환자의 상태를 상세히 기록했다.

1월 26일, 20대 중반의 미남형 남성이었던 환자의 얼굴은 거의 알아볼 수 없을 정도로 함몰됐다. 특히 왼쪽 관자놀이는 심하게 찌그러졌고 피부가 찢긴 채 부어올라 있었다. 오른쪽 관자놀이의 상처는 더 오래된 것으로 보였다. 입안에는 검은 혈액이 응고돼 있었으며 사망 직전에는 피를 1L 이상 토했다. 얼굴 아래로는 목이 이상하리만치 부어 있었고 곳곳에 타박상이 보였는데 개머리판으로 구타당한 흔적으로 추정된다. 가슴과 옆구리에도 심한 타박상이 있었으며 갈비뼈가 여러 대 골절됐다. 성기는 훼손된 상태였다.

기록은 여기서 멈추지 않았다.

이상은 신체 앞모습에 관한 것이다. 결정적인 구타는 주로 뒤쪽에서 가한 것으로 추정된다. 등과 허벅지에는 채찍 자국이 깊게 줄무늬처럼 남아 있었다. 둔부는 흉측할 정도로 짓물러 흐물거렸고 피부가 벗겨져 둔근이 드러날 지경이었다. 이런 상처 대부분은 감염된 것으로 보였다.

이런 끔찍한 짓을 벌인 인간들과 마주칠지도 모른다고 생각하니 파머는 차마 왔던 길을 되돌아갈 엄두가 안 났다. 그는 마을 어부에게서 망고나무 밑동을 파서 만든 카누를 빌려 타고 호수를 가로질러 진료소로 돌아왔다.

파머는 이 끔찍한 사건을 그냥 묻어둘 수 없다고 생각했다. 일단 국제 엠네스티에 연락해서 날이 갈수록 늘어가는 군사정권 희생자 명단에 슈슈의 이름을 정식으로 추가했으며, 〈보스턴글로브 Boston Globe〉지에 '아이티에서 일어난 어떤 죽음A Death in Haiti'이라는 기고문을 다른 사람의 이름으로 실었다.

파머의 의학적 기억력은 그의 동료는 물론이고 훗날 그의 제자들 사이에서도 백과사전을 방불케 할 정도로 엄청나다는 평을 받았다. 그러나 그의 놀라운 기억력에는 나름의 이유가 있었다. 그는 내게 "저는 모든 일을 환자와 연관시켜 기억합니다"라고 말한 적이 있다. 그에게 환자는 과거 사건을 기억하는 달력이었고 방대한 기억을 돕는 구조화된 시스템이었다. 그는 환자 개개인의 얼굴은 물론 병실에 동물 인형을 놓아두는 등의 작은 습관까지 머릿속에 저장해뒀다. 이렇게 구조화된 기억은 환자의 증세와 병리, 수천 개의 치료법과 연결되어 색인 카드와 같은 역할을 했다. 어떤 환자에 대해서는 그가 너무도 잘 기억하고 있다는 점이 문제일 지경이었다. 몇 년이 흐른 뒤에도 파머는 슈슈에 대해 얘기하길 꺼렸다. "그에 대해 생각하지 않으려고 의식적으로 애를 씁니다." 그 시점에 그는 이미 슈슈의 죽음에 대한 글을 여러 차례 인쇄매체에 기고한 상태였다. 내게는 그저 간단히 "슈슈는 흙먼지 속에서 죽었어요"라고 말했을 뿐이다.

빛과
어두움

1990년 초 군사독재가 한창 세력을 떨치던 시기에 오필리아가 캉 주를 찾았다. 그녀는 장미 라장테의 공동식당 위에 있는 기숙사에 묵었다. 어느 날 그녀가 아침 식사를 하러 내려왔을 때 파머는 무 심코 간밤에 누군가 그의 방 창문 아래서 성냥불을 켜고 있었다고 말했다.

오필리아는 뒤발리에가 물러난 뒤 혼란에 빠진 아이티의 상황 을 쭉 두려워하고 있었다. 게다가 현 상황은 어느 때보다 심각했 다. 검문소와 바리케이드에서 군인을 마주치면 폴은 무례함을 감 추려 하지 않았고 진료소의 작은 방에 걸려 있는 철제 조각상도 떼려 하지 않았다. '싸움닭'이라는 뜻의 '꼬끄 깔리떼kòk kalite'라고 불리는 그 조각상은 아리스티드 전 대통령의 상징이었다. 체 게바 라나 피델 카스트로에 대한 책도 당당히 책장에 꽂혀 있었다.

'군인들이 여기 와서 이걸 본다면 정말 큰일 날 거야.' 오필리아는 심히 걱정스러웠다. 그녀는 밤마다 개 짖는 소리, 수탉이 우는 소리, 언덕에서 들려오는 북소리 등에 예민하게 귀를 기울였다. 하루는 창문을 스치고 지나가는 자동차 헤드라이트 불빛에 깜짝 놀라 잠에서 깼는데, 다음 날 아침 밤새 군인들이 장미 라장테 주변을 샅샅이 염탐하고 갔다는 이야기가 들렸다.

'중부 고원지대는 저항군의 진원지인 데다 장미 라장테는 아리스티드 지지자들로 가득하잖아. 게다가 빠져나갈 길이라고는 3번 국도 하나뿐이니….'

그녀는 '강철 바지'로 불리는(아이티에서는 터프한 여자에게 '강철 바지'라는 별명을 붙였다) 식당 책임자에게 물었다. "만약 저들이 쳐들어와서 우리를 모두 죽이려 하면 어떡하죠?"

"우리는 목숨을 걸고 이곳을 지킬 거예요." 강철 바지가 말했다.

오필리아는 대답을 속으로 삼켜야 했다. '뭘 가지고 싸울 건데요? 주전자랑 프라이팬으로?'

파머는 캉주와 보스턴을 오가는 아슬아슬한 여행을 계속했다. 그렇지 않아도 위태로운 처지를 그 스스로 더욱 위험하게 몰고간 측면도 없지 않았다. 그는 화이트에게 현찰로 미화 1만 달러를 달라고 부탁했다. 아이티로 밀반입해서 평화주의자로 구성된 저항군에 전달할 계획이었다. 케이프코드에 위치한 화이트의 저택에서 나오는 길에 짐이 말했다.

"네 역할은 순교자가 아니야." 그리고 어조를 누그러뜨려 말을 이었다. "폴, 너 죽기만 해봐. 그럼 정말로 널 죽여버릴 거야."

파머의 얼굴이 새빨갛게 달아올랐다. "그럼 나보고 어떡하라고!"

다툰 적은 이전에도 몇 번 있었지만, 그가 짐에게 이렇게 큰 소리를 낸 건 이번이 처음이었다. 결국 파머는 1만 달러를 아이티로 가져가는 데 성공했다.

보스턴으로 무사히 돌아온 오필리아는 캉주에 남은 폴이 걱정됐다. 분노에 휩싸인 그가 무슨 일을 저지를지 몰랐다. 만약 군인들이 환자를 체포하겠다고 장미 라장테에 들이닥치기라도 하면 어떻게 될까? "오, 하느님….."

날이 갈수록 파머는 무모해지는 것 같았다. 한번은 가톨릭 단체인 팍스 크리스티Pax Christi의 수녀들을 아이티로 초청해서 그곳의 참상을 세계 곳곳에 알려주길 요청했다. 그들은 바리케이드에서 두 번이나 몸수색을 당했고 어떤 군인은 파머에게 차에서 내려 "아이티 군사정권 만세!"라는 구호를 외치라고 명령하기까지 했다.

"싫은데요." 파머가 대꾸했다.

"하는 게 좋을걸." 군인이 총구를 겨누며 말했다.

"오케이." 파머의 목소리가 순식간에 온순해졌다.

캉주에서 지내는 동안 그는 옷과 신발을 모두 갖춰 입고 잠자리에 들었다. 그의 방은 직접 심은 나무가 우거진 수풀로 이어져 있는데, 그는 수풀을 바라보며 군인과 아따셰가 들이닥쳤을 때 어떻게 탈출할지 계획을 세우곤 했다. '일단 창문 밖으로 뛰어내린 뒤 나무 뒤로 몸을 숨겨 조명탄을 피하자.' 그는 이건 비겁한 도망이 아니라고 생각했다. '그들이 날 잡으러 오는 거니까.'

하루는 군인 한 명이 총을 들고 장미 라장테를 찾았다. 파머는 언제나처럼 환자들로 북적이는 안뜰로 걸어 나왔다. "이곳에는 총을 가지고 들어올 수 없습니다." 그가 군인에게 말했다.

"네가 뭔데 나한테 이래라 저래라야?"

"누구긴요. 당신이 아프면 치료해줄 사람이죠." 이때만 해도 파머는 상황을 약간 재미있게 여기고 있었다. 하지만 그 순간 그의 귀에 "께뜨Ket"라는 소리가 날아와 꽂혔다. 대략 '제길, 망했다'라는 의미로 비극을 예견한 누군가 내뱉은 한탄이었다. 그는 그제야 주위를 둘러싼 군중의 존재를 인지했다. 이렇게 많은 사람 앞에서 체면을 구겼으니 군인 입장에서도 그냥 물러날 수가 없을 터였다. 하지만 파머의 말은 분명한 사실이었고 어쩌면 그가 지난 몇 년간 추방되거나 심한 벌을 받지 않은 유일한 이유일지도 몰랐다. 그가 중부 고원지대에서 가장 뛰어난 의사라는 사실, 그리고 장미 라장테가 이 군인과 그의 가족을 포함한 모든 시민에게 질 좋은 의료 서비스를 제공할 최고의 병원이라는 사실은 변하지 않았다. 군인은 이를 갈며 한바탕 욕을 퍼붓고 자리를 떠났다. 의료진 동료와 현지인 친구들은 파머를 나무랐다. 그는 그날 이후 여행을 자제했다. 게다가 포르토프랭스에 있는 장미 라장테 사무실에 총격이 가해진 뒤에는 라퐁탕 신부가 그곳을 직접 폐쇄했다. 파머도 보스턴으로 돌아가는 비행기를 탈 때 빼고는 수도 근처에 얼씬하지 않았다.

군사정권이 영원히 아이티를 지배할 것처럼 보이던 1993년, 파머는 맥아더 재단에서 지원하는 연구비 수여자로 선정됐다. 그는 시카고에서 열린 시상식에 참석했지만 곧바로 호텔 방으로 돌아와 TV로 아이티 소식을 시청했다. 어딘가에 숨고 싶다는 생각뿐이었다. 그는 방에 틀어박혀 비참한 기분으로 중얼거렸다.

"대단한걸. 맥아더상이라니…. 아주 훌륭해. 이제 내게도 꽃이 피는 건가? 정작 아이티의 역사는 시들어가고 있는데…."

그때 밖에서 사람들의 목소리가 들렸다. 아이티어였다. 생각해 보면 놀랄 것도 없는 일이었다. 미국에서 아이티인 말고 누가 호텔 청소를 하겠는가? 그는 나가서 그들과 잠시 수다를 떨었고, 덕분에 우울을 조금이나마 떨칠 수 있었다.

그 외중에도 아이티의 사망자 수는 계속 증가했다. 파머의 친한 친구도 세 명이나 살해당했다. 그는 오필리아에게 돈을 빌려서 가장 좋아하는 도시인 퀘백으로 향했다. 그는 눈 덮인 퀘백의 풍경을 사랑했다. 그곳의 호텔에 열흘 동안 묵으면서 그는 무려 220페이지에 달하는 원고를 썼다. 그중 대부분은 《아이티의 효용The Uses of Haiti》이라는 제목의 책으로 출간됐다. 나는 개인적으로 이 책이 파머의 모든 저서 중에 최고라고 생각한다. 《아이티의 효용》은 분명하고 열정적인 목소리로 가난한 아이티 농부의 시선에서 미국이 아이티에 취한 정책의 역사를 생생하게 훑어 내려간다.

이 책의 관점은 상당히 흥미로운 사실을 독자에게 알려준다. 예를 들어, 미국은 프랑스를 도와 1790년에 벌어진 아이티 혁명을 진압했다. 노예제도가 존속하던 시기에는 아이티를 독립된 국가로 인정하지 않으며 무력 외교를 펼쳤다. 미국이 아이티를 점령 통치하던 시절, 미국 의회는 군부에 현대식 무기를 지원했고 그들이 아리스티드를 축출할 때까지 재정적으로 지원했다. 군사정권의 암살대 대장은 미국에 있는 군사학교에서 훈련을 받았으며 심지어 군사정권의 일부 장교와 심복들은 CIA를 위해 일하기도 했다.

백악관은 겉으로는 쿠데타를 비난하는 척하면서 뒤로는 정부 친화적인 주류 언론을 이용해 아리스티드 대통령에 대한 거짓 보도로 비난 여론을 만들어냈다. 게다가 지금까지도 허울만 좋은, 구멍이 숭숭 뚫린 제재정책을 펼치며 군사정권이 권력을 유지하도록 뒤에서 돕고 있다.

여기에 더해, 《아이티의 효용》에는 우리가 영웅으로 알고 있는 역사적 인물들이 그다지 존경스럽지 못한 모습으로 묘사돼 있다. 가령 프랑스 혁명가의 박애정신은 생 도미니게St. Domingue 출신 노예나 자신들도 노예를 소유할 수 있는 권리를 얻게 되기를 기대하며 프랑스까지 건너가 혁명을 지원했던 아이티 출신 '물라토Mulattoes'까지 포용할 만큼 넓지 않았다. 명예롭지 못한 미국의 영웅을 찾아보자면 우선 아이티 침공을 진두지휘한 우드로 윌슨Woodrow Wilson 전 미국 대통령을 들 수 있다. 또 1918년에 아이티에서 해군차관보를 지내는 동안 아이티 헌법 제정에 참여했다고 뻐기던 프랭클린 D. 루스벨트 전 대통령의 이름도 등장한다. (파머가 쓴 다른 책에도 명예롭지 못한 영웅이 다수 등장한다. 노예 출신으로서 미국의 노예 폐지 운동을 주도했던 프레드릭 더글러스Frederick Douglass는 훗날 주아이티 미국대사 제의를 흔쾌히 승낙했고, 아이티에서 사실상 먼로주의를 대표하는 역할을 했다. 베이비 독이 통치하던 1981년 아이티를 방문했던 테레사 수녀는 그 잔혹한 독재자를 칭송했다. 파머는 한 역사학자의 표현을 인용하여 테레사 수녀가 세계를 누비며 수백만 달러의 혈세를 쇼핑으로 낭비한 베이비 독의 부인 미셸Michele에게 '찬사를 쏟아냈다'고 설명했다. 그녀는 미셸이 검손의 미덕을 몸소 실천하며 국민과 눈높이를 맞추는 모습에 감명을 받았다고 말했다.)

미국에서는 새로 들어선 클린턴 행정부가 새로운 병력을 파견해 아리스티드 대통령을 복권시킬지도 모른다는 소문이 돌았다. 물론 미국이 제시하는 '경제 분야 구조조정' 계획을 수용한다는 조건을 받아들여야 한다는 단서가 붙기는 했지만 말이다.《아이티의 효용》이 출간되기 직전인 1994년 초, 파머는〈마이애미 헤럴드The Miami Herald〉에 칼럼을 기고했다. 그 글의 핵심은 이렇다.

"과연 미군이 아이티에 개입해야 하는가? 군사적인 개입이라면 이미 오랫동안 해왔다. 이제는 예전과 다른, 아이티의 민주주의를 회복시키는 새로운 방식의 지원이 필요하다."

아이티 정부는 공영 라디오를 통해 이 사설을 발췌해 언급하며 파머가 아이티 정부를 중상모략한다고 비난했다. 그의 국외 추방이 결정됐고 집으로 군인이 들이닥쳤다. 다행히 그 시각 파머는 이미 보스턴으로 피한 뒤였다. 하지만 이번에는 뇌물로도 돌이킬 수 없을 만큼 확실하게 입국 금지 낙인이 찍혔다.

"내가 그들이었어도 저를 추방했을 거예요." 그는 PIH 사무실을 어슬렁거리며 무기력하게 시간을 보냈다. 오필리아는 그의 기분이 조금이라도 나아질까 싶어 기타를 선물했고, 그 또한 그녀의 성의를 감안해 몇 번쯤 레슨을 받았다. 하지만 얼마 후 아이티에 있는 또 다른 친구가 암살됐다는 소식이 전해졌다. 그날 밤 짐은 술집에서 만취되어 울고 토하기를 반복하는 파머를 반쯤 업다시피 해서 집에 데려갔다. 다음 날 파머는 기타를 다른 사람에게 줘버렸다.

1994년 남은 여름 동안 파머는 메인주와 텍사스주, 캔자스주와 아이오와주의 작은 마을을 돌아다니며 아이티 비참한 현실에 대해 강의를 했다. 순회 강연을 할 때면 주로 '성당의 레이디'들의 집에 묵었다. 어느 날은 수녀들과 함께 미 의회 위원회에 가서 자신이 직접 겪은 일을 증언했지만 대부분의 의원은 꾸벅꾸벅 졸았다. 한 미국인 장군과 격렬한 언쟁을 벌인 적도 있다. 파머는 내게 말했다.

"마음속에 쌓인 말을 있는 대로 쏟아냈어요. 미군이 아이티에 군대를 만들었다는 사실을 감안하지 않고는 현재 상황을 이해할 수 없다는 둥, 아이티의 전염병 상황이 얼마나 심각한 줄 아느냐는 둥…. 그야말로 정신없이 지껄였죠." 그의 열띤 주장을 듣던 장군은 말을 끊고 이렇게 소리쳤다. "파머, 이제 보니 자네 완전히 좌파로군!"

파머가 그의 책에서 인용한 자료의 출처는 대부분 미국 정부의 공식 문서였다. 처음에 그는 의사라는 신분을 밝히고 자신이 직접 보고 들은 사실과 신뢰할 만한 자료를 제시하면 사람들이 자연스럽게 그를 믿어주리라고 생각했다. 실제로 어떤 이들은 그의 용기를 높이 샀지만, 라디오에서만큼은 그리 좋은 반응을 얻지 못했다. 한번은 그가 출연한 라디오 쇼에 포트 로더데일Fort Lauderdale 주민이라고 밝힌 한 청취자가 전화를 걸어왔다. 그는 아이티의 빈곤과 폭력사태를 피해 플로리다로 이주하려는 수많은 난민을 언급하며 "아이티인들이 미국에 들어오는 걸 용납할 수 없어요"라고 말했다. 그러자 파머가 물었다.

"어째서죠? 우리 가족도 보트피플이었는데요."

쇼의 진행자는 당연하게도 그의 농담을 이해하지 못했다. "파머 박사님도 아이티 분이신가요?"

장군이 고함을 친 날 이후로 그는 수없이 생각했다. '더는 여기서 이런 바보 같은 짓을 하고 싶지 않아. 아이티의 내 진료실로 돌아가고 싶어.'

아리스티드 대통령의 복권이 결정된 다음 날, 파머는 꿈에도 그리던 아이티로 돌아갔다. 1994년 10월 중순이었다.

⚲

전쟁이나 다름없던 군사정권이 3년이나 이어지는 사이 아이티의 공중보건 상황은 최악으로 치달았다. UN은 그 기간에 아이티인 사망자가 8천 명에 이르며, 그중 대부분이 군인과 무장단체에 의해 살해된 것으로 추정했다. 그 외에도 수천 명에 달하는 보트피플이 탈출을 시도하다가 수장됐고, '넵튠Neptune'이라는 이름의 낡은 여객선이 침몰했을 때는 타이타닉호 침몰 때보다 더 많은 사망자가 나왔다. 그러나 총격과 고문, 익사로 인한 사망은 아마도 극히 일부였을 것이다. 군사정권이 물러날 때까지 공중보건이 얼마나 퇴보했는지 구체적으로 확인할 수는 없었다. 하지만 파머는 캉주에 남겨진 끔찍한 증거를 통해 피해 규모를 대강이나마 그려볼 수 있었다.

그 와중에도 라퐁탕 신부는 용케 새로운 병원 공사를 잘 마무리했다. 그러나 캉주 인근에서 진행하던 장미 라장테의 모든 프로젝트는 중단된 상태였다. 여성에게 글을 가르치는 교육 프로그램은 물론 어린이 예방접종, 깨끗한 식수 공급, 콘돔 보급, 에이즈 예방을 위한 각종 캠페인도 공중 분해됐다. 한때 PIH는 자비로 에이즈 예방 교육에 필요한 교육 영상을 제작했다. 대본은 에이즈 환자들이 직접 썼는데, 트럭을 타고 나타난 어느 군인들이 여러 여성과 성관계를 맺고 그 과정에서 HIV 바이러스가 전파된다는 내용이었다. PIH는 학교에 마을 사람들을 모아놓고 이 영상을 틀었다. 하지만 얼마 못 가 군인들이 들이닥쳐 프로젝터를 꺼버렸다. 군사정권이 통치하는 나라에서 에이즈의 원인으로 군인을 지목한다는 건 여러모로 위험한 일이었다. 결국 그 영상은 아리스티드가 복권될 때까지 다시 빛을 보지 못했다.

캉주 일대에서 구타당하거나 총에 맞은 환자를 치료하는 곳은 오직 장미 라장테밖에 없었다. 군대가 잠시 병원을 폐쇄한 적도 있는데 이후 주민은 이곳에 오기를 두려워했다. 사람들은 슈슈와 같은 일이 자신에게 일어날까 두려워 장미 라장테를 피했고, 환자들도 심하게 아프지 않는 한 병원을 찾지 않았다. 이 기간에 장미 라장테가 치료한 질병 환자 수는 절반으로 줄었지만 군인과 아따셰가 벌인 네 건의 강간 사건을 포함해서 폭행 피해자의 수는 매년 두 배씩 증가했으며 장티푸스 환자도 크게 늘었다. 홍역 발병률은 쿠데타 이전보다 무려 평균 22배나 높아졌다. 수년간 이어진 군사정권 아래 사람들은 만성 영양실조에 시달렸고 특히 캉주 인근에서는 결핵 환자가 급증했다. 군사정권의 폭력은 대부분 도시 빈민가에 집중됐다. 아리스티드 대통령의 가장 열렬한 지지세력이 모인 곳인 데다 이 지역을 중심으로 에이즈가 확산됐기 때문이다. 수십만 명의 도시 빈민이 군인의 총부리를 피해 시골로 도망쳤고, 그 결과 1993년 장미 라장테의 에이즈 환자 수는 60%나 증가했다.

의료진 중 상당수가 에이즈 감염을 두려워하며 사표를 냈다. '무력감'과 '피로'가 거의 모든 의료진을 괴롭혔다고, 파머는 어느 글에서 당시를 회상했다. 그들은 회의를 미루거나 취소했고, 연구 조사를 포기했으며, 중단된 프로젝트를 재개하지 않기 위해 핑계를 늘어놨다. 현지인 의사들은 이미 오래전부터 의약품 부족이나 불결한 시설 등의 열악한 의료 환경을 당연시하는 데 익숙해져 있었다. 사람은 누구나 타인의 죽음을 피상적으로 바라본다. 게다가 아이티인 의사들은 다른 나라의 의료진보다 의학적 실패에 무감각해지기 쉬운 환경에서 지내왔다. 그들은 환자가 홍역이나 파상풍, 결핵 같은 질병으로 목숨을 잃어도 시큰둥한 반응을 보였다. 파머는 그들이 의료진으로서 더 높은 사명감을 가질 수 있도록 교육하는 데 힘썼다. 그러나 3년 만에 만난 그들의 얼굴에는 또다시 그 무심하고 시큰둥한 표정이 맴돌았다.

그럼에도 모든 희망이 사라진 것은 아니었다. 일단 그는 아이티에 돌아올 수 있어 기뻤다.

만 35세가 된 파머는 의학과 인류학 분야에서 고루 명성이 높아졌다. 그는 맥아더상을 받았고, 세계적으로 가장 권위 있는 대학

병원에서 훈련받은 전염병 수련의였으며, 하버드 의과대학의 의료인류학 부교수였으며, 두 권의 책과 20여 편의 논문을 쓴 저자였다. 그는 앞으로도 비슷한 일을 계속하리라 생각했으며, 지금과 마찬가지로 PIH를 통해 장미 라장테를 재정비하고 확대하는 것이 자신의 임무라고 믿었다.

PIH는 1987년 이후 사무실을 두 번 옮겼고, 종국에는 김용의 제안과 화이트의 지원으로 케임브리지에 작은 본사 건물을 임대했다. 열 명의 조금 넘는 직원 가운데 절반 정도의 인원은 자원봉사자였고 나머지는 약간의 보수를 받는 정규직원이었다. 그들은 보스턴에서 아이티인 청소년을 위한 에이즈 예방 프로그램을 운영했고, 브리검 병원 인근의 저소득 지역에서 의료 서비스와 사회복지 서비스를 전혀 받지 못하는 사람들을 치료해줬다. 여기에 더해 멕시코의 치아파스Chiapas를 비롯하여 멀리 떨어진 지역에서 진행되는 공중보건 사업에도 자문을 하거나 작게나마 재정적인 지원을 했고, 산하 연구센터를 통해 국제 공중보건 실태를 비판하면서 세계적으로 빈곤층 여성이 에이즈에 가장 많이 노출된다는 연구 결과를 책으로 엮었다. (이 책은 《여성, 빈곤 그리고 에이즈Women, Poverty, and AIDS》라는 제목으로 세상에 나왔다. 파머의 한 친구는 이 제목을 듣고 이렇게 말했다. "이게 바로 내가 네 책을 좋아하는 이유야. 하나같이 유쾌한 주제만 다루고 있잖아.")

PIH는 어느새 파머 신부님의 성당이라고 장난스레 놀릴 수 없을 만큼 성장했다. 하지만 제아무리 세계주의적인 비전을 품고 있다고 해도 아직은 작은 자선단체에 불과했다. 아이티에 있는 상당한 병원 단지를 포함한다고 해도 말이다. 퍼머는 PIH가 이런 방향성을 계속 유지하리라고 생각했다. 1993년 발간된 PIH 연례 보고서에 그는 세간의 주목을 받기 위해 비전을 바꾸거나 메시지를 부드럽게 다듬어서는 안 된다고 썼다. 그들은 필연적으로 '다소 소외된 지위'를 유지하는 데 만족해야 한다고 했다.

하지만 그 순간에도 PIH는 예기치 못한 큰 변화를 앞두고 있었다. 얼마 후 세계보건계의 주목을 받는 선수로 발돋움하게 된 것이다.

—— 3부 ——
모험을 즐기는
의사들

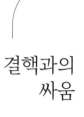

결핵과의
싸움

질병과 사망의 원인, 환자 수와 연령 등을 바탕으로 아주 단순한 전염병학 지도를 만들려면 딱 두 가지 색상만 쓰면 된다. 한 색으로는 70세 넘어까지 수명을 누린 뒤 노환에 따른 자연스러운 질병으로 세상을 뜨는 운 좋은 사람들의 집단을 표시하고, 다른 색으로는 평균수명보다 10년에서 40년 일찍 생을 마감하는 집단을 표시한다. 후자는 주로 폭력이나 굶주림, 전염병, 혹은 현대 의학의 힘으로 고칠 수 있거나 적어도 예방하거나 어느 정도 통제할 수 있는 질병에 희생된다. 파머는 이 지도에서 서로 극명한 대비를 이루는 두 부류를 가르는 선을 '광대한 에피 디바이드the great epi Divide(여기서 epi는 '전염병적인'이라는 뜻인 epidemiological을 줄인 것이다)'라고 부른다.

이 선은 여러 나라와 도시를 서로 갈라놓는다. 예를 들어, 아이티 영토의 대부분은 열악한 보건 수준을 나타내는 색으로 칠해지겠지만 포르토프랭스 북쪽의 일부 고지대는 부분적으로나마 양호

한 보건 수준을 나타내는 색이 칠해질 것이다. 반면 미국 영토를 이 지도로 그려보면 전체적으로 건강한 색에 질병의 그림자가 드문드문 가루처럼 흩뿌려진 형태로 칠해질 것이다. 실제로 브리검 병원 인근에 위치한 빈민가인 미션힐Mission Hill 지역의 영유아 사망률은 쿠바보다도 높다. 또한 1990년 진행된 유명한 연구에 따르면 뉴욕시의 할렘가에서는 만 5세부터 65세 사이의 남성 사망률이 방글라데시보다 높았다.

소득 수준이 낮다고 반드시 보건 관련 통계가 형편없는 것은 아니지만, 두 지표는 보통 같은 방향으로 움직인다. 거대한 에피 디바이드를 기준으로 보건환경이 열악한 지역에는 보통 피부색이 검거나 갈색인 사람들이 거주한다. 여성 비중도 높다. 그리고 이들 모두의 공통점은 가난이다. 다만 아이티 같은 빈곤국가의 가난이 깨끗한 식수와 음식, 신발, 의약품을 비롯한 모든 생필품이 부족한 절대적 가난Absolute Poverty이라면 뉴욕 일부 지역에서는 상대적 가난Relative Poverty이 관찰된다.

파머와 김용처럼 질병의 분포를 중요시하는 이에게 결핵은 에피 디바이드의 윤곽과 원인, 영향 등을 보여주는 아주 좋은 예였다. 결핵은 전혀 치료를 받지 못하는 경우는 물론이고, 치료를 받는다 해도 제대로 된 치료를 받지 못하면 끔찍하고 치명적인 결과를 낳을 수 있다. 우선 폐를 비롯한 장기가 손상되고 심지어 뼛속에까지 침투할 수 있다. 다행히 지금은 비교적 저렴하면서 효과적인 1차 치료제를 시중에서 어렵지 않게 구할 수 있다. 6~8개월에 걸쳐 꾸준히 복용해야 한다는 번거로움이 있지만 약물치료만 제대로 받아도 완치율이 거의 100%에 달한다. 이러한 치료제 덕에 세계의 부유한 지역에서는 결핵 사망자가 사실상 사라졌다고 봐도 무방하다. 그러나 빈곤에 찌든 지역에서는 미국인이나 서유럽인은 믿기 어려울 정도로 여전히 결핵이 무서운 위력을 발휘하고 있다. 1990년대 말까지만 해도 세계적으로 결핵 사망자는 1년에 약 200만 명에 이르렀다. 에이즈를 제외하면 다른 어떤 전염병보다도 많은 성인의 목숨을 빼앗아간 것이다.

게다가 파머의 설명에 따르면 결핵과 에이즈는 '치명적인 시너지'를 일으킨다. 두 질병에 모두 감염된 경우에는 둘 중 하나가 활성화되면 잠복기에 있던 나머지 균도 덩달아 활성화될 확률이 높다. 특히 가난한 나라에서는 에이즈 환자의 가장 큰 사망 원인이 결핵균으로 인한 합병증이었다. 그럼에도 상대적으로 부유한 지역에서는 결핵이 더 이상 크게 위협적인 질병이 아니기 때문에 제약회사들은 결핵 관련 신약 개발을 사실상 중단한 상태다. 결핵을 진단하는 기술과 장비는 요즘 기준에서 보자면 거의 골동품에 가깝고, 효과적인 백신을 개발하기 위한 노력도 거의 하지 않았다. '최신'이라고 불리는 결핵 치료제도 무려 수십 년 전에 출시된 것이다.

파머는 가난한 사람들에게 우선권을 준다는 점에서 결핵과 해방신학은 닮은 점이 있다고 자조적인 농담을 던지곤 했다. 이 농담에는 무시할 수 없는 진실이 담겨 있다. 사실 세계 인구의 3분의 1에 해당하는 약 20억 명이 결핵균을 보유하고 있다. 그러나 그 결핵균은 대부분 평생 잠복기 상태를 유지하며, 뼈와 폐를 갉아먹는 활성 결핵으로 발전하는 비율은 전체의 약 10%에 불과하다.

하지만 영양 상태가 불량하거나 다른 병, 특히 에이즈로 고통받고 있다면 결핵균이 무섭게 돌변할 확률이 훌쩍 올라간다. 활성 결핵균은 보통 폐에서 시작하여 환자의 장기를 점령한 뒤 바람에 날리는 꽃가루처럼 기침이나 재채기를 통해 다른 사람에게 전염된다. 가난한 농촌의 움막이나 도시 빈민가의 판자촌, 노숙자 쉼터, 교도소를 비롯해 좁은 공간에 많은 인원이 밀집해 있으면 감염자의 기침을 통해 결핵균이 퍼지면서 전염을 일으키거나 잠복기의 균이 활성화될 가능성이 비약적으로 높아진다. 이런 환경에서는 치료를 받더라도 충분히 그리고 지속적으로 의료혜택을 받지 못해 치료약이 듣지 않는 변종 결핵으로 발전되는 경우가 허다하다.

활성 결핵 환자의 폐에는 수억 개의 박테리아가 존재하며, 그중 일부라도 돌연변이를 일으키면 결핵을 치료하는 항생제에 반응하지 않는 형태의 변종이 생성되기 마련이다. 항생제를 한 종류만 복용하는 환자, 여러 종류를 복용하더라도 그 양이나 기간이 충분하지 못한 환자, 불규칙하게 혹은 단기간에만 약을 복용한 환자의 경우, 그 약에 반응하는 결핵균은 퇴치될지 몰라도 약에 내성이 생긴 변종 결핵균은 계속해서 번식한다. 박테리아는 환자의 몸을 희생양 삼아 급속도로 진화하고, 최악의 경우에는 현존하는 가장 강력한 두 종류의 결핵 치료제가 모두 소용없어질 수도 있다. 의료계에서는 이 치명적인 최종 단계의 결핵을 '다제내성 결핵Multidrug-resistant Tuberculosis'이라고 부른다. 다제내성 결핵은 그 자체로 심각한 질병이지만, 치료 자원이 부족한 곳에서는 말 그대로 재앙과 같은 파급효과를 일으킨다.

다제내성 결핵은 부와 빈곤이 혼재하여 가난한 사람도 약간의 치료는 받을 수 있지만 병을 완전히 고칠 수 있을 만큼 충분한 보살핌을 받지 못하는 환경에서 흔하게 발생한다. 다시 말해서, 아이티처럼 국민의 절대 다수가 심한 빈곤에 시달리며 결핵 치료 자체를 받기 어려운 나라에서는 이 질환이 흔치 않다. 그럼에도 1990년대 중반 파머는 캉주에서 다제내성 결핵 환자를 여러 명 진료했다. 그중 첫 환자는 군사정권 시기에 발견했다. 파머는 지금까지도 그 환자가 걸린 병이 다제내성 결핵이라는 사실을 깨달았을 때 엄습했던 두려움을 선명히 기억한다. 그 젊은이는 결국 세상을 떠났다.

파머는 자신을 탓했다. 하지만 다제내성 결핵은 최상의 조건에서도 완치가 굉장히 어려운 병이다. 심지어 군사정권이 지배하던 시절에는 캉주로 최소한의 약조차 들여오기 어려웠다. 첫 환자를 떠나보낸 후 파머는 장미 라장테에서 이 치명적인 질병과 싸우기 위해 필요한 장비를 갖추고 진료 방법을 연구했다. 그리하여 캉주에서 간헐적으로 발생하는 환자 대부분을 치료하는 데 성공했다. 그러나 같은 시기인 1995년, 페루 리마Lima 외곽의 판자촌에서 지내던 그의 소중한 지인이 이 병으로 목숨을 잃는 비극이 발생했다.

잭 신부님을
잃고

의과대학 시절에 파머는 몇 년간 세인트마리 성당의 사제관 처마 밑 방에서 하숙 생활을 했다. 성당이 위치한 록스베리Roxbury는 보스턴에서 가장 궁핍한 동네 중 하나로, 주민 대부분이 아프리카계 미국인이었다. 그 교구의 책임자는 신도들에게 '잭 신부님Father Jack'이라는 친근한 호칭으로 불리는 잭 루신Jack Roussin 신부였다. 천장이 낮고 어두컴컴한 데다 곰팡내까지 풍기는 이 허름한 성당에서는 미사 때마다 흥겨운 가스펠 음악이 흘러나왔고 부흥회가 연상되는 열정적인 설교가 펼쳐졌다. 큰 몸집에 혈색 좋은 잭 신부가 가난과 불평등을 열띤 목소리로 비판할 때마다 신도석에서는 "아멘" 소리가 터져나왔다.

잭 신부는 소심한 주교들 사이에서 이른바 '인물'로 통했다. 동네 불량배들 사이에 싸움이 나면 나서서 중재했고, 마약 거래에 반대하는 촛불 시위를 이끌었으며, 매사추세츠주 의회 의사당 앞에서 사회복지 예산 삭감에 항의하며 피켓 시위를 벌이기도 했다. 그 와중에 시간이 남으면 위층에서 지내는 젊은 의과대학 학생에게 엽기적인 얘기를 해주고 짓궂은 장난을 치곤 했다. 가령, 한번은 파머가 잭 신부에게 수업에서 진행하는 동물실험과 관련된 길고 긴 고민을 털어놨다. 실험에는 주로 개가 이용됐는데 파머는 동물을 자기 손으로 죽이는 상황이 편치 않았다. 이튿날 아침 폴을 깨운 것은 방문을 벅벅 긁는 발톱 소리와 낑낑대는 소리, 길고 구슬프게 우는 개 소리였다. 잭 신부님의 장난이었다. 오필리아도 몇 번 사제관에 묵었다. 원칙대로라면 수녀들이 머무는 구역에서 지내야 했지만 그녀는 밤마다 침대 시트를 헝클어놓은 후 성호를 긋고는 파머의 방으로 향했다. 잭 신부는 두 사람의 애정행각을 못 본 척 눈감아주면서도 가끔은 파머를 놀리기 위해 오필리아 앞에서 그의 옛 여자친구들 이야기를 꺼내곤 했다. PIH가 설립됐을 때 잭 신부는 자문위원 역할을 맡았다.

그는 1990년대 초반 세인트마리 성당을 떠나 리마 외곽의 빈민촌인 카라바이요Carabayllo 지역 성당으로 소속을 옮겼다. 가끔씩 보스턴에 들릴 때면 파머와 오필리아에게 카라바이요의 궁핍한 상황을 설명하면서 그곳에도 PIH의 손길이 필요하다는 당부를 전했다.

잭 신부님의 제안에 적극적으로 나선 것은 김용이었다. 당시 짐은 파머 곁에서 부사령관 역할을 하며 8년째 행복하게 일하고 있었다. 그는 내게 진심으로 행복했다고 거듭 강조했지만 PIH의 다른 구성원들은 그가 부사령관으로서 사실상 '바야꾸Bayakou'의 일을 도맡아 처리했다고 전했다. 바야꾸란 크리올어로 똥 치우는 사람을 뜻한다. 짐은 PIH 사무실에서 각종 전화 업무를 처리했고 장미라장테에 보낼 의약품과 의료기기를 구입했으며 보조금을 타기위해 온갖 종류의 제안서를 작성했다. 그가 없었다면 파머는 아이티행 비행기를 매번 놓쳤을 것이다. 브리검에서 함께 일하던 짐은 공항으로 향하는 파머를 병원 입구까지 에스코트하며 그가 제시간에 차를 탈 수 있도록 시간을 관리했다. "파머, 너 지금 늦었어. 서둘러야 해. 청소부 한 명당 포옹은 한 번, 키스는 두 번까지야." 이제 짐은 더 많은 일을 하고 싶어 했다. 파머가 아이티에서 해낸 일을 그도 해보고 싶어 했다.

파머는 짐의 이런 생각을 반기지 않았다. 하지만 일단 그의 뜻을 받아들인 후에는 그를 돕기 위해 누구보다 적극적으로 나섰다. 일단 톰 화이트를 설득해 리마 프로젝트에 필요한 초기 비용의 절반에 달하는 3만 달러를 확보했고, 매일같이 캉주에서 리마로 전화를 걸어 조언과 격려를 아끼지 않았다.

짐은 리마에 장미 라장테와 비슷한 인프라를 갖춘다는 계획을 세웠다. 캉주와 마찬가지로 카라바이요에 공중보건 시스템을 구축하고, 스페인어로 '보건을 위한 파트너들'을 뜻하는 '소시오스엔 살루드Socios en Salud'라는 이름을 붙일 작정이었다. 그가 머릿속에 그린 보건 개선 사업의 규모는 작았지만 그가 품은 뜻은 결코작지 않았다. 그는 작은 포부에 만족하고 몰두할 수 있는 사람이아니었다. 그는 이번 프로젝트를 완벽히 계획하고 운영해 세계 각지의 도심 주변 빈민가에서 그의 시스템을 모방하도록 하겠다는 꿈을 꾸고 있었다.

이 무렵에 찍은 사진을 보면 단정하게 차려입은 늘씬한 체형의 젊은 짐을 만날 수 있다. 파머보다 조금 작은 키에 잘 다듬은 검은 머리칼을 위로 바짝 세운 그는 작은 눈에 가느다란 은테 안경을 쓰고 있다. 그는 표정이 풍부했고, 웃을 때면 눈이 초승달처럼 가늘어졌다. 말이 빠른 편이었으며 온몸에서 열정이 뿜어져 나왔다. 특히 지금처럼 중요한 일에 몰두할 때는 더욱 그랬다. 그는 잭 신부에게 흥분으로 가득한 편지를 보냈다. "세 권짜리 스페인어 교재를 구입했어요. 가능한 한 빨리 언어를 배우려고 해요. 혹시 페루에 대한 책 중에 추천해주실 만한 도서가 있나요?" 리마에 도착한 뒤로는 하루가 멀다 하고 파머에게 국제전화를 걸었다.

"파머, 지금 잭 신부님이 무슨 짓을 하시는 줄 알아? 사람들에게 일자리를 준다며 우리 프로젝트에 현지인들을 마구잡이로 고용하고 계셔. 그런데 그중에 진짜 일을 할 수 있는 사람은 하나도 없어!"

파머는 침착하게 대답했다. "그분이 하시는 일에 딴지 걸지 마. 거기서는 네가 신참이야. 우선은 맡은 일에 집중해."

그 무렵 카라바이요의 각계 지도자들은 가장 가난한 사람들에게 무상으로 약을 제공하는 약국을 지어달라고 소시오스에 청해왔다. 짐은 그 부탁을 받아들여 잭 신부의 교회 바로 옆에 약국을 세웠다. 당시 페루는 게릴라 단체인 '빛나는 길Shining Path'과 정부가 치열한 공방전을 벌이고 있는 상황이었다. 주민들 사이에는 게릴라 부대원 일부가 카라바이요 판자촌에 머물고 있으며 이 지역에서 뭔가 계획을 꾸민다는 소문이 돌았다.

　그해의 마지막 날 자정, 잭 신부는 새해 전야 미사를 진행하고 있었다. 그때 성당 바로 옆에서 폭발음이 들려왔다. 누군가 약국에서 폭탄을 터뜨린 것이다. 설교할 때면 예배당 문을 활짝 열어놓는 잭 신부의 습관 덕분에 유리로 된 정문 파편이 신도들에게 쏟아지지 않았던 것이 천만다행이었다. 들리는 말에 따르면 게릴라는 소시오스의 약국이 빈민들에게 '임시 진통제'를 뿌려대며 혁명의 열기에 찬물을 끼얹었었기 때문에 없애버렸다고 했다. 파머와 짐은 그 소식을 담담하게 받아들였다. 그들이 임시 진통제를 나눠주고 있다는 말은 엄연한 사실이라고 인정했다. PIH는 불평하지 않고 다른 장소에 약국을 다시 지었다. 이 외에도 프로젝트에는 끊임없이 크고 작은 문제가 발생했고 짐이 모욕을 견뎌야 했던 적도 한두 번이 아니었다. 그럴 때마다 파머는 이렇게 조언했다.

　"카라바이요의 어려운 사람을 돕는 일이 네 자존심을 세우는 것보다 훨씬 중요하다는 걸 잊지 마. 이런 걸 빈민을 위해 똥을 먹는다고 하는 거야."

　이런 충고는 짐의 기운을 북돋아줬다. 중대한 위기가 다가온다는 예감이 들면 짐은 바로 파머에게 전화를 걸었다. 그러면 파머는 공감 가득한 목소리로 대답했다.

　"그래, 캉주에서도 그런 일이 세 번이나 있었어."

　파머는 빈곤 가정을 대상으로 하는 보건 설문조사를 실시할 계획으로 직접 리마로 날아갔다. 오필리아가 10년 전에 아이티에서 그랬던 것처럼 짐을 돕고 싶었던 것이다. 카라바이요에서도 캉주와 유사한 문제가 여럿 발견됐지만 캉주만큼 심각하지는 않아 보였다. 아이티에서 10년을 보낸 파머가 볼 때 카라바이요는 최소한 결핵에 대해서는 별 문제가 없어 보였다. 나중에 알게 된 사실이지만 이 지역에서도 결핵이 맹위를 떨치던 때가 있었다. 체계적이지 못한 정부 당국의 결핵 통제 정책이 너무 오랫동안 지속됐던 것이 문제였다. 하지만 최근에는 UN 산하 세계보건기구의 지원을 받아 전국 규모 캠페인이 실시되고 있었다. 빈곤한 국가에 큰 영향력을 행사하는 기관인 세계보건기구는 페루의 결핵 퇴치 캠페인이 '개발도상국' 중에서 가장 큰 효과를 발휘했다고 발표했다. 공식 자료를 보면 그들의 자신감에는 충분한 근거가 있어 보였다.

"소시오스의 공중보건 프로젝트를 기획할 때 결핵만큼은 신경 쓰지 않아도 되겠어."

그 말을 했던 것을 파머가 후회하게 되리라고는 당시 누구도 예견하지 못했다.

얼마 후 잭 신부님이 앓아누웠다. 그는 1995년 5월 치료를 위해 보스턴에 돌아왔고 그를 브리검 병원으로 데려간 짐은 결핵이라는 진단 결과를 들었다. 의료진은 잭 신부에게 네 가지의 1차 치료제로 구성된 표준 약물치료를 처방했다. 대부분의 지역에서 100%에 가까운 완치율을 자랑하는 처방이었음에도, 잭 신부는 치료를 시작한 지 한 달 만에 숨을 거뒀다. 그에게서 채취한 결핵균 샘플로 매사추세츠 주립연구소에 의뢰한 약물 내성 테스트 결과가 나오기도 전이었다. 그가 세상을 뜬 지 이틀 후 상상도 못 한 무서운 결과가 나왔다. 결과지에는 그가 보유하고 있던 결핵균이 처방전의 네 가지 약물은 물론 추가적으로 시험해본 다른 모든 1차 결핵 치료제에 내성을 보인다는 내용이 실려 있었다.

ⓘ

추도식을 치르러 리마로 향하는 내내 파머는 옆자리에 앉은 오필리아에게 어떻게 하면 신부님을 살릴 수 있었을지 묻고 또 물었다. 장례식이 끝난 후 호텔 방으로 돌아온 그는 영원히 멈추지 않을 것처럼 서럽게 울었다. 저녁을 먹으러 식당에 내려왔을 때 웨이터가 그들 일행에게 흡연 금지석을 원하냐고 묻자, 짐이 대답했다. "오열 금지석은 없나요?" 짐의 농담에 파머는 눈물을 흘리면서도 킥킥 웃었다.

슬픔과 회한은 큰 자극이 됐다. 그러나 진짜 심각한 문제는 잭 신부가 죽음으로 알린 임상 결과였다. 파머는 리마 프로젝트를 바라보는 시각을 완전히 바꿨다. 이전까지만 해도 그는 카라바이요를 PIH의 주요 관리 대상이라기보다 짐이 독자적인 보건 사업을 벌이고 싶다면 해볼 만한 곳 정도로 생각했다. 그러나 이제는 생각보다 훨씬 크고, 심각하고, 복잡한 괴물과 맞닥뜨렸다는 사실이 분명히 와닿았다. 잭 신부는 이전에 결핵에 걸린 병력이 없었고 누군가에게서 다제내성 결핵에 전염됐을 것이다. 이는 카라바이요에 다제내성 결핵을 앓는 환자가 더 있다는 뜻이었다.

잭 신부가 세상을 떠나기 직전, 파머는 공중보건 설문조사를 도우면서 소시오스의 현지인 책임자 하이메 바요나Jaime Bayona에게 리마 북부 지역의 다제내성 결핵 사례를 조사해달라고 요청했었다.

바요나는 공식적으로 발표된 자료를 모두 조사했지만 해당 사례를 확인하지 못했다. 그는 신중을 기하기 위해 다양한 공공 진료소를 직접 찾아다니며 의사와 간호사에게 약물 내성이 강한 결핵 환자를 진료한 적이 있는지 물었다. 그가 만난 의료진은 입을 모아 그런 사례가 없었다고 말했다. 하지만 바요나는 그들이 대답하기 전에 약간 멈칫한다는 느낌을 받았다. 그는 질문의 방향을 약간 바꿔 다시 물었다.

"치료했는데도 완치되지 않은 결핵 환자가 있었나요?"

"그럼요." 한 간호사는 이렇게 대답하며 그에게 카라바이요 출신의 가난한 여성 환자 브리기다 부인을 소개해줬다. 브리기다 부인은 바요나에게 자신의 치료 경과를 알려줬다. 정부가 운영하는 진료소에서 결핵 치료를 받았지만 병이 재발했고, 두 번째 약물치료를 시작했지만 도중에 의료진이 파업을 시작하는 바람에 중단됐다고 했다. 하필이면 알베르토 후지모리Alberto Fujimori 대통령이 사회복지 예산을 대폭 삭감하는 바람에 관련 종사자들이 격렬하게 저항하던 도중에 일어난 일이었다. 얼마 후 담당 의료진은 그녀의 결핵균 샘플을 채취해 시험했고 이미 네 가지 1차 약물에 내성이 있다는 사실을 확인했다. 하지만 무슨 이유에선지 그들은 그녀에게 이미 복용했던 약물을 다시 처방했다. 브리기다 여사는 다시 통증을 호소했고, 기침에 피가 섞여 나오기 시작했다. 의료진은 그녀의 증세가 악화된 원인이 처방에 '불복종'했기 때문이라고 주장했다. 그 와중에 그녀에게서 다제내성 결핵이 전염된 것으로 추정되는 아들이 세상을 떠났다.

이 이야기를 들은 바요나는 파머에게 연락해 사정을 전했고, 마침 미국행 비행기를 타러 공항으로 향하던 파머는 환자를 위해 치료제를 구해다 주겠다고 약속했다. 그는 비행기 창밖으로 멀어져가는 리마를 바라보며 브리기다 부인의 케이스를 곰곰이 생각했다. 만약 도시 외곽의 판자촌에 다제내성 결핵 환자가 존재한다면 인구가 밀집된 도심까지 균이 퍼지는 것은 시간문제라는 생각이 들었다.

"페루 정부가 당장 손을 써야 할 것 같은데."

그러나 바요나는 정부가 정반대 방향으로 나아가려 한다는 인상을 받았다. 페루 출신인 그는 잭 신부와 절친한 사이인 사제 밑에서 어린 시절을 보냈고, 성인이 된 후에는 대학에서 공중보건학을 전공했다. 짐은 그에게 현지에서 소시오스를 이끄는 중책을 맡겼다. 작은 체구에 조용한 성품을 지닌 그가 첫눈에 마음에 들었던 것이다. 겸손한 미소가 매력적인 바요나는 늘 깔끔한 차림이었고 미끄러지는 안경을 손가락으로 밀어 올리는 습관이 있었다. 잭 신부가 세상을 떠난 후 바요나는 정부가 운영하는 진료소에 전보다 더 자주 방문하기 시작했다. 그는 의료진에게 질문을 쏟아부었다. 하지만 상대는 기껏해야 의료 기록을 한 무더기 가져와서 훑어보며 이렇게 대답할 뿐이었다.

"선생님이 관심을 가지실 만한 기록이 몇 개 있긴 하네요. 하지만 저희 방침상 보여드릴 수는 없습니다."

그럴 때마다 바요나는 사람 좋게 대답했다. "그렇군요. 충분히 이해합니다." 그러고는 안경을 밀어 올리는 척하며 곁눈질로 펼쳐진

기록을 훔쳐봤다. 얼마 안 가 그는 거꾸로 뒤집힌 글자를 읽는 데 익숙해졌다. 의료진이 숨기려 한 기록에는 표준 약물치료는 물론 1차 치료제로 반복 치료를 했음에도 완치되지 않은 사례가 되풀이됐다. 진료소를 나선 바요나는 급히 차를 몰아 잭 신부의 성당 한편에 자리 잡은 카라바이요의 소시오스 사무실(지금은 '잭 루신 센터'라고 불린다)로 향했다. 허둥지둥 컴퓨터를 켠 그는 방금 훔쳐본 내용을 최대한 빨리 기록했다. 그리고 그 내용을 파머와 짐에게만 이메일로 전송했다.

죽음을
처방하다

내가 파마와 함께 처음 카라바이요에 당도했을 때는 밤이었다. 소시오스 사무실로 향하는 우리를 태운 차량은 공항에서 4차선 도로를 타고 과거 스페인 식민지의 중심부와 고층 빌딩이 밀집한 도심을 거쳐 외곽으로 빠져나갔다. 리마 북쪽 변두리에 자리한 판자촌으로 들어설 때까지도 상당히 부드럽고 편안한 길이 이어졌다. 도로 중앙선을 따라 늘어선 야자수 잎사귀가 바람에 바스락거렸고, 차창 밖으로 일본식 제등처럼 반짝이는 불빛들이 경사진 땅에 점점이 흩어져 있었다. 나는 "리마는 제3세계 도시처럼 보이지 않는군요"라고 중얼거렸다.

"아뇨, 그렇지 않습니다. 이제 곧 알게 되실 거예요." 파머가 대답했다.

리마는 해안에 자리 잡은 넓고 건조한 도시다. 아침 해가 떠오르자 북쪽 외곽으로 끝없이 펼쳐진 슬럼가가 눈에 들어왔다. 대중

교통 역할을 하는 오토바이와 미니버스 등으로 북적대는 길은 숨이 막혔다. 갓길에는 고장 난 채 버려진 차량과 온갖 쓰레기가 너저분하게 널려 있고 불이 붙어 있는 것도 있었다. 도로 양쪽으로는 완공되기도 전에 무너진 것처럼 보이는 상가 건물이 보기 흉하게 늘어서 있었다. 시멘트가 훤히 드러난 벽에는 술집과 나이트클럽, 미용실 따위의 간판이 무질서하게 달려 있었는데 특이하게도 병원 문 앞에 진료비 가격표가 붙어 있었다.

소시오스 사무실 앞, 나는 먼지와 배기가스가 매캐하게 뒤덮인 리마의 음울한 공기 속에서 바다의 물안개를 뚫고 내리쬐는 햇빛을 받으며 카라바이요 언덕을 올려다봤다. 그제야 어젯밤 차를 타고 스쳐 가며 봤던 아름다운 불빛이 한두 칸짜리 판잣집들 위로 높다랗게 솟은 철탑에 달린 전등이었다는 걸 알게 됐다. 이곳의 누추한 판잣집들은 칙칙한 잿빛이 섞인 갈색 언덕의 가파른 비탈에 위태롭게 서 있었다. 모래와 자갈로 이뤄진 것 같은 언덕에는 이 판잣집과 곁에 딸린 작은 텃밭 그리고 기형적으로 기다란 가로등을 빼면 그 위에서 아무것도 자라지 않을 것처럼 보였다.

카라바이요의 주민 대부분은 안데스산맥 출신으로 새까만 머리칼과 도드라진 광대뼈가 특징이었다. 현지인도 달 표면 같다고 묘사하는 척박한 언덕을 사람이 오르는 모습을 처음 봤을 때는 중남미의 빈곤에 매우 익숙한 파머조차도 본능적인 답답함을 느꼈다. 이곳 주민들이 떠나왔을 고향을 상상하니 잉카제국에 관한 이야기책에 실려 있던 아름다운 삽화가 떠올랐다. 고압선이 흐르는 철탑을 바라보며 파머는 그들이 고향의 푸르른 산맥을 포기하고 이 황량한 곳에 정착한 이유를 생각했다. 그와 대화를 나눈 이들은 대부분 익숙한 사연을 털어놨다. 포르토프랭스의 빈민촌으로 이주한 농민들과 다를 바 없는 이야기였다. 그들은 고향에서 누릴 수 없는 것을 찾아서 카라바이요로 흘러왔다. 거기에는 전기와 깨끗한 식수, 학교, 일자리, 의료 서비스 등이 포함돼 있었다. '빛나는 길' 반군과 페루 정부군의 갈등이 빚어내는 폭력으로부터 도망치고자 하는 마음도 간절했다.

마을 초입에 해당하는 저지대의 도로 주변에는 각종 상점과 창고, 물건을 파는 수레, 지붕 대신 우산을 덮은 좌판이 보였고, 골목이나 낮은 비탈길에는 벽돌과 콘크리트로 만든 작은 집이 밀집해 있었다. 언덕 중간까지는 가로등과 포장도로가 이어졌지만 올라갈수록 도로가 점점 좁다란 흙길로 변했고, 그에 따라 주변의 집도 점점 허술해졌다. 그런 집들 사이에 바닥이 흙으로 된 구멍가게와 철제 지붕이 달린 허름한 식당(이곳 주민들은 가스레인지는 물론 연료를 살 돈도 없어서 이런 공동 식당에서 식사를 해결해야 했다), 이발소가 흩어져 있었다. 심지어 주거지역인데도 드문드문 묘지가 보였다. 그리고 오줌 냄새가 점점 강하게 코를 찔렀다. 마을 위쪽에는 하수시설이 없었고 이곳 주민들은 맨 끄트머리에 자리 잡은 집들 너머 흩어진 바위 뒤에 몸을 숨기고 대소변을 처리했다.

나는 조금 더 북쪽으로 시선을 돌렸다. 저 멀리 초록빛 강줄기가 희미하게 보였지만 풍경은 대체로 흙과 바위로 뒤덮여 있었다. 우리가 서 있는 곳에서 그리 멀지 않은 공터에서 아이 몇이 공놀이를 하고 있었다. 한 명이 공을 놓쳤다. 그 공이 비탈길을 굴러

내려가 사라지는 모습을 보면서 나는 중력과 하수시설, 질병에 대해 생각했다.

하이메 바요나가 이 언덕과 인근 저지대의 마을에서 다제내성 결핵으로 보이는 환자 열 명을 찾아내기까지는 그리 오랜 시간이 걸리지 않았다. 정확한 결과를 알아내려면 각 환자의 결핵균 샘플을 배양한 뒤 약물 반응을 확인해야 했다. 이 검사법은 100년도 전에 개발됐지만 역설적이게도 결핵이 가장 만연한 세계 곳곳에서는 아직도 장비 부족으로 검사를 하지 못했다. 페루 국립연구소에는 필요한 시설이 갖춰져 있었지만 소시오스 측에서 접근할 방법이 없었다.

다행히 파머는 오래전 아이티에서 똑같은 문제를 겪었었고 그때와 같은 해결책을 동원하기로 했다. 그는 환자 열 명으로부터 채취한 샘플을 가방에 넣어 미국으로 향했다. 보스턴 외곽에 위치한 매사추세츠 주립연구소에 검사를 의뢰하기로 마음먹은 것이다. 그는 각 시험관에 '폴 파머, 결핵통제위원회 위원'이라는 이름표를 붙였다(실제로 파머는 결핵통제위원회에서 활동하고 있었다). 그는 정확한 진단을 위해 이런 식으로 국경을 넘어 검사를 의뢰하는 것을 즐겼다. 미미하나마 이것이 일종의 재분배 활동이라는 생각에 뿌듯했던 것이다. 하지만 이번 검사 결과는 전혀 마음에 들지 않았다.

다제내성 결핵은 기본적으로 결핵균이 내성을 가진 약물 종류가 많아질수록 치료비가 올라간다. 그는 열 개의 샘플 모두가 가장 강력한 결핵 치료제 두 종류에 내성을 보이고, 다섯 가지 항생제에도 내성이 있다는 사실을 확인했다. 잭 신부의 패턴과 정확히 일치했다. 파머의 경험상 약물에 이렇게까지 강한 저항력을 보이는 균은 흔치 않았다. 하지만 카라바이요에서 검출한 결핵균은 마치 이것이 표준이라는 듯 일관적인 패턴을 보였다. 그는 그 이유가 몹시 궁금했다.

파머는 아이티에서 리마로 날아갔다. 공항에 마중 나간 바요나는 카라바이요 언덕 기슭에 있는 작은 진료소로 그를 안내했다. 그곳은 정부가 운영하는 시설로 과거 잭 신부가 관리하던 크리트토 루즈 델 문도 성당 바로 옆에 있었다. 진료소 외벽에는 '엘 프로그레소EL PROGRESO'라고 쓰인 간판이 붙어 있었다. 먼지투성이의 작은 콘크리트 건물로 들어가니 한쪽 귀퉁이에 의약품이 보관된 진열장이 보였는데 미국 일반 가정집에 갖춰져 있는 응급 의약품보다도 빈약했다. 진료실 앞에서 환자 열 명이 파머를 기다리고 있었다.

파머는 청진기를 목에 걸고 나무 의자에 앉았다. 아직 스페인어를 하지 못하는 파머를 위해 바요나가 옆에서 통역을 해줄 예정이었다. 이윽고 열 명의 환자가 차례로 들어와서 파머 앞에 놓인 의자에 앉았다. 몇 명은 상태가 너무 나빠서 보호자의 부축을 받아야 걸을 수 있을 정도였다. 파머는 그들의 흉부 엑스레이 사진을 보며 균으로 가득한 포낭의 테두리와 새털구름 같은 흰 줄무늬 모양의 침윤 흔적, 결핵균이 폐의 윗부분을 갉아먹으면서 생긴 구멍을 관찰했다. 다음으로는 청진기를 환자의 가슴에 대고 폐에서 나는 소리에 귀를 기울이며 '수포음Rales'이라고 부르는 뽀글거리는 거품 소리와 '건성수포음Rhonchi'이라고 불리는 긴 씨근거림을 확인했다. 수포음은 액체가 들어올 때 폐포가 열리는 소리고 건성수포음은 환자가 들이마신 공기가 비좁아진 기도를 통과하면서 나는 마찰음이었다.

결핵은 파머의 전문 분야였다. 브리검 병원 레지던트 시절에 이미 직접 만든 결핵 치료 매뉴얼을 병원에 배포했을 정도다. 그는 아이티에 처음 발을 들인 순간부터 결핵을 수없이 진단하고 치료해왔다. 아이티에서는 사실상 거의 모든 인구가 결핵균 보균자이며 활성 결핵 환자도 수없이 많았다. 하지만 리마에서 만난 환자의 기록을 검토하던 그는 아이티의 일반적인 결핵 패턴과 전혀 다른 특징을 발견했다.

캉주에서 만난 다제내성 결핵 환자는 대개 치료 중에 파업이나 홍수, 혹은 병원의 갑작스러운 폐업 때문에 부득이하게 치료를 중단한 적이 있었다. 다시 말해, 치료제를 정량보다 적게 투여하는 바람에 결핵균이 내성을 갖게 된 케이스였다. 하지만 카라바이요의 환자들은 상황이 전혀 달랐다. 그들은 국가 차원에서 실시하는 결핵 프로그램의 후원을 받아 매일 무상으로 치료제를 투여했다. 세계보건기구가 '직접적인 관찰 및 통제가 수반되는 단기적 약물요법Directly Observed Treatment Short-course Therapy'의 머릿글자를 따서 DOTS라고 명명한 이 프로그램은 저렴하면서도 매우 효과적이라는 평가를 받았다. 장미 라장테에서도 몇 년째 같은 방식을 적용하고 있었다. 파머는 DOTS가 항생제의 개발 이후에 세계 결핵 통제에 가장 큰 영향을 미친 업적이라고 평가했으며, 세계보건기구가 DOTS를 전 세계에 보급하겠다고 발표했을 때는 쌍수를 들고 환영했다. 하지만 카라바이요에서 만난 이 열 명의 환자들은 이 프로그램에 뭔가 심각한 문제가 있음을 암시했다.

차트에 따르면 그들은 1차로 DOTS 치료를 받은 후에도 병이 완치되지 않았다. 프로그램 매뉴얼은 이럴 때는 1차 치료에서 사용했던 약물을 투여하여 재치료하라고 권했다. 이 매뉴얼은 아프리카에서 진행된 임상실험에 근거를 두고 있었다. 아프리카에서는 결핵 치료에 실패한 상당수 환자가 처음부터 내성이 강한 변종 결핵균에 감염된 것이 아니라 약물 복용 지침을 잘 따르지 않아 병을 키운 케이스였다. 따라서 표준 치료법이 효과를 보지 못했을 때는 약물치료의 강도를 약간 높이고 환자가 반드시 약을 지시한 대로 먹도록 함으로써 다시 한번 치료하는 것이 합리적이었다.

하지만 이 연구가 진행된 것은 벌써 20년도 더 전이었고 페루는 아프리카와 상황이 달랐다. 우선 페루는 DOTS가 도입되기 전에 개별적인 결핵 통제 캠페인을 진행했는데 그 혼란기에 중구난방으로 여러 가지 치료제를 썼다. 그 와중에 이 허름한 진료소의 의료진은 최선을 다해 제 몫을 다했다. 차트는 거짓말을 하지 않는다. 각 환자의 의료기록을 보면 간호사와 간호 보조원들이 직접 지켜보는 가운데 정량의 약을 제때 먹도록 했다는 사실을 알 수 있었다.

파머는 바요나의 도움을 받아 환자들에게 약을 먹을 때마다 복용 시간과 복용량을 정확히 지켰냐고 물어봤다. 그들이 "네"라고 대답할 때는 환자의 눈을 똑바로 바라봤다. 오랜 의사 생활을 통해 그는 환자가 거짓말을 할 때 보이는 특유의 반응을 눈치챌 수 있었다. 그런데 눈앞의 환자들은 모두 진실을 말하는 것 같았다. 파머는 그들의 순수함을 믿었다. 게다가 환자 중 세 명은 보건의료계 종사자였다. 그들은 언제 어떤 약을 먹어야 하는지 알고 있었고, 담당 의사의 지시에 따라 정확히 복용했다고 확신에 찬 목소리로 대답했다.

파머가 차트를 훑어보는 동안 바요나가 어깨 너머로 그 내용을 번역해줬다. 열 명의 환자는 모두 오랫동안 투병을 해왔다. 1차 DOTS 치료를 받고도 병이 낫지 않아 재치료를 받았고, 재치료 횟수가 3회를 넘어가는 케이스도 꽤 있었다. 그 과정에서 그들의 결핵균은 4~5종의 약물에 내성을 갖게 됐다. 파머는 머릿속으로 문제의 원인이 무엇일지 가설을 쭉 떠올려봤다. 일단 환자들이 복용량을 지키지 않았을 가능성은 배제했다. 국제 전문가들이 인증한 약품인 만큼 치료제의 성능에 문제가 있을 것 같지도 않았다. 각 환자의 결핵균이 서로 다른 약물에 내성을 보이는 것으로 보아 그들이 처음부터 동일한 종류의 변종 결핵에 감염됐다고 생각하기도 어려웠다.

그렇다면 이제 남은 가능성은 하나였다. 파머의 마음속에 조금씩 자라나고 있던 의혹이 이제는 피할 수 없는 진실로 다가왔다.

결핵균의 특성상 환자가 한 번의 치료로 여러 종류의 약물에 내성을 갖게 될 확률은 희박했다. 하지만 부적절한 치료가 반복되면 점점 내성이 강한 돌연변이가 생겨나고, 최악의 경우에는 현존하는 모든 약물로도 치료 불가능한 상태로까지 악화될 수 있다. 바로 이 일이 카라바이요의 환자들에게 일어났다고 파머는 추측했다. 처음에는 그들도 한두 종류의 약물에만 내성이 있었을 것이다. 하지만 병원에서 표준화된 DOTS 치료를 받고 재치료를 거듭하는 사이 네다섯 가지 약물에 내성을 가진 변종 결핵균이 배양되고 만 것이다. 이는 파머가 최초로 떠올린 발상이 아니라 기초적인 생물학적 지식만 있다면 누구나 이해할 수 있는 내성의 원리였다.

어쨌든 그는 진료소 의자에 앉아 잠시나마 조각난 퍼즐이 하나로 맞춰지면서 선명한 그림이 드러나는 쾌감을 느꼈다. 그는 복잡한 질병의 원인을 밝혀내는 순간을 사랑했다. 현미경용 슬라이드에 똑 떨어뜨린 배양액과 그 속에서 꿈틀대는 환상적인 생명체의 이미지는 언제나 그를 흥분시켰다. 하지만 이번 '유레카'는 뒷맛이 좋지 않았다. 훗날 그는 내게 말했다. "그렇게 끔찍한 사실을 발견해놓고 마냥 승리감에 도취된다는 건 상상할 수 없어요."

치료약에 대한 내성이 발견됐을 때 대처할 방법이 전혀 없는 것은 아니었다. 표준 치료법으로 균이 박멸되지 않는다면 의사는 환자가 현재 투여 중인 약물 중 최소 일부에 내성을 지녔으리라 의심하고 문제가 되는 약물을 확인한 뒤 가능한 한 빨리 다른 치료제로 대체해야 한다. 내성이 생긴 약물을 계속 투여하면 효과가 없을뿐더러 자칫 전염병학 전문가들이 '추가 내성 점증Recruitment of further Resistance'이라고 부르는 위험한 결과를 초래할 수 있다. 파머가 이 환자들의 진료기록에서 발견한 것이 바로 이 '추가 내성 점증'이었다. 파머는 '점증'이라는 단어가 이 사태의 심각성을 충분히 반영하지 못한다며 대신 '증폭Amplification'이라는 단어를 사용하곤 했다.

열 명의 환자가 몸이 아파서 의사를 찾았는데 2년 사이에 병세만 악화됐다. 그들이 받은 처방은 결핵균이 폐를 갉아먹으며 점점 많은 약물에 내성을 갖도록 유도했다. 그 원인은 더 비극적이었다. 그들은 처방을 따르지 않아서가 아니라 너무 잘 따른 나머지 이런 상황에 이르렀다. 의사가 환자에게 이토록 해로운 지시를 내린 것은 그들이 어리석거나 부주의해서가 아니었다. 이러한 지시사항은 국가의 공식 정책이라는 이름으로 행해졌고 따라서 의사 개인이 임의로 거역할 수 없는 것이었다. 이 사달을 낸 건 페루의 결핵 프로그램을 만든 보건당국의 정책 수립자들 그리고 그보다 더 위에 있는 세계보건기구의 책임자들이었다.

퍼즐이 맞춰질수록 파머는 점점 더 괴로워졌다. 이 환자의 몸에 강력한 변종균을 배양한 후 정부 프로그램은 사실상 그들의 치료를 포기해버렸다. 민간 호흡기내과 전문의를 찾아갈 수도 있지만 그들로서는 값비싼 2차 치료제 비용을 지불할 수 없었다. 파머와 김용, 바요나는 어떻게든 가족을 살리기 위해 얼마 없는 재산을 거의 모두 처분해 약값을 마련한 보호자들도 만나봤다. 하지만 완치될 정도로 충분한 약은 살 수 없었고 그들의 노력은 환자를 갉아먹는 결핵균의 저항력만 키우는 안타까운 부작용을 초래했다. 결국 환자들은 모든 희망을 뒤로한 채 흙먼지로 뒤덮인 판자촌으로 돌아가 죽을 날만 기다렸다.

사실상 세계보건기구는 이런 환자들에게 죽음을 처방한 셈이었다. DOTS의 공식 매뉴얼에는 "자원이 부족한 환경에서는 결핵의 종류별로 비용 대비 치료 효과를 고려하여 우선순위를 매기고 이에 따라 합리적으로 자원을 활용해야 한다"고 명시돼 있었다. 파머와 김용은 이와 비슷한 세계보건기구의 공식 자료를 찾아 모으기 시작했다. 어떤 문건은 좀 더 직설적이었다. "개발도상국의 다제내성 결핵 감염자는 일반적으로 사망한다. 재원이 부족한 나라에서는 효과적인 치료가 보통 불가능하기 때문이다."

파머와 김용, 바요나는 이러한 주장 뒤에 더 큰 전제가 깔려 있다는 사실을 알고 있었다. 다제내성 결핵은 1980년 후반에 이미 한 차례 뉴욕을 휩쓸고 지나갔다. 당시 이 전염병은 주로 교도소와 노숙자 쉼터, 공공 의료시설에서 기승을 부렸다. 이 문제를 해결하기 위해 미국의 각 기관에서 투자한 예산을 모두 합치면 약 10억 달러에 달했다. 하지만 페루는 미국이 아니었다. 세계적인 결핵 전문가들은 매년 미국 은행과 각종 국제 대출기관에 10억 달러 이상의 채무를 상환하느라 허덕이는 후진국 페루에서 다재내성 결핵을 치료하는 것은 무리라고 선고했다.

도발적인
문제 제기

페루 정부가 세계보건기구의 DOTS 표준 매뉴얼에 근거한 결핵 통제 프로그램을 처음 전국적으로 도입한 시기는 파머의 발견으로부터 불과 4년 전인 1991년이었다. 그러나 그로부터 수십 년 전부터 예산도 인력도 뒷받침되지 않은 치료 프로그램을 무질서하게 시행해왔다. 파머는 그간 각종 치료제에 내성을 지닌 돌연변이가 사방에서 생겨났고, 이미 상당히 널리 확산됐을 것으로 짐작했다. 바요나는 거꾸로 뒤집힌 진료기록을 곁눈질로 읽으며 다제내성 결핵 의심 사례를 수십 건이나 찾아냈다. 리마의 판자촌에 총 몇 명의 다제내성 결핵 환자가 있는지 정확히 알 수는 없었지만 짐과 파머는 그 수가 결코 적지 않으리라 확신했다. 이처럼 막강한 결핵균을 보유한 환자가 많다는 데 생각이 미치자, 두 사람은 사태의 심각성에 압도되는 기분을 느꼈다.

아이티에서 처음 다제내성 결핵 환자를 발견했을 때 파머는 마이클 아이즈먼Michael Iseman에게 조언을 구했다. 아이즈먼은 세계에서 가장 권위 있는 대제내성 결핵 전문의였다. 그는 미국 콜로라도주 덴버에 있는 내셔널 주이시National Jewish 센터에서 일하고 있었는데 이곳은 이 병에 관한 한 세계 최고의 명성을 자랑했다. 그럼에도 1993년 그가 이끄는 의료팀이 밝힌 다제내성 결핵의 완치율은 약 60%였고 이에 소요된 치료비도 상당했다. 증상이 특히 까다로웠던 한 환자의 경우에는 최종 치료비가 25만 달러나 됐다. 이처럼 여러 약제에 내성을 지닌 결핵은 기본적으로 세계 어느 곳에서도 고치기 어려웠다. 더구나 덴버처럼 훌륭한 의료시설이 갖춰져 있지 않은 카라바이요에는 (물가가 낮은 만큼 치료비가 조금 저렴하다는 유일한 장점을 빼면) 더욱 높은 장벽이 존재했다.

이른바 '2차 치료제'고 100% 수입해야 하는데 가격이 매우 비쌀 뿐 아니라 돈과 상관없이 구하기 힘든 약도 있었다. 게다가 2차 치료제는 기본적으로 약효가 떨어지고 불쾌한 부작용이 뒤따라서 환자가 2년에 걸친 약물치료를 끝까지 견디기도 쉽지 않았다. 심각한 복통으로 수 개월간 근육 주사를 맞아야 하는 정도라면 그나마 괜찮은 편이었다. 심한 경우에는 갑상선기능저하증이나 정신질환 같은 추가 질병이 발생할 수 있었고, 치료 도중에 사망에 이를 수도 있었다. 여기에 더해, 대다수가 극빈층인 카라바이요의 환자에게는 충분한 치료약과 세심한 관리는 물론이고 정신적 격려와 식량 그리고 새로운 지붕과 수도관 등의 비의학적인 지원까지 필요했다.

파머와 짐, 오필리아는 서로 떨어져 있을 때면 보스턴에서, 비행기

안에서, 이메일로 이 거대한 문제에 뛰어드는 것이 과연 현명한 일인지를 두고 몇 번이고 토론했다. 하지만 '포기'라는 단어를 떠올리는 사람은 없었다. 짐은 결핵 통제보다 더 넓은 관점에서 이 문제에 접근해야 한다고 봤다.

"듣기 좋은 이야기는 아니지만, 결핵의 가장 무서운 점은 공기 감염을 통해 전파된다는 거야."

그때까지만 해도 사람들은 주로 가난한 이들이 결핵에 걸린다고 생각했다. 하지만 짐은 환자가 숨 쉬는 공기를 통해 누구에게나 전염될 수 있는 결핵의 특성을 잘 알고 있었다. 그는 에이즈가 만연한 이 시대에는 결핵이 모두에게 치명적인 위협을 가할 수 있으며, 현존하는 모든 항생제에 내성을 지닌 박테리아인 '슈퍼버그 Superbugs'가 빈곤한 지역에서 부유한 지역으로, 노숙자 보호소에서 맨해튼 부촌으로 얼마든지 퍼져 나갈 수 있다는 사실을 알려야 한다고 주장했다. "다제내성 결핵이 모두의 적이라는 사실을 알려야 해. 전 세계 사람들에게 겁을 줘야 한다고. 제대로 해낸다면 이 프로젝트를 통해서 우리는 글로벌한 영향력을 미칠 수도 있어."

"알았어. 하지만 일단 우리가 아는 환자 열 명부터 치료해보자." 파머가 대답했다.

⸎

파머와 짐은 1996년 8월 말부터 환자들을 치료하기 시작했다. 장미 라장테의 결핵 치료 절차를 토대로 하되 카라바이요 지역과 다제내성 결핵이라는 특수성에 적합하게 정비한 새로운 형태의 프로그램이었다. 현지인 청년들을 중심으로 공중보건 요원 팀을 결성하고 바요나에게 총지휘를 맡겼다. 또한 보스턴에서 몇 명의 의료진을 초청해왔다. 하버드 공중보건대학원에서 수련 중인 전염병 전문의 메쉬 베세라와 의과대학에서 파머와 짐에게 지도를 받은 두 명의 여학생이 기꺼이 힘을 보태기로 했다. 특히 학생들은 잭 루신 센터 2층 방에서 먹고 자며 카라바이요에서 거의 살다시피 했다. 이 의대생들은 환자들의 상태를 점검하고 부작용에 대처하는 일을 맡았는데, 아직 진짜 의사라기보다는 스승을 보조하는 제자로서의 역할에 충실했다.

파머와 두 제자, 바요나, 현지인 의사와 간호사를 비롯한 소시오스의 의료진은 매일같이 이메일로 정보를 교환했다. 파머는 매번 아주 구체적인 지시사항을 남겼고, 가장 내성이 강한 환자를 기준으로 삼아 모든 환자의 병세를 호전시킬 수 있는 약물 조합을 개발하여 처방했다.

초반에는 짐도 치료에 참여했으나 곧 의료진 교육과 관리, 기금 마련에 전념했다. 해결해야 할 문제가 한두 개가 아니었다. 가령 그들이 채용한 현지 의료진은 다제내성 결핵 환자의 집을 직접 방문해야 한다고 하자, 즉각 보수를 올려달라며 소란을 피웠다. 짐과 바요나는 PIH식으로 이 사태를 진압했다. 주동자가 대학 장학금을 받을 수 있도록 주선해 멕시코로 보내버린 것이다. 하지만 가장 심각하고 해결하기 어려웠던 건 역시 정치적인 문제였다.

페루 당국은 정부가 주도한 결핵 통제 프로그램에 결함이 있다는 이야기를 듣고 싶어 하지 않았고, 명문 하버드 출신 의사들 입에서 나왔다고 해서 그 소식을 달가워할 리 없었다. 일부 관료는 대놓고 적대적인 태도를 보였다. 한 현지인 내과의사는 파머와 짐을 '메디코스 아벤투레로스Médicos aventureros', 즉 '모험을 즐기는 의사들'이라고 부르며 비꼬았다. 페루인인 바요나에게 파머의 험담을 하는 사람도 있었다. "그 작자는 외지인이잖아. 외지인이 결핵에 대해 뭘 알아? 미국에는 이 병이 있지도 않잖아."

"파머 선생님이 외지인처럼 생긴 건 맞아. 하지만 그분은 가짜 외지인이야." 바요나가 부드럽게 대답했다.

사실 파머와 짐에게는 페루에서 의사로서 일할 수 있는 면허가 없었다. 초기에는 정부의 결핵 프로그램 책임자가 그들을 쫓아내겠다고 직접 위협했다. 두 사람이 책임자와 친분이 있는 수녀를 찾아가 중재해달라고 사정하지 않았다면 실제로 쫓겨났을지도 모른다. 겨우 진료 활동을 계속할 수 있게 된 뒤에도 일은 쉽게 풀리지 않았다. 그들은 다제내성 결핵으로 확인된 환자를 치료할 때마다 일일이 공식 허가를 받아야 했고, 정부가 제정한 프로그램 규범을 엄격히 준수해야 했다. 다시 말해서, 환자들은 DOTS 절차에 따라 최소 두 차례 이상 치료를 받은 뒤에야 '치료 실패 환자'로 분류됐고, 비로소 소시오스의 치료를 받을 수 있었다.

이러한 규정을 지키기란 보통 힘든 일이 아니었다. 의과대학 학생 중 한 명인 소냐 신Sonya Shin은 카라바이요에서 다제내성 결핵 환자로 추정되는 데이비드 카르바할이라는 젊은 남성을 발견했고 파머와 함께 당국에 사정했지만 끝내 치료 허가를 받지 못했다. 소냐는 결국 자신의 환자가 죽어가는 모습을 지켜봐야 했다.

며칠 후, 그녀는 데이비드의 여동생을 도와 그의 꺼칠한 수염을 면도하고 시신에 수의를 입혔다. 희생자의 부모가 오히려 소냐를 위로했다.

"이건 시스템의 문제예요. 당국은 더 큰 문제점을 인정하게 될까 봐 두려워서 다른 방식의 치료법을 금지하고 있는 거예요. 절대로 소시오스 선생님들의 잘못이 아닙니다."

그들은 화가 나서 길길이 날뛰는 파머보다도 사태를 냉정하게 파악하고 있었다. 파머는 당국에 분노로 가득한 편지를 썼지만 달라지는 것은 없었다. 그들은 소시오스의 반응을 두고 외지인 의사의 주제넘은 참견이라며 선을 그었다.

그사이 바요나는 결핵 담당 관리자들과 합리적인 대화를 나눠보려 애썼다. 적어도 DOTS 1차 치료에 실패한 환자를 조금 더 일찍 소시오스에 보내달라고 요청했다. 소시오스가 모든 비용을 대겠다고도 했다. 그러나 관리들은 선례를 남겨서는 안 된다며 난색을 표했다. 그 말에 동의할 수는 없었지만, 바요나는 그들이 왜 그러는지는 알 것 같았다.

페루 정부가 카라바이요를 비롯한 빈민촌 주민과 그 지역에서 활동하는 성직자들의 거센 항의와 시위에 못 이겨 전국적으로 체계적인 결핵 통제 프로그램을 도입한 것이 1991년이었다. 현 프로그램의 시행을 주관하는 관리 중에는 당시 시위에 참여했던 사람도 있었다. 그들은 정부가 긴축재정이라는 핑계를 접고 DOTS 도입을 위한 예산을 마련하도록 압박했으며, 이렇게 얻어낸 돈을 애초의 목적에 맞게 잘 사용했다. 수십 년에 걸쳐 중구난방으로 실시되던 기존 결핵 캠페인을 체계적인 DOTS 프로그램으로 대체한 것이다. 그런데 DOTS 자체에서 결함이 발견된다면 그동안 어렵게 얻어낸 성과가 한순간에 무너질 위험이 있었다. 게다가 소시오스가 카라바이요에 맞는 새 치료 절차를 개발한다면 그 기준에 맞춰 전국에서 시행되는 프로그램을 재정비해야 할 텐데, 당국에는 그 비용을 충당할 예산이 없었다. 결국 새로운 프로그램을 시행하면 DOTS 운영 예산을 가져다 쓸 수밖에 없는 상황이고, 현행 프로그램 담당자들은 이 선택이 자칫 열악한 과거 상황으로 모든 것을 되돌리지는 않을지 염려하고 있었다.

여기에 더해, 현지인들은 파머나 짐만큼 자유롭지 못했다. 가령 두 사람처럼 후지모리 대통령이 전투기 구입에 쏟아붓는 돈을 조금만 줄여도 모든 종류의 결핵을 치료할 수 있다는 식의 직설적인 비판을 할 수 없었다. 그랬다가는 역효과만 낼 것이 뻔했기 때문이다. 게다가 DOTS 프로그램의 표준 절차는 페루인이 만든 것이 아니었다. 데이비드 카르바할이 안타깝게 세상을 떠난 직후인 1997년 1월, 바요나는 파머에게 말했다.

"이 상황을 진짜 해결하고 싶다면 페루 당국의 담당자들 따위는 잊어버리세요. 그보다 더 높은 사람들을 찾아가야 합니다."

∮

파머는 그의 의견에 동의했고, 이 이슈를 부각시킬 수 있는 적절한 타이밍을 떠올렸다.

그는 2월 말에 국제 결핵 및 폐질환 퇴치 연맹International Union

Against Tubercular and Lung Disease이라는 저명한 단체가 시카고에서 진행하는 북미 연례회의에 초청되어 연설을 할 예정이었다. 세계보건기구의 결핵 분야 담당자들은 물론 각 정부의 의료당국 관료, 공중보건 전문가, 의과대학 교수를 비롯해 결핵에 일생을 바친 인재들이 모이는 자리였다. 나는 과거 제네바에서 열린 학회에 참석했다가 그들이 스스로를 '결핵'이라고 지칭하는 것을 들었다. 예를 들어 그들은 이런 식으로 말했다. "우리 결핵은 에이즈와 연대해야 합니다."

파머는 이른바 '결핵' 친구를 몇 명 알았는데, 이들 중 한 명이 그를 연사로 초청한 것이었다. 하지만 '결핵' 구성원 중에는 파머의 이름을 들어보지 못한 이도 많았다. 더 정확하게 설명하자면, 파머는 그들의 견해와 활동에 대해 상세히 알고 있었던 반면 그들은 파머가 무슨 생각을 하고 어떤 활동을 하는지 거의 알지 못했다.

파머는 청중 중 상당수가 가난한 나라에서 다제내성 결핵을 치료할 필요가 없다고 생각한다는 사실을 잘 알았다. 다제내성 결핵은 치료비가 매우 비싼 데다 일반 결핵에 비해 전파력이 낮고 덜 치명적이라는 게 그들의 주장이었다. 게다가 일부 주류 인사들은 DOTS로 일반 결핵을 잘 통제하면 언젠가 다제내성 결핵도 자연스럽게 사라지리라고 믿었다. 그들 앞에서 소시오스의 활동을 소개하면 무모하다는 반응이 나올 게 뻔했다. 어쩌면 이단이라는 비난을 받을 수도 있다.

파머는 주류 '결핵'들의 눈에 자신이 일개 개인 의료인으로만 비치리라는 사실도 알았다. 환자 개개인의 치료에 집착한 나머지 세계적인 결핵 통제라는 큰 그림을 놓치는 편협한 의사 말이다. 하지만 파머는 그들이 말하는 '큰 그림'에 전혀 동의할 수 없었다. 환자 개개인에게 관심을 기울이는 것은 의사의 도덕적 의무일 뿐 아니라 캉주에서도 이미 증명됐듯이 한 지역사회 내의 결핵을 통제하는 데 있어 놓쳐서는 안 될 필수요건이었다. 어쨌든 그는 청중을 너무 화나게 하고 싶지는 않았기에 처음에는 다소 부드러운 어조의 '겁쟁이 같은' 연설문을 썼다. 그러나 시카고로 출발하기 며칠 전, 그는 완성한 원고를 전부 뜯어고쳤다.

수정된 연설문의 도입부는 상대적으로 부드러웠다. 하지만 이윽고 그는 '다제내성 결핵에 대한 근거 없는 통념과 신비화'라는 소개와 함께 긴 목록을 읊어 내려갔다. 우선 세계보건기구가 발표한 자료부터 인용했다.

"다제내성 결핵은 빈곤국가에서 치료하기에 너무 돈이 많이 드는 병이다. 이런 질병에 집착하다 보면 약물로 치료할 수 있는 다른 질병에 투자할 자원과 에너지를 낭비하게 된다."

그러나 다제내성 결핵을 치료할 때 드는 비용이 과연 이 자료에서 주장하는 것만큼 비싸냐고, 그는 청중에게 물었다. "설사 비용 대비 효과가 결핵 통제 정책의 최우선 조건이라고 하더라도, 다제내성 결핵을 통제하는 데 드는 비용보다 이에 실패했을 때 발생할 비용이 훨씬 크다는 사실을 쉽게 알 수 있습니다." 그는 환자 한 명이 가족 구성원 아홉 명에게 병을 전염시켰던 텍사스의 케이스를 소개했다. "결국 환자 수는 한 명에서 열 명으로 늘어났고, 총 치료비는 100만 달러로 불어났습니다."

다제내성 결핵에 대한 두 번째 잘못된 통념은 DOTS만으로 이 병을 통제할 수 있으리라는 믿음이었다. 파머는 말도 안 되는 소리라고 일축했다. 그는 청중을 향해 1차 치료제로 완치 가능한 일반 결핵만 통제하고 다제내성 결핵을 내버려뒀을 때 어떤 결과가 발생할지 생각해보라고 다그쳤다. 소홀한 관리 속에서 전염은 멈추지 않을 테고, 결국 다제내성 결핵이 전체 결핵 케이스에서 극소수만 차지하고 있던 국가에서도 점유율이 점차 늘어나게 될 것이다. 게다가 이미 특정 약물에 내성을 가진 환자의 경우에는 DOTS가 오히려 사태를 악화시킨다. 그 결과 지금까지는 성공사례로 불리던 이 프로그램은 장기적으로 실패를 면치 못할 것이다.

게다가 다제내성 결핵이 일반 결핵보다 전파력이 약하고 치명적이지 않다는 믿음은 또 어떤가? 파머는 이 또한 전문가 입장의 희망사항일 뿐이라고 못 박으며 '근거 없는 통념과 신비화' 목록에 가차 없이 추가했다. 그의 연설은 청중석에 앉은 '결핵'의 절반을 바보와 악당으로 만들고 있었다.

"고마워요, 폴. 아주 도발적인 연설이었습니다."

파머가 발언을 마쳤을 때, 파머의 친구이자 미국 질병통제센터의 일원이며 행사의 사회를 맡은 켄 카스트로Ken Castro가 말했다.

그 말을 들은 파머는 연단에서 내려오던 발걸음을 돌려 다시 마이크를 잡았다. "사회자님, 제 강연이 어째서 도발적인가요? 전 그저 의학 기술로 치료할 수 있는 환자를 치료하는 것이 마땅하다고 말했을 뿐인데요."

며칠 뒤, 리마에 있던 하이메 바요나는 파머의 연설 당시 청중석에 있던 누군가가 페루의 의료당국에 전화를 걸어 이렇게 말했다는 소문을 들었다. "폴 파머라는 작자가 당신들이 환자를 죽인다고 말하고 다니던데, 알고 계십니까?"

그러나 이날의 연설은 분명 긍정적인 효과가 있었다. 우선 많은 사람 앞에서 처음으로 강력한 문제 제기를 했고, 세계보건기구의 고위인사들도 그의 목소리를 들었다.

어깨 위의
무거운 책임감

1994년 오필리아는 파머에게 보낸 편지에 이렇게 적었다.

"디디와 연인관계로 발전했다고 들었어. 두 사람 정말 잘 어울려! 진심으로 축하해."

파머의 삶 속에 들어온 새로운 여인 디디 베르트랑은 캉주에 설립된 학교 교장의 딸로, 장미 라장테 사람들은 그녀를 두고 '캉주 최고의 미인'이라고 했다. 둘이 알고 지낸 지는 오래됐지만 실제로 사귄 것은 2년 정도였다. 결혼식은 1996년 캉주에서 성대하게 치러졌다. 리마 프로젝트가 한창 혼란을 겪던 시기였다. 김용 그리고 듀크대학 시절부터 알고 지내던 친구 한 명이 신랑 들러리를 서기 위해 기꺼이 날아왔고, 라퐁탕 신부를 비롯한 네 명의 가톨릭 사제가 식을 진행했으며, 캉주 주민 전원을 포함해 약 4천 명에 이르는 하객이 몰려들었다. 바쁜 와중에 파머는 용케 아이티에서 열린 결혼식과 보스턴에서 진행된 피로연까지 무사히 마쳤다.

　　　　　　　　○
　　　　　　　　│

　　이 무렵 PIH의 재정은 리마 프로젝트를 감당하느라 휘청이고 있었다. 환자 한 명을 치료하려면 평균 1만 5천~2만 달러의 비용이 들었고, 환자 수는 계속 증가하고 있었다. 소시오스는 카라바이요에서만 이미 50명을 치료하고 있었다. 환자의 평균 나이는 만 29세로 직업은 학생부터 주부, 상인, 보건요원, 버스 운전기사, 무직 상태의 청년까지 다양했다.

　　50명이라는 숫자가 얼핏 적게 느껴질 수 있지만 이는 빈민가 활성 결핵 환자의 10%에 해당하는 수치로 당초 예상보다 열 배나 많았다. 게다가 그들이 리마에서 온갖 직업에 종사하며 얼마나 많은 기침을 했는지, 그 결과 병이 얼마나 퍼졌는지 알 길이 없었다. 다른 도시의 환자 규모도 캄캄했는데 바요나가 수집한 정보에 따르면 카라바이요 이외의 지역 감염자도 최소 수백 명으로 추정됐다. 한편 소시오스의 현지 보건요원들은 카라바이요 내에서 온 가족이 다제내성 결핵을 앓거나 이로 인해 사망한 사례를 여러 건 확인했다. 그들은 이런 케이스를 '파밀리아스 테베시나스_{familias tebeceanas}', 즉 '결핵 가족'이라고 불렀다.

　　PIH의 재정을 담당하는 오필리아의 걱정은 커져만 갔다. 처음에는 충분히 감당할 수 있을 것 같던 프로젝트가 어느 순간 통제를 벗어난 수준으로 불어나 있었다. 이 프로젝트가 '명확한 도덕성의 영역'이라는 파머와 짐의 설명도 그녀의 고민을 잠재우진 못했다. "맞아. 명확한 도덕성의 영역이지. 하지만 이 일을 할 돈은 어디 있는데?"

　같은 시기, 브리검 병원의 하워드 하이어트Howard Hiatt도 자신에게 같은 질문을 하고 있었다. 하이어트는 70대의 교수로, 하버드 공중보건대학원 학장과 베스이스라엘 병원의 의료과장을 거쳐 현재는 하버드 의과대학에서 학생을 가르치는 의학계의 핵심 인물이었다. 하이어트 교수는 강의 이외에도 일반적이지 않은 길을 가고자 하는 젊은 의사를 격려하고 돕는 역할도 하고 있었다. 파머와 김용은 그가 가장 아끼는 제자이기도 했다. 최근 그는 이 두 사람이 몹시 걱정됐다. 도대체 이 녀석들이 어디서 2차 치료제를 구하고 있을까? 그 비싼 약값을 어떻게 감당하고 있을까? 그러던 어느 날 복도에서 우연히 브리검 병원장이 그를 붙잡고 하소연했다.

　"교수님 제자인 폴 파머와 김용에게 단단히 혼날 각오를 하라고 전하세요. 우리 병원에 9만 2천 달러나 빚을 졌으니까!"

　하이어트는 어떻게 된 일인지 자초지종을 알아봤다. "왜 아니겠습니까. 폴과 짐은 페루로 떠날 때면 병원 약국에 들러서 서류가방 가득 약을 담아가곤 했답니다. 이 사람 저 사람을 구슬려서 약을 받아내 병원을 빠져나간 거죠."

　그러나 하이어트는 생각할수록 그들의 도둑질이 재미있었는지 "의적 로빈 후드가 따로 없지 뭡니까"라고 탄복했다.

　하지만 정확히 말하자면 그들은 약을 훔친 게 아니라 잠시 빌린 것이었다. 톰 화이트가 얼마 지나지 않아 밀린 약값에 해당하는 9만 2천 달러짜리 수표를 보내왔다. 그리고 수표에는 브리검 병원이 어려운 이들에게 좀 더 베푸는 의료기관이 되길 바란다는 요지의 메모가 동봉되어 있었다.

"허락을 구하기보다 용서를 구하라."

잭 신부가 즐겨 하던 이 말은 파머의 경험칙이기도 했다. 카라바이요의 전염병 사태에 뛰어들기로 마음먹었을 때 그는 톰 화이트를 찾아가 말했다. "환자 열 명 분의 치료약만 사주세요. 그 이상은 부탁드리지 않을 겁니다. 약속드리죠." 그 말을 하는 순간에도 파머는 자신이 선의의 거짓말을 하고 있다는 걸 잘 알았다. 그는 이후에도 여러 번 화이트를 찾아가서 돈을 더 마련해달라고 부탁했다. 사실 걱정이 되기는 화이트도 마찬가지였다. 그는 종종 '이승을 떠날 때 한 푼도 남기지 않고 싶다'고 말했다. 하지만 리마의 환자 수가 걷잡을 수 없이 늘어나면서 어쩌면 파머와 짐이 자신의 계획을 훨씬 앞당길지도 모른다는 생각이 슬그머니 들었다. "한동안은 말이죠, 그 친구들이 제가 죽기도 전에 돈을 다 써버리는 건 아닌가 걱정했습니다." 하지만 그는 단 한 번도 두 사람의 청을 거절하지 않았다.

공중보건 사업에 오래 몸담아온 사람의 눈에는 PIH의 도전이 상당히 무모해 보였을 것이다. 실제로 훗날 어떤 이들은 당시 파머와 김용의 도전을 스턴트에 빗댔다. 그들이 가진 거라곤 어떻게든 약을 구해야 한다는 강력한 의지와 의약품을 빌려달라는 부탁을 쉽게 뿌리치지 못하게 하는 매력뿐이었다. 열심히 노력했지만 안정적인 치료제 공급처는 확보하지 못했고, 매사추세츠주에서 운영하는 실험실도 빌려서 사용하고 있었다. 전문가 집단에서는 그들의 활동을 탐탁찮게 보는 시각이 지배적이었다. PIH는 작은 민간단체에 불과했고, 이미 아이티와 보스턴 그리고 기타 지역에서 다양한 일을 수행 중이었다. 이런 상황에서 리마 프로젝트는 가뜩이나 어려움을 겪고 있는 PIH에 너무 큰 부담이었다.

짐은 적어도 한 달에 한 번 카라바이요를 찾았고, 파머는 그보다 더 자주 이곳을 왕래했다. 아이티의 장미 라장테 관리와 브리검 병원 업무, 하버드 의과대학 강의, 날이 갈수록 늘어가는 강연과 연설을 동시에 소화하면서도 파머는 결코 리마 프로젝트를 소홀히 하지 않았다. 그는 물 샐 틈 없이 빽빽한 일정표에 어떻게든 리마 출장을 끼워 넣었다.

리마에 무박이일 일정으로 방문하는 날도 흔했다. 그런 날에는 캉주에서 동이 트기 전에 출발해 차를 타고 포르토프랭스 공항으로 향했다. 교통체증이 심한 날이면 아이티인 직원에게 차를 맡기고 공항까지 남은 1km가량을 달리기도 했다. 그렇게 비행기를 잡아타고 마이애미 공항에서 리마행 비행기로 환승하면 한밤중에 카라바이요에 도착할 수 있었다. 그다음 날은 이른 아침부터 의과대학 학생이나 소시오스 의료진을 대동하고 먼지투성이 언덕을 오르내리며 판자촌의 환자를 직접 찾았다.

좀 더 시간이 지나 이 지역 결핵 관리 당국이 소시오스에 우호적인 시각을 갖게 된 뒤에는 환자들을 잭 루신 센터로 데려와 진료할 수 있었고, 덕분에 같은 시간에 더 많은 환자를 볼 수 있었다. 그는 공항으로 떠나기 직전까지 진료를 멈추지 않았다. 그런 다음 다시 마이애미행 야간 비행기를 타고 포르토프랭스행 새벽 비행기로 환승하여 같은 날 오후에 캉주로 돌아왔다. 이틀 일정 중

이동하는 데만 꼬박 22시간이 소요됐고, 장미 라장테의 트럭이 고장 나거나 교통사고로 3번 국도가 봉쇄되거나 비가 많이 와서 개울을 건널 수 없게 되면 그보다 더 많은 시간이 걸렸다.

1997년 2월, 시카고 연례회의에서 연설하던 날 파머는 컨디션이 썩 좋지 않았다. 그리고 한 달간의 근무를 위해 브리검 병원으로 돌아왔을 때는 상태가 더욱 나빠져 있었다. '아, 내가 정말 지쳤구나. 다들 이렇게 될 거라고 걱정했는데'라는 생각이 들었다. 그는 누구보다 빨리 환자의 병을 진단한다고 자부했지만 정작 자신의 증상에 대처하는 데는 굼떴다. 온갖 이상 징후를 무시한 채 계속 일에 매달린 결과 몸 상태가 나날이 안 좋아졌다. 최근의 증세를 쭉 떠올려봤다. 메스꺼움, 구토, 만성피로, 식은땀… 여기까지 되짚었을 때 그는 정신이 번쩍 들었다. "세상에, 나도 다제내성 결핵에 걸렸구나."

그 무렵 아내 디디는 파리에서 공부를 시작했고, 파머는 보스턴에 혼자 남아 PIH 자원봉사자들이 '동굴'이라고 부르는 건물 지하실에서 지내고 있었다. 자정이 넘은 시각, 그는 땀을 비 오듯 흘리며 두려움에 떨었다. '내가 만약 다제내성 결핵에 감염됐다면 내 환자들에게도 전염됐을지 몰라.'

그는 방사선과 전문의 친구에게 달려가서 비밀을 지켜달라고 당부한 뒤 흉부 엑스레이를 찍었다. 다행히 검사 결과는 정상이었다.

그는 하루에 한 번씩 디디와 통화했는데, 그녀는 수화기 너머 남편에게 애원했다. "제발 더 제대로 된 검사를 받아봐요."

파머가 대답했다. "여보, 내가 의사야. 브리검에서 이번 달만 진료를 보면 아이티로 갈 수 있어. 거기 가서 쉬면 돼."

브리검 병원에서의 한 달 근무가 끝나는 날, 그는 드디어 자신의 병에 정확한 진단을 내렸다. 그는 전날 저녁 동료가 권하는 피자 앞에서 메스꺼움을 느꼈고 아침에는 커피 냄새에 구역질이 났다. '잘 먹던 음식에 대한 거부감이라, 이건 전형적인 간염 증상이야.' 화장실에서 검은 소변을 본 뒤 그의 의심은 확신으로 바뀌었다. '이런, 간염이 확실하군. 어느 종류일까? B형? 아니야. 예방접종을 받았는걸. 마약을 하지 않으니 C형도 아닐 테고⋯. 그럼 A형? 대체 어디서 감염된 거지?' 그는 리마에서 먹었던 날생선 요리를 떠올렸다. 어쩌면 그 생선이 오염됐는지도 몰랐다.

병원에 도착한 그는 검사실로 직행해서 간염 검사를 부탁했다. 그 자리에서 1차 검사인 적혈구 수치를 확인한 파머는 사태의 심각성을 깨달았다. '이거 장난이 아닌데.' 그는 문득 탈수 증상을 느꼈고, 다른 검사 결과가 나오는 사이 구내전화로 짐에게 전화를 걸었다. 그도 마침 브리검에 함께 복귀해서 병원 한 층을 맡고 있었다. "지금 네 구역으로 갈게. 탈수 증세가 좀 있어." 짐이 관리하는 층에 도착해서야 그는 가운을 벗고 정장 차림으로 병실에 누웠다. 그리고 짐짓 쾌활한 태도로 수액 링거를 맞았다. 상태가 호전되자 그는 바로 침대에서 내려와 자기 밑에서 수련하는 전염병 전문의에게 말했다. "말라, 오늘은 내 컨디션이 별로 안 좋아. 회진을 좀 일찍 돌지."

평소에는 말라가 파머 옆에서 발을 동동 구르며 그를 재촉하곤 했다. 병원 안에서 만나는 사람마다 안부를 물으며 멈춰 서는 파머에게 "박사님, 수다는 이제 그만 떠세요. 일하시자고요" 하는 것이 그녀의 일과였다. 그런 그녀가 이번에는 도리어 파머를 말렸다. "제 정신이세요? 회진은 다른 사람에게 맡기고 당장 집으로 가세요."

"말라, 오늘이 이번 달 마지막 근무야."

말라는 그의 말에 인상을 찌푸리며 뒤돌아 나갔다. 파머가 병실로 들어가 한눈에 봐도 증세가 확실한 환자에게 급성 전립선염이라고 진단하려는데 얼굴이 하얗게 질린 말라가 뛰어 들어왔다. "선생님 간기능 검사 수치가 너무 높아서 기계가 측정을 못 할 정도였대요. 그래서 희석을 해야 했대요."

"알았어. 알았다고. 오늘 회진은 그만하도록 하지."

그는 다시 짐의 담당 구역 병실로 돌아가 입원복으로 갈아입고는 자신을 덮친 질병에 항복했다.

A형 간염은 보통 생명에는 지장이 없지만 파머의 경우에는 상황이 심각했다. 짐을 비롯한 동료 의사들은 그가 간이식 수술을 받아야 하는 건 아닌가 우려할 정도였다. 그렇게 심하게 앓는 동안파머는 제대로 목소리를 내는 것조차 힘들어했다. 그럼에도 입원한 지 며칠이 지나자 파머는 한밤중에 PIH 사무실로 전화를 걸어한껏 갈라진 음성으로 리마에 보낼 의약품 목록을 불러줬다. 2주후에 퇴원할 정도로 상태가 호전됐을 때, 오필리아는 파머와 디디를 프랑스 남부에 있는 호텔로 보내버렸다. 파머로서는 몇 년 만에처음 가는 진짜 휴가였다. 그로부터 9개월 뒤, 그는 캐서린Catherine이라는 이름의 사랑스러운 딸을 얻었다. 결국은 모든 일이 잘 풀린셈이었다.

그의 이야기를 듣고 있자니 그 무모함에 놀라지 않을 수 없었다. 브리검 병원에서 A형 간염 예방접종의 중요성을 홍보해왔고 그중에서도 중년층의 접종을 강조했던 장본인이 보기 좋게 A형 간염에 걸린 것이다. "저도 정말 창피했습니다." 그가 고백했다. 하지만 그건 예방접종을 놓쳤다는 데 대한 민망함 때문이었지 한 달 동안이나 자기 몸에 일어난 증상을 무시했다는 사실에 대해서는 별로 반성하는 것 같지 않았다. 그는 오필리아는 물론 모친에게도 아프다는 이야기를 하지 않았다. 나는 그가 병에 걸렸다는 사실을 들키면 그들이 쉬라고 강요할까 봐 두려워서 그랬던 건 아닌가 하는 의심이 들었다.

　사실 의사들은 자신의 신체에 대해서만큼은 이상하리만치 예외적인 기준을 적용하는 것으로 알려져 있다. 의학 공부를 막 시작했을 때는 다들 건강 염려증에 걸리지만, 일단 그 단계를 넘어서면 반대로 스스로가 불사신이라도 된 듯한 착각에 빠진다는 것이다. 게다가 귀찮다는 이유로 일을 쉽게 미루는 보통 사람과 달리 파머는 어떤 이유에서든 자기가 할 일을 미뤄두지 못하는 성미였다. 자신이 중요하다고 생각하는 일이 지연되는 상황을 견디지 못하는 것 같았다. 1988년의 자동차 사고처럼 의지를 넘어서는 불가항력이 개입하지 않는 한 그는 결코 쉬지 않았다.

　간염 사건에 대해 이야기를 하던 중 파머는 내게 이렇게 말했다. "제가 아파서 일을 쉰다면 그건 사경을 헤매고 있다는 뜻일 거예요." 그는 가난한 환자와 자기 자신을 너무나 다르게 취급했다. 그 뜻은 좋았지만 건강을 무시하는 습관은 그가 말하는 '실용적인 연대'와 어울리지 않아 보였다. 그가 어깨에 짊어지고 있는 수많은 목숨을 생각하면 오히려 자기 자신을 더 살뜰히 돌봐야 하지 않을까?

한편으로는 언젠가부터(정확히 언제부터인지는 모르겠지만) 나는 파머에게 나를 비롯한 다른 사람들보다 더 많은 것을 기대하고 훨씬 더 높은 기준을 적용하게 됐다. 그리고 늘 열심히 뛰는 그의 모습을 보고 있자면 그의 허물 아닌 허물까지도 다 용서가 됐다.

○

소시오스의 프로젝트는 성과를 내기 시작했고 차츰 페루 현지 의사들도 이 사실을 인정하지 않을 수 없었다. 자연스럽게 파머와 짐, 그리고 현지 의료진과의 관계도 개선됐다.

프로젝트가 성공하고 있다는 사실이 점점 분명해지던 어느 날, 나는 시내에 있는 아동병원에 가는 파머를 따라나섰다. 우리를 태운 차량이 소음과 매연으로 뒤덮인 교통지옥에서 벗어나 병원으로 들어서자 현지 의료진이 파머를 맞으러 달려 나왔다. 그들은 화장지와 풍선, 신문 따위를 파는 상인들을 뿌리치고 정문의 무장 경비원을 지나서 곧장 우리를 안내했다. 그 모습을 보아하니 파머가 이제 더는 이곳에서 '모험을 즐기는 의사'가 아님이 분명했다. 하지만 그의 얼굴은 걱정으로 가득했다. 아니, 어쩌면 그가 당연히 걱정하고 있으리라는 내 편견이 만들어낸 착각일지도 모르지만. 파머와 짐, 바요나는 페루 의학계와 우호적인 관계를 맺기 위해 오랜 시간 큰 노력을 기울여왔다. 그런데 그 콧대 높은 분들을 교통체증 때문에 한 시간 넘게 기다리게 했으니 걱정이 될 법도 했다.

콘크리트 벽으로 둘러싸인 결핵병동의 좁다란 복도로 들어서자마자 파머는 구겨진 검은 정장의 재킷 주머니에서 청진기를 꺼내 목에 걸었다. 그가 빠른 걸음으로 걷다가 한순간 우뚝 멈춰 섰다.

복도 앞쪽에 한 가족이 서 있었다. 어린 소년과 그의 부모님이었다. 어머니는 호리호리한 체형에 미키마우스가 그려진 티셔츠를 입고 있었는데, 낯을 가리는지 복도 모퉁이에 반쯤 몸을 숨기고 있었다. 우리를 향해 걸어 나온 것은 아버지 쪽이었다. 파머와 그는 곧바로 두 팔을 벌려 포옹했다. (파머는 악수를 좋아하지 않았고, 내게도 항상 포옹의 장점을 설교하곤 했다. 이날 그의 모습을 보니 그게 무슨 뜻인지 알 것도 같았다.) 그런 다음 파머는 서둘러 아이의 소식을 물었다.

아버지 옆에 바싹 붙어 서 있던 소년은 토실토실했고 한눈에 봐도 건강한 모습이었다. 파머가 무릎을 구부리고 손을 내밀자 아이는 킥킥 웃으며 짧고 통통한 다리로 뒤뚱거리며 다가왔다. 그리고 인사를 나눈 뒤에는 똑같이 뒤뚱거리는 걸음걸이로 아버지에게 돌아갔다. 그 모습이 꼭 즐겁게 춤을 추는 것 같았다. "세상에, 크리스티앙! 이렇게 건강해졌구나!" 파머가 붉게 상기된 얼굴로 외쳤다. 그의 얼굴에 오랜 친구를 만났을 때나 떠오르는 천진한 미소가 번졌다. 그리고 내 쪽으로 고개를 돌려 "이 가족은 엄청난 비극을 지나 왔어요"라고 영어로 나직이 속삭였다.

약 2년 전 일이었다. 한 아동병원 의사가 소시오스 본부로 전화를 걸어왔다. "우리 병원에 어린 환자가 있는데 소시오스에서 도와줬으면 합니다." 당시 크리스티앙은 이미 몇 달째 침대에서 꼼짝도 못 한 채 투병생활을 하고 있었다. 소냐와 함께 카라바이요로 건너온 또 다른 의과대학 학생 젠 푸린Jen Furin은 환자를 만나러 병원으로 향했다. 아이는 10kg를 겨우 넘는 자그마한 체구에 숨 쉬는 것도 힘겨워 보였다. 산소마스크를 너무 오래 착용한 탓에 코 주변 피부는 온통 헐어 있었다. 결핵균이 아이의 양쪽 폐에 침투한 상태였고 척추까지 번져 뼈를 갉아먹는 중이었다. 다리의 긴 뼈도 균의 공격을 받아 금이 가 있었다. 6개월의 표준 약물치료는 소용이 없었고, 의료진은 크리스티앙의 결핵균을 배양한 끝에 여러 종류의 약물에 저항력이 있다는 사실을 확인했다. 그럼에도 크리스티앙은 젠이 도착하던 순간까지 효과도 없는 치료약을 계속해서 먹고 있었다. 어쨌든 그를 담당한 의료진은 세계보건기구가 권고하는 재치료 계획을 매우 충실히 따르고 있었다.

그날부터 크리스티앙을 직접 돌보는 일은 젠이 담당했고 파머는 아이의 상태에 맞는 약물 조합을 구상했다. 그는 현지와 미국의 결핵 전문가들에게 자문을 구했지만 전 세계 어디에도 다제내성 결핵에 걸린 아동 환자를 2차 치료제로 치료하는 법에 대해 정확히 아는 사람이 없었다.

"알아낸 게 별로 없었어요. 우선 어린아이에게는 플루토퀴놀론계 약물이나 에탐부톨을 많이 쓰면 안 된다더군요. 그 근거가 뭔지 아세요? 비글 강아지에게 플루토퀴놀론계 약을 다량 투여하면 연골조직에 손상이 가기도 한다는 거예요. 또 에탐부톨을 쓰면 일부 성인 환자의 경우 시신경위축 증세를 보이거나 색맹 증상을 호소하기도 하는데, 어린아이는 색깔 구별이 안 된다고 의사에게 알리기가 어렵기 때문에 이 약물 역시 사용을 금해야 한다는 것이었죠. 이 문제는 상당한 논란거리였고, 그사이에도 우리는 결핵균이 아이의 온몸을 뜯어 먹는 것을 손 놓고 눈앞에서 지켜봐야만 했어요."

결국 파머는 '경험주의적' 약물 요법을 제안했다. 지금까지의 진료 경험을 바탕으로 가장 효과적이었던 치료제를 조합해 처방하기로 한 것이다. 우선 고용량 에탐부톨을 복용하도록 하고 그 외에 플루오로퀴놀론계 약물을 포함한 네 가지 2차 치료제를 더 처방했다. 공식적인 승인을 얻기 위해 그는 당국 측에 세계의 모든 전문가에게 자문을 구했으며 소아과 자료도 연구했다고 보고했다. 이 말 자체는 거짓이 아니었다. 단지 그 자문과 자료에 다제내성 결핵 관련 내용이 없었다는 사실을 굳이 말하지 않았을 뿐이다.

"상황이 이렇다 보니 일반적인 전염병 치료 절차를 바탕으로 크리스티앙의 치료를 진행할 수밖에 없었죠."

복용량은 제약회사에서 제공한 권장량에 준하여 계산했다. 다만 소아환자에 관해서는 명시된 바가 없었고 체중 몇 킬로그램당 약은 몇 밀리그램 정도가 적당하다는 설명이 있었다. 파머는 이 방법을 아이티에서 발생한 다른 소아과 질병에도 적용했었다. 결과적으로 그는 크리스티앙에게 상당한 양의 2차 치료제를 처방했다. 그에게 자문을 했던 미국인 의사 일부는 너무 공격적인 치료 아니냐며 우려를 표했다. "하지만 그들도 소아 다제내성 결핵에 대해서는 똑같이 문외한이었습니다." 페루 의사들도 마찬가지였다. 그들은 결국 파머의 의견을 받아들였다. 고통 속에서 죽어가는 아이를 위해 일단 뭐라도 해보자는 마음이었을 것이다.

그 이후로 파머는 줄곧 이메일로 크리스티앙의 상태가 많이 호전됐다는 소식을 듣고 있었지만 아동병원 복도에서 아이를 직접 보기 전까지는 이렇게까지 건강해졌으리라고는 상상도 못 했다. 이제 뛰기까지 하다니! 파머의 얼굴에 환한 미소가 떠올랐다. 그의 피부는 넓은 이마부터 옷 위로 드러난 목 위쪽까지 발그레하게 물들었다. 직접 확인하지는 못했지만, 아이가 까르르 웃으며 뛰어다니고 그 모습을 부모가 흐뭇하게 바라보는 동안 파머의 이마와 목을 물들인 붉은색은 그의 넥타이를 따라 발끝까지 온몸에 퍼졌으리라.

벅찬 순간은 여기까지였다. 사실 파머가 병원을 방문한 주목적은 크리스티앙과 만나기 위해서가 아니었다. 한 페루인 결핵 전문의가 자신의 아픈 딸을 봐달라고 바요나에게 간곡히 부탁해서 이곳을 찾은 것이었다. 사람들이 안내하는 대로 파머는 흰 천장과 콘크리트 벽, 몇 명의 의료진 그리고 원피스를 입은 작은 소녀가 있는 진료실로 들어갔다. 한쪽 벽면에는 소녀의 흉부를 촬영한 엑스레이와 CT 사진들이 쭉 걸려 있었다. 파머는 허리를 살짝 숙여 약속 시간에 늦은 것에 대해 사과했다. 그리고 시선을 돌려 의료진과 함께 엑스레이와 CT를 검토했다. 소녀는 폐결핵을 앓고 있는 게 분명했다. "침윤 자국이군요. 좋지 않네요…." 파머가 스페인어로 자리에 모인 의사들에게 말했다.

매사추세츠 주립연구소에서 보내온 검사 결과도 부정적이기는 마찬가지였다. 그의 어깨 너머로 들여다보니, 다섯 개의 1차 치료제 이름이 세로로 나열돼 있고 그 옆에는 '내성 있음'이라고 기재

돼 있었다. 의사의 딸인 그 아이는 DOTS 1차 치료를 받았고 몇 개월 전부터 재치료에 들어간 상태였다. 다시 말해 1차 치료에서 효과가 없었던 다섯 가지 의약품을 계속해서 복용하고 있었다.

"심각하군." 파머가 나만 알아들을 수 있을 정도로 나직이 영어로 중얼거렸다. 그러고는 무릎을 꿇다시피 자세를 낮춘 후 청진기로 소녀의 폐에서 나는 소리를 들어봤다. 그리고 환자의 아버지를 바라보며 미소 띤 얼굴로 말했다. "천식이 있네요. 저랑 똑같군요. 꼭 우리 딸 캐서린처럼 사랑스러운 아이예요." 자리에서 일어난 그는 의료진에게 스페인어로 자신의 소견을 다소 장황하게 늘어놨다.

"제가 방금 확인한 모든 증상은 이미 여러분도 알고 계시리라 생각합니다. 폐에서 천명이 들리고 2월부터는 CT에 찍힌 모양이 점점 나빠지고 있네요. 상당히 우려되는 상황입니다."

그는 몇 가지 선택지를 제시했다. 첫째, 치료제에 대한 내성을 재검사한다. 정확도가 거의 100%에 가까운 매사추세츠 주립연구소에서 검사를 하긴 했지만 혹시 만의 하나라도 틀렸을 가능성을 고려해 다른 곳에서 재검사를 받아볼 수 있다. 둘째, 상태를 지켜본다. 아이의 상태가 현저히 나빠지고 있긴 하지만 추이를 지켜보며 기다릴 수 있다. 그리고 셋째, 검사 결과를 믿고 DOTS 치료를 중단한 뒤 파머의 처방에 따라 2차 치료제를 이용한 다제내성 결핵 치료를 진행한다. 그는 당연히 세 번째 선택지를 추천했다.

"이건 제 개인적인 의견입니다." 이렇게 의견을 제시한 그는 의사들을 향해 좀 더 밝은 미소를 지어 보였다. "여러분과 어깨를 나란히 하고 검토해서 나온 의견이긴 하지만요."

의사들은 숙련된 전문가답게 품위를 잃지 않았지만 그들의 내면에서는 강렬한 감정이 끓어오르는 것 같았다. 소녀의 아버지는 딸의 뒤에 서 있었다. 그는 처음부터 끝까지 허리를 꼿꼿이 세우고 미소를 유지하며 프로다운 침착함을 잃지 않기 위해 애썼다. 그 또한 결핵 전문가였다. 하지만 파머가 자신의 딸에 대해 얘기할 때는 소녀의 어깨에 손을 얹고 숨을 가다듬었다.

"그분도 몇 달 전부터 알고 있었어요. 자기 딸이 다제내성 결핵이라는 걸 왜 몰랐겠어요." 바요나가 말했다. 하지만 그는 감히 정부가 주도하는 프로그램의 규범을 무시할 수 없었고, 그 이유는 쉽게 짐작할 수 있었다. 프로그램을 거스르면 일자리를 잃을 수 있었다. 페루에서 의사만큼 안정적인 직업은 흔치 않았고, 그 자리에서 쫓겨나면 가족 전체의 생존이 위험해질 터였다. 이런 상황에서 바요나는 문제를 영리하게 해결했다. 소녀의 가래 샘플을 페루의 국립연구소가 아니라 매사추세츠 주립연구소로 보낸 것이다. 그리고 다제내성 결핵이 분명하다는 결과가 나왔을 때 소녀의 아버지는 바요나에게 제발 딸이 파머에게 진료를 받을 수 있게 해달라고 애원했다(바요나는 '애원'이라는 표현을 강조했다). 이제 파머의 소견은 페루 의사들에게 그 정도로 큰 신뢰를 줬다.

환자의 아버지는 파머가 2차 치료제를 처방하리라는 사실을 짐작하고 의사들을 불러모은 것이었다. ("그들은 파머의 입에서 처방이 떨어지기만을 기다렸어요"라고 훗날 바요나는 내게 말했다. 파머의 소견대로 치료를 시작한 후 소녀는 큰 부작용 없이 회복되기 시작했다.) 그러니 파머를 초청해 자문을 듣는다는 것 자체가 그저 형식적인 절차였을 뿐이다. 파머 또한 자신에게 주어진 역할을 충실히 해냈다. 그는 진단서와 치료에 관한 건의사항을 아이 아버지에게 이메일로 보내주겠다고 약속했다. 그리고 치료 결과를 낙관할 만한 이유를 손가락을 꼽으며 열거했다. "라파부틴은 효과가 있을지도 모릅니다. 폐가 약간 손상되긴 했지만 아이는 아직 건강해요. 약물에 대한 내성도 완전하다고 할 수는 없고요. 우리가 할 수 있는 일이라면 뭐든지 돕겠습니다."

곧이어 서로 감사의 말을 주고받고 허리를 굽혀 인사하느라고 한참 난리법석을 떨고는, 그러고도 모자라 파머가 아름다운 사모님들과 존경하는 부군들께 안부를 전해달라는 인사까지 더한 뒤에야 파머 일행은 병원을 빠져나올 수 있었다. 병원을 나서며 파머는 방금 겪은 상황에 대한 솔직한 심정을 털어놨다.

"아이의 폐에서 천명이 들리고 CT 경과가 점점 나빠지고 있었어요. 현재 복용 중인 다섯 가지 1차 치료제에 전부 내성이 확인됐고요. 그런데도 저는 '아이가 낫지 않는 것이 이상하군요' 하고 빙빙 돌려가며 말해야 했어요. '당신들 제정신이야?'라고 소리라도 질러야 하는 상황이었는데 말이죠. 이곳 의사들은 다제내성 결핵이 존재한다는 사실 자체를 부정하고 싶어 해요. 그럼에도 우리는 그들과 함께 앞으로 나아가야 하죠. 그들에게 모욕을 주면 끝이에요. 그들도 옳은 일을 하고자 하거든요. 다만 저기 높으신 분들이 내리는 지시를 따르느라 어쩔 수 없을 뿐이죠."

병원 복도에서 마주친 크리스티앙은 국가가 정해놓은 규정을 조금 더 유연하게 적용해야 할 필요성을 보여주는 명백한 예였다. "크리스티앙 같은 사례가 몇 건 더 생기면 이곳 사람들도 어쩔 수 없겠지요." 파머가 주차장에 세워놓은 차를 향해 걸어가며 말했다. 막 차 문을 열려는 순간, 미키마우스 티셔츠를 입은 크리스티앙의 어머니가 그의 시선에 들어왔다. 아까부터 멀찍이서 우리를 따라오고 있었던 모양이다. 가까이 다가온 그녀가 눈을 살짝 내리깔고 스페인어로 말했다.

"감사하다는 말씀을 꼭 드리고 싶었어요."

파머는 잠시 먼 곳으로 시선을 돌렸다가 좌우를 빠르게 바라본 뒤 크리스티앙의 어머니에게 눈길을 고정했다. 나는 브리검 병원에서도 파머의 그런 눈짓을 본 적이 있다. 환자를 보다가 잠시 천장에 달린 TV로 눈을 돌렸다가 다시 환자를 바라보는 그의 모습은 마치 잡생각을 모두 털어내고 지금 이 순간에 온전히 집중하려는 일종의 의식처럼 보였다. 그는 여인을 똑바로 바라보며 입술을 오므려 부드러운 스페인어로 말했다.

"크리스티앙을 치료할 수 있어서 영광이었습니다."

무엇이
세상을 바꾸는가

1998년 4월 보스턴의 미국기술과학아카데미American Academy of Arts and Science에서 결핵을 주제로 특별 회의가 열렸다. 이날 모임의 주목적은 페루에서 시행 중인 소규모 결핵 통제 프로젝트의 중간 결과를 공유하는 것이었다. 회의는 하워드 하이어트의 제안으로 성사됐다.

당시 소시오스는 리마 북부의 빈민가에서 100명이 넘는 다제내성 결핵 환자를 치료하고 있었다. 이 중 53명은 이미 치료 기간이 2년 가까이 됐고 이제 그 결과를 공식 발표하게 된 것이다. 결과는 놀라웠다. 53명 중 85% 이상이 사실상 완치됐다. 소시오스에서 치료받은 환자의 평균 연령은 아이즈먼 박사가 덴버 병원에서 치료한 환자보다 낮았고 결핵에 수반된 별다른 질병이 없었다. 젊은 나이와 건강한 신체는 분명 치료에 유리한 요인이다. 그럼에도 완치율 85%는 대단한 성공이었다. 하이어트의 말처럼 "믿을 수 없는 결과"였다. 그는 전 세계에 이 소식을 전해야 한다고 강력히 주장했다. 다른 무엇보다도, 꼭 알아야 할 사람들에게 소시오스의 성과가 제대로 전달된다면 리마 프로젝트를 지속할 수 있는 재원을 마련할 수 있을지도 몰랐다.

그 자리에는 세계보건기구 결핵 프로그램의 책임자인 고치 아라타Kochi Arata 박사를 비롯해 세계 각지의 결핵 전문가들이 앉아 있었다. 파머가 고치 박사에게 참석해줄 것을 특별히 간청했고, 고치 박사가 하버드에서 하이어트 박사에게 지도를 받은 인연도 그가 이 자리에 오는 데 큰 역할을 했다.

그는 여러 해 동안 되도록 많은 나라에 DOTS를 보급하기 위해 애써왔다. 그날 회의에 참석한 것은 아마도 파머의 비판을 중심으로 퍼져나가는 DOTS의 부정적 이미지를 바로잡기 위해서였을 것이다. 회의 시작 전, 그는 내성이 강한 변종 결핵균이 성행하는 지역에서는 다제내성 결핵 치료를 병행하는 새로운 프로그램을 시행해야 한다고 결론을 지었다. 고치의 부하직원은 이 새로운 계획에 'DOTS 플러스'라는 듣기 좋은 이름까지 붙여줬다.

그로부터 몇 년 뒤 나는 고치 박사를 인터뷰할 수 있었다. 그는 살짝 어눌한 영어로 말했다(그의 모국어는 일본어다).

"다제내성 결핵은 기본적으로 인간의 실수가 만들어낸 병입니다. 끝까지 치료하지 못할 거라면 아예 안 하는 게 나아요. 그런데 이 병의 치료제는 많은 나라가 감당하기 어려울 만큼 비싸고 치료 과정도 어렵고 복잡합니다. 그래서 우리의 DOTS 프로그램은 일반 결핵 치료에 집중하고, 다제내성 결핵은 경각심을 불러일으키기 위한 일종의 홍보 수단 정도로 활용했습니다. 개중에는 반대 노선을 선택한 곳도 있었어요. 가령 남아프리카공화국은 결핵 통제 정책 예산의 34%를 다제내성 결핵에 쏟아부었거든요. 자연히 DOTS 프로그램은 제대로 돌아가지 않았죠. 우리는 그런 국가의 노선을 DOTS에 집중하는 쪽으로 돌리기 위해 노력했습니다. 그 와중에 폴 파머와 PIH가 나타난 거예요. 그의 접근법은 세계보건기구와도, 남아프리카공화국과도 달랐어요. 굳이 따지면 과거의 에이즈 퇴치 운동가들과 비슷했달까요? 그와 동료들은 훌륭한 임상의였지만 공중보건 사업 경험은 부족했어요. 세계적인 질병통제보다 당장 눈앞에 있는 환자의 목숨이 중요하다는 식이었죠. 둘 사이에는 완벽하게 해소될 수 없는 대립이 있어요. 파머의 비전은 명확했지만 그가 하는 일은 상당히 감정적이었어요. 우리로서는 어떤 대응이 최선일지 고민해야 했습니다. 제게도 개인적으로 엄청난 도전이었어요. PIH 전사들은 고함을 지르며 당장 총이라도 쏠 것 같았죠. 우리는 국제 정세를 고려해 응답하기로 했어요. 긍정적인 방향으로요. 일단은 대화를 시작해야 했습니다."

고치 박사는 이날 회의의 개회사에서 'DOTS 플러스'라는 용어를 언급했다. "정말 멋져요! 최고의 연설이었어요!" 회의가 끝나고 진행된 칵테일파티에서 짐이 그에게 찬사를 보냈다. PIH는 회의 시작도 전에 주류 '결핵'으로부터 원하던 반응을 얻어낸 것이다. 몇 년 뒤, 당시의 사건을 떠올리며 고치 박사가 웃으며 내게 말했다. "DOTS 플러스는 그렇게 탄생했어요. 세상은 변화합니다. 우리도 따라서 변해야 해요. 이길 수 없는 상대라면 한편이 되라는 말도 있잖아요?" 그리고 덧붙였다. "그러면 조금이나마 그들을 통제할 수도 있지 않겠어요?"

ͦ

고치는 전략적 양보를 택했고, 덕분에 다제내성 결핵 치료법에 대해 논의할 수 있는 환경이 조성됐다. 하지만 그 논의는 이제 시작 단계에 불과했다.

공중보건 전문가들이 한자리에 모인 회의는 그곳이 스위스든 인도네시아든 아니면 보스턴이든 간에 장소와 관계 없이 비슷한 분위기로 진행된다. 큰 테이블이 몇 개 있거나 여러 개의 작은 테이블을 거대하게 이어 붙인 회의실에 모여 앉는다. 좌석마다 생수병과 명패가 놓인다. 커피 잔이 달그락거리는 소리, 슬라이드 프로젝트가 돌아가거나 딸깍 멈추는 소리, 각자 준비한 의견을 발표하는 소리, 줄임말과 전문용어가 난무하는 가운데 이따금 "완벽을 지나치게 추구하면 오히려 독이 될 수 있습니다" 같은 고리타분한 격언이 등장하기도 한다. 회의장 바깥에서는 소란이 펼쳐지기도 한다. 가령 이탈리아 출신 결핵 전문가가 캐나다 전문가를 험담하는 광경이 연출되는 식이다. "그 자식 턱에 주먹이라도 한 대 갈겨버릴까!" 하지만 회의장 내부는 대개 정적인 공기로 채워진다. 이어지는 토론에 귀를 기울이다 보면 어느새 내용은 안중에도 없고 사람들의 목소리에 정신이 팔리기 쉽다. 그 각각의 억양에 색깔을 붙일 수도 있을 것 같다. 카리브해 연안과 인도 지역 말씨에는 화려한 분홍과 보라색을, 일본어 억양에는 흑색과 백색을. 그런 식으로 소리로 색깔 놀이를 하다 보면, 지금 이 자리에서 수십억 인구의 삶에 영향을 미칠 수 있는 처방전이 작성되고 있다는 사실은 까맣게 잊히곤 한다.

큰 키에 마른 체격의 하이어트가 이번 회의의 의장이었다. 그는 늘 그래왔듯이 단어 하나하나에 의미를 실어 또박또박 신중하게 개회사를 전했다. 회의 분위기는 전반적으로 온건했지만 몇 가지 안건에 대해서는 뜨거운 설전이 오갔다. 그러던 중 회의 첫날 오후에 전혀 다른 종류의 논쟁이 시작됐다. 수염을 덥수룩하게 기른 알렉스 골드파브Alex Goldfarb 박사가 마이크 쪽으로 몸을 기울인 채 울림이 강한 러시아 억양의 영어로 선언하듯 말했다. "러시아의 결핵은 악몽입니다."

골드파브는 차림새가 어딘가 헝클어진 듯한 인상을 주는 미국인 미생물학자로, 구소련 말기에 정권에 저항하다가 미국으로 귀화했고, 이제 러시아의 결핵 확산을 통제하는 소로스 재단Soros Foundation에서 일하고 있었다. 그는 러시아의 교도소 수감자 중 10만 명이 활성 결핵을 앓고 있으며, 그중 대부분이 예산 부족 탓에 최악의 치료라고 할 수 있는 단일 약물 처방을 받고 있다고 설명했다. "악몽이라는 표현은 과장이 아니에요. 10만 명의 수감 환자가 자신이 다제내성 결핵인지 아닌지도 모른 채 죽을 날만 기다리고 있습니다."

그가 이끄는 연구팀은 현재 상황을 개선하고 '합리적인 접근법'을 시행하려고 준비 중이었다. 시범적인 DOTS 프로그램 사업 또한 그 노력의 일환이었다. 러시아에 다제내성 결핵 환자가 몇 명이나 있는지는 아직 정확히 파악되지 않았지만 최소한 감옥에서는 감염률이 상당하리라는 사실은 분명했다.

"어떻게 해야 할까요?" 골드파브가 질문을 던지고 스스로 답했다. "저는 전혀 모르겠습니다." 그는 파머를 바라보며 말을 이었다. "우리는 폴 파머 박사님이 리마의 환자 53명을 치료하면서 어떤 약을 썼는지, 비용은 얼마나 들었는지 알고 싶습니다. 최소한 교도소 내부의 결핵만큼은 통제해야 해요. 당장 러시아 전체에서 결핵균을 몰아낼 순 없겠지만 예산만 확보된다면 수감자들의 상황은 개선할 수 있을 겁니다. 그러니 비용은 아주 중요한 안건입니다."

파머는 비용이 가장 적게 들었던 케이스를 말하려고 머리를 굴렸지만 결국에는 사실대로 비용을 정확히 밝히기로 했다. "비싸지 않다는 게 아닙니다. 다제내성 결핵은 객관적으로 돈이 많이 드는 치료예요. 쉽게 해결할 수 있는 문제는 아니지만 소시오스의 하이메 바요나 박사가 앞서 이야기했듯 우리는 비록 적은 수의 환자지만 끝까지 치료하는 데 성공했습니다. 작은 성공이 가능하다면 궁극적으로는 큰 성공도 가능할 거예요…."

PIH에 찬성하는 어떤 이가 손을 들어 보충 의견을 말했다. 그녀는 세계적으로 다제내성 결핵에 대한 대응이 늦어진다면 그만큼 비용이 증가할 뿐이라고 주장했다. 하지만 다른 전문가는 반대 의견을 펼쳤다. "행여 리마 프로젝트와 같은 성공사례가 추가로 발생한다고 해도 이렇게 돈이 많이 드는 질병을 완전히 치료할 만큼 충분한 예산이 하늘에서 뚝 떨어질 것 같지는 않군요." 다른 참석자들도 저마다의 생각을 밝혔다. 또 다른 PIH 지지자가 말했다.

"이 회의는 예산을 확정하는 자리가 아닙니다. 지금 여기서 구체적인 비용 문제까지 결정할 필요는 없다고 생각해요. 다제내성결핵 문제가 세계의 주목을 받아야 할 만큼 심각하다는 점만 확실히 해도 충분합니다. 저는 의사로서 환자를 도울 것이며 환자에게 해를 끼치지 않겠다는 선서를 했지만, 비용 대비 효율을 따져가며 병을 골라서 치료하겠다는 서약은 한 기억이 없어요."

회의장에 있던 젊은 PIH 구성원들이 갈채를 보냈고, 골드파브 박사가 침착하고 냉정한 목소리로 그 말을 받았다.

"지금 저희가 처한 상황을 간단명료하게 말씀드리겠습니다. 현재 소로스 재단에는 600만 달러가 있습니다. 그중 300만 달러를 들이면 결핵 환자 5천 명에게 DOTS 프로그램을 제공할 수 있어요. 그중 10%가 다제내성 결핵이라고 가정하면 4,500명이 완치되고 500명은 병이 악화해 죽겠죠. 그들에게는 DOTS 치료가 먹히지 않을 테니까요. 이 시점에 재단에는 300만 달러가 남게 되는데, 우리는 이 돈을 어떻게 쓸지 결정해야 합니다. 첫 번째 선택지는 500명의 다제내성 결핵 환자를 살리는 것이고, 두 번째 선택지는 다른 지역에서 5천 명의 일반 결핵 환자를 치료하는 거예요. 자원은 한정적이고 우리는 선택을 내려야 합니다. 우리가 직면한 문제는 다제내성 환자 500명을 살리느냐 죽이느냐가 아니에요. 500명을 살릴 것이냐 5천 명을 살릴 것이냐의 문제입니다. 이건 지극히 현실적인 이야기예요. 우리가 가진 돈은 딱 600만 달러뿐이니까요. 이에 더해 만약 우리 재단이 수감된 다제내성 결핵 환자 한 명당 6천 달러를 썼다고 국민에게 말하면 교도소가 황금 궁전이냐는 비난이 쏟아질 거예요. 제한된 자원으로 결정적인 선택을 해야 하는 우리에게 이는 매우 중요한 문제입니다."

회의장이 술렁이기 시작했다. 하이어트 교수가 소란을 가라앉히기 위해 의사봉을 내리쳐야 할 정도였다. 그는 골드파브 박사에게 소로스 재단의 기금 일부를 이용해 DOTS와 다제내성 결핵의 상관관계를 밝히는 시범 프로젝트를 하는 방안은 없겠는지 물었다.

골드파브 박사의 대답은 냉정했다. "죄송합니다. 그건 어렵겠어요. 고치 박사님 같은 분의 목적은 환자 하나를 치료하는 것이 아니라 전 세계의 결핵 확산을 통제하는 것이지요. 그런 분과 저희는 우선순위가 다를 거예요. 저는 지금 시범 프로젝트 따위를 할 여유가 없습니다. 우리에게 중요한 건 시범이 아니라 현실이에요."

하이어트 교수의 목소리는 그보다 조금 더 부드러웠다. "제가 알기로, 한때 제 제자이기도 했던 고치 박사의 목적은 단순히 한두 해 동안 결핵의 확산을 막는 게 아닙니다. 그렇게 단기간에 전 세계의 결핵을 뿌리 뽑는 건 불가능하다는 걸 아니까요. 그의 최우선순위 목표는 향후 10년, 어쩌면 그보다 긴 기간에 걸쳐서 세계 각국의 결핵을 근본적으로 통제하는 것입니다."

PIH의 젊은 구성원들은 원망스러운 눈빛으로 골드파브를 바라봤다. 하지만 언젠가 반드시 직면하게 될 문제를 그가 수면 위로 끌어올린 것만은 분명했다.

⚲

다음 날 김용은 개회사를 맡아 흡입력 있는 연설을 펼쳤다. 그는

PIH 같은 소규모 단체가 어떻게 그토록 많은 비용과 노력이 들어가는 사업을 페루에서 시작할 수 있었느냐고 묻는 사람이 많다는 말로 서두를 열었다.

"너무나 당연한 질문입니다. 우리는 페루 리마에서 다제내성 결핵을 치료하기 위해 다른 잠재적 프로젝트, 예를 들어 아이티 어린이 4천 명에게 식량을 공급하는 일을 포기해야 했어요. 아이티에 한 번이라도 가보신 분들은 알겠지만 중부 고원지대에서 자기 땅 한 뼘 없이 농사를 짓는 소작 농민의 모습만큼 인간의 도덕심을 강하게 자극하는 장면도 없을 겁니다. 하지만 저와 PIH 구성원에게는 꿈이 있었습니다. 우리는 언젠가 이 회의장에 여러분과 나란히 앉을 날을 꿈꿨습니다. 결핵 올스타전에 참석해서 우리 목소리를 들려준다는 꿈을 꿨죠. 그래서 우리는 그 프로젝트에 뛰어들었습니다. 지역사회를 중심으로 다제내성 결핵을 치료할 수 있다는 사실을 증명한다면, 여러분과 같은 결핵 전문가와 함께 일할 기회가 올지도 모른다고 생각한 거죠. 그것이 바로 페루의 빈민을 괴롭히는 질병 문제를 해결하기 위해 자원을 확장하는 방법이라고 믿었습니다."

김용은 앞선 회의에서 다른 전문가들이 했던 발언을 인용했다. 그들은 결핵 퇴치라는 목적을 달성하려면 전 세계를 대상으로 결핵을 자국의 문제로 받아들이도록 '정치적 의지'를 끌어내야 한다고 주장했었다. 하지만 김용은 지도자가 해외 원조금과 세계은행 대출금의 30%를 횡령하는 콩고민주공화국 같은 나라에서는 이러한 정치적 의지를 기대하기 어렵다고 꼬집었다. 이런 나라의 경우 다제내성 결핵에 대응하는 재원은 나라 밖에서부터 지원돼야 한다.

"오늘날 세계에는 수십억 달러의 재산을 자랑하는 거부가 많습니다. 그 어느 때보다 많죠. 이제껏 경험하지 못한 어마어마한 부가 창출된 것입니다. 우리 같은 사람들, 학자들 사이에서 재원이 부족하다, 줄어들고 있다는 얘기가 나올 때는 빈민이 이슈가 될 때뿐입니다."

PIH의 리마 프로젝트는 다른 지역에서도 재현될 수 있다고, 그렇기 때문에 '영향력 있는 학계의 동의'와 '결핵 전문가 집단의 지지'가 매우 중요하다고 강조했다. 김용은 발언을 이어갔다.

"마지막으로 PIH와 같은 방향성을 지녔던 인류학자 마거릿 미드Margaret Mead의 발언을 인용하며 결핵 올스타전에서의 제 짧은 연설을 마무리하도록 하겠습니다. 미드는 이렇게 당부했습니다. '확고한 신념을 가진 개인으로 이뤄진 작은 집단의 크기만 보고 세상을 바꿀 수 있는 그들의 능력을 과소평가하지 말라."

그리고 잠시 침묵한 후 인용구를 마저 완성했다.

"실제로 세상을 바꾼 이들은 그들뿐이었다."

다른 길로
같은 곳에

결핵 통제 정책을 수립하는 관련 인사 중 상당수가 PIH의 목소리를 들었다. 페루에서의 성공적인 임상 결과와 약물에 내성이 강한 문화권에서는 DOTS 치료법이 실패할 가능성이 크다는 전염병학적인 근거가 그들의 주장을 뒷받침해줬다. 논의 끝에 DOTS 플러스 프로그램의 실현 가능성을 조사하는 위원회가 결성됐다. 그러나 다제내성 결핵 치료를 놓고 벌어지는 논쟁은 이게 겨우 시작 단계에 불과했다.

21세기로 넘어올 무렵, 세계 보건의료계에서는 김용의 낙관론과 거의 정반대인 관점이 우세했다. 이 관점은 최대 다수의 최대 행복을 추구해야 한다는 19세기 공리주의 철학을 바탕에 깔고 현실주의라는 무기를 휘둘렀다. 세계의 자원은 한정돼 있으며, 따라서 자원이 제한적인 수준을 넘어 부족하기까지 한 국가는 가진 것을 최대한 효율적으로 활용해야 한다는 것이 그들의 논리였다.

필요하다면 다른 나라나 국제기관이 간혹 도움을 주기도 했지만 부유한 기부자로부터 돈을 받아서 가난한 나라의 의료 환경을 개선한다는 목표를 이루고 싶다면 제안서를 작성한 뒤 '비용 효과성 분석'이라고 불리는 관문을 통과해야 했다.

비용 효과성 분석 기술은 처음에는 공학 분야에서 개발됐고 이후 전쟁과 의학 분야로 확장됐다. 의학 프로젝트나 공중보건 프로젝트를 추진할 때는 전반적인 비용을 계산한 뒤 예상되는 효과를 수치로 환산하고, 이를 다른 프로젝트의 투자비용 대비 잠재효과와 비교해 수치로 비교하는 식이었다. 파머와 김용 또한 캉주에서 새로 추진할 프로젝트를 계획할 때 비슷한 방식을 활용했다. 그러나 그들이 볼 때 세계 보건의료계의 권위 있는 조직은 불합리한 현실을 합리화하기 위해 이 분석도구를 남용하고 있는 것 같았다. 즉, 다제내성 결핵 치료가 뉴욕처럼 부유한 지역에서는 비용 대비 효과적이고, 리마처럼 가난한 지역에서는 그렇지 않다고 결론짓는 식이었다.

보스턴 회의가 열릴 무렵 PIH의 리마 프로젝트는 새로운 패러다임을 만들어가고 있었다. 이 프로젝트는 비용 효과성 분석이 깔고 있는 전제에 대한 철학적 문제 제기인 동시에 분석 결과의 사실성에 대한 도전이기도 했다. 세계보건기구는 다제내성 결핵 치료가 일반적으로 비효율적이라고 단정했지만 그 결론의 근거가 될 만한 대규모 임상실험은 시행된 적조차 없었다. 파머와 김용, 바요나가 이끄는 소시오스의 구성원들은 상대적으로 가난한 나라의 빈민가에서조차 효과적인 치료가 가능하다는 사실을 증명해

보였다. 결핵 통제 전문가들은 다제내성 결핵의 치료비가 터무니 없이 비싸다고 주장했지만 정작 높은 비용의 원인인 치료제 가격을 낮추려는 시도는 전혀 하지 않았다. 보스턴 회의 직후, 김용은 제네바에 위치한 세계보건기구 본부를 찾았고, 그곳 전문가 중 누구도 2차 결핵 치료제 중 딱 하나를 제외한 모든 약의 특허가 수년 전에 만료됐다는 사실을 모른다는 데 깜짝 놀랐다. 생각보다 큰 호응을 얻진 못했지만 어쨌든 그는 준비한 제안을 호기롭게 던졌다.

"우리는 치료제 가격을 90~95%까지 낮출 수 있어요."

호언장담했지만 사실 그는 치료제 가격을 그렇게까지 낮출 방법을 알지 못했다. 일단 큰소리부터 치고 방법은 나중에 찾는 것이 그의 전략이었다. 파머조차 "그야말로 거물급 전략인데"라며 인정할 수밖에 없는 대담한 발상이었다.

〰

김용은 한국에서 태어나 1970년대에 아이오와주 머스카틴 Muscatine에서 자랐다. 어린 시절부터 그는 이미 머스카틴이 자신의 꿈을 펼치기에 너무 좁다는 생각을 했다. 전통을 간직한 아기자기한 도시도, 그 곁을 따라 흐르는 멋진 미시시피강도, 여름밤이면 대기를 감싸는 향긋한 곡물 내음도, 심지어 달콤한 머스카틴 멜론의 향기도 그에게는 별 감흥을 주지 못했다. 지역 명물인 옥수수 따기 체험에도 딱 한 번 참여해봤을 뿐이다. 그렇지만 동네의 다른 모든 친구들처럼 그도 마크 트웨인이 머스카틴의 아름다운 노을에 찬사를 보냈다는 이야기를 자랑스러워했다. 다만 그 찬양이

늦잠 자는 버릇에 대해 트웨인 본인이 변명 섞인 우스갯소리를 한 데서 나왔다는 사실은 수십 년 후에야 알게 됐지만.

"일출도 일몰 못지않게 아름답다고들 한다. 나야 본 적이 없어서 모르지만."

짐의 아버지는 본래 북한 출신으로 힘겹게 고국을 탈출해 머스카틴에서 알아주는 치과의사로 자리를 잡은 인물이었다. 그가 운영하는 치과는 가장 번화한 메인 스트리트의 건물 2층에 있었다. 한편 어머니는 남한 출신이었다. 할아버지 대에 조선의 마지막 국왕인 순종 밑에서 높은 벼슬을 한 인물이 있을 정도로 이름 있는 양반 가문에서 태어난 그녀는 신학자 라인홀트 니부어Reinholt Niebuhr나 폴 틸리히Paul Tillich 등과 함께 유니온신학교Union Theological Seminary에서 공부했고 유교사상을 연구하는 학자가 됐다. 그러나 머스카틴에 정착한 뒤로는 몇 년 동안 가정을 돌보고 아이들을 교육하는 데 전념했다.

아담한 체구에 몸가짐이 우아한 그녀는 아직 골프를 배우기에는 한참 어린 자녀들을 데리고 골프 코스를 산책하곤 했다. 자신에게 낯선, 하지만 아이들이 자라나면서 배우게 될 이 새로운 나라의 스포츠를 미리 이해하기 위한 노력이었다. 머스카틴이 세상의 전부가 아니라는 사실을 아이들에게 가르쳐주기 위해 기회가 닿을 때마다 시카고나 디모인Des Moines 같은 인근 대도시로 데려갔고, 저녁 식탁에서는 토론하는 법을 가르쳐줬다. 이른 아침의 진료를 위해 일찍 잠자리에 들어야 했던 아버지는 무슨 대단한 이야기를 하느라고 잠도 안 자느냐며 살짝 투정을 부리곤 했다. 어머니는 짐에게 '영원히 사는 것처럼' 살라고 가르쳤으며, TV 뉴스에서 기아와 전쟁 장면을 보고 마음 아파하는 그에게 이러한 현실을 어떻게 해석해야 하는지 일러줬다. 짐은 어릴 때부터 그런 고통을 치유하는 의사를 꿈꿨고, 과학 과목에 특별한 재능을 보인 덕분에 그러한 관심은 더욱 깊어졌다.

그는 머스카틴 고등학교에서 미식축구부 쿼터백이자 농구부 주전 가드였고, 학생회장이자 졸업생 대표였다. 하지만 그의 가족은 중식당을 운영하는 중국인 가족을 제외하면 동네에서 유일한 아시아계였다. 아이오와 시내에 있는 쇼핑몰에 가면 어른들은 호기심 어린 시선으로 그들을 빤히 바라봤고 아이들은 그를 졸졸 따라다니며 놀렸다. 당돌한 애들은 가까이 다가와서 "이얍!" 하고 기합을 넣으며 가라데 폼을 잡기도 했다. 어린 시절의 짐은 부모님의 한국적인 특성이 부끄럽게 느껴질 때에 가장 외로웠다. "잘한다, 호카이!" 아이오와 주립대학 스포츠 팀들의 열렬한 팬인 아버지는 경기장에서 진한 한국식 억양의 영어로 외치곤 했다. 그때마다 짐은 아버지의 발음을 고쳐줬다. "아버지, 호카이가 아니라 호크아이즈Hawkeyes예요."

짐은 아이오와주립대학에 진학했다. 한동안은 작은 마을을 벗어났다는 해방감을 느꼈지만 아이비리그 대학이 훨씬 좋다는 말을 들은 뒤로는 아이오와 주립대학에 만족할 수 없었다. 그는 브라운대학으로 편입했고, 그곳에서 '제3세계 센터Third World Center'라는 단체에 가입했다. 센터 책임자 자리에 오를 정도로 열심히 활동하던 무렵에는 기득권 계층인 백인과 사귀어서는 안 된다는 부담을 느껴 아일랜드 출신의 여자친구와 헤어지기도 했다. 그 후로는 흑인과 히스패닉, 아시아계 학생과 주로 어울렸고 아프리카계 미국인 친구들에게 특유의 걸음걸이를 배워서 함께 거리를 누비곤 했다. 학부모 방문 주간이면 다 함께 검은 옷을 입고 캠퍼스를 돌아다니며 시위를 했는데, 30여 명의 흑인과 히스패닉 사이에 한국인 한 명이 끼어 있는 모습은 누가 봐도 눈에 띄었다. 그들은 격렬한 구호 시위와 위협적인 침묵 시위를 번갈아 진행하며 학부모들의 얼굴에 떠오르는 혼란스럽고 당혹스러운 표정에 묘한 쾌감마저 느꼈다.

짐은 브라운대학교에 다니면서 미국이 제2차 세계대전 당시 일본계 미국인들을 강제로 억류했다는 역사적 사실을 새로이 알게 됐다. 그는 자료를 통해 확인한 내용을 친구들에게 알렸다. 그는 아시아계 학생이라면 같은 인종으로서 연대해야 한다고 생각했다. 당시까지만 해도 그는 이것이 얼마나 복잡하고 민감한 문제인지 알지 못했다. 가령 그는 역사적 이유로 한국인이 일본인에게 적대감을 느낀다는 사실 등을 한참 나중에야 알았다. 그는 '아시아계'라는 개념에 대해 혼란을 느꼈다. 브라운대학교의 아시아계 친구들은 젓가락으로 식사를 하거나 같은 피부색을 지닌 친구들과 어울리는 데서 자신의 정체성을 찾는 것 같았다. 그들에게 가장 중요한 이슈는 이른바 '유리 천장'이라고 불리는, 아시아 출신 인재가 각종 기관이나 조직에서 최고의 자리까지 올라가지 못하는 사회적 불평등이었다.

사실 자신이 억압받는 소수의 일원이라는 생각은 굉장히 매혹적인 구석이 있었다. 짐은 비로소 한국어를 배우기로 결심했다. "저는 한국어를 배우고 싶었고, 같은 민족 출신 사람들과 어울리고 싶었어요. 공식적인 제3세계 출신이 되어 마음 내키는 대로 세상을 비판할 수 있게 되길 바란 거죠." 그는 대학원에서 연구원 자격으로 서울에 갈 수 있는 지원비를 받았고, 마침 준비 중이던 박사 논문에 꼭 어울리는 흥미로운 주제를 발견했다. 그 주제는 바로 '한국의 제약산업'이었다. 서울에 도착한 그는 연구를 진행하는 동시에 한국 사회에 동화되기 위해 최선을 다했다. 새로 사귄 한국인 친구들과 술을 마시고 노래방에 다녔으며, 화장실에 가서 〈마이 웨이〉 같은 팝송 가사를 외우고 나서야 마이크를 잡았다.

아이오와를 떠날 무렵만 해도 그는 미국에 사는 대부분의 소수 민족 출신과 마찬가지로 민족 정체성이 자기 삶에서 가장 중요한 문제라고 확신했었다. 하지만 한국에서 하버드로 돌아와 의학 공부를 계속하며 논문을 쓰는 동안, 소위 '민족 정체성의 정치'라고 불리는 학계의 담론에 점점 피로를 느꼈다. 이러한 담론의 밑바탕에는 결국 이기주의가 깔려 있는 것 같았다.

"실제로 가보니 한국은 생각보다 별 문제가 없었어요. 그곳 친구들이 제게 바라는 건 유학에 필요한 연구 보조금 제안서를 영어로 써주는 것 정도였죠. 저는 그곳의 학생운동도 자세히 관찰했어요. 하지만 학생들은 오직 한국의 민족주의에만 관심이 있었어요."

파머와 처음 만났을 때, 짐은 이미 민족 담론에 대한 시각을 바꿀 준비를 마친 상태였다. 하루는 낡은 건물에 있는 원룸 형태의 PIH 사무실에서 이야기를 나누던 중 파머가 그에게 말했다.

"아이티에 가면 너도 결국 흰둥이야. 내가 직접 보여줄게. 너도 세상의 그 어떤 백인 못지않게 하얗다는 걸 말이야."

짐은 브라운대학교에서 만난 흑인과 히스패닉, 아시아계 친구들을 떠올렸다. 그들이 방금 전 파머의 말을 들었다면 분노로 길길이 날뛰었을 것이다.

그는 파머에게 머스카틴에서부터 줄곧 자신을 따라다녔던 '자기혐오와 민족성으로부터 도피하고자 하는 욕구'에서 비로소 해방됐다고 털어놨다. 파머가 그런 그에게 말했다.

"네 시야가 그만큼 넓어졌다니 다행이야. 하지만 이젠 그조차 다 떨쳐버려야 해. 자, 그럼 이제부터 뭘 할 생각이야? 달 위를 걸은 최초의 아시아인이라도 될 거야?"

짐이 파머와 함께 가난한 사람들을 위해 평생을 바치고 싶다고 다짐하기까지는 오랜 고민이 필요하지 않았다. 짐은 지금까지 자신의 삶이 항상 더 새로운 것, 더 크고 좋은 것에 매달리는 과정이었다고 생각했다. 어쩌면 그것은 머스카틴 같은 작은 시골 마을에서 세계적인 시야를 가진 어머니의 교육을 받으며 자라난 결과였을지도 모른다. 오필리아가 그를 이렇게 놀릴 정도였다. "네 진짜 정체성은 코리아Korea가 아니라 커리어Career인 것 같아."

짐 또한 나와의 대화에서 자신의 저돌적인 성향을 인정했다. "어떤 문제에 대해 내 나름대로 고민해서 생각을 정리하고 나면 그 문제가 다 해결된 것처럼 생각하는 경향이 있죠." 하지만 이 말은 어느 정도 겸손에서 우러나온 과장인지도 모른다. 10년간 PIH에 헌신하면서 가장 하찮은 일도 마다하지 않았던 그의 지난날을 돌아보면 그가 단순히 의욕만 앞서고 책임을 지지 못하는 인물이 아니라는 사실을 금방 알 수 있었다. 그의 가장 큰 재능은 열정이었다. 진심이 담긴 그의 연설은 수많은 학생을 PIH로 끌어들였다. 그들이 세상을 바꿀 수 있을까? 당연히 바꿀 수 있다고 그는 생각했다. 그의 믿음에는 흔들림이 없었고, 무엇보다 '신념을 가진 개인으로 이뤄진 작은 집단'이 그 꿈을 직접 실현하리라는 확신이 있었다. 그는 종종 PIH를 이렇게 설명했다.

"사람들은 우리를 보고 비현실적이라고 합니다. 우리가 미쳤다는 걸 모르고 하는 소리죠."

☙

과거 한국 제약업계를 연구하면서 짐은 약품의 가격이 그야말로 '약장수 마음대로' 정해진다는 사실을 알게 됐다. 필요성이나 제조 비용, 혹은 유통 비용과는 아무런 상관이 없었다. 비싼 약값은 대부분 독점구조 때문에 생겨났다. 기업은 보통 특허를 통해 이런 독점권을 보장받는데, 이미 특허가 만료된 결핵 2차 치료제는 이에 해당되지 않았다. 당시 기준으로 전 세계 다제내성 결핵 환자는 약 75만 명으로 추산됐고, 치료 기간이 긴 이 병의 특성상 모든 환자를 치료하려면 상당히 많은 약이 필요했다. 다시 말해, 결핵 2차 치료제는 잠재 수요가 굉장히 큰 상품이었다. 하지만 현실에서는 감염자 대부분이 빈곤층에 속해 실수요가 적었고, 당연히 이 약을 만들려는 회사도 많지 않았다. 결과적으로 2차 치료제의 가격은 약을 만든 이들이 원하는 대로 정해졌다.

세계적인 제약회사 일라이릴리Eli Lilly가 제조하는 2차 치료제 카프레오마이신Capreomycin을 예로 들어보자. 파머의 끈질긴 요청을 받은 끝에 일라이릴리는 PIH의 리마 프로젝트에 한해서 카프레오마이신을 병당 21달러로 낮춰줬다. 참고로 파머와 짐은 브리검 병원에서 같은 회사가 만든 같은 약을 병당 29달러 90센트에 구입했다. 그런데 얼마 후, 두 사람은 이 약이 파리에서 고작 8달러 80센트에 판매된다는 사실을 알게 됐다. 파머는 파리의 의약품 유통업체를 접촉해 같은 가격에 약을 구입하려 했지만 거래상은 불가능하다며 그 이유를 설명했다. "전 세계적으로 카프레오마이신 공급이 부족해서 어쩔 수가 없네요."

"어째서 공급이 부족하죠?"

"무슨 긴급 상황이 발생했나 봐요."

"어디에서요?"

"페루 리마에서요."

짐은 하이어트 교수를 찾아가 이 얘기를 전했고 하이어트가 말했다. "제조사가 약값에 바가지를 씌우는 것 같군." 사실 나라별로 가격을 다르게 하는 이른바 '차등책정 방식'은 제약업계에서 이미 공공연한 사실이었다. 가령 미국 시장에는 일반적으로 같은 약이 가장 비싼 값에 풀렸다. 하이어트는 일단 일라이릴리에 이사로 근무하는 지인을 통해 회사 측과 접촉해보기로 했다. 어쩌면 리마 프로젝트에 약을 무상 기부함으로써 브랜드 이미지를 높일 수 있다는 제안이 그들의 구미를 당길 수 있을지도 몰랐다. 그와 동시에 하이어트와 짐은 약값을 낮추기 위한 작전을 다각도로 펼치기 시작했다.

짐은 세계보건기구로부터 더 많은 제약회사가 2차 결핵 치료제를 생산하도록 장려하는 취지의 회의를 개최하겠다는 약속을 받아냈다. 제약회사들 간에 경쟁을 부추겨 약값을 낮춘다는 전략이었다. 무슨 이유에선지 세계보건기구는 얼마 후 손을 떼겠다고 통보했지만, 짐은 개인적으로 제약회사에 연락을 돌린 끝에 결국 보스턴에서 회의를 개최하는 데 성공했다. 그는 과장된 말투와 극적인 연기력을 아낌없이 펼쳤다. 숫자가 빼곡히 적힌 슬라이드를 띄워놓고 2차 치료제의 엄청난 잠재 수요를 반복해서 강조하기도 했다. 사실 잠재 수요를 설명하는 모든 숫자는 정확했다. 다만 다제내성 결핵 환자 중 상당수가 극빈층에 속한 탓에 실제 구매력이 현저히 낮을 뿐이었다.

짐의 연극이 100% 의도한 결과를 가져오지는 않았지만, 다행히 청중 가운데 네덜란드 출신의 20대 청년 귀도 바커Guido Bakker 가 앉아 있었다. 바커가 소속된 비영리단체 국제의료지원협회 International Dispensary Association, IDA 는 주로 가난한 나라에 당장 필요한 필수의약품의 가격을 낮추는 활동을 했다. 바커는 짐의 메시지를 정확히 이해했고, 2차 결핵 치료제의 가격을 반드시 현재 수준으로 유지해야 한다고 주장하는 제약업체 측의 발언에 주체할 수 없는 분노를 느꼈다. 그는 그 자리에서 국제의료지원협회를 대표해 선언했다. "IDA는 다제내성 결핵 치료약의 가격을 낮추는 데 모든 노력을 기울일 겁니다. 특히 제네릭을 제조하는 제약회사와 접촉해 이러한 노력에 박차를 가하겠습니다."

IDA의 전략은 신약 개발과 브랜드 상표권, 특허권 보호를 최우선순위로 삼는 거대 다국적 제약회사 대신 기존 약품의 제네릭을 제조하고 판매하는(가령 '타이레놀'과 성분은 같되 이름은 다른 해열진통제를 만드는) 수많은 소규모 제약회사를 공략하는 것이었다. 짐은 이것이 일라이릴리를 설득한다는 자신의 전략보다 훨씬 효과적이라고 판단했다. 매사에 더 새롭고 더 나은 아이디어를 추구하는 짐의 성격은 때로 피곤한 일을 만들기도 했지만 이 순간만큼은 최고의 강점으로 빛을 발했다. 그는 출처에 상관없이 효과적인 아이디어라면 무조건 수용했다. 성공한 '자본가'로부터 비결을 배우기 위해 경영자들이 쓴 자기계발서를 손에서 놓지 않는 사람이 그였다. 그는 귀도 바커의 아이디어를 적극적으로 수용했다. 그날부터 IDA는 그 유명한 국경없는의사회와 손을 잡고 2차 결핵 치료제를 만들어줄 소규모 제약회사를 물색하기 시작했다. IDA는 몇몇 회사에 약을 제조하라고 직접 설득했고, 향후 생산될 약의 유통과 품질 관리까지 책임지겠다고 했다. 그리고 국경없는의사회는 첫 출하 물량을 구매하는 데 드는 비용을 기부했다.

　　하지만 그보다 먼저 해결해야 할 문제가 쌓여 있었다. 짐은 마치 '닭이 먼저냐 달걀이 먼저냐' 문제를 마주한 철학자가 된 기분이었다. 약값을 낮추려면 수요가 많다는 사실을 증명해야 하는데, 실제 수요가 늘어나려면 먼저 약값이 낮아져야 했다. 가격을 내리려면 제네릭 제조업체의 협조가 필요하고, 그들의 참여를 이끌어내려면 세계보건기구를 통해 2차 치료제를 필수의약품 목록에 올려야 하는데, 현재 거의 사용되지 않는 약물을 '필수의약품'으로 분류할 근거가 없었다. 이 모순의 연결고리를 끊기 위해 짐은 세계보건기구가 2차 결핵 치료제를 필수의약품으로 분류할 수 있도록 로비 활동을 시작했다.

세계보건기구는 각 질병의 치료법에 대한 지침과 표준을 설정하고, 권장 접근법을 매뉴얼로 만들어 배포하며, 필요한 경우 자문 역할도 한다. 세계 각지에서 들어온 보건 관련 정보를 확인하고 불만사항을 처리하는 것도 그들의 역할이다. 무엇보다 세계보건기구는 전염병 관련 데이터를 수집하고 배포하는 중요한 임무를 수행한다. 하지만 유엔의 다른 모든 산하기구와 마찬가지로 이 조직 역시 만성적인 예산 부족과 관료제에 얽매여 있으며, 특히 논란의 여지가 있는 이슈 앞에서 소극적으로 움츠러드는 경향을 보였다. 비판적인 시각을 지닌 사람들은 세계보건기구의 슬로건이 '천천히 합시다'와 '우리 잘못이 아닙니다'가 아니냐며 비꼬기도 했다. 심지어 PIH에 누구보다 우호적인 입장을 보이던 담당자도 저명한 결핵 전문가들이 2차 치료제를 필수의약품 목록에 올리는 데 반대한다는 입장을 밝히자 지레 겁을 먹고 한 발 물러섰다. 일부 전문가는 이 계획의 성공 가능성을 믿지 않았고, 개중에는 만에 하나라도 계획이 성공하면 치료제가 지나치게 많이 보급될 수 있다며 우려를 표하는 이들도 있었다.

이러한 우려의 목소리가 전혀 일리 없는 것은 아니었다. 세상에는 가장 기초적인 의료 서비스조차 제공되지 않는 궁핍한 지역이 수없이 많고, 병원과 진료소가 있더라도 의료진에게 능력과 책임감이 부족한 경우도 부지기수였다. 현실에서는 탐욕스러운

286

의사와 간호사가 암시장에 약을 내놓고, 절박한 환자들이 먹을 것을 사기 위해 치료제를 내다팔고, 돌팔이 약사가 결핵약과 기침약을 헷갈리는 일이 얼마든지 일어날 수 있다. 이런 상황에서 2차 결핵 치료제를 아주 낮은 가격에 유통시키면 오히려 그 어떤 약으로도 치료가 불가능한 강한 내성을 지닌 결핵균을 배양하는 꼴이 될 수도 있었다.

하지만 짐은 그들이 우려하는 부작용이 이미 곳곳에서 벌어지고 있다는 사실을 거듭 강조했다. 소시오스를 찾아온 리마의 환자 중에는 2차 치료제에도 내성을 보이는 이들이 있었으며, 그중에는 말 그대로 현존하는 모든 약에 내성을 가진 결핵 변종을 앓는 환자도 있었다. 상황을 더욱 악화시키지 않는 유일한 방법은 충분한 재정적 뒷받침 아래 DOTS에 효과적인 다제내성 결핵 치료 프로그램을 결합하는 것뿐이었다.

자신의 주장에 확신을 갖고 있긴 했지만 짐은 한편으로 반대론자들의 의견 또한 간과해선 안 된다고 생각했다. 저렴한 약물의 유통을 실질적으로 통제할 방법을 마련하지 못한다면 심각한 문제가 발생할 수 있다. 그는 얼마 전에 제네바의 세계보건기구 본부로 파견한 젊은 PIH 직원에게 연락해 지시했다.

"참고할 만한 선례를 찾을 수 있는지 확인해주세요."

며칠 후, 직원은 수막구균 백신의 유통을 통제하기 위해 그린 라이트 위원회Green Light Committee라는 국제조직이 결성된 사례를 확인했다고 보고했다. "바로 이거야! 우리도 똑같은 전략을 씁시다. 2차 치료제 유통을 통제하는 위원회를 만드는 거예요." 짐이 기쁨에 차서 말했다.

"이름은 뭐라고 하죠?" 직원이 물었다.

"레드라이트 위원회는 별로겠죠? 그냥 그린라이트 위원회라는 이름을 그대로 사용하면 어떨까요? 그러면 성공적인 선례를 잘 따른다는 인상을 심어줄 수 있을 거예요."

짐의 아이디어는 간단했다. 위원회를 결성해 2차 치료제의 최종 배급을 책임지도록 하는 것이다. 일단 약값이 떨어지면 위원회에 실질적인 힘이 생길 터였다. 저가에 약을 구매하고자 하는 조직 혹은 기관에는 지금까지 DOTS 프로그램을 제대로 운영해왔다는 증명과 함께 다제내성 결핵 확산을 막기 위한 현실적인 계획을 요구할 예정이었다. '결핵'들도 대부분 이 아이디어를 지지했고, 결국 세계보건기구는 필수의약품 목록에 2차 결핵 치료제를 포함시킨다는 최종 협의안을 승인했다.

가격 인하는 단계적으로 이뤄졌다. 2000년에 그린라이트 위원회를 통해 치료제를 구매한 조직은 총 네 가지의 2차 치료제를 1996년 가격 대비 95% 저렴한 가격에, 두 가지 치료제는 84% 저렴한 가격에 받을 수 있었다. 하이어트와 짐은 일라이릴리를 설득해 항생제 두 종을 대량으로 기부받는 데 성공했고 다른 치료제의 가격도 대폭 낮추기로 합의했다. 이 시점에 카프레오마이신 가격은 병당 98센트까지 떨어졌다. 파머와 짐이 리마로 향하는 길에 브리검 약국에서 구입한 것보다 무려 97%나 저렴한 가격이었다. 한때 세 종류의 치료제에 저항성을 보이는 다제내성 결핵 환자 한 명을 치료하기 위해 PIH가 지불해야 했던 돈은 1만 5천 달러였지만,

이제는 그 10분의 1로 치료할 수 있게 됐고 그조차도 점차 저렴해지고 있었다. 논란은 끊이지 않았지만 이제 적어도 비싼 치료비 때문에 가난한 나라에서 다제내성 결핵을 치료할 수 없다는 주장은 그 누구도 펼 수 없게 됐다.

세계보건기구의 결핵 담당자 중에는 초창기에 그린라이트 위원회의 결성을 반대해놓고, 시간이 지나자 위원회 결성이 자신의 아이디어인 양 말하고 다니는 사람도 있었다. 하지만 파머와 짐의 목소리에 기꺼이 응답해준 귀도 바커와 국경없는의사회를 비롯하여 치료제 가격 하락에 실질적으로 도움을 준 이들도 많았다. 나와의 인터뷰에서 바커는 겸손하게도 모든 공을 짐에게 돌렸다.

"짐이야말로 이 계획을 성공으로 이끈 사람이에요. 곁에서 지켜본 그의 추진력은 그야말로 어마어마했습니다. 정말로 최소한 85%는 짐의 공이에요."

리마 프로젝트가 시작된 이후 파머와 짐은 만나는 횟수가 눈에 띄게 줄었다. 주로 이메일을 통해 연락하던 그들은 오스트리아 잘츠부르크에서 열린 결핵 관련 회의에서 오랜만에 재회했다. 짐이 회의 내용이 푹 빠져 있는 동안 폴은 지루해서 거의 잠들 뻔했지만, 회의가 끝난 후 그들은 오랜만에 둘이서 오붓하게 저녁을 먹기로 했다. '가난한 이들에게 우선권을'이라는 비전 외에도 파머와 짐의 성향은 많은 부분에서 비슷했다. 액션 영화와 〈피플〉 지를 좋아했고(두 사람은 이 잡지를 '대중적인 연구의 장'이라고 평가했다) 자극적인 음식을 좋아하는 입맛도 비슷했다. 파머는 모든 음식에 소금을 듬뿍 뿌려 먹었고, 짐은 '세상 모든 음식은 기름에 볶은 것과 아닌 것으로 나눌 수 있다'라고 말할 정도로 기름진 음식을 좋아했다. 한동안 얼굴을 맞대고 얘기할 기회가 없었던 그들은 피자를 먹으며 오늘의 만남을 축하하기로 했다.

　그날 저녁, 짐은 여러 가지 고민으로 머리가 복잡한 상태였다. 그는 몇 년 전 파머의 권유로 전염병 전문의의 길을 택했다가 몇 달 만에 그만둔 적이 있었다. 환자를 치료하는 일도 좋았지만 리마 프로젝트를 경험하는 동안 그는 전혀 다른 차원의 의학을 접했고, 그가 흥미와 열정을 느끼는 것은 공중보건을 둘러싼 굵직한 이슈라는 것을 비로소 깨달았다. 국제적으로 결핵을 통제할 방안을 논의하기 위해 회의실에 몇 시간씩 앉아 있는 일이 그에게는 큰 즐거움이었다. 하지만 국제보건 정책을 수립하는 일을 하고 싶다고 털어놓기가 왠지 부끄러웠다. 친구의 머릿속을 귀신같이 꿰뚫어 보곤 하던 파머는 짐 대신에 먼저 입을 열었다.

　"이제 어떤 일을 하고 싶어?"

　짐은 자신이 솔직하게 대답할 수 있도록 먼저 화두를 던져준 파머에게서 따스한 진심을 느꼈다. "난 정치적인 일에 관심이 있나 봐. 누군가는 해야 할 일이기도 하고. 환자 개개인을 돌보는 것보다 이쪽이 더 적성에 맞는 것 같아. 가난한 이들에게 우선권을 준다는 비전을 세계적인 차원에서 실현하고 싶어."

　"그럼 그렇게 하면 되잖아."

　"하지만 우린 언제나 공중보건 정책 결정자들이 개인적인 이해관계만 따진다고 비난해왔잖아. 그런 인간들은 자기 잇속만 챙기기 급급해서….”

“맞아. 그랬지. 하지만 우리는 널 믿어. 너는 절대로 네 이익을 위해 어려운 이들을 모른 척할 사람이 아니야.”

짐은 종종 파머에게서 주변 공기를 가득 채울 정도로 강한 자신감이 뿜어져 나온다고 생각했다. 브리검 병원에서 함께 근무하던 시절, 파머는 아이티에서 돌아오자마자 약속을 잡을 새도 없이 짐을 찾아와 이렇게 말하곤 했다.

“잠깐 나와. 걸으면서 얘기 좀 하자.”

그의 말투에서는 짐이 지금 무슨 일을 하고 있든 자신과 나눌 대화가 그보다 더 중요하다는 확신이 묻어났다. 짐은 수년간 몇 번이나 공항으로 파머를 마중 나갔지만 파머는 단 한 번도 그를 데리러 오지 않았다. 둘 사이에 논쟁이 벌어질 때면 대개 파머가 이겼고, 결과가 그 반대일 때도 짐은 왠지 파머가 이겼다고 느끼도록 해줘야 할 것 같았다. 짐은 파머를 자주 칭찬했고 그때마다 파머는 “고마워. 그 말을 꼭 듣고 싶었어”라고 대답했다. 어느 날 짐이 파머에게 볼멘소리를 한 적이 있다. “넌 어째서 칭찬을 받기만 하고 해주지 않아?” 그때 파머는 깜짝 놀란 표정으로 말했다. “항상 하잖아. 아닌가?”

짐은 자신과 파머가 ‘배다른 쌍둥이’ 같은 존재라고 말하곤 했다. 그리고 잘츠부르크에서 피자를 먹던 그날 밤, 그는 형의 축복을 받으며 비로소 어른이 됐다.

짐은 파머와 함께 오랜 시간 일하며 그의 많은 부분을 닮아갔다. 두 사람의 철학적 견해는, 특히 세계 공중보건계가 성서처럼 신봉하는 통념에 대한 비판적 시각은 거의 한 사람의 생각처럼 차이가 없었다. 짐이 언젠가 내게 말했다.

"인류는 늘 똑같은 기준으로 도덕적으로 옳은 일과 그렇지 않은 일을 구분하지 않았습니다. 그 기준은, 그러니까 근본적인 사고의 틀은 끊임없이 변화해왔죠. 여성의 발을 동여매는 전족 풍습은 지구에서 사라졌고 이제 누구도 노예제도를 지지하지 않습니다. 파머와 저는 인류학자입니다. 끝없이 변화하는 세상의 속성을 누구보다 잘 이해하고 있죠. 문화도 매 순간 변합니다. 광고계 사람들을 보세요. 그들은 앞장서서 끊임없이 인위적으로 문화를 바꾸고 있습니다. 그런데 왜 '우리'는 그렇게 하지 못합니까? 세계 보건당국의 높으신 분들은 편안한 의자에 앉아서 이렇게 말하죠. '세상이 더 나아질까? 글쎄, 누가 알겠어? 어쨌든 폴 파머처럼 유난스러운 부류는 금방 지쳐 나가떨어질 거야. 그때도 우리 충직한 일꾼들은 인구 1인당 2달러 27센트인 공중보건 예산을 가장 효과적으로 쓸 수 있는 방법이 뭔지 열심히 고민해야겠지.'"

'자원은 언제나 한정적이다.' 이 격언은 세계 공중보건계에서 대단한 힘을 발휘한다. 비용 효과성 분석의 바탕에는 거의 이러한 전제가 깔려 있다. 자원이 한정돼 있다는 말은 보통 '현실적으로 생각하라'는 말과 통했다. 하지만 파머와 짐의 생각에는 어떻게 특정 지역에서 자원이 그토록 모자라게 됐는지 그 원인에 대해 제대로 고려하지 않고 모두들 그저 자원이 부족하다는 말만 앵무새처럼 반복하는 것 같았다. 마치 신이 아이티에 가난을 내리기라도 한 것처럼 당연하게 받아들였다.

엄밀히 말하면 자원이 부족하지 않은 곳은 없습니다, 파머는 연설을 할 때면 종종 말하곤 했다. "하지만 오늘날 인류는 그 어느 때보다 풍족한 자원을 누리고 있습니다." 다시 말해, 현대 의학은 수많은 전염병을 통제할 수 있는 의학적 도구를 갖고 있고, 이제 누구도 돈이 부족해서 그런 도구를 활용하기 어렵다고는 말할 수 없다는 뜻이었다.

그런데 최소한 PIH에서만큼은 이 격언이 절대적인 진실이었다. 톰 화이트가 기부한 수백만 달러는 리마 프로젝트에 필요한 치료제를 구입하느라 순식간에 바닥났다. 오필리아는 전체 기부금 중 일부를 떼어 비상용 기금을 마련하기 위해 노력했고, 한때는 100만 달러가 넘는 자금이 모인 적도 있다. 하지만 그 돈도 마지막 한 푼까지 리마로 흘러 들어갔다. 게다가 톰 화이트는 이제 80대의 노인이었고 그가 계획했던 대로 재산은 거의 바닥이 나 있었다. 2000년대 초반, 오필리아는 PIH의 재정 관리 책임자로서 파머와 짐에게 메일을 썼다.

친구들,
우리는 아주 큰돈이 필요해. 매달 고정 지출로만 직원 급여 4만 달러, 아이티 예산 6만 달러, 페루 예산 3만 5천 달러가 나가는데 화이트

씨의 기부금만으로는 버틸 수 없어. 대출 이자며 각종 보험료와 공과금 등은 제외한 비용이 이 정도야. 뭔가 좋은 아이디어 없을까?

세 친구는 이른바 '분산 전략'을 구상했다(화이트가 없는 곳에서는 '화이트 씨 사후 대책'이라고 부르기도 했다). 2차 치료제 가격이 떨어지면서 당분간 리마의 환자들을 계속 진료할 수 있게 됐지만 재정을 확보하지 못하면 앞으로 1~2년만 있으면 그것도 그만둬야 할 형편이었다. 게다가 몇 년 전 폴이 맥아더 지원금을 받으면서 설립했던 PIH의 연구부서도 지속적으로 유지하기 어려웠다. 이대로라면 아이티 한구석에서 열악한 의료 시스템을 겨우 유지하는 수준으로 만족해야 할 판이었다. "그건 계란으로 바위 치기만 계속하는 격이지"라고 짐은 말하곤 했다.

물론 짐에게는 대안이 있었다. 그는 PIH가 결핵 통제에 필요한 자원을 확보하는 동시에 입지를 굳힐 방법을 떠올렸다. 그들은 이미 리마 북부의 판자촌에서 다제내성 결핵의 확산을 저지한 경험이 있었다. 이를 바탕으로 페루에서 전국적인 프로젝트를 제안하고, 나아가서는 전 지구에서 결핵을 쓸어버리는 계획을 가동하는 것이다. 그들은 결핵이라는 무서운 질병을 퇴치하는 것이 가능함을 증명하고 그 방법을 직접 선보일 역량을 갖고 있었다. 일이 여기까지 잘 진행된다면 한 걸음 더 나아갈 수도 있다. 이렇게 결핵을 퇴치했다면 에이즈라고 왜 못 쓸어버리겠는가?

1년이 넘도록 짐은 '거물급 지원 단체'들과 가까워지기 위해 애썼다. 그중에서도 가장 큰 기관은 단연 빌 게이츠가 세운 게이츠 재단Gates Foundation으로, 기금 규모는 220억 달러에 달했으며 연간 수입의 절반인 약 5억 5천만 달러를 세계 각지의 보건 상황을 개선하기 위한 프로젝트에 지출할 계획을 가지고 있었다. 하이어트 교수는 파머와 짐에게 게이츠 재단의 선임 과학고문인 빌 페기Bill Foege를 소개해줬다. 페기는 천연두 퇴치에 큰 공을 세운 인물로, 얼핏 불가능해 보이는 문제를 고정관념을 완전히 깨는 방식으로 접근하는 것으로 정평이 나 있었다. 페기는 PIH의 활동에 긍정적인 입장을 보였고, 희망을 얻은 짐은 곧바로 재정지원을 받기 위한 제안서를 작성하기 시작했다. 얼마 후 배다른 쌍둥이는 모스크바에서 다시 만났고, 숙소로 잡은 홀리데이 인Holiday Inn의 침대에 나란히 걸터앉아 요청할 지원금 규모를 상의했다. 두 사람의 의견은 서로 달랐다. 파머는 200만 달러, 아니 400만 달러를 요청하는 게 좋겠다고 제안했다.

"아니, 우리는 4,500만 달러를 요청할 거야." 짐이 말했다.

파머는 상대가 그렇게 많은 돈을 내줄 리 없다고 대꾸했고, 짐은 파머가 토론할 때 가장 즐겨 쓰는 말을 빌려 반박했다.

"도대체 무슨 근거로 그렇게 주장하는 거지?"

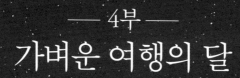

—— 4부 ——
가벼운 여행의 달

절망을
모르는 사람

"전 세계적으로 다제내성 결핵이 해결할 수 없는 문제처럼 인식되던 때가 있었습니다. 그 고정관념을 폴과 짐이 깨부쉈지요." 2000년의 어느 날, 하이어트 교수가 브리검 병원에 있는 그의 사무실에서 내게 말했다. 그는 이러한 진전이 매우 큰 의미를 지닌다고 강조했다.

"매년 적어도 200만 명 이상이 결핵으로 죽어갑니다. 만약 전체 환자 중에서 다제내성 결핵 환자가 차지하는 비율이 높아진다면, 상황을 반전시킬 효과적인 프로그램이 개발되지 않는 한 희생자 수는 200만에서 그치지 않고 급격히 증가할 겁니다."

사실 다제내성 결핵은 세계 공중보건계가 떠안고 있는 거대한 문제의 극히 일부에 불과했다. 결핵과 에이즈는 21세기의 시작에 우울한 그림자를 드리웠다. 여기에 말라리아 대유행까지 더하면 인류가 지난 수 세기 동안 볼 수 없었던 전염병 재난사태를 마주하고 있다는 사실이 분명해졌다. 14세기 유럽의 흑사병이나 아프리카 원주민을 거의 전멸시킨 무시무시한 돌림병 이후 처음 마주하는 대위기였다. 하이어트는 파머가 이러한 재난에 맞서 싸워야 하며, 이슈가 심각한 만큼 대응의 규모도 그에 걸맞은 수준이 돼야 한다고 생각했다.

"파머는 아이티에서 일대일로 환자를 진료하는 데 1년 중 6개월을 쏟아부어요. 만약 그가 그 시간을 러시아나 다른 동유럽 국가에서 죄수들의 결핵 감염 사태를 해결하는 데 쓴다면 어떻게 될까요? 남아프리카 지역의 에이즈 문제나 전 세계적인 말라리아 퇴치 프로그램에 뛰어든다면요? 파머는 어디서 무슨 일을 하든 대단한 업적을 남길 겁니다. 그가 리마의 다제내성 결핵 사태에 시간의 일부를 투자한 결과 어떤 일이 일어났습니까? 그가 뛰어난 의술과 예리한 통찰력으로 무슨 일을 해냈는지 보세요! 저는 그에게 아이티 프로젝트에서는 자문 역할만 맡고, 진료를 볼 시간에 세계적인 규모의 각종 공중보건 프로젝트에 더 집중하라고 계속 설득해왔습니다."

어느새 마흔이 된 파머는 하이어트 교수의 바람처럼 의료 실무를 떠나 경영자 역할을 할 자격을 충분히 갖추고 있었다. 학계에서 그의 명성은 날이 갈수록 높아졌다. 하버드 의과대학 종신 교수 자리에 내정돼 있었고, 의료인류학계에서 수여하는 굵직한 상은 모두 휩쓸었다. 동료 의사들은 그가 의료인류학 분야를 재정립했다고 입을 모아 칭송했다. 임상 분야에서의 지위도 탄탄해서 미국은 물론 유럽의 각종 의과대학은 그를 강연에 초청하기 위해 앞다퉈

줄을 섰다. 브리검 병원의 외과 전문의들은 최근 그에게 특별 강의를 요청했는데, 이는 해당 분야의 전문의가 아닌 의료인에게 거의 주어지지 않는 기회였다. 여기에 더해, 그는 다양한 공중보건 조직의 위원으로 활동하며 각종 정책에 의견을 내고 있었다. 이 와중에도 그는 아이티 환자들의 일대일 진료를 포함해 기존의 활동 중 어느 하나도 포기할 생각이 없어 보였다.

파머라고 해서 빈곤과 가난을 물리칠 세계적인 프로젝트에 헌신하고 싶지 않았던 것은 아니었다. 다만 그의 관점이 남달랐을 뿐이다. 사실 그의 원대한 계획을 완전히 이해하고 있는 사람은 파머 자신밖에 없는 듯했다. 그와 함께 일했던 젊은 비서는 파머가 일의 우선순위를 전혀 따질 줄 모른다며 분통을 터뜨리기도 했다. 파머는 자신에게도 나름의 분명한 기준이 있다고 대답했다. 1순위는 환자, 2순위는 죄수, 3순위는 학생이라는 것이었다. 물론 이런 포괄적인 기준은 비서의 고충을 전혀 해결해주지 못했다.

나는 캉주의 사무실에서, 공항에서, 혹은 비행기 안에서 이메일을 쓰는 파머의 모습을 지켜보길 좋아했다. 그는 요점을 어떻게 전달할지 고민하면서 허공에서 특유의 각도로 손가락을 빙빙 돌리곤 했다. 상대에게 받은 이메일 내용이 만족스러울 때면 코 옆쪽을 집게손가락으로 툭툭 쳤다. 내용 자체도 흥미로웠다. 그가 주고받는 이메일을 보면 폴 파머라는 사람이 얼마나 대단한 일을 하고 있는지 조금이나마 알 수 있었다. 2000년 초반, 그는 하루에 약 70~80통의 이메일을 받았고 대부분을 진지하게 읽었으며 상당수를 심각하게 고민했다. 그리고 가능한 한 모든 이메일에 답장을 보내려고 노력했다.

때로는 리마의 다제내성 결핵 환자의 상태를 상담하는 이메일이 날아왔다. 미국과 러시아, 멕시코, 과테말라 등에서 진행 중인 PIH 프로젝트의 문제를 알리거나 이러한 문제를 염려하는 이메일도 많았다. 쿠바와 영국, 아르메니아, 스리랑카, 프랑스, 인도네시아, 필리핀, 남아프리카공화국을 비롯해 전 세계의 사제와 수녀, 인류학자, 보건 관계자와 동료 의사들이 애정 어린 인사를 건네거나 조언을 요청하기도 했다. "기니비사우에서 일해보고 싶지 않으십니까?" 같은 요청은 하루가 멀다 하고 쏟아졌다. PIH에서 자원봉사자로 일했던 의과대학 지망생들이 추천서를 부탁하기도 했고 이런저런 경로로 PIH 프로젝트에 참여했던 젊은 의사와 전염병 전문가들이 각종 추천과 조언을 부탁하는 이메일도 많이 왔다. 그외에도 브리검 병원에서 감염병을 치료하는 동료 의사, 보스턴에서 가난한 에이즈 환자를 진료한다고 자신을 소개한 의료진, 파머가 개인적으로 아끼는 의과대학 학생 등이 질문을 보내왔다. 한 학생이 물었다. "교수님, 수막염에 수반되는 급성 난청의 메커니즘은 무엇인가요?"

파머는 그 자리에서 신속히 질문에 답했다.

데이비드, 안녕? 세균성 수막염은 근본적으로 숙주의 염증반응에 의해 발병해. 백혈구 알지? 화농성 박테리아가 뇌의 아랫부분을 공격하면 그 부위에 염증 덩어리가 생길 수 있어. 뇌의 아랫부분을 관통하는 게 뭐지? 그래, 뇌신경이야. 뇌신경은 어린아이들이 소리를 들을 수 있게 하는 역할을 하지. 그런데 이 뇌신경이 끈적한 염증 덩어리(혹은 고름)에 둘러싸이면 어떤 일이 일어날까? 압박이 가해지면서 산소 공급이 차단되겠지. 그럼 소리를 못 들을 수 있고 시력을 잃거나 다른 증상을 겪을 수도 있어. 뇌수종도 염증 덩어리가 기공을 막으면서 생길 때가 많아. 이건 해부학의 영역이지. 신체 내부 구조를 정확히 이해하고 염증과 고름을 처리한다, 이게 핵심이야.

파머가 아이티를 떠나 있을 때면 크리올어로 쓰인 이메일이 편지함에 가득 찼다. 한번은 캉주에서 미국으로 1박 2일 출장을 가는 그를 따라나섰다. 일정을 마치고 마이애미에서 아이티행 환승편을 기다리던 중에 파머가 편지함을 확인했다. 장미 라장테 직원의 진심 어린 메시지가 도착해 있었다.

파머 선생님, 몇 시간만 지나면 선생님을 다시 뵐 수 있다니 너무 기뻐요. 우리는 메마른 땅이 단비를 기다리듯 선생님을 간절히 기다리고 있답니다.

"고작 36시간 못 봤다고 이러는 거야?" 파머가 화면에 대고 말했다. "아이티 사람들은 정말 과장하는 데 일가견이 있다니까요. 너무 사랑스럽지 않나요?"

최근 그는 한 가지 심각한 문제를 고민하고 있었다. 오필리아는 그 문제를 아주 간결하게 정리했다.

"모든 곳에서 파머를 필요로 하는데 그의 몸은 하나뿐이다."

이에 대한 파머의 해결책은 최대한 잠을 줄이고 비행기를 더 많이 타는 것이었다. 2000년대 초반, 나는 그가 '가벼운 여행의 달'이라고 이름 붙인 한 달간 그를 따라다녔다.

일단 캉주에서 2주를 보냈는데 그동안에도 라퐁탕 신부의 미국 사우스캐롤라이나주 교구로 잠시 출장을 다녀와야 했다. 그 후에는 에이즈 관련 회의에 참석하기 위해 쿠바로 향했고, 바로 다음 주에는 모스크바의 결핵 회의에 참석했고 중간에 파리에도 잠깐 들렀다.

"항공권 비용은 누가 대죠?"

이번 출장에는 사우스캐롤라이나 교구 신도들, 쿠바 정부, 소로스 재단이 각각 비용을 댔다고 파머가 대답했다. 그러고는 씩 웃으며 덧붙였다.

"종교인, 공산주의자, 자본가의 돈을 골고루 뜯어내는 거죠."

청년 시절, 파머는 캉주를 오갈 때 편안한 티셔츠에 청바지를 입었다. 그런데 알고 보니 아이티 사람들은 여행할 때 좋은 옷을 차려입는 풍습이 있었고, 파머의 캐주얼한 옷차림을 못마땅하게 여기고 있었다. 라퐁탕 신부는 아이티 국민의 목소리를 대변하려면 반드시 정장을 차려입으라고 조언했다. 파머에게는 정장이 두 벌밖에 없었고, 그나마 한 벌은 친구에게 빌려준 지 오래였다. 어쨌든 남은 한 벌인 검은색 정장을 그는 꽤 마음에 들어했다. 보스턴에서 글을 쓰다가 펜 끝에 지저분하게 잉크가 묻으면 바지에 쓱쓱

닭아도 표시가 나지 않고, 야간 비행기를 타고 모스크바나 리마의 회의에 곧장 출석해도 적당히 깔끔해 보이기 때문이었다.

동이 틀 무렵, 파머와 나는 장미 라장테를 떠나 공항으로 향했다. 캉주 주민 열 명 남짓도 우리가 탄 트럭의 좌석과 짐칸에 꾸역꾸역 몸을 쑤셔 넣었다. 정장 차림의 파머는 마지막 순간까지 직원들에게 온갖 지시와 요청사항을 전달한 뒤 겨우 운전석에 올라탔다. 멀미가 심한 체질이라 직접 운전대를 잡지 않으면 구역질이 났기 때문이다. 우리를 태운 트럭은 작은 보트가 항구를 떠나듯이 의료 단지의 잔잔한 포장도로를 지나 거친 자갈이 넘실대는 3번 국도로 들어섰다.

이른 아침이었고, 우리는 아무것도 먹지 못한 채 서둘러 길을 나섰다. 출발한 지 얼마 안 되어 벌써 허리가 욱신거리기 시작했다. 덜컹거리는 트럭 좌석에 앉아 내 나름대로 아이티의 상황을 조용히 복기해봤다. 도로 같지도 않은 이 3번 국도는 20세기 초반 미군이 아이티를 점령하던 시절에 건설됐다. 공사 감독은 미 해병대가 맡았다. 공사 인력을 충원하기 위해, 그들은 과거 노예시대로 거슬러 올라가는 징용제도 '코르베Corvée'를 부활시켰고 이에 반발한 중부 고원지대 농민들이 봉기하자 가혹한 진압 작전을 펼쳤다. 파머가 내게 보여준 책에는 강제징용을 거부한 것으로 추정되는 농부가 미군의 관리 아래에 있는 아이티인 '장다르메Gendarmes', 즉 헌병에 의해 처벌을 받는 사진이 실려 있었다. 사진 속 농부는 양손이 잘린 채 바닥을 뒹굴고 있었다.

그토록 잔혹한 과거를 생각하면 3번 국도의 현재 모습은 비교적

무난했지만, 이른 새벽의 풍경은 여전히 평화와 거리가 멀었다. 곳곳에 굶주린 걸인과 물을 지고 가는 맨발의 아이들이 눈에 띄었다. 달리는 차량의 앞 유리 너머로 비쩍 마른 아이티 조랑말과 그 위에 올라탄, 말보다 더 말라비틀어진 남성이 스쳐 갔다. 안장 대신 얹어놓은 거친 짚더미는 말이나 당나귀의 가죽을 찔러서 피를 쏟아내게 만드는 고문 도구처럼 보였다. 그는 툭 튀어나온 조랑말의 갈비뼈를 연신 걷어차고 있었다. 바위투성이 황무지에 자리 잡은 밭뙈기를 조금이라도 더 갈아서 가족들에게 밥 한 끼라도 먹이려는 가장의 초조함이리라. 차창 밖을 바라보는 내 마음속에는 두 가지 상반되는 생각이 피어올랐다. 하나는 도로변 풍경이 불러일으킨 암울한 기분을 떨쳐내고 싶다는 욕망이었고, 하나는 파머에게 인정받을 만한 말을 던지고 싶다는 충동이었다. 문득 어릴 때 기독교 교리수업에서 배운 격언 하나가 떠올랐다.

"너희들 중 가장 작은 이들에게 한 것이 바로 내게 한 것이니라."

"마태복음 25장이군요. 너희가 여기 내 형제 중에 지극히 작은 자 하나에게 한 것이 곧 내게 한 것이니라." 파머는 그 구절과 관련된 그리스도의 복음을 줄줄이 읊었다. "'너희는 내가 주릴 때에 내게 먹을 것을 주었고, 목마를 때에 마실 것을 주었으며, 나그네로 있을 때에 영접하였고, 헐벗었을 때에 입을 것을 주었고, 병들어 있을 때 돌보아주었고, 감옥에 갇혀 있을 때에 찾아주었다.' 그리고 예수는 이렇게 말씀하셨죠. '그렇게 안 했으면 너흰 다 끝장났을 거야.'" 도로에 떡하니 놓인 거대한 돌덩이를 피하기 위해 핸들을 꺾으면서 파머가 장난스럽게 말했다.

우리는 덜컹거리는 차 안에서 두서없는 대화를 나눴고 공항으로 가는 길은 별다른 일 없이 지루하게 이어졌다. 그러다가 몽 카브리 언덕의 내리막길에 다다랐다. 언덕 아래로 한때는 비옥했으나 이제는 알칼리화되어 황폐해진 평야가 펼쳐졌고, 그 너머로 포르토프랭스의 모습이 보이기 시작했다. 이 내리막길은 3번 국도에서도 가장 위험한 지점이었다. 파머가 그 길을 지나며 내게 가르쳐준 크리올어가 있다.

"아이티 도로를 달리다 보면 거대한 바위나 전복된 차량이 갑자기 튀어나와 부딪칠 뻔하는 일이 종종 생겨요. 그런 상황을 콰즈망Kwazman이라고 부른답니다."

공항으로 향하던 그날, 나는 콰즈망을 직접 체험했다. 17년 전 파머와 오필리아가 망고 부인의 시신을 발견했던 지점에서 멀지 않은 도로 안쪽 커브에 전복된 트럭이 방치돼 있었다. 파머는 차를 멈추고 내려서 쓰러진 트럭 내부를 들여다봤다. 하지만 차량 안에도, 주변에도 사람은 보이지 않았고 시신의 흔적도 보이지 않았다. "큰 사상자는 없었던 것 같네요." 그가 내게 영어로 말하더니 뒤쪽에 앉은 캉주 사람들에게 크리올에게 다시 한번 설명했다.

"흠, 저 트럭에 저주받은 사람이 탔을지도 몰라요. 만약 그랬다면 그는 분명 죽었을 거예요." 한 현지인 남성이 대답했다.

파머는 이 말을 내게 통역해준 뒤 웃으며 다시 핸들을 잡았다. 그가 처음 정차한 곳은 포르토프랭스 교외에 위치한 크루아 데 부케Croix des Bouquets 교도소였다. 파머의 오늘 일정에는 '감옥 탈출' 계획 한 건이 포함돼 있었다. 트럭 뒷좌석에는 카이 에핀 출신의 농부 한 명이 타고 있었는데, 그의 아들이 경비원 일자리를 얻으러 도시로 나갔다가 살인죄로 붙잡혔다고 했다. 파머는 그를 위해 변호사를 선임했고, 오늘은 아버지가 아들을 면회할 수 있도록 하기 위해 이곳에 들른 것이었다.

입구에 앉아 있던 경사가 파머를 막아섰다. "당신은 들어갈 수 없습니다." 하지만 파머가 그의 어깨에 손을 얹고 몇 마디 대화를 나누자 순순히 길을 터줬다. 농부의 아들이 수감된 감방은 조명이 없어 어두컴컴했다. 하지만 희미한 그림자로 미루어볼 때 적어도 서른 명 이상의 젊은 죄수가 한 방에 갇혀 있는 것 같았다. 창살 너머로 손전등을 비추자 열 명 남짓의 얼굴이 내다보였다.

"안녕하세요?" 파머가 그들에게 인사했다.

"안녕하세요, 선생님." 동시에 여러 명의 목소리가 들려왔다. 몇 명은 손을 들어 손가락을 꼼지락거리는 아이티식 인사를 건네기도 했다. 찌든 땀 냄새, 고약한 입 냄새, 말라붙은 대소변의 참기 힘든 악취가 풍겼다. 아버지와 아들은 철창을 사이에 두고 대화를 나눴다. 면회 시간이 끝나자 아버지는 뒤로 물러서서 아들을 하염없이 바라봤다. 파머는 잠시 짬을 얻어 젊은 죄수에게 변호사 선임에 관해 설명했다.

잠시 후 우리는 밖으로 나왔다. 그런데 트럭에 시동이 걸리지 않았다. 캉주에서부터 동행한 사람들과 나는 트럭을 힘껏 밀었다. 엔진이 겨우 돌아가기 시작했고 우리는 트럭에 잽싸게 올라탔다. "백마 탄 기사의 말이 오늘따라 말썽을 일으키는군." 파머가 웃으며 말했다. "내가 병들었을 때, 내가 옥에 갇혔을 때, 내가 헐벗었을 때,

너희는 나에게 주었다. 기타 등등 기타 등등. 예수님이 말씀하신 미션은 거의 다 수행한 것 같네요. 한 가지 분명한 사실은, 다들 비용 대비 효과니 뭐니 떠들어대는데, 살면서 단 한 사람의 목숨만 구해낸대도 꽤 괜찮은 인생이라는 거예요. 비용 찾고 효과 찾는 인간이 대체 누구를 구했습니까? 저는 죽어가던 미켈라를 살려냈고, 억울한 젊은이를 감옥에서 구해낼 거예요. 이거면 제 인생은 이미 성공한 셈이죠." 그가 잠시 말을 멈췄다가 이어갔다. "하지만 더 많은 사람을 구할 수 있다면 정말 끝내주겠죠?"

시내에서 볼일을 마친 후 우리는 드디어 공항으로 향했다. 공항이 가까워질수록 길가에서 과일이나 음료수, 간식을 파는 여성과 어린이가 많이 보였다. 앞쪽에 차량 한 대가 서 있었는데 시동이 안 걸리는지 사람들이 뒤쪽에서 밀고 있었다. 파머는 멈추지 않고 직진하면서 말했다. "제가 방금 죄를 지은 걸까요? 하지만 마태복음 25장에 고장 난 차를 뒤에서 밀어주라는 복음은 쓰여 있지 않았으니까…." 그는 방금 말한 문장에 음을 붙여 노래처럼 읊조렸다. "내 차가 고장 났을 때 너희가 뒤에서 밀어주었도다."

공항 주변 도로는 평소와 마찬가지로 혼잡했다. 대형 여객기가 이착륙할 때면 언제나 사람들이 몰려들었다. 사실 그들 대부분은 비행기 승객이 아니라 막연한 희망을 안고 찾아온 빈민이었다. 손님을 태울 수 있을까 하고 모여든 택시만이 아니었다. 아이들과 지팡이에 의지한 노인들, 팔다리를 잃은 장애인들이 공항 주변을 둘러싼 바리케이드에 달라붙어 승객들을 향해 손을 흔들며 소리 높여 한 푼을 구걸하고 있었다. 중앙 터미널의 벽면에는 지난 크리스마스 휴가철에 이곳을 찾은 관광객들을 위해 붙여놓은 듯한 영어 표지판이 있었다.

즐거운 크리스마스 보내세요.
2000년 새해에도 행복이 함께하길 바랍니다.

글귀 밑에는 순록 캐릭터가 그려져 있었다. 파머가 말했다. "오, 아이티에 순록이라니. 불쌍한 아이티 사람들. 먹고살기 위해 이렇게 애쓰는데 부디 신의 가호가 있기를."

⸜

비행기를 타자 우울한 기분이 조금 가벼워졌다. 하지만 파머는 아이티를 떠나고 싶지 않은 모양이었다. "우리는 언제든 마음만 먹으면 이곳을 떠날 수 있죠. 하지만 대부분의 아이티인은 평생 이 땅을 벗어나지 못할 거예요." 그가 탑승하면서 말했다. 잠시 후, 비행기가 포르토프랭스의 해안가 상공을 지날 때 그는 창밖을 힐끗 내다보더니 고개를 돌려버렸다. 이윽고 중부 고원지대의 풍경이 1~2분간 펼쳐졌고, 굶주린 짐승의 갈비뼈처럼 군데군데 침식된 녹색 산비탈이 지나갔다. 푸른 바닷물을 지저분한 갈색으로 물들이는 황토색 강물은 아이티의 메마른 땅을 덮고 있는 빈약한 표토를 바다로 흘려보내고 있었다. "보기만 해도 괴롭습니다." 파머가 말했다. 그는 한동안 '아이티 해석하기'를 이어갔다.

"이 땅은 800만 명이나 되는 인구를 먹여 살릴 수 없어요. 하지만 저들은 어쩔 수 없이 저 땅에서 살아야 하죠. 그것이 서아프리카에서 노예 무역상에게 납치된 비극적인 민족의 후예에게 지워진 운명의 굴레입니다."

그는 PIH 기부자들에게 감사 편지를 쓰기 시작했다. 5시까지 편지 쓰기에 매달리고서야 일정표의 네모박스에 체크 표시 하나를 더할 수 있었다. 이 사실이 그의 기분을 조금은 풀어준 것 같았다. 잠시 후 점심 기내식이 나와 먹으려는 순간 나는 그의 테이블이 비어 있는 걸 봤다. "왜 식사가 안 나오죠?"

"어쩌면 항공사 분들이 제 잘못을 알고 밥을 안 주는 걸지도 몰라요. 저는 그 아이를 살리지 못했으니까요."

그는 어젯밤 병동에서 사망한 소녀에 대해 말하고 있었다. 사실 나는 그때까지도 그 사건에 대해 까맣게 몰랐다. 파머는 아이를 살리기 위해 모든 방법을 동원했지만 결국 그 어린 생명을 떠나보내야 했다고 말했다.

"정말 유감이에요…."

"아이티에서 죽음은 흔한 일이에요. 때로는 지겨울 지경이죠. 아이들은 날마다 죽어나가고…." 마침 그 타이밍에 그의 기내식이 서빙됐다. 파머는 식사를 아주 조금만 들고는 이야기를 이어갔다. "환자들의 상태를 다시 한번 검토해봐야겠어요." 그러더니 결핵병동과 중앙병동을 거쳐 아동병원까지 모든 병상에 입원한 환자들을 한 명씩 떠올리며 그들의 상태를 복기했다. "그리고 조산아가 있어요. 이 아이 때문에 걱정이 이만저만이 아니었죠. 땅콩만 하거든요.

그래도 건강해 보였어요." 그가 겨우 미소를 지었다. "올챙이치고는 제법 건강했어요."

비행기가 마이애미 공항에 착륙했을 때 파머는 기내를 쭉 훑어봤다. 그러더니 승객 중 20%가량은 비행기를 처음 타는 사람일 거라고 말했다. 파머는 그들을 구분해낼 수 있었다. 저쪽의 깡마른 사람, 저쪽에 있는 거친 얼굴의 승객, 그 외에도 주름 장식이 달린 드레스를 빼입은 여성이나 힘을 잔뜩 준 정장 차림의 남성이 그 20%에 속한다고 했다. "오늘은 좀 소란스럽겠네요."

"왜죠?"

"에스컬레이터를 타면 알게 될 겁니다."

파머는 첫 번째 에스컬레이터를 탔다. 그전에 공항 관리국을 찾아가 혼란스러운 상황이 펼쳐질 수 있으니 미리 대비해달라고 요청했지만 상대는 그의 말을 주의 깊게 듣는 것 같지 않았다. 아이티인 네다섯 명이 에스컬레이터 꼭대기에 서서 저절로 움직이는 계단을 멍하니 내려다보고 있었다. 마치 냇물에 뛰어들기 전에 수심을 재보는 어린아이 같은 모습이었다. 그러더니 별안간 심호흡을 내뱉고는 다리의 속도와 계단의 속도를 맞추려는 듯 정신없이 뛰어 내려가기 시작했다. "뛰지 마세요! 그냥 자리에 서서 손잡이를 잡으세요!" 파머가 거의 넘어지기 직전인 아이티인 노파를 향해 크리올어로 외쳤다. 그녀는 겨우 멈춰 서서 균형을 잡았다. 파머가 나를 돌아보며 진지한 표정으로 말했다. "주름 장식이 많을수록 더 많이 걸려 넘어지죠."

오필리아는 파머가 모순되는 면이 뒤엉켜 있는 복잡한 성격을 지녔다고 생각했다. 예를 들면 그는 완전히 자포자기한 사람처럼 일에 광적으로 집착하는 동시에, 자신감이 하늘을 찌를 듯 높으면서도 언제나 다른 사람들이 인정해주길 바랐다. "어때? 나 잘하고 있는 것 같아?" 그는 언제나 이렇게 물었고, 대답으로 칭찬이 돌아오지 않으면 상처받았다. 하지만 그녀는 파머를 이해할 수 있을 것 같았다. 그는 스스로 해결할 수 있는 것보다 훨씬 크고 많은 문제를 떠안고 있었다. 당연히 매 순간 자신의 선택이 옳은지 확인하고 싶을 것이다. 게다가 이렇게 복잡한 성격 이면에는 신기하리만치 단순한 면도 있었다. 오필리아는 그가 진정한 의미의 우울을 겪어본 적이 없다고 확신했고, 바로 그 점이 너무 부러워 그가 미울 지경이었다. 그 자신도 내게 이런 편지를 보낸 적이 있다.

"저는 절망이 뭔지 몰라요. 앞으로도 알게 될 것 같지 않고요."

어쩌면 세상에서 가장 절망스러운 지역을 찾아다니며 수많은 고통을 목격하는 과정에서 자기 자신의 정신적 고통에는 면역이 생겼는지도 모른다. 그는 아이티에서 내게 말했다. "어쩌면 제가 키더 씨보다 더 밝고 낙천적인 사람일 수도 있어요. 제 강연을 듣거나 책을 본 사람들은 저를 우울한 사람이라고 생각하더군요. 하지만 제가 어두운 책을 쓰는 건 단지 그 안에 담긴 내용이 사실이기 때문이에요." 물론 그도 슬픔을 느낄 때가 있지만, 작은 일에도 행복을 느끼고 금세 기운을 차리곤 했다.

마이애미 공항은 그가 가장 자주 찾는 공항이었다. 출장을 자주 다니는 승객들이 입을 모아 가장 싫어하는 곳으로 꼽는 공항이지만 파머의 생각은 달랐다. 그는 이곳에서 환승을 할 때마다 대기 시간에 따라 '마이애미 데이' 혹은 '마이애미 데이 플러스'라고 이름 붙인 자신만의 패키지 투어를 즐기곤 했다. 두 패키지에는 쿠바인 이발사에게 머리를 깎으며 스페인어로 수다를 떠는 시간과 공항 서점에 들러 〈피블〉지 최신호를 구입하는 시간이 들어가 있었다. 그다음에는 주로 항공사 VIP 라운지로 가서 뜨거운 물로 샤워를 한 뒤 푹신한 소파에 앉아 레드와인을 한 잔 마시며 그사이 들어온 이메일에 답장을 보냈다. 오늘 패키지는 숙박이 포함된 '마이애미 데이 플러스'였기 때문에 공항 호텔에서 하룻밤 묵기로 했다.

그날 저녁 우리는 한 시간이나 헤맨 끝에 아바나행 항공편의 탑승 게이트를 찾았다. 보스턴 본부에 새로 채용된 자원봉사자가 비서 역할을 맡았는데 사회정의에 대한 이상은 높을지 몰라도 항공편 예약 같은 업무에는 능하지 않은 모양이었다. 직원에게 많은 월급을 주지 못하고 자원봉사자에게 큰 폭으로 의지하는 조직에서 흔히 일어나는 문제였다. 오필리아와 짐은 물건을 훔치거나 환자의 따귀를 때리지 않는 한 절대로 직원을 해고하지 않는다는 파머의 신념 때문에 인력 관리에 몇 배로 애를 먹었다. 게다가 캉주에서 직원이 환자의 따귀를 때리는 사건이 정말로 발생했을 때, 파머는 따귀를 두 대 때리는 직원만 해고할 수 있다고 규정을 변경했다.

물론 일정 관리를 담당하는 파머의 젊은 비서도 사정이 딱했다.

파머를 만나게 해달라는 사람들이 전 세계에 줄을 서 있었고, 정작 파머는 거절에 서툴러도 너무 서툴렀다. 파머는 휴식 시간이 너무 부족하다고 불평하면서도 잠시라도 짬이 나면 회의나 강연 일정을 잡았다. 이런 상사의 일정을 완벽하게 관리하기란 물리적으로 불가능했다. 바로 직전에 비서를 담당했던 30대 여성 직원은 그의 스케줄 관리를 완벽하게 해내던 거의 유일한 인재였으나 파머가 그녀를 승진시켜 다른 자리로 보내면서 다시 혼란이 시작됐다.

호텔에서 묵던 밤, 파머는 나를 깨우지 않으려고 불도 켜지 않은 채 화장실에 가다가 어둠 속에서 여행가방에 발가락을 부딪혔다. 새벽 4시에 비행기를 타려고 일어났을 때 그의 발가락은 짙은 보라색으로 퉁퉁 부어 있었다. 그는 스스로 골절 진단을 내렸지만 한 번도 불평하지 않고 절뚝거리며 탑승구를 향해 걸어갔다. 어깨에는 노트북 가방을 둘러맸고, 한 손에는 최근 지갑 대신 들고 다니는 비닐백 그리고 다른 손에는 여행가방이 들려 있었다. 가방 안에는 강연용 슬라이드 자료와 쿠바인 친구들에게 줄 선물이 가득했다. 그 대신 옷은 거의 없다시피 했다. 출장 일정이 2주인데 여벌 옷은 셔츠 세 벌이 전부였다.

"저라고 5일 동안 셔츠 한 벌로 버티는 생활이 좋겠어요?"라고 그가 물은 적이 있다. 사실 다른 사람은 몰라도 그라면 좋아할지도 모른다는 생각이 들기도 했다. 때로 그는 세상이 이렇게 엉망이 아니었더라면, 세계의 지도자들이 제 할 일을 제대로 했더라면, 자신도 이렇게 불편하게 살지는 않았을 것이라고 얘기하는 것 같았다. 하지만 그는 결코 불평이 많은 사람이 아니었다. 그에게 가방에 여벌 셔츠를 더 넣을지 환자의 약병을 하나 더 넣을지는 고민거리조차 되지 않았다.

"이렇게 적은 옷으로 어떻게 버티냐고요? 간단해요. 몸을 깨끗이 씻고 속옷을 부지런히 갈아입는 거죠." 그와 함께 다니다 보면 이런 식의 여행 팁을 많이 배우게 된다. "여행 팁 1073번. 내려서 식사할 시간이 없고 기내식도 준비돼 있지 않다면 땅콩 한 봉지와 블러디메리 칵테일 한 잔으로 600kcal를 섭취할 수 있어요."

그날 아침, 나는 그의 가방에 끝까지 들어가지 않은 선물 몇 개를 대신 들어줬다. 그는 매우 고마워했다. 내가 봤을 때 그는 가방이 잘 잠기면 선물을 충분히 사지 않았다고 생각하는 것 같았다. 가방이 넘치고 양손으로 들기 버거운 지경이 돼야 안심하는 식이다.

나는 절뚝이며 걸어가는 그에게 일주일에 100시간씩 일하는 업무량, 환자 걱정에 잠 못 이루는 밤, 끝없이 이어지는 여행을 어떻게 감당하느냐고 물었다.

"문제는 말이죠. 제가 이렇게 일하지 않으면 죽지 않아도 될 사람이 죽는다는 거예요. 이런, 제가 말하면서도 과대망상처럼 들리네요. 만약 당신이 나와 함께 아이티에 머물지 않았다면, 그래서 이 말이 진짜 사실이라는 걸 알고 있지 않았다면 이런 말도 안 했을 겁니다." 그는 이런 이야기도 덧붙였다. "하지만 체형 관리는 좀 하고 싶네요. 오늘 아침에는 팔굽혀펴기도 했어요." 정확히 얘기하자면 그는 골절된 발가락을 보호하기 위해 의자 두 개를 놓고 그 사이에 앉아 상체만 들어 올리는 운동을 했다.

걷다 보니 아바나행 비행기의 탑승 수속을 하는 데스크가 나타났다. 라디오와 주방기구를 비롯해 각종 가전제품이 담긴 상자와 일회용 기저귀 따위가 가득한 자루가 산더미처럼 쌓여 있는 것을 보니 제대로 찾아왔다는 확신이 들었다. 포르토프랭스행 비행기를 탈 때도 비슷한 장면이 펼쳐진다. 이곳에 쌓여 있는 짐의 높이가 상대적으로 낮고 여행가방도 덜 낡았다는 게 차이라면 차이였다. 미국은 세계 후진국 국민이 생필품을 장만하는 거대한 쇼핑몰이나 다름없었다. 그들이 자국으로 가져가는 물건을 보면 그 나라의 경제 상태에 대해 많은 것을 짐작할 수 있다. 하지만 파머는 이런 장면에 너무 익숙해서 아무런 감흥이 없는 것 같았다. 그는 18년째 아이티 사람들을 위해 항공 '코미시옹Commission', 즉 각종 물건을 대리 구매해주고 있다. 짐은 이렇게 말했다.

"파머의 삶은 이런 코미시옹과 떼어놓고 생각할 수 없습니다. 환자들은 폴에게 다양한 부탁을 하죠. '포킵시Poughkeepsie에 사는 우리 삼촌에게 이 망고를 전해줄래요?' '미국에서 손목시계 하나만 사다 줄 수 있어요?' '이 빵을 브루클린에 사는 우리 이모에게 전해주세요. 그리고 저한테는 라디오를 사다 주시겠어요?' 파머의 대답은 늘 같아요. '물론이죠.'"

탑승 수속을 마친 후 우리는 공항에 있는 식당 테이블에 자리를 잡았다. 파머는 막간을 이용해 감사장을 몇 장 더 썼다. 그의 표정은 밝았다. 그리고 그가 한 말로 미뤄볼 때 이번 쿠바 여행에 기대가 큰 것 같았다. 그는 이렇게 중얼거렸다.

"한동안은 죽어가는 어린아이를 보지 않아도 되겠군."

당신이
내내 불편하기를

비행기가 아바나 상공에서 고도를 낮추기 시작하자 파머는 창밖을 뚫어져라 바라보며 감탄해 마지않았다. "저것 좀 보세요! 아이티에서 겨우 150km 남짓 떨어졌을 뿐인데, 저 많은 나무며 논밭이라니! 건기인데도 온 대지가 푸르러요. 아이티와 같은 기후대인데 생태가 이렇게나 다르다니요! 보세요!"

이번 에이즈 국제회의를 소집한 파머의 친구이자 의사인 호르헤 페레즈Jorge Pérez 박사는 우리를 위해 공항으로 차를 보냈다. 아바나로 들어가는 길에 나는 처음으로 쿠바의 정치 선전간판을 봤다. 체 게바라가 베레모를 쓰고 있는 그 유명한 사진이 엄청나게 확대돼 있었다. 당시 미국에서는 카스트로 치하의 쿠바에 대해 긍정적인 말을 한마디라도 했다간 즉시 공산주의의 앞잡이로 낙인찍히기 십상이었다. 하지만 내가 아는 한 파머는 쿠바를 상당히 좋아했다. 이념적인 이유에서가 아니라, 세계보건기구가 발표한 쿠바의 공중보건 통계가 세계 최상위권 수준으로 훌륭하기 때문이었다.

국민 건강에 영향을 미치는 요소는 한두 가지가 아니다. 영양 공급, 교통, 낮은 범죄율, 주택공급, 해충 통제, 공중위생, 의료 서비스가 충분히 갖춰져 있어야 한다. 대표적인 것만 꼽아도 이 정도다. 쿠바 국민의 기대수명은 미국과 거의 비슷한 수준이었다. 이곳 정부는 뎅기열과 장티푸스, 결핵, 에이즈를 비롯해 채 150km도 떨어지지 않은 아이티에서 수많은 목숨을 앗아가는 질병을 효과적으로 통제하는 데 성공했다. 며칠 뒤 우리에게 국립병원 전염병 병동을 안내해준 페레즈 박사는 말라리아 환자를 보여주며 이곳 젊은 의사들이 말라리아 환자를 실제로 본 적이 없어서 처음에 오진을 할 뻔했다며 은근히 자랑을 늘어놨다. 파머는 부러워서 거의 경기를 일으킬 지경이었다. 지난 18년 동안 아이티의 병상을 지키며 당나귀에 실려 온 노인과 아이들, 부모들이 말라리아로 고통에 몸부림치며 세상을 떠나는 모습을 봐야 했던 그로서는 당연한 반응이었다.

"쿠바의 의료체계를 보면 감탄할 수밖에 없습니다." 파머가 말했다.

쿠바는 기본적으로 가난한 나라고, 이는 일정 부분 미국의 오랜 통상 봉쇄정책 때문이었다. 하지만 소련이 붕괴되면서 든든한 후원국이자 대외무역의 상당 부분을 차지하던 든든한 우방을 잃었을 때, 쿠바 정권은 전염병 전문가들의 경고에 귀를 기울이며 오히려 공중보건 예산을 증액했다. 비록 미국 기준으로 볼 때 이곳

병원의 의료기기는 상당히 부족한 수준이고 의료진에 대한 대우도 보잘것없지만, 의료인력에 대한 교육 시스템은 매우 훌륭했으며 국민 1인당 의료진 수는 세계 최고 수준으로 무려 미국의 두 배에 달했다. 모든 사람이 의료 서비스를 받을 수 있고 심장수술처럼 어렵고 비싼 치료의 장벽도 상대적으로 낮았다. 실제로 세계보건기구의 자료에 따르면 쿠바는 세계에서 의료혜택이 가장 공평하게 돌아가는 나라였다. 게다가 당시의 쿠바는 군대를 수출해서 세상을 바꿔보겠다는 전략을 거의 포기한 대신 수십 개의 가난한 국가에 의사를 파견하고 있었다. 아이티에서 무료로 의술을 펼치는 쿠바 의사만 500명에 이르렀다. 열악한 시설 때문에 그들의 노력은 종종 유의미한 결과로 이어지지 않았지만, 단지 제스처에 그친다 해도 이러한 의료 지원은 파머를 감동시키기에 충분했다.

그는 하버드 의과대학 동료 교수들과 쿠바에 대해 논쟁을 벌인 적이 있다. 그의 동료들은 스칸디나비아 국가들이야말로 높은 수준의 공중보건과 정치적인 자유까지 보장하는 가장 좋은 예라고 주장했다. 그러자 파머는 스칸디나비아가 부를 관리하는 동안 쿠바는 빈곤을 관리해서 성공을 거뒀다고 맞받아쳤다. 아이티가 빈곤을 관리하는 데 실패했다면 쿠바는 빈곤 관리의 명백한 성공사례였다.

파머는 한때 세계 여러 나라의 이데올로기를 공부했다. 그중에서도 해방신학이 채택한 마르크스주의식 분석은 청년 시절의 그에게 세상을 정확히 파악해낸 이념으로 보였다. 사회경제적 계급 사이에 투쟁이 존재한다는 것을 어느 누가 부인할 수 있겠는가? 고통이

'사회적 창조물'이라는 주장에 누가 반박할 수 있겠는가? 오늘날의 인류는 고통을 완화할 수 있는 수많은 도구를 개발해놓았는데 여전히 많은 이들이 고통으로부터 자유롭지 않은 것을 어떻게 설명하겠는가? 그는 사회주의가 저지른 실수와 오류를 열거하기보다 자본주의 세계의 과오를 비판하는 데 더 관심이 많았다.

"소수가 부를 독점하는 사회 시스템이 약자와 빈곤층에게 고통을 안겨준다는 사실이 명백하다면, 이러한 사회를 비판하는 것이 당연하지 않습니까?"

하지만 아이티의 처참한 실상을 직접 목격하면서 그는 이미 오래전에 마르크스주의가 이런 비극을 해결해주지 못한다는 결론을 내렸다. 몇 번인가 마르크스주의에 대한 책을 쓴 저자들과 논쟁을 벌이기도 했다.

"제가 마르스크주의에 대한 책을 싫어하는 이유는 학문에만 치중한 다른 모든 책을 싫어하는 이유와 같습니다. 그것이 마르크스주의의 현실 아닙니까? 오만함, 연구자들 사이의 다툼, 거짓, 과시욕, 정통주의에 대한 집착이 난무하죠. 저는 정통주의를 혐오합니다. 구소련에서 과학이 제대로 꽃피우지 못한 것도 그놈의 정통주의 때문일 거예요."

그는 모든 이데올로기를 불신했다. 심지어 자기 자신이 믿는 해방신학조차 예외는 아니었다. "그것도 결국은 이데올로기니까요." 그는 내게 보낸 편지에서 이렇게 말했다. "모든 이데올로기는 결국 어느 지점에 이르면 무용지물입니다. 그 지점이란 아마도 아이티의 빈민층이 위험한 삶을 영위하는 곳과 멀지 않을 거예요.

해방신학이 실패하는 지점은 어디일까요? 해방신학 이데올로기의 논리는 불의에 대항하는 하나님의 의지로 귀결될 거예요. 하지만 그 의지를 현실에서 실현하려면 칼로 총에 맞서고, 당나귀로 탱크에 돌진하고, 돌멩이로 미사일을 격추해야 하는 형편이죠. 질병조차도 가난한 국가에는 가장 빨리 전염되는 형태로 찾아오는걸요. 이런 상황에서 그들에게 교리를 들먹이며 투쟁하라고 부추기는 게 옳을까요? 과테말라든 엘살바도르든 아이티든, 그들이 원하는 것은 단지 지금의 극단적인 가난보다 아주 조금 나은, 최소한의 의식주를 보장받을 수 있는 인간적인 가난이에요. 해방신학에 따르면 그들은 마땅히 누려야 할 것을, 한때 자신들에게 주어졌었지만 부당하게 빼앗긴 것을 내놓으라고 주장할 수 있어요. 하지만 그들이 실제로 들고일어난다면 어떻게 될까요? 과테말라에서 죽어나간 사람들의 숫자가 그 답을 대신할 수 있겠죠."

아이티의 참상을 지켜본 내게 공산주의 치하의 쿠바의 말끔한 첫인상은 일종의 안도감마저 줬다. 아이티의 큰길 주위에서 흔히 볼 수 있는 사고 차량과 쓰레기더미는 눈에 띄지 않았고, 대신 잘 포장된 도로와 낡긴 해도 잘 굴러가는 미국제 자동차들이 보였다. 쿠바 국민은 비록 식량 배급을 받고 콩을 섞은 질 낮은 커피를 마셨지만 영양실조로 고통받지는 않았다. 군데군데 매춘부들이 호객행위를 하는 사창가와 수리가 필요해 보이는 저소득층 주거지도 있었으나 아이티 중부 고원지대의 빈민굴에 비하면 쿠바는 아름다운 곳이었다.

호텔에 도착했을 때 파머가 말했다. "여기서는 푹 잘 수 있겠어요. 여기 사람들은 누구나 의사의 진료를 받을 수 있으니까요." 그는 침대에 눕자마자 몇 분 만에 곯아떨어졌다.

　　　　　　　　　　　　　φ

　다음 날 아침 파머가 내게 말했다. "아이티를 떠나 쉬니까 몸은 정말 편하네요. 하지만 역시 죄책감이 들어요. 그곳에서 떠나왔다는 사실 자체가 불편하네요. 그래도 이곳에 있는 동안 아이티를 위한 기금을 마련할 거니까요." 그는 페레즈 박사의 도움을 기대하고 있었다.

　페레즈는 50대 중반에 여윈 체격의 남성이었다. 그는 정수리가 파머의 어깨에 닿을 정도로 키가 작았는데, 파머는 그와 관련한 에피소드를 기억하고 있었다. 몇 년 전 그를 처음 봤을 때 그는 키가 아주 큰 환자의 불평불만을 들어주고 있었다. 자신에게 삿대질하는 환자를 올려다보며 연신 고개를 끄덕이는 그의 모습을 보며 파머는 생각했다. "아주 이상적인 환자 대 의사의 관계로군." 그날 이후로 두 사람은 절친한 친구로 지내왔다.

　파머가 쿠바에서 달성하고자 하는 몇 가지 목표 중 가장 큰 것은 캉주의 에이즈 말기 환자들을 위한 치료제를 대량 확보하는 것이었고 우선은 스물다섯 명분의 항바이러스제를 구입할 돈을 마련해볼 계획이었다. 이 스물다섯 명의 케이스는 아이티에서 에이즈 치료의 마중물이 될 예정이었다. 다행히 파머는 에이즈 국제회의에서 도움을 줄 만한 사람을 만났다. 페기 맥어보이Peggy McAvoy는 유엔 산하의 에이즈 전담기구인 유엔에이즈계획UNAIDS 소속으로,

카리브해 지역 프로젝트의 총괄 책임자였다. 파머는 며칠 동안 그녀에게 적극적으로 로비 활동을 펼쳤다. 자신의 저서 《전염병과 불평등》 속표지에 사인과 함께 '페기 맥어보이 씨에게. 우리의 만남을 기념하며. 그대가 아이티에 도움의 손길을 보내주길 고대합니다'라고 적어 선물했다. 그러고는 내게 "괜찮은 문장이었죠? 제가 상대의 죄책감을 자극하는 데 좀 일가견이 있거든요"라고 말했다.

의학계의 영향력 있는 인사들이 모두 참석한 칵테일 파티에서, 작업에 쐐기를 박고 싶었던 파머는 페레즈 박사에게 도움을 청했다. 그는 맥어보이에게 다가가서 파머를 칭찬하며 자신의 친구임을 보증했다. 결국 맥어보이는 파머에게 정식 제안서를 보내달라고 요청했다. 그녀의 긍정적인 답변에 파머는 뛸 듯이 기뻐했다. "제가 키스해드려도 되나요? 두 번 해드리면 안 되나요?"

하지만 기금 모금은 파머의 유일한 목적이 아니었다. 장미 라장테에는 재정 부족 말고도 고질적인 문제가 있었다. 캉주에서 일하는 현지인 의료진은 딱 한 명을 제외하고는 모두 수도인 포르토프랭스나 그보다 훨씬 먼 미국 혹은 캐나다에 집이 있었다. "그들은 아이티의 중산층이에요. 그리고 중산층 계급에 속하는 아이티인들은 캉주를 사람이 살 수 없는 곳으로 치부합니다. 낭 라쥬nan raje, 즉 시골 깡촌이라는 거예요."

가족과 멀리 떨어져서 오락거리라곤 파머가 최근에 들여놓은 탁구대 하나밖에 없는 중부 고원지대에 몇 년씩 머문다는 건 대부분의 의료진에게 너무나 큰 희생을 의미했다. 많은 의사가 더 나은 환경을 찾아 미국으로 떠났고, 최근에도 산부인과 의사 여러 명이 사직서를 냈다. 개중에는 파머 밑에서 경력과 인맥을 쌓아 미국으로 이민을 가겠다는 뚜렷한 목적을 품고 장미 라장테를 찾는 의사도 있었다. 파머는 그런 이들의 뜻을 적극적으로 존중했지만, 이제는 캉주 생활에 익숙한 캉주 출신 의료진을 양성하고 싶었다. 그와 장미 라장테의 직원은 두 명의 현지 젊은이를 선발했고, 라틴아메리카 출신 학생들을 적극적으로 받아들이는 쿠바의 의과대학에 그들을 유학 보낸다는 계획을 세웠다.

그의 계획을 들은 페레즈 박사는 파머를 의사이자 쿠바의 국무회의 위원장인 호세 미야르 바루에코스José Miyar Barruecos에게 소개해줬다. 주로 '초우미Choumy'라는 애칭으로 불리는 바루에코스는 60대 정도로 보이는 당당한 인상의 남성이었다. 파머는 초우미와 잠시 대화를 나누다가 본론으로 들어갔다.

"올해 쿠바 의과대학에 학생 두 명을 보내고 싶은데요."

"미국 출신인가요?"

"아니요. 아이티 출신이에요."

"포르 수푸에스토Por Supuesto. 그럼요, 문제없어요."

이번 국제회의에는 HIV 바이러스를 처음으로 발견한 것으로 알려진 프랑스 출신의 뤽 몽타니에Luc Montagnier 박사가 연사로 초청됐다. 그러니 회의 중에 주 쿠바 프랑스 대사가 한 번쯤은 얼굴을 비칠 가능성이 높았다. 마침내 자신이 노린 기회를 포착한 파머는 프랑스 대사와 몽타니에 박사에게 말을 걸었다. 처음에 그들은 파머의 유창한 프랑스어 실력에 놀라는 것 같았고, 대화가 진행될 수록 놀라움은 깊은 인상으로 바뀌었다. 파머는 자신이 전례 없는 '삼각 원조'를 꿈꾸고 있다며, 쿠바의 의료진과 프랑스의 자금 지원으로 아이티의 열악한 상황을 개선하고자 하는 계획을 설명했다. 이는 과거 프랑스가 '삼각 무역'을 위해 만든 노예 식민지가 아이티의 모태가 됐음을 잘 알고 있는 파머가 의도적으로 선택한 은유였다. 파머의 초대를 받은 몽타니에는 잠시 망설인 끝에 캉주에 방문하겠다고 약속했다. 대사 또한 긍정적인 반응을 보였다. "우리도 아이티를 돕겠습니다."

어쩌면 단순한 예의상의 약속일지도 몰랐지만, 파머는 끝까지 순진무구한 표정을 지으며 그들을 진심으로 믿는다는 태도를 유지했다. 어쨌든 이런 약속이 쌓이다 보면 그중 일부라도 실현될 확률이 높아질 거라고 생각하는 듯했다. 게다가 당장은 실현되지 않더라도 파머는 끈질기게 전화와 편지, 이메일을 보내며 상대의 죄책감을 자극해서 조금씩 실현 가능성을 높여나갈 인물이었다.

아이티를 위한 모금활동 외에도 그는 회의석상에서 두 차례 연설을 할 예정이었다.

"주제가 뭔가요?" 내가 물었다.

"우선 임상의들을 대상으로 에이즈와 결핵에 동시에 감염된 환자를 어떻게 진료해야 하는지에 대해 얘기할 거예요. 그리고 다른 하나는 인생이 왜 엿같은가에 대한 거죠."

그는 두 번째 강연의 서두를 이렇게 시작했다. "오늘 저는 에이즈와 결핵보다 훨씬 더 무서운 동시 감염에 대해 이야기하고자 합니다. 바로 빈곤과 불평등입니다." 쿠바 종합병원의 대형 스크린에 펠리그르 호수의 푸른 물이 펼쳐졌다. 검은 정장을 훤칠하게 차려입은 파머가 말을 이어갔다. "제가 지난 18년간 일해온 아이티에서, 가난한 농민들은 수력발전소의 댐 때문에 삶의 터전을 잃었습니다."

○

파머는 청중들을 향해 아이티인이 '위험 집단'으로 분류되던 때를 떠올려달라고 청했다. 그 시절 전문가라는 사람들은 HIV 감염 경로와 원인에 대해 말도 안 되는 헛소리를 떠들어대며 죄 없는 아이티인을 공격했다. 파머와 장미 라장테의 의료진은 현지의 실제 상황을 파악하기 위해 캉주에서 특별 역학조사를 실시했다. 조사에 참여한 200여 명의 여성 중 절반은 에이즈 감염자였고 나머지 절반은 비감염자였다. 그들 대부분은 전문가들이 흔히 에이즈 감염 경로로 꼽는 근육주사, 수혈, 혹은 정맥주사를 통한 마약 투여를 경험한 적이 없었다. 파머는 캉주 인근에는 불법 마약을 가리키는 단어 자체가 존재하지 않을뿐더러 설령 마약이 있다 한들 그것을 살 만큼 여유 있는 사람이 애초에 없다고 말했다.

조사 대상 중 누구도 문란한 성생활을 하지 않았다. 실험 참가자들이 태어나서 지금까지 성관계를 맞은 남성은 평균 두 명이었으며, 확고한 '일부일처제' 문화 덕에 같은 기간에 두 명 이상과 동시에 관계를 갖는 경우는 극히 드물었다. 감염자와 비감염자 그룹 사이에 두드러지는 차이는 딱 하나뿐이었다. 감염자 그룹의 절대 다수는 포르토프랭스에서 가정부로 일한 경험이 있었다. 물론 가사

노동만으로 에이즈에 걸렸을 리는 만무했지만 이 사실은 그들이 얼마나 경제적으로 절망적인 상황이었는지를 단적으로 보여줬다. 아이티의 엘리트 계층 밑에서 하는 일은 노동 강도에 비해 급여가 형편없었다. 그들은 고질적인 가난과 문맹, 생계의 위협에 쫓겨 군인이나 트럭 운전사와의 동거를 택할 수밖에 없었다. 이 과정에서 에이즈의 위험에 노출된 것이다.

"왜 하필 군인과 트럭 운전사일까요?" 연단에 선 파머가 물었다. 그들이 다른 아이티 남자들보다 더 섹시해서? 물론 아니다. 공식적인 실업률이 약 70%로 집계되는 아이티에서 이 두 직업군의 남성은 그나마 안정적인 생활수단을 가지고 있었다. 그중에서도 트럭 운전사는 여러 지역을 돌아다니며 많은 애인을 거느렸고 군사독재 시절의 군인은 모든 농민을 벌벌 떨게 할 만큼 무서운 권력을 휘둘렀다.

파머는 비극적인 이야기를 이어갔다. 조사가 끝난 뒤 미국으로 돌아간 그는 의학 정보 데이터베이스인 메드라인MEDLINE에 접속해 '에이즈'라는 키워드로 검색을 해봤다. 화면에는 수천 개의 논문이 나타났다. 하지만 '에이즈'와 '여성'이라는 키워드를 함께 입력하자 자료가 거의 검색되지 않았다.

"그리고 '에이즈, 여성, 빈곤'이라는 세 키워드를 한꺼번에 넣어 검색했더니 '해당 조건에 맞는 검색 결과가 존재하지 않습니다'라는 메시지가 떴습니다."

파머는 등 뒤의 스크린을 향해 팔을 뻗었다. 그곳에는 거대한 크기로 확대된, 캉주에서 실시한 조사결과 그래프가 펼쳐져 있었다. "사람들이 이 이야기를 꺼리는 데는 그럴 만한 이유가 있겠죠. 다 좋습니다. 하지만 에이즈를 지구상에서 몰아내고 싶다면 이게 도대체 어떻게 된 일인지 알아봐야 하지 않겠습니까? 가장 불평등하고 가장 궁핍한 나라에서 에이즈 문제는 가장 심각합니다. 결핵과 에이즈의 동시 감염이 일으키는 문제는 대단히 심각하지만 그보다 빈곤과 불평등이 동시에 작용해 유발하는 문제가 더욱 심각합니다. 여기 계신 몽타니에 박사님도 이에 동의하시리라 믿습니다. 우리는 이러한 사회적 불평등을 없애야 해요. 하지만 이 목표를 달성한 나라는 극소수에 불과하죠." 그는 평소 즐겨 사용하는 방식대로 아이티 농민의 말을 인용하며 강연을 마무리했다.

"캉주의 한 여성은 제게 이렇게 말했습니다. '여성의 HIV 감염을 막고 싶으세요? 그럼 우리에게 일자리를 주세요.'"

그 순간 나는 파머가 자신의 철학과 경험을 하나로 엮어낸 끝에 어떤 결론에 도달했는지 알 것 같았다. 중부 고원지대에서 결핵과 에이즈에 맞서 싸우던 그가 만난 가장 큰 장애물은 빈곤국가의 국민이 믿는 미신이 아니라 부유한 국가의 전문가들이 만들어낸 편견이었던 것이다. 그들이 세운 이론은 하나같이 가난한 여성이 에이즈로부터 스스로를 직접 보호해야 했다는 전제를 깔고 있었다. 파머의 연설이 그토록 큰 울림을 주었던 것은 그 장소가 서반구 한구석에 고립된 최후의 공산주의 국가, 쿠바였기 때문일지도 몰랐다. 병원 강당을 반쯤 채운 청중은 그에게 길고 우렁찬 박수갈채를 보냈다.

파머는 회의장에서 여러 사람을 만나 얘기를 나눠보고 싶다고 했지만 실제로는 호텔 방의 침대에서 무릎 아래 베개를 받쳐놓고 노트북을 두드리는 데 더 많은 시간을 보냈다. 가끔은 깜빡 잠이 들었다가 벌떡 일어나 두 팔을 휘두르거나 방 안을 돌아다니며 졸음을 쫓아내려 애썼다. "폴 파머, 정신 차리자!" 그러고는 다시 타이핑에 열중했다. 그는 UN에 제출할 각종 서류와 에이즈 치료용 항바이러스제를 구입하는 데 필요한 보조금 신청서를 작성했고, 마지막으로는 러시아의 다제내성 결핵 치료가 비효율적이라는 취지의 학술보고서에 대한 반박 기고문을 썼다.

"그 기고문은 또 어디로 보내는 겁니까?"

"〈결핵 및 폐질환 저널The Journal of Tuberculosis and Lung Disease〉이요." 그가 화면에서 눈을 떼지 않은 채 대답했다. "당연히 구독하고 계시겠죠?"

그는 틈틈이 새 저서인 《권력의 병리학Pathologies of Power》 원고도 집필했다. 초고는 이미 완성된 상태였는데 두 가지 상반되는 에이즈 통제 정책을 대조하는 내용에 한 장을 통째로 할애했다. 하나는 쿠바식 통제 정책이고 나머지 하나는 1990년대 초반 미국이 관타나모Guantánamo 해군기지에서 에이즈 양성의 아이티 난민을 대상으로 펼쳤던 격리 정책이다. 파머는 참고자료로 활용한 도서 중에서 미국의 어느 저명한 정치학자가 쓴 책을 소리 내어 읽었다. 그 저자는 쿠바와 관타나모의 에이즈 정책이 거의 비슷한 수준이라고 평가했다. "피가 끓는군." 파머가 중얼거렸다.

그는 에이즈 환자를 격리하는 정책에 반대했다. "격리 정책이 성병을 통제하는 데 효과를 발휘한 적은 한 번도 없습니다. 쿠바의 에이즈 환자 수용소와 관타나모 해군기지의 격리시설은 환자를 입원시켰다는 공통점이 있지만 그 둘이 본질적으로 같다는 주장은 새빨간 거짓말입니다."

그는 관타나모에 격리 수용된 아이티인 몇 명을 인터뷰했다. 그들의 고통은 이루 말할 수가 없었다. 음식에는 구더기가 들어 있기 일쑤였다. 수용자를 대상으로 강제 혈액검사가 실시됐고, 길면 효력이 18개월까지 지속되는 피임약 데포 프로베라Depo-Provera를 투여했다. 이러한 조치에 반발하면 즉시 폭력이 뒤따랐다. 아이티인 수용자들의 증언 외에도 가혹행위를 입증할 증거가 속속 발견됐다. 결국 1993년 미국 연방법원은 관타나모 격리시설의 부당성을 인정하고 엄중하게 비판했으며 해당 제도와 시설의 운영 자체를 위헌으로 판결했다.

한편 쿠바 정부가 운영하던 에이즈 환자 수용시설은 아바나에서 약 한 시간 떨어진 산티아고데라스베가스Santiago de las Vegas에 있었다. 우리는 이 시설의 설립과 운영에 직접 참여했던 페레즈 박사의 안내를 받아 그곳을 직접 돌아보기로 했다.

잿빛 흙먼지로 뒤덮인 아이티와 대조되는 쿠바의 총천연색 시골 풍경은 보는 것만으로도 즐거웠다. 곳곳에 전신주와 잘 정비된 관개시설이 눈에 띄었다. 고속도로를 벗어나 좁은 포장도로로 진입할 무렵 페레즈 박사가 말했다. "이제 곧 강제수용소에 도착할 겁니다. 쿠바 버전의 강제수용소지요." 그는 쿠바의 에이즈 수용 시설을 나치의 강제수용소에 비유한 〈뉴욕타임스〉 칼럼을 비꼬고 있었다.

오른편에는 한때 상당한 규모의 부지였을 것으로 짐작되는 공터가 펼쳐져 있었다. 정문 안쪽으로 들어섰을 때, 마침 검은 베레모를 쓰고 상체를 드러낸 근육질의 젊은 남성이 자전거를 타고 지나가는 모습이 보였다. "차를 세워주세요." 파머가 운전기사에게 말했다. 그는 차에서 뛰어내리며 자전거 타는 청년을 불렀다. "에두아르도!" 에두아르도는 놀라움과 반가움이 뒤섞인 표정으로 자전거에서 내리더니 파머와 얼싸안았다. 그는 전직 쿠바 군인으로, 아프리카에서 에이즈에 걸린 뒤 고국으로 돌아와서 페레즈 박사의 치료를 받았다. 파머는 지난번에 쿠바를 방문했을 때 그를 만났고 진료 과정에도 참여했다. 나는 파머가 환자가 너무 많다고 불평하는 모습을 한 번도 보지 못했다. 그는 오히려 돌볼 환자가 전혀 없을 때 불편함을 느끼는 것 같았고, 아마도 그런 불편함을 덜기위해 쿠바에서 지내는 동안에는 페레즈 박사의 환자를 빌렸다.

파머는 에두아르도와 인사를 나눈 뒤 다시 차에 올라탔다. 우리는 오래된 아시엔다Hacienda, 즉 대규모 농장으로 차를 몰았다. 한때 이 땅을 소유하고 있던 부유한 쿠바인은 사회주의 혁명이 일어나자마자 도망쳤다고 했다. 그곳 건물은 천장이 낮았고 벽면 여기저기에 얼룩이 묻어 있었지만 특별히 초라한 느낌은 아니었다. 다만 마호가니 원목 책상이 놓여 있어야 할 공간에 잘못 놓인 철제 캐비닛처럼 주변 배경에서 살짝 튄다는 인상을 주긴 했다.

건물 안에서 점심을 먹으면서 페레즈 박사는 이 수용시설의 역사를 이야기해줬다. 그와 당시 그의 상급자였던 구스타보 쿠리 Gustavo Kouri 가 피델 카스트로에게 아프리카에서 발생한 말라리아 사태를 보고할 때였다. 카스트로가 물었다. "에이즈가 쿠바까지 확산되는 걸 막기 위해 무엇을 하겠소?"

페레즈는 그 순간을 생생히 기억했다. "구스타보는 에이즈가 별로 중요하지 않다고 대답했어요. 그러자 카스트로가 그의 턱수염을 획 잡아채더니 이렇게 말했죠. '자네는 뭘 모르는군. 에이즈는 세기의 전염병이 될 거야. 쿠바에 에이즈가 확산되지 못하도록 막는 게 바로 자네가 책임지고 할 일이야.'"

쿠바 당국은 군대의 감독하에 HIV 감염자를 격리 수용하기로 결정했다. 처음에는 군인 환자만 수용했으나 시간이 가면서 군인과 동성애자를 한공간에 수용했다. 이 두 그룹은 필연적으로 잘 지내기 어려운 조합이었으나(특히 동성애자 그룹이 힘들어했다) 적어도 모든 수용자에게 충분한 식사와 적절한 의료 서비스가 보장됐다. 몇 년 후 이곳의 관리를 맡게 된 페레즈 박사는 외부인 면회를 허용했고 시설을 둘러싼 높은 벽을 헐어버렸다.

"기자들이 하루가 멀다 하고 찾아와서 내부 사진을 찍으려고 나무를 기어오르는 꼴이 보기 싫었거든요."

페레즈는 조금씩 규칙을 바꿔나갔다. 처음에는 반드시 콘돔을 사용해 안전한 섹스를 할 것이라는 믿음을 주는 환자에 한해서 외출 허가증을 발급해줬고, 이후에는 격리 수용 제도 자체를 폐지했다. 그는 강제 격리가 해제된 즉시 모든 환자가 시설을 떠나리라고 생각했지만, 실제로는 무려 80%가 남기를 택했다. 그만큼 이곳의 환경이 다른 곳에 비해 좋았기 때문이다.

페레즈 박사는 우리에게 환자들이 지내는 숙소를 보여줬다. 야자수 정원 한가운데 세워진 작은 주택과 아파트는 미국 노동자 계층의 평범한 주거지처럼 보였다. 우리는 외출에서 돌아온 에두아르도를 만나 그가 사는 집에도 들렀다. 공간이 넓진 않았지만 방이 세 개나 됐다. 서재에는 파머의 스냅사진이 걸려 있었는데, 바로 그 앞에 선 사진 속 주인공이 붉게 달아오른 얼굴로 액자를 빤히 바라봤다. 안색이 어느 정도 돌아온 후 그가 에두아르도에게 말했다. "여전히 담배를 피우는 모양이군." 상대가 담배를 권하자, 파머가 웃으며 거절했다. "아니, 나는 담배를 끊으라고 말하려던 거였어."

우리는 다시 숙소 단지를 둘러봤다. 파머는 평화롭고 안정적인 시설 분위기를 계속 칭찬했지만, 나는 솔직히 그 정도는 아니라고 생각했다. "느낌이 좀 우울하지 않아요?"

"그런가요?" 파머는 깜짝 놀란 것 같았다. "제가 어릴 때 자랐던 집과 비교하면 상당히 좋은데요. 전기도 잘 들어오고 가스레인지며 TV며 에어컨이며 없는 게 없잖아요!" 사실 내가 보기에도 시설 자체에는 별문제가 없었다. 다만 파머에게서 평소의 냉철한 비판을 찾아볼 수 없다는 점이 마음에 걸렸다. 나는 그가 칭찬할 거리를 애써 찾아내 호들갑을 떤다고 생각했고, 괜한 반발심에 그의 말에 딴지를 걸었다. 어쩌면 단순히 그와 한바탕 논쟁을 벌이고 싶었는지도 모르겠다. 하지만 그는 그럴 생각이 전혀 없는 것 같았고 내 반응도 사람 좋게 웃으며 넘겨버렸다.

시설을 견학하는 동안, 문득 에이즈라는 재난이 발생했을 때 각국이 취했던 대응책에 대해 지금 이 시점에서 잘잘못을 논하기는 쉽다는 생각이 들었다. 미국과 쿠바처럼 크기와 사회 형태가 전혀 다른 두 나라를 비교하기는 더욱 쉬울 것이다. 하지만 만약 두 나라가 거둔 결과가 지금과 반대였다면, 그러니까 쿠바가 완전히 에이즈 정책에 실패하고 미국이 성공을 거뒀어도 과연 내가 지금 쿠바의 정책에 대해 그러하듯 의심과 비판의 눈초리로 미국의 정책을 뜯어볼지 의문이 들었다.

2000년까지 미국의 HIV 감염률과 사망률은 떨어지는 추세였지만, 전체 인구 대비 사망률은 쿠바보다 훨씬 높았다. 게다가 미국의 에이즈는 주로 빈곤층의 이성애자 사이에서 확산되는 병으로 자리를 잡았다. 반면 쿠바는 서반구에서 에이즈 발병률이 가장 낮았다. 쿠바 정부가 수백만 명을 상대로 의무검사를 실시했다는 점을 감안할 때 이 통계는 세계에서 가장 정확할 것이다. 2000년 당시 1,100만 명이 모여 살던 쿠바섬에서 HIV 양성 반응을 보인 환자는 2,669명에 불과했다. 잠복기를 지나 활성 에이즈로 진행된 환자는 1,003명이었고 그중 653명이 사망했다. 모체 감염을 통해 감염된 신생아 환자는 겨우 다섯 명이었고 그 아이들은 지금까지 전원 생존해 있다. 혈액은행을 신속히 특별 관리대상으로 분류한 덕에 수혈을 통한 감염자는 총 열 명밖에 나오지 않았다. 미국의 통상 봉쇄정책이 쿠바의 에이즈 감염률을 낮췄다고 주장하는 이들도 있으나 사실 에이즈가 세계적으로 확산되던 시점에 쿠바는 감염률이 가장 높은 지역인 아프리카와 활발히 무역을 했다.

우리는 다시 아바나를 향해 차를 몰았다. 페레즈 박사는 그날 아침 바베이도스 대사관에서 전화를 받았다고 말했다. 파머가 바베이도스 대사의 딸을 봐줬으면 한다고 했다. "어제도 다섯 번이나 전화를 했죠. 사실 저는 그 딸이 누군지도 몰라요. 어쨌든 제가 그 유명한 폴 파머 박사와 함께 있다는 걸 다들 귀신같이 알아내더라고요."

                                         o

파머와 페레즈가 공통적으로 즐기는 여가 활동이 있었다. 환자들을 찾아가 대화를 나누는 것이었다. 페레즈가 보스턴에 왔을 때는 파머의 회진을 따라다니곤 했다. 이제 우리는 아바나에 있었고 파머는 도착한 지 얼마 되지 않아 본심을 드러냈다. "페레즈, 환자들을 만나게 해줄 거지?"

"물론이지."

페레즈는 환자 외에도 볼리비아에서 체 게바라의 비밀 무덤을 발견한(혹은 발견했다고 주장한) 것으로 유명한 쿠바의 대표적인 법의학자에게 파머를 소개해줬다. 법의학자는 책상 앞에 서서 자신이 어떻게 과학적 가설을 세웠는지, 어떻게 쿠바의 고고학자와 토양화학자, 지질학자, 식물학자로 구성된 팀을 이끌고 300일에 걸쳐 유골을 발굴했는지, 어떻게 그것이 체 게바라의 유골임을 확인했으며 어떻게 쿠바로 몰래 들여왔는지 확신에 찬 목소리로 자세히 설명했다. "우리는 영웅들의 흔적을 찾아냈습니다. 그들은 저의 우상이었어요. 과학자이자 연구자로서, 혁명 쿠바의 국민으로서,

우리 발굴팀은 무한한 자부심을 느꼈습니다. 체 게바라의 유골은 혁명의 관점에서 굉장히 중요한 의미를 지닙니다. 과거와 미래의 연결고리라고나 할까요."

페레즈 박사는 우리를 저녁 식사에 초대했다. 그의 집은 미국 중산층 동네의 번듯한 주택처럼 널찍했고 가구도 잘 갖춰져 있었다. 파머는 내게 페레즈의 가족이 운전기사와 함께 식사하는 모습을 눈여겨봐달라고 강조했다. 어느 날 저녁에는 헤밍웨이가 즐겨 찾았다는 식당을 찾았다(아바나에는 헤밍웨이 생가가 위치한 미국의 키웨스트Key West 지역보다 더 많은 헤밍웨이 단골 식당이 존재할 것이다). 우리가 자리를 잡자 기타를 든 악사들이 몰려와 체 게바라를 추모하는 노래인 〈엘 코만단테El Comandante〉를 연주했다. 파머는 호텔에서도 다양한 여흥거리를 찾아냈다. 가령 그는 로비의 새장에 들어 있는 앵무새 몇 마리에 흠뻑 빠져서 그곳을 지나갈 때마다 자세히 관찰했다. "학명으로는 시타시폼스Psittaciformes에 속하는 새들이에요. 제가 그 이름을 정확히 아는 건 사람에게도 옮는 시타코시스Psittacosis(앵무병)와 연관된 조류이기 때문이죠." 호텔에는 그 밖에도 물고기를 키우는 수족관과 작은 연못이 있었는데, 파머는 그 위로 길쭉한 몸통을 구부리고는 학명을 읊어댔다. "블루구라미Blue Gourami, 블랙몰리Black Molly, 네온테트라Neon Tetra, 오렌지바브Orange Barb⋯."

쿠바에서 지낸 시간은 그의 기준에서 볼 때 진정한 휴가였다. 그는 아주 오랫동안 언제 어디서나 이메일을 주고받는 생활을 해왔다. 아이티의 중부 고원지대, 리마의 북부 판자촌, 군대에 포위된 멕시코 마을, 심지어 시베리아 한복판에서도 예외는 아니었다. 하지만 쿠바는 봉쇄정책 때문에 이메일 전송이 불가능했다. 이때 쌓인 업무 때문에 훗날 큰 고생을 하긴 했지만 적어도 당장은 이메일에 실려 날아오는 온갖 요청과 업무로부터 벗어나 홀가분할 수 있었다.

파머처럼 여행을 많이 다니면서 관광 책자에 실린 명소는 거의 가보지 못한 사람이 있을까? 그는 페루의 마추픽추도, 모스크바의 볼쇼이 극장도 방문한 적이 없다. 쿠바에서도 마찬가지였다. 이번 여행에서 그가 본 아바나의 풍경은 대부분 페레즈 박사의 낡은 자동차 차창 밖으로 지나가는 모습이었다. 다행히 아바나는 빛바랜 유산 같은 느낌을 풍기는 (적어도 외국인의 관점에서는) 아름다운 도시였다. 거리에는 시간에 닳아버렸지만 여전히 화려한 조각 장식과 기둥, 처마를 자랑하는 주택이 늘어서 있었고, 따뜻하면서도 바람이 많이 부는 저녁이면 방파제에 부딪힌 파도가 작은 물방울로 흩어지면서 지나가는 연인들의 옷자락을 적셨다. 하지만 파머는 그런 풍경조차 온전히 즐기지 못했다. 마치 즐거운 기분이 들 때마다 머릿속에서 '아이티를 잊지 마세요'라는 경보음이 울려 퍼지는 것 같았다. 차창 밖으로 지나가는 뱅골보리수 나무의 행렬을 바라보며 그가 나직이 말했다.

"아이티에서 18년이나 일했는데 상황은 점점 나빠지기만 하는 것 같아요." 하지만 곧 이렇게 덧붙였다. "아니, 아직 아이티에서 충분히 일하지 못했어요."

"장미 라장테를 만들었잖아요." 내가 말했다.

"아이티에는 장미 라장테만 한 의료시설이 없죠. 하지만 이곳에 비하면 한참 모자랍니다. 쿠바인들이라면 나보다 훨씬 많은 일을 해냈을 거예요."

꩜

쿠바에 머무는 동안, 파머는 그곳 사람들이 자신에게 보여주는 관심에 여러 차례 감동했다. 페레즈 박사는 병원을 운영하고, 국제회의를 주재하고, 노벨 생리의학상 수상이 거의 확실시되는 뤽 몽타니에 박사를 접대하느라 정신없이 바쁜 와중에도 파머에게 많은 시간을 할애했으며 특히 저녁 시간은 거의 파머와 함께 보내려고 했다. 어느 날 저녁, 파머는 호텔 방에서 타이핑을 하다 말고 내게 질문을 던졌다. "사람들이 제게 이토록 큰 관심을 보이는 이유가 뭘까요?"

대부분 그는 질문을 던질 때 나름의 해답을 갖고 있었다. 평화를 유지하려면 그가 생각하는 답을 추측해서 내놓는 편이 효율적이었다. 하지만 그 사실을 알면서도 나는 일부러 엉뚱한 대답을 내놓았다. "미국의 라틴아메리카 정책을 정면으로 비판한 당신의 저서가 쿠바 사람들의 마음에 쏙 들었던 것 아닐까요? 게다가 당신은 쿠바의 의료 서비스와 공중보건 수준을 공식적으로 여러 번 칭찬했으니까요." 이런 말도 덧붙였다. "페레즈 박사가 당신을 친구라고 소개하는 것도 한몫했겠죠."

말을 마치고 파머를 슬쩍 바라보니 파랗고 창백한 눈동자가 나를 뚫어지게 바라보고 있었다. 그의 얼굴에서 종종 볼 수 있는 표정이었다. 때로는 상대를 꿰뚫어 보는 엑스레이 같기도 하고 때로는 자신이 원하는 대답을 강요하는 것처럼 보이기도 하는 그런 눈빛이었다. 순간적으로 시선을 피하고 싶은 생각이 들었지만 나는 일부러라도 그러지 않기로 마음먹었다.

"저는 어딜 가든 똑같이 환영받아요. 러시아에 갔을 땐 그곳 사람들의 환대에 머리가 하얘질 지경이었어요. 제가 러시아 의료 시스템을 엄청나게 비판했었거든요. 왜 완전히 다른 환경에 있는 세계 곳곳의 사람들이 한결같이 저를 환영할까요? 제가 볼 때는 아이티 때문인 것 같아요. 제가 가난한 이들을 위해 봉사하기 때문이죠. 사랑해, 이드."

그가 내 말에 분노와 실망을 느끼고 조금은 상처받았음을 감지했다. 아주 강력한 조합이었다. 이야기를 마친 그는 다시 일에 몰두했고 나는 침대에 누워서 애써 책을 읽으려 했다. 잠시 후 그가 물었다. "어이, 지금 무슨 생각 하고 있어요?" 나는 그에게 용서받은 것 같았다. 정확히 뭘 용서받았는지는 모르겠지만 그래도 마음이 놓였다. 그러나 그 안도감은 그리 오래가지 않았다.

공항에 도착한 우리는 마이애미로 가는 비행기가 다섯 시간이나 연착됐다는 안내를 받고 작은 구내식당으로 들어갔다. 파머는 자리에 앉자마자 노트북을 열며 점원을 불렀다. 점원은 우리 테이블로 와서 스페인어로 말했다. "디가메, 미 아모르Digame, mi amor." 파머가 껄껄 웃었다. "들으셨어요? '말씀하세요, 내 사랑'이라는 뜻이에요. 이렇게 말하는 나라를 사랑하지 않을 수 있을까요?"

그는 연착에 당황하지 않았다. 그가 곤란한 상황에서 오히려 즐거움을 느끼는 것 같다는 생각을 하는데 그가 갑자기 물었다. "체 게바라에 대해 쓰려거든 키더 씨 생각대로 쓰세요. 제 생각이 아니라."

"어째서죠?"

"이제 키더 씨는 그의 유해 발굴 사업에 대해 99%의 미국인보다 잘 알고 있잖아요. 그에 대한 쿠바 국민의 일반적인 생각도요. 그의 시신을 발견한 남성이 거의 울먹였던 거, 기억하죠?" 그는 특유의 냉정한 시선으로 나를 바라보다가 말을 이었다.

"제가 조금 감성적일 수는 있지만 바보는 아니에요. 저는 온갖 장애물을 극복하며 아이티에 병원을 짓고 다제내성 결핵을 치료하는 의사입니다." 파머는 조금씩 요점에 다가갔다. 그는 내가 쿠바에 대해, 특히 쿠바에서 본 파머에 대해 뭐라고 쓸지에 대해 얘기하려는 것이었다.

"편안함보다 도전을 택한 사람들의 이야기를 쓰다 보면 평범한 사람의 관점에서 그들의 삶을 왜곡하기 쉽죠. 헌신은 강박관념이 되고, 희생은 자기학대로 둔갑해요. 그 이유를 모르는 건 아니에요. 그들의 도전적인 삶을 긍정적으로 묘사하면 자칫 독자의 안락한 삶을 비난하는 것처럼 보일 수 있으니까요. 하지만 저는 사람들이 에이즈와 결핵을 동시에 앓는 나사로의 비극적인 이야기를 읽고 불편함을 느끼길 바랍니다. 그렇지 않을 거라면 제가 왜 당신을 데리고 다니겠어요? 당신이 저에 대해 어떻게 쓸지는 중요하지 않아요. 저는 늘 비난을 받아왔으니까요. 군 장성들이 내게 소리를 지르고 이른바 전문가라는 사람들은 근거도 없이 제 주장을 깔아

뭉갰죠. 저는 이렇게 입만 산 인간은 두렵지 않아요. 하지만 제 환자들은 다릅니다. 만약 높은 사람들과의 인맥 때문에 쿠바 사람들이 저를 환대한다고 묘사한다면, 아이티의 가난한 환자를 걱정하는 쿠바 의사들의 따뜻한 관심은 차게 식어 사라져버릴지도 모릅니다."

그는 멈추지 않고 담아뒀던 말을 쏟아냈다. "제가 산티아고데라스베가스의 병원과 연구시설을 칭찬하면 많은 이들이 저를 공산주의 정권의 앞잡이 취급을 하겠죠."

페레즈 박사의 이야기도 놓치지 않았다. "페레즈는 전염병 연구소의 소장이고 에이즈 치료시설의 원장이며 국영 에이즈 프로그램의 총 책임자입니다. 세계 각국의 의대에서 초빙교수로 강의를 하고 하버드에서는 제가 관리하는 전염병 프로그램의 이사를 맡고 있어요. 쿠바의 국가원수와 장관들은 그의 의견을 경청하고, 쿠바 의학계에서 상당한 영향력을 행사할 수 있죠. 그런데도 그는 기껏해야 미국 중산층 수준의 생활을 하고 그렇게 사는 걸 개의치 않아요. 저는 사람이 누구나 검소하게 살아야 한다고 생각하지 않아요. 하지만 페레즈는 검소한 삶이 옳다고 믿고, 저는 그의 그런 점을 좋아하죠. 그는 사회 불평등을 혐오하고 의학을 함에 있어 사회정의를 추구합니다. 저는 그를 진심으로 존경합니다. 만약 누군가 그의 선의를 조롱하거나 비하한다면 절대 참지 않을 거예요."

파머의 목소리는 격앙돼 있었다. 나는 그의 분노를 나를 향한 것으로 생각했고, 마치 내가 페레즈 박사를 조롱한 것 같은 죄책감을 느꼈다. 분명 그때 나도 기분이 상했고 상처받았을 것이다. 하지만 그 자리에서는 그런 마음을 인정할 수 없었다. 파머의 감성은 쉽게 드러나는 편이었고, 그 방향은 오필리아가 설명했듯이 대개 타인에게 공감하는 쪽이었다. 그는 고통받는 환자를 돌보거나 세상을 떠난 환자를 떠올리며 남들 시선 따위는 아랑곳하지 않고 눈물을 터뜨렸다. 좋아하는 사람을 만나면 기쁨으로 얼굴을 밝히며 일일이 인사를 건넸다. 그와 친한 사람이라면 누구나 그러하듯이 나 또한 어느새 그의 따스함을 당연하게 받아들이고 있었다. 하지만 그날 그 공항에서, 나는 그가 나를 향한 호감을 거둬들이려 한다는 인상을 받았다. 차가운 기운이 나를 엄습했다.

이제 나와 함께 여행하지 않겠다는 건가? 그러라고 해. 나도 같이 다니는 거 지겹다고. 파머의 노트북 배경화면에는 '정의를 추구하라'라는 문구가 쓰여 있었다. 그 단정적인 문장을 보니 문득 지금까지 그를 보며 느꼈던 미묘하게 불편한 느낌이 전부 설명되는 것 같았다.

그는 우리의 다음 행선지인 러시아에 대해 얘기하기 시작했다. 그곳 상황은 적어도 아이티만큼 심각하지는 않다고 했다.

"그럼 이제 제가 동행하지 않는 편이 좋다고 생각하시나요?" 내가 물었다. 초연한 태도를 유지하려 애썼지만, 그 노력이 아주 성공적이었던 것 같지는 않다.

그는 순수하게 놀란 표정을 지었다. "아뇨? 같이 가셔야죠. 중요한 일인걸요."

파머의 꾸지람은(만약 그것이 진짜 꾸지람이었다면) 거기서 끝났다. 그는 우리의 대화가 쿠바 여행의 마무리 '착지'였다고 말했다.

'착지'는 파머 가족이 다 함께 올림픽을 시청하던 시절부터 쓰던 가족 용어였다. 체조 경기를 볼 때면 늘씬한 체형의 막내 페기가 선수들의 착지자세를 흉내 내며 가슴을 쭉 내밀곤 했다. 브리검에서 파머와 함께 일했던 인턴과 레지던트, 동료 의사들은 모두 그 용어를 알고 있었다. "좋아요. 여기서 '착지'하죠." 파머가 말하면 그 이야기는 거기서 마무리됐다.

파머 대한 나쁜 감정을 담아두기란 쉬운 일이 아니었다. 특히 그가 구겨진 검은 정장 차림으로 공항의 간이식당에 앉아 연착된 비행기를 무작정 기다리는 지금 같은 시점에는. 그는 쿠바에 대한 자신의 애정이 왜곡되어 궁극적으로 캉주의 환자들에게 해를 끼칠까 봐 진심으로 걱정하고 있었다. 사실 쿠바에 대한 그와 나의 생각은 논쟁을 벌일 만큼 다르지 않았다. 나는 오랫동안 쿠바를 부정적으로 묘사하는 이야기를 들어왔고 그 때문에 처음부터 색안경을 끼고 있었던 것도 사실이다. 이 나라를 직접 체험하고도 섣불리 판단을 내리기가 어려웠던 것은 어쩌면 그 때문이었을지도 모른다.

쿠바가 어려운 일을 해냈다는 데는 의심의 여지가 없으며, 아이티 의료진 입장에서 보면 극히 제한된 자원으로 질 좋고 평등한 공중보건 체계를 구축했다는 점에서 쿠바를 존경할 수밖에 없었다. 다만, 나는 이러한 성과를 거두기 위해 국민이 치러야 했을 정치적 대가가 궁금했다. 그러나 파머라면 같은 질문을 반대의 관점에서 던졌을 것이다. "끔찍한 질병과 조기 사망으로부터 자유롭기 위해 대다수 사람이 기꺼이 치를 수 있는 대가는 과연 무엇일까?"

쿠바는 내게 다소 추상적인 문제였다. 그러나 파머에게 쿠바란 희망의 상징이었고, 빈곤한 나라가 양질의 공중보건 시스템을 갖출 수 있다는 증거였다.

"만약 내가 아이티를 쿠바로 바꿀 수만 있다면 당장에라도 그렇게 하겠습니다."

불과 몇 분 전, 파머는 다소 험악하게 말했다. 그가 나를 비난한다고 느끼지만 않았더라면 나 또한 그 의견에 동의했을 것이다. 우리는 시간을 때우며 식당 안을 서성였다. 나는 문득 그에게 아이티에 어떤 희망을 품고 있느냐고 물었다.

"글쎄요. 아이티에 대한 제 꿈은 과학적인 분석이나 정확한 숫자나 통계자료를 근거로 한 보고서 같은 것과는 다릅니다. 하지만 아이티에 대해 희망을 갖고 있긴 하죠." 그의 희망에는 아이티 바깥에서 이뤄졌으면 하는 일도 있었다. "어떤 사람은 아이티 상황이 너무 나빠져서 조만간 반란이 일어날 거라고 하더군요. 하지만 굶주림과 질병에 시달리면서 어떻게 반란을 일으킵니까? 아이티를 위해 들고 일어나야 할 사람은 아이티 밖에서 안락하게 사는 부유층입니다." 그는 잠시 생각하더니 이렇게 덧붙였다. "내 말에 좌파 사람들은 코웃음을 치겠지만요."

그는 고개를 돌려 창밖을 응시했다. 활주로 건너편의 비행기 격납고에 커다란 글자가 쓰여 있었다. '파트리아 에스 우마니다 Patria Es Humanidad.' '진정한 국가는 오직 인류뿐'이라는, 세계 어느 공항에 있어도 이상하지 않을 슬로건이었다.

"정말 멋진 말이죠." 파머가 말했다.

"글쎄요. 너무 뻔한 격언 같은데요."

그가 나를 돌아보며 중얼거렸다. "당신 말이 맞는 것 같네요."

나는 또다시 그에게 상처를 입힌 것 같아 두려웠다. 냉소는 겁쟁이가 지닌 최악의 무기라고 하지 않던가. "아니에요. 멋진 말이에요." 내가 허둥거리며 대답했다. "그러니까, 저 말에 진심이 담겨 있다면요."

우리는 예정보다 한참 늦게 마이애미에 도착했다. 파머는 공항에서 사야 할 물건이 너무 많았고, 메일함에는 지금 당장 답변해야 할 20여 통을 포함해 쿠바에서 확인하지 못한 업무 이메일이 미친 듯이 쌓여 있었다. 파리행 비행기를 놓치지 않은 건 요행에 가까웠다. 우리가 들어오자마자 탑승구를 폐쇄하는 승무원의 모습을 보며, 파머는 완벽한 타이밍이었다며 기뻐했다. 하지만 비행기 짐칸은 이미 꽉 차서 우리 가방을 넣을 공간이 없었다. 좌석은 몸을 끼워 넣어야 할 정도로 비좁았고 키가 큰 파머는 나보다 훨씬 힘들었을 것이다.

쿠바에서 보낸 마지막 이틀 동안 나는 설사로 고생했다. 음식이나 물보다는 과음한 모히토가 문제였을 것이다. 파머에게 몸 상태를 숨기자고 다짐했지만 복통이 심해지자 결국 그에게 도움을 청할 수밖에 없었다.

비행기는 이미 이륙한 상태였고, 수면유도제를 복용한 파머는 거의 잠에 빠지기 직전이었다. 하지만 내가 아프다고 말한 순간 그는 약효를 이겨내고 눈을 번쩍 떴다. "지금부터 창자의 움직임을 하나도 빼놓지 말고 내게 보고하세요." 그가 단호하게 말했다.

그가 동행이라는 사실에 안도감이 밀려왔다. 그의 말만으로도 이미 상태가 호전된 것 같았다. 그렇게 파머를 향한 내 서운함은 마지막 한 방울까지 깨끗이 증발해버렸다. 그래도 그가 자신에게 방어적인 입장을 취하고 있다는 느낌은 솔직히 아직 사라지지 않았다. 그는 빈민을 위해 봉사하는 사람이고, 자신을 향한 비판을 지금껏 그가 살려낸 억압받는 사람들에 대한 공격과 다름없다고 생각하는 것 같았다. 하지만 지금의 나는 그 태도가 가식이 아니라는 사실을 안다.

시간이 지난 후 나는 당시에 느꼈던 감정을 이렇게 정리했다. 폴 파머는 환자를 1순위, 죄수를 2순위, 학생을 3순위라고 했지만 이 범주에 들지 않는 사람은 많지 않았다. 아픈 사람은 누구나 파머의 환자일 수 있었고 건강한 사람은 누구나 그의 학생일 수 있었다. 매 순간 빈곤과 싸우는 그의 투쟁은 필연적으로 온갖 역경과 불가피한 실패를 동반할 수밖에 없었다. 이러한 어려움을 견뎌내고 그가 얻는 보상은 내면에서 모순을 몰아내는 것이었고, 그 대가는 끊임없는 분노와 세상에 대한 불만이었다. 그 분노가 늘 겉으로 드러나지는 않았지만 늘 그 안에 있었다. 이 사실을 깨닫자 비로소 그를 바라볼 때마다 느꼈던, 특히 쿠바의 공항에서 밀려왔던 미묘한 껄끄러움이 완전히 해소됐다.

파머는 운 좋게 그의 보살핌을 받게 된 환자들을 제외하면 세상 사람들의 마음을 불편하게 만들기 위해 이 땅에 내려온 사람이다. 그리고 나는 잠시나마 그의 환자가 되는 행운을 누렸다.

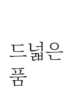

드넓은
품

파리를 향한 파머의 사랑은 배 위에서 살던 어린 시절부터 대학 때 겨우 한 학기를 그곳에서 보냈을 때를 거쳐 단 한 번도 꺼지지 않고 쭉 이어졌다. 아내 디디를 파리에 데려갔을 때도 그는 기대에 잔뜩 부풀어 있었다. 그것은 디디의 첫 번째 해외여행이었다.

"어때? 세상에서 가장 아름다운 도시지?"

하지만 멋진 공원과 건물이 가득한 풍경은 그녀에게 전혀 다른 인상을 심어준 것 같았다. "우리 조상들의 고통 위에 이토록 화려한 도시가 태어났군요." 바로 이 문제를 연구하기 위해 디디는 프랑스인 노예 소유주들이 남긴 자료와 서아프리카에서의 노예무역 기록을 세세히 기록한 문건을 분석하고 있었다. 아내와의 첫 여행 이후, 파리에 대한 파머의 동경도 예전같지 않았다.

긴 비행을 버티기 위해 그가 가져온 수면유도제 덕분에 파리에 도착하던 순간의 기억은 온통 구름에 싸인 듯 희미하다. 이른 아침이었던 것 같고, 택시의 창문 너머로 네모반듯한 고층 건물을 빤히 쳐다보던 파머의 모습이 기억난다. 우리는 그렇게 '제1세계'로 돌아왔다. 그는 내게 파리의 빈민들이 보금자리를 빼앗기고 있다고 말했다. 택시가 비둘기 빛깔의 도심에 진입했을 때 파머는 제1세계 국민이 강아지를 미용시키는 데 쓰는 돈만 있어도 아이티에서 얼마나 많은 변화를 일으킬 수 있겠냐고 중얼거렸다.

우리는 좁다란 도로와 인도, 작은 식당과 호텔, 상점이 가득한 마레 구역에서 내렸다. 파머 가족이 머무는 방 세 개짜리 아담한 아파트는 듀크대학 시절부터 알고 지낸 친구에게서 임대한 것이었다. 큰 키에 늘씬한 체격의 디디가 활짝 웃으며 우리를 맞이했다. 디디를 처음 봤을 때, 나는 그녀를 캉주에서 가장 아름다운 여인으로 꼽던 사람들의 말이 맞을지도 모르겠다고 생각했다. 파머는 검은색 정장을 입은 채 딸을 품에 안고 빙글빙글 돌며 우스꽝스러운 왈츠 스텝을 밟았다. 그사이 소녀는 앳된 얼굴과 까만 눈동자로 천장을 바라봤다. 잠시 후 캐서린은 소파에서 인형놀이를 시작했고, 파머는 딸의 모습을 바라봤다. 주방에 있던 디디가 물었다. "모스크바로 언제 떠나죠?"

"내일 아침에." 파머가 대답했다.

주방에서 무언가 떨어지는 소리와 함께 가슴 깊은 곳에서 울리는 탄식이 들려왔다.

나는 파머를 바라봤다. 그는 무릎을 양팔로 꼭 끌어안은 채 양손으로 입을 막고 있었다. 아직 정신이 멍한 상태인데도, 내 머리에는 이런 생각이 떠올랐다. 파머가 어떤 말이나 행동을 해야 할지 몰라 당황한 모습은 처음 보는구나.

역설적이게도, PIH가 이론적으로 국제적인 사업을 포기한 시점부터 그들의 활동은 세계로 뻗어 나가기 시작했다. 그리고 정확히 그 타이밍에 파머에게 아이가 찾아왔다. 최근 그의 친구들은 가족에게 신경을 너무 쓰지 않는다며 그를 나무랐다. 어떤 이들은 그가 없는 자리에서 이 문제를 꺼내며 묘하게 더 활기를 띠기도 했다. 그들은 음흉한 미소를 지으며 높은 목소리로 말했다. "파머와 결혼생활을 한다는 게 어떤 느낌일지 상상이나 할 수 있으세요?" 나는 어쩌면 이런 태도가 도덕적 질투심을 표현하는 방법일지도 모른다고 생각했다.

"파머는 사람들에게 죄책감을 느끼게 하는 데 기막힌 재주가 있거든요." 짐은 말했다. 파머는 자신은 하루도 쉬지 않으면서 다른 사람에게는 휴가를 가라고 격려했다. 그들이 가난한 이들을 돕는 데 조금이라도 이바지한다면 다른 부분에서는 사치스러운 삶을 살아도 전혀 개의치 않았다. 제자와 동료에게 많은 것을 요구했지만 만족스러운 결과를 가져오지 못해도 쉽게 용서했다. 이러니 몇몇 사람이 그의 완전무결한 도덕성에 작은 흠집을 발견할 때마다 안도감을 느끼며 기뻐하는 것도 무리는 아니었으리라.

우리는 아이티에서 그의 딸 캐서린에 대해 이야기를 나눈 적이 있다. 아이가 태어난 지 딱 한 달 됐을 때 장미 라장테에 임신중독증의 특수형인 자간Eclampsia을 앓는 여성이 실려 왔다. 자간은 아직 원인이 밝혀지지 않은 임신 질환으로, 특히 빈곤층 여성에게서 많이 발생하는 것으로 알려져 있다. 이 증상이 나타나면 임신부와 태아 모두 단백뇨, 고혈압, 발작을 겪을 수 있으며 심한 경우 사망에 이르렀다. 자간을 치료하려면 황산마그네슘을 처방하고 당장 아이를 출산시켜야만 했다. 파머는 긴급 수술을 준비하며 의료진에게 각종 지시를 내렸다. "빨리 움직이세요. 당장 링거를 놓고. 지금 바로 유도분만을 시작할 거예요." 태아는 아직 살아 있었다. 파머는 기구를 통해 아기의 심장 소리를 들을 수 있었다.

그는 당시 상황을 이렇게 회상했다. "산모가 발작을 일으키고 있었어요. 저는 서두르라고 소리를 질렀죠. 잠시 후 아이가 태어났는데… 그사이에 숨이 끊어져 있었어요. 10개월을 다 채운 아름다운 아기였죠. 눈물이 주체할 수 없이 터지는 바람에 사람들에게 양해를 구하고 수술실 밖으로 나가야 했습니다. 그때 생각했죠. 대체 이게 무슨 감정이지? 그때 제가 캐서린을 생각하며 울고 있다는 사실을 깨달았어요. '만약 죽은 아이가 우리 캐서린이었다면?'이라고 상상한 거죠. 그러니까 저는 결국 죽은 그 아이보다 내 딸을 더 사랑하고 있었던 거예요."

그는 말을 이어갔다. "저는 스스로 이 불쌍한 아이들을 누구보다 잘 이해하고 공감한다고 생각했어요. 하지만 제가 진짜 그들을 사랑한다면 어째서 내 아이를 낳았다고 이렇게 큰 변화가 생겼을까요? 저는 세상을 떠난 환자에게 감정을 이입하는 데 실패했고, 다른 아이들을 내 핏줄만큼 사랑하는 데 실패했어요. 사람들은 내 자식을 가장 사랑하는 게 당연한 거라고 말해요. 오히려 좋은 아버지라며 칭찬해주죠. 하지만 진짜 칭찬받아야 할 일은 다른 아이들도 내 자식만큼 사랑하는 거라고 생각해요."

나는 민감할 수밖에 없는 다음 질문을 어떤 식으로 해야 할지 고민했다. 하지만 묘안을 떠올리지 못한 채 마치 남이 시켜서 마지못해 하는 것처럼 질문했다. "이렇게 묻는 사람도 있을 것 같네요. '당신은 어떻게 모든 아이를 내 아이처럼 사랑할 수 있다고 생각했죠? 어떤 이유로 자신이 남들과 다르다고 생각한 거죠?'라고요. 만약 이런 질문을 받는다면 뭐라고 대답하겠어요?"

"키더 씨, 세상 모든 위대한 종교는 네 이웃을 네 몸과 같이 사랑하라고 가르칩니다. 안타깝게도 저는 그럴 수 없었어요. 하지만 계속해서 노력은 해보겠습니다. 이상."

나는 세상에 파머와 같은 신념을 지닌 사람이 많으리라고 생각하며, 스스로 그런 삶을 실천한다고 믿으며 뿌듯함을 느끼는 이들도 적지 않으리라고 생각한다. 그러나 이런 삶에 따르는 모든 어려움, 가령 안락한 생활이나 가족과 함께 보내는 편안한 시간을 포기하며 기꺼이 어려움을 감수하는 사람은 많지 않을 것이다. 이번 파리 여행이 파머의 가정생활을 100% 대변하는 것은 아니다. 파머 가족은 여름 내내 캉주에서 함께 시간을 보냈고, 디디가 공부를 마치면 함께할 수 있는 시간은 더 늘어날 것이다. 그러나 파머의 낮과 밤은 어떤 면에서 무척 괴롭고 쓸쓸해 보였다.

그는 이 '가벼운 여행의 달'에 이곳에서 저곳으로 이동하는 내내 사진 두 장을 들고 다녔다. 하나는 캐서린의 사진으로, 그는 출장지에 도착할 때마다 사람들에게 아이의 귀여운 모습을 자랑했다. 다른 하나는 캐서린과 비슷한 또래의, 하지만 소아 영양실조로 뼈만 앙상하게 남은 아이티인 아기였다. 처음에는 이 두 장의 사진을 들고 다니는 그를 상식적으로 이해할 수 없었다. 하지만 그가 지닌 아이티 아기의 사진은 TV에 나오는 굶주린 아이들의 영상처럼 추상적이지 않았다. 사진 속 작디작은 여자아이는 실제 파머의 환자였고, 그는 그 아이를 세상에 존재하는 모든 아픈 이들의 상징으로 여기는 것 같았다. 그 아픈 이들 중에는 그가 가족을 뒤로하고 당장 다음 날 날아가서 만날, 러시아 교도소의 결핵 환자들도 포함돼 있었다.

내일 아침이면 그는 자신의 어린 딸을 남겨두고 모스크바행 비행기에 오를 것이다. 그가 자신의 삶을 구성하는 모든 요소를 얼마나 소중히 여기는지 잘 아는 사람이라면, 마치 죄지은 것처럼 소파에 웅크린 그의 모습을 보고 측은하게 여기지 않을 수 없을 것이다.

하지만 그 순간도 곧 지나갔다. 파머가 시간을 쪼개 파리에 들른 이유는 캐서린의 두 번째 생일을 축하하기 위해서였다. 파티는 성공적이었고, 캐서린은 생일선물로 받은 장난감 새가 작은 거실을 날아다니는 모습에 박수를 쳤다. 파머가 마이애미 공항에서 파리행 비행기를 놓칠 뻔한 위험을 감수하고 겨우 고른 물건이었다. 손님 중에는 파머가 교환학생 시절에 신세를 졌던 하숙집 주인 부부도 있었다. 두 사람은 지난 20년간 파머와 연락을 이어왔고, 최근에는 PIH를 위한 기금 모금활동을 돕고 있었다.

아이티인 친구들도 참석했는데, 프랑스에서 산 기간이 길어서인지 더이상 아이티의 굶주린 기아처럼 보이지 않았다. 그럼에도 그들은 파티 내내 고향 이야기만 했다. 부르키나파소에서 온 아이티인 가족은 향수병을 호소했다. 파머는 종종 진짜 PIH 본부는 보스턴도 아니고 캉주도 아니며 PIH 멤버들이 있는 곳이면 어디든 본부가 된다고 말하곤 했는데, 이 장면을 보니 왠지 그 말이 무슨 뜻인지 알 것 같았다. 그는 전 세계에 여느 유명 정치인 부럽지 않은 인맥을 갖고 있었다. 굳이 차이점을 꼽자면 파머의 인맥은 단순한 지인 이상의 끈끈한 관계로 엮여 있으며, 일단 발을 들이면 본인이 원한다 해도 떠나기 쉽지 않다는 점 정도일까? 누군가 파머를 외딴곳으로 유배 보낸대도 그는 눈 하나 깜짝하지 않을 것이다. 하지만 마음으로 연결된 친구들을 잃는 형벌은 결코 견디지 못할 것이다.

그날 잠자리에 들기 전, 파머는 플로리다에 계신 어머니와 안부 전화를 하며 파리 시간으로 오전 7시에 모닝콜을 해달라고 부탁했다. 디디가 고개를 절레절레 저었다. "우리 집에도 알람시계가 있다고." 하지만 그녀의 얼굴에는 미소가 어려 있었다. 시간대를 계산해보니 어머니가 모닝콜을 해주려면 새벽 1시에 깨어 있어야 했다. 나는 훗날 파머의 어머니와 인터뷰를 하며 아들의 이런 부탁이 귀찮지 않았냐고 물었다.

"마흔 살 된 자식이 깨워달라고 한다는 게 얼마나 멋진 일인데요. 그렇게 하지 않았다면 오히려 섭섭했을 거예요."

○

처음으로 우리는 공항에 일찍 도착했고 아침 식사를 하러 어느 카페에 들어갔다. 파머는 테이블에 앉자마자 말했다. "좋아. 이제 일을 시작해볼까?" 그는 가장 최근에 작성한 할 일 목록을 꺼냈다.

빼곡한 네모박스 중 체크가 완료된 것은 3분의 2밖에 없었다. "성적이 형편없는걸." 그가 말했다. "모두 쿠바를 떠나기 전에 완료했어야 했던 일인데." 개중에는 네모박스가 두 개씩 그려진 과제도 있었다. 할 일이 두 개라는 뜻이었다. 그는 '속옷 구입 및 편지 쓰기'라는 두 가지 과제를 응시하며 중얼거렸다. "속옷은 못 샀으니까…." 두 개의 네모박스는 그에게 당장 새 속옷을 사든지 편지를 쓰라고 명령했고, 후자를 택한 그는 서류 가방에서 쓰다 만 편지지를 꺼냈다. 종이에는 아이티의 '제5 식품군'이 분명한 음식 얼룩이 묻어 있었고, 첫 문장은 이렇게 시작했다. "아이티 시골의 한적한 풍경 속에 앉아 있자니 지금 당신께 편지를 써야 한다는 생각이 들었습니다." 파머는 허리를 숙이고 다음 문장을 이어서 쓰기 시작했다.

"그건 반칙 혹은 거짓말 아닌가요?" 내가 물었다.

"글쎄요. 그건 제 노력에 'HG'를 적용할 수 있느냐 없느냐에 따라 달라질 것 같은데요."

HG는 '관대한 해석a hermeneutic of generosity'의 줄임말이었다. 이전에 그가 내게 보내준 이메일에는 HG의 뜻이 이렇게 설명돼 있었다. "저는 키더 씨가 좋은 사람이라는 걸 알기 때문에 당신에게 'HG'를 적용합니다. 당신이 하는 말이나 행동은 가능한 한 좋은 방향으로 해석한다는 뜻이죠. 그런데 이제 보니 제가 당신에게 관대함을 요청해야 할 판이군요."

그의 사전(혹은 PIH의 사전)에는 이런 용어가 수십 개씩 올라 있다. 짐과 오필리아가 만들어낸 말도 있고 브리검 병원에서 흔히 쓰이는 말도 있었지만 대부분은 파머나 그의 가족이 만든 것이었다.

한번은 레슬링 선수인 그의 동생 제프가 그에게 '아이티인 Haitians'의 철자를 '아티인 Hatians'으로 잘못 쓴 카드를 보냈다. 그날 이후 PIH에서는 아이티인 직원들을 '아티인'이라고 부르는 농담이 생겼고, 일부 사람들은 아이티를 '아트랜드 Hatland'라고 부르기도 했다. 이 풍습은 시간이 갈수록 발전하여 결국 프랑스인 직원은 '프랜차이즈 Fran-chyze'가 됐고 러시아인 직원은 '루스키 Rooskies'가 됐다. 발음과 아무런 상관 없는 별명도 많았다. 가령 동인도 출신 직원은 말이 많다고 하여 '수다쟁이'라는 뜻의 '채터지 Chatterjee'가 됐고 파머는 스스로를 '백인 쓰레기'라는 의미의 '화이트 트래시 White Trash'라고 불렀다. 자신이 쓰레기 출신이라는 걸 증명한답시고 어린 시절에 소풍 가서 찍은, 가족들이 잔디밭에 널브러져 있는 사진을 가져오기도 했다.

한번은 평소 빈민 여성들의 인권을 지지하던 PIH의 한 남성 직원이 사석에서 여성을 비하하는 용어인 '영계 Chick'라는 표현을 썼다. 내가 그 점을 지적하자 파머는 그런 건 개의치 않는다며 이유를 설명해줬다. 그는 PIH 직원들끼리 이렇게 상스러운 표현을 쓰는 것은 '정체성의 정치'가 지닌 선입견에 대한 일종의 철학적 저항이라고 설명했다. 정체성 정치는 억압받는 약자 집단의 구성원이 모두 똑같은 고통을 겪는다는 전제에서 출발하며, 이런 태도는 같은 성별이나 인종을 지닌 사람들 사이에도 엄연한 차별과 불평등이 존재한다는 사실을 애매하게 뭉뚱그린다.

"고통은 평등하지 않다"라는 PIH의 신조는 모금활동을 할 때마다 돈은 내지도 않으면서 "고통스럽지 않은 사람은 없습니다" 따위의 개똥철학을 펼치거나 "부자들도 힘든 일이 많아요"라는 푸념을 늘어놓는 인간들에 대한 반발로 생겨났다(파머는 하버드대학에서 '인간 고통의 다양성 Varieties of Human Suffering'이라는 강의를 진행하기도 했다).

"폴과 알고 지내다 보면 점점 그의 말버릇을 닮아가게 되죠." 의과대학 동창이자 오랜 친구인 작가 에단 케닌 Ethan Canin은 말했다. "그는 언어의 마술사거든요."

'HG' 같은 용어는 파머의 빠른 생각과 이를 따라잡으려고 노력하는 사람들에게 효율적인 대화 수단이 되어줬다. 세계의 불평등 문제를 관리하는 초국적 관료들이 빈곤국에서의 다제내성 결핵이나 에이즈 치료를 반대할 때, "사랑해, 이드"라고만 말해도 구구절절한 설명 없이 모두가 그의 뜻을 이해한다. PIH의 모든 구성원은 'DQ'가 '과장의 여왕 Drama Queen'의 약자라는 사실을 안다. 'DQ 제안'이란 의도적으로 상대의 감정에 호소하는 표현을 사용하는 전략을 뜻했다. (나는 언젠가 파머가 직원들에게 이렇게 말하는 것을 들은 적이 있다. "지원금 신청서의 이 부분에는 DQ 제안을 해볼 수 있겠어. 그다음에는 이 지역의 불평등 상황에 대한 객관적 지표를 추가하지.") '괴짜 꽃 Geek Flowers'은 PIH 직원들이 파머와 짐에게 제출한 연구보고서의 완성본이었고, '학술 받침 Scholbutt'은 '학술적인 근거로 뒷받침된 자료 Scholarly Buttressing'라는 뜻으로 연구보고서에 기재된 모든 내용이 권위 있는 자료에서 나왔다는 사실을 검증해야 한다는 의미였다. (파머의 '학술 받침'을 도왔던 한 의과대학 제자는 그에게 강박에 가까운 완벽주의가 있다고 했다. "하지만 그건 교수님의 성격 탓이 아니에요.

가난한 이들을 돕자는 제안은, 심지어 그것이 비용 대비 효과가 낮은 제안이라면 엄청난 반발에 부딪힐 게 불 보듯 뻔하거든요. 그 장벽을 뚫고 원하는 결과를 얻어내려면 완벽에 완벽을 기할 수밖에 없어요.")

줄임말과 별개로 언어유희를 활용해 만들어낸 용어도 있었다. PIH에서 '루거Lugar'는 '짐Luggage'을 의미했고, '쿠툼스Koutoums'는 '관습Customs'을 뜻했다. '칠삼Seven-three'은 세 마디로 할 수 있는 말을 일곱 마디씩 함으로써 시간을 낭비했다는 비난이고, '구구백Nienty-nine One Hundred'은 거의 다 끝난 일을 막판에 포기하는 실수를 뜻했다(세상에 구구백만큼 자신을 화나게 하는 일은 없다고 파머는 내게 말했다). PIH 사람들은 제3자를 위해 좋은 일을 한 이들에게 늘 감사 인사를 전했는데, 여기서 '제3자'란 '가난한 자The Poor', '억압받는 자The Shafted', '궁핍과 질병에 시달리는 자The Indigent Sick'를 포함하는 개념이었다. 이 중에서 PIH 내부적으로 가장 많이 쓰이는 말은 '가난한 자'였는데, 파머의 설명에 따르면 아이티 사람들이 스스로 가난한 자라는 정체성을 지니고 있기 때문이라고 했다.

PIH 사람들과 어울리다 보면 그들끼리만 쓰는 말이나 용어를 이해하지 못해 소외감을 느낄 때가 있다. 이러한 소외감은 점점 자라나 그들이 나를 좋은 사람으로 인정하지 않는다는 열등감으로 번지고, 자칫 이 열등감 자체가 나의 부족함을 증명하는 증거인 것 같아서 더욱 초조해지는 악순환에 빠질 수 있다. 내 눈에 비친 PIH는 마음 맞는 친구들끼리 만든 동아리 같았다. 외부인과 내부인을 대놓고 구별하진 않았지만 자기들끼리 쓰는 특별한 언어와 규칙이 분명히 존재했다. 파머에게 이에 대해 말하면 아마도 이런 대답이 돌아올 것이다.

"PIH가 동아리 같다고요? 만약 그렇다면 세상에서 가장 포용력 있는 동아리일 거예요. 여기엔 별별 사람이 다 있습니다. 백인 자유주의자, 수녀, 학생, 에이즈를 비롯한 온갖 질병의 환자들이 있죠. PIH는 끊임없이 성장하고 결코 움츠러들지 않는 조직입니다." 이렇게 광범위한 조직을 운영하는 동시에 파머는 자신과 상대 둘만으로 구성된 작은 동아리를 만드는 방법도 알고 있었다.

한 달간의 여행을 마치고 아이티로 돌아올 무렵 파머와 나 사이에는 우리 둘만 이해하는 대화법이 생겨 있었다. 말라리아에 대해 얘기하던 중 그는 이 질병에 네 가지 유형이 있다고 설명하며 그중 실제로 치명적이라고 할 수 있는 유형은 열대열말라리아 Falciparum Malaria 밖에 없다고 했다. "그렇다면 아이티에서 유행하는 말라리아는 어떤 종류일까요?" 그가 내게 묻더니 스스로 대답했다. "맞아요. 열대열말라리아예요. 하지만 다행히 이곳 환자들은 아프리카와 달리 약물 내성을 갖고 있지 않죠." 그는 웃음을 지으며 영화 〈캐디쉑Caddyshack〉에서 가장 좋아하는 대사를 읊었다. "이제부터 그것들을 처리할 거야." 그리고는 나를 향해 손가락을 튕겼다. 나는 그 발랄한 손짓이 이어질 대사를 의미한다는 사실을 눈치챘다. "정말 끝내주겠지." 이러한 패턴을 익힌 후부터 나는 그와의 대화를 진심으로 즐길 수 있게 됐다. 그건 파머가 공항 카페에서 'HG'라고 말했을 때 바로 알아들을 수 있는 사람만이 누릴 수 있는 그런 종류의 즐거움이었다.

그는 편지 쓰기를 이어갔다. 나는 주위를 둘러봤다. 샤를 드골 공항은 반듯한 선에 유리와 철제 프레임이 씌워진 단순한 구조였지만, 당시의 내 눈에는 마치 알 수 없는 미래의 공간인 듯 복잡하고 어지럽게 보였다. 나는 면세점을 떠올렸다. 그곳 선반에는 프랑스 특산물인 최고급 와인과 푸아그라가 쌓여 있었다. 머릿속에 황량한 고원지대와 허름한 오두막, 당나귀에 실려 병원을 찾는 가난한 농민들이 떠올랐다. 나는 무심결에 중얼거렸다. "아이티 시골의 한적한 풍경 속에 앉아 있자니 지금 당신에게 편지를 써야 한다는 생각이 들었습니다. 그런데 여긴 전혀 다른 세상 같네요."

파머는 고개를 들고 미소 지으며 말했다. "하지만 그런 생각은…" 여기서 그의 명랑한 목소리가 잠시 멈칫했다. "틀렸습니다."

"그래요? 하지만 생각하기에 따라서는 그럴 수 있지 않을까요?" 내가 되물었다.

"아뇨, 천만에요." 그는 유쾌한 태도를 잃지 않았다. "상대방을 불편하게 하지 않으려면 이렇게 말할 수 있겠죠. '맞아요. 세계 한편에는 막대한 부가 흘러넘치고 있는데 다른 한편에는 비참한 가난이 존재해요. 하지만 둘 사이에는 아무런 연관성이 없답니다. 왜냐면 프랑스와 아이티는 결코 만나지 않는 평행 세계거든요.'" 그는 장난스러운 표정으로 나를 바라봤고 나는 그와 마주 보다가 피식 웃음을 터뜨렸다. 그가 말했다. "이 농담이 사실은 굉장히 심각한 사안인 거 아시죠?"

언젠가 파머가 하버드 공중보건대학원에서 진행한 에이즈 관련 강연을 들은 적이 있다. 그는 각종 자료를 보여주다가 별안간 아이티 속담을 인용했다. "살 길을 찾으려다 죽을 길을 택한다."

그리고 그 뜻을 이렇게 설명했다. "망고를 팔던 가난한 여성이 과적 트럭에서 떨어져 죽었을 때 아이티 사람들이 하던 말입니다." 그 순간 믿을 수 없을 정도로 복잡한 그의 두뇌가 어떤 식으로 연결돼 있는지 조금이나마 알 것 같았다. 이런 순간이면 그는 시간과 공간을 모두 지워버리고 지금껏 살아오면서 겪은 경험의 조각을, 가령 파리와 뉴욕에서 번쩍이는 마천루의 모습과 아이티 오두막의 진흙 바닥에 누워 신음하는 다리 잘린 남성의 이미지를 촘촘한 거미줄처럼 엮어냈다. 그는 아이티 빈민촌을 대하는 사람들의 가장 큰 잘못이 진실에 대한 '외면'과 고통에 대한 '회피'라고 보는 것 같았다.

"저는 어떻게 사람들이 이러한 현실을 모른 척할 수 있는지, 쉽게 덮어버리고 기억하지 않을 수 있는지 도무지 이해할 수 없습니다. 제가 풀어야 할 가장 큰 문제죠."

나는 그의 철학에 가난한 사람과 그들을 위해 봉사하는 사람 이외에 다른 이들이 들어갈 공간이 있는지 늘 궁금했다. 함께 비행 중이던 어느 날, 갑자기 기내 방송을 통해 승무원의 다급한 목소리가 들려왔다. "혹시 승객 여러분 중에 의료진이 계십니까?" 그는 즉시 자리에서 일어나 통증을 호소하는 환자에게 달려갔다. 누가 봐도 미국 중산층으로 보이던 그 백인 남성은 다행히도 우려와 달리 심근경색이 아니었다. 자리로 돌아온 파머는 비행기를 탈 때마다 약 열여덟 번에 한 번꼴로 이런 일이 일어난다고 말했다. 그리고 함께 탄 승객이 자신에게는 모두 잠재적 환자로 여겨진다고 털어놨다. 아마 비행기를 탈 때마다 이런 사고가 발생한대도 그는 기꺼이 환자를 향해 달려가리라.

누구도 배제하지 않는 연속성과 상호연결성의 세계관을 가지고 있다는 점은 파머만이 누릴 수 있는 또 다른 자유였다. 물론 이러한 포용력에는 많은 책임이 뒤따랐다. 그 대신 그는 자신의 과거로부터 혹은 주변 사람들의 시선으로부터 도망치거나 스스로를 차별화하려고 안간힘을 쓰는 수많은 사람이 결코 느끼지 못할 진정한 해방감을 만끽할 수 있었다.

눈보라야,
몰아쳐라

세계은행은 결핵 확산을 막기 위해 러시아에 차관 제공을 고려하고 있었다. 파머는 차관 조건을 협상하기 위해 벌써 다섯 번째 모스크바에 방문했다. 비행기 안에서 그는 내게 이 프로젝트의 역사를 설명해줬다.

약 2년 전, 하워드 하이어트 교수는 파머를 소로스 재단의 산하기관인 열린사회연구소Open society Institute 와 연결해줬다. 그들의 목적은 리마 프로젝트를 지속할 자금을 확보하는 것이었다. 열린사회연구소에서 보낸 답신에는 페루 프로젝트에 대한 지원 요청은 정중히 거절하면서도 PIH의 프로젝트가 얼마나 중요한지 잘 알고 있으며 그들도 러시아에서 비슷한 사업을 하고 있다고 적혀 있었다. 편지에는 러시아 결핵 통제 프로젝트에 대한 세세한 설명도 담겨 있었다.

파머는 PIH 회의를 하러 가던 길에 그 편지를 읽었다. 그 안에는 그를 깜짝 놀라게 할 만한 내용이 담겨 있었다. "맙소사!" 그는 가던 길을 멈추고 소리쳤다. 소로스가 러시아의 결핵 관련 프로젝트에 약 1,300만 달러를 투자했다는 소식은 그 또한 들어서 알고 있었다. 하지만 그 프로젝트가 오직 DOTS 치료법만으로 구성돼 있다는 사실은 편지를 읽고 나서야 처음 알았다. 그들은 모든 결핵환자가 약물 내성이 없다는 전제 아래 똑같이 치료한 뒤에 차도가 없는 환자는 편안한 죽음을 맞을 수 있도록 호스피스 케어를 제공한다는 계획을 세우고 있었다. 그러나 소련이 붕괴된 이후 러시아에서는 전염병이 무서운 속도로 퍼졌을 뿐 아니라 여러모로 약물저항성이 생기기 쉬운 환경이 조성돼 있었다. 부실한 의료 정책 탓에 결핵 환자들은 치료를 제대로 끝마치지 못했고 범죄율이 치솟았으며 교도소의 인구밀도는 전에 없이 높아졌다.

파머는 하이어트의 조언을 받아 소로스 재단에 두 장 분량의 편지를 썼다. 그 안에는 그들의 프로젝트가 실패할 수밖에 없는 이유가 자세히 담겨 있었다. 얼마 후 그는 소로스 재단 맨해튼 지부에 초청됐다. 파머의 설명에 사태의 심각성을 깨달은 조지 소로스George Soros는 곧바로 러시아 결핵 프로그램의 총지휘를 맡은 알렉스 골드파브 박사에게 전화를 걸어 한바탕 소리를 질렀다. 전화를 끊은 뒤 그는 파머에게 러시아의 시범 프로젝트 계획을 함께 수정해달라고 부탁했다.

파머는 잠시 망설였다. 리마 프로젝트 때문에 이미 해외 출장이 잦은 상황에서 러시아 일까지 떠맡으면 결핵을 비롯한 온갖 질병의 사각지대에 놓인 아이티에 머물 시간이 줄어들 게 뻔했다. 그러나 이번 요청을 수락한다면 소로스 재단의 기금 일부를 PIH 인건비로 활용할 명분을 얻을 수 있었다. 게다가 러시아의 결핵균은 교도소에서 수많은 목숨을 앗아가고 있었고, 죄수들은 PIH가 특별히 중요하게 여기는 취약집단 중 하나였다. 마태복음 25장에도 같은 가르침이 실려 있지 않던가. 여기에 더해서, 러시아는 파머와 짐이 리마 프로젝트를 시작하면서 상상했던, 빈곤층을 대상으로 한 공중보건 프로젝트를 세계적인 차원으로 넓히는 발판이 될 수도 있었다. 이 거대한 나라는 무려 열두 개 국가와 국경을 맞대고 있고, 한 다리만 건너면 세계에서 가장 부유한 국가들과도 지리적으로 인접해 있었다.

파머는 머리를 굴렸다. '아이티처럼 작고 가난한 나라를 놓고 불평등을 해소해야 한다고 주장해봐야 아무도 듣지 않을 거야. 하지만 러시아는 그런 식으로 덮어버리기엔 너무 크고 강력한 국가지.' 러시아의 결핵 프로젝트는 가난한 사람들의 질병을 방치했을 때 얼마나 큰 재난이 닥칠 수 있는지 전 세계에 보여줄 테고, 어쩌면 그 관심은 아이티로까지 이어질 수 있었다.

결국 파머는 골드파브를 비롯한 소로스 재단의 자문단과 러시아 관료를 대동한 채 시베리아의 교도소 시설을 하나하나 점검했다. 이 여행을 함께하기 전에 골드파브는 파머를 '북방에서 온 악마'라고 비난하곤 했다. 그러나 시베리아에서 돌아올 무렵 두 사람 사이에는 끈끈한 우정이 피어나 있었다. 골드파브가 비로소 파머의 뜻을 이해한 것이다. 함께 교도소를 시찰하던 어느 날, 그는 파머에게 진료비로 얼마를 받는지 물었다.

"이런 멍청한 질문이 있나. 알렉스, 내 진료비가 얼마냐고? 글쎄, 죄수와 전쟁 포로, 빈민에게 엄청난 돈을 청구하고 특히 난민들을 집중적으로 벗겨먹지." 파머가 유쾌하게 대답했다. 하지만 기실 이 둘을 가장 가깝게 만들어준 것은 러시아 교도소에서 목격한 참혹한 광경이었다.

세계 어느 곳에서나 일반적으로 죄수는 민간인에 비해 결핵에 쉽게 감염된다. 하지만 러시아 죄수들의 결핵 감염률은 기형적으로 높아서 민간인의 40~50배에 이르렀다. 게다가 수감된 환자 대부분이 최소 한 가지 이상의 약물에 내성을 보였고 일부 열악한 교도소에서는 총 수감자의 3분의 1이 다제내성 결핵인 것으로 파악됐다. 결핵은 교도소에서 주요 사망 원인이었다. 그러나 모든 감염자가 감옥 안에서 생을 마감하지는 않았다. 수많은 죄수가 결핵균을 보유한 채 형기를 마치고 사회로 돌아갔고 엉망진창으로 돌아가는 러시아의 민간 결핵 통제 시스템으로는 그들을 끝까지 치료할 수 없었다. 결국 출소한 죄수 중 상당수가 약물 저항성을 지닌 변종 결핵균을 주변에 퍼뜨렸다.

상황이 이토록 끔찍한데도 국제사회의 관심은 미미했다. 러시아 밖에서는 10여 개의 의료단체가 결핵을 통제하는 방법을 알아내기 위해 애쓰고 있었으나 그들의 예산은 수십만 달러에서 많아야 100만~200만 달러에 불과했다. 하지만 그들은 어려운 여건을 딛고 연구를 계속한 끝에 의도치 않은 사실을 밝혀냈다. 러시아의 DOTS 프로그램이 결핵 확산을 막을 수 없는 수준이 아니라 오히려 가속화한다는 사실을 증명해낸 것이다. 특히 이바노보Ivanovo

지역에서는 미국 질병통제예방센터가 다제내성 결핵 환자들에게 효험이 없다는 걸 뻔히 알면서도 일반 결핵 치료제를 계속 투여한 결과 완치율 5%라는 참담한 결과를 기록했다. 파머는 그 5%도 대부분 재발할 것이라고 내다봤고 안타깝게도 그 예측은 들어맞았다. 러시아에서 추진한 결핵 통제 프로그램 덕분에 노벨상 위원회의 찬사를 받은 국경없는의사회조차도 여전히 DOTS에서 벗어나지 못했고, 그 결과 케메로보Kemerovo 지역의 33번 교도소에서 치료한 환자 가운데 채 절반도 완치시키지 못했다. 파머는 논문에서 이런 사례를 '관리운영의 승리, 임상의학의 실패'라고 명명했다.

그가 시베리아 교도소에서 목격한 결핵 사태는 페루의 어느 곳보다 심각했고, 어떤 면에서는 아이티보다도 끔찍했다. 교도소 점검을 마치고 모스크바로 돌아온 그와 골드파브는 이 처참한 현실을 알리기 위해 기자회견을 열었지만, 하필 같은 날 워싱턴 검찰청에서 모니카 르윈스키Monica Lewinsky 스캔들에 대한 보고서를 발표하는 바람에 거의 관심을 끌지 못했다.

파머와 골드파브는 소로스와 긴급 회의를 진행하기 위해 뉴욕으로 날아왔다. 파머는 조지 소로스와 만날 때마다 신선한 활력을 얻는 느낌을 받았다. 한때 파머는 전 세계의 결핵을 통제하는 데 드는 비용을 대략 50억 달러로 추산했다. 국제 공중보건 전문가들에게 이 수치를 언급하면 하나같이 절대 모금할 수 없는 금액이라고 입을 모았다. 하지만 소로스의 반응은 달랐다. "겨우 50억 달러? 정말 이것만 있으면 됩니까?"

맨해튼 지부에 도착한 파머와 골드파브는 소로스에게 러시아 결핵 프로젝트를 위해 더 많은 자금을 지원해달라고 요청했다. 그러나 소로스는 자신의 개인적인 지원이 오히려 국제사회의 경각심을 늦추게 될까 봐 염려했고, 기부 대신 그의 오랜 친구이자 당시 영부인이었던 힐러리 클린턴이 주재하는 백악관 회담을 주선했다. 두 결핵 전문가는 소로스의 발언 요지를 정리하고 리허설을 통해 완벽하게 다듬었다.

그러나 회담은 파머의 생각대로 흘러가지 않았다. 애당초 그는 전 세계의 부유한 나라와 기관들로부터 러시아의 결핵 통제 프로그램에 필요한 자금을 기부 형태로 지원받고자 했다. 반면 힐러리는 세계은행을 통해 러시아에 차관을 제공하는 방안을 검토해보라고 제안했다. 얼마 후 세계은행은 차관의 세부적인 조건을 결정하기 위해 모스크바에 경제학자, 전염병 전문가, 공중보건 전문가로 구성된 특별 조사단을 파견했다.

예견된 일이지만, 파머와 PIH는 러시아 프로젝트에 점점 깊이 관여하게 됐다. PIH는 소로스의 공식 의뢰를 받아 조사보고서 작성에 들어갔고, 7개월 만에 본문 177페이지, 부록 115페이지, 참고문헌 976개에 달하는 보고서를 출간했다. 러시아와 아제르바이잔, 페루, 남아프리카공화국의 다제내성 결핵 현황을 자세히 안내하는 동시에 마지막 장에서는 바람직한 결핵 통제 프로그램을 구성하는 방법까지 제안하는 방대한 자료였다. 이 보고서는 일부 언론의 관심을 끄는 데 성공했고, 세계보건기구 또한 서문을 제공하는 방식으로 힘을 실어줬다.

한편 파머는 세계은행의 모스크바 파견단에 러시아 교도소의 결핵 사태에 관한 자문을 제공하는 수석 컨설턴트 직을 맡기로 했다. 그러나 세계은행의 일부 정책에 반대한다는 의미로 보수는 사양했고, 대신 조사기간에 그가 사용할 경비는 소로스 재단이 책임지기로 했다.

⸎

우리가 모스크바에 도착한 것은 늦은 오후였다. 승객 대부분이 비행기가 게이트에 도착하기도 전에 자리에서 일어나는 바람에 자리에 앉아달라는 기내 방송이 연신 흘러나왔다.

파머는 기내를 둘러봤다. "저는 러시아 사람에게 약해요. 저들이라면 일어나고 싶을 때 좀 일어나도 된다고 생각해요. 지난 400년간 나무토막 취급을 당했는데 가만히 앉아 있는 게 얼마나 답답하겠어요."

파머는 인간의 의지와 노력의 힘을 무엇보다 중시했지만 때로는 하늘의 '계시'가 주어진다는 운명론도 믿었다. 그런 의미에서 그날은 모든 징조가 좋지 않은 방향을 가리켰다. 창고처럼 음울한 공항에서 우리는 러시아어 입국신고서를 잘못 작성했고 나는 파머와 함께 여행한 뒤 처음으로 그의 사람 좋은 미소가 낯선 이에게 먹혀들지 않는 장면을 봤다. 그는 험상궂은 표정의 세관 담당자에게 웃으며 사과를 건넸다. "죄송해요. 다음 번에는 꼭 러시아어를 배워서 올게요." 직원의 반응은 냉랭했다. "다음에는 영어로 된 양식에 작성하세요!"

하지만 결국 그는 우리를 통과시켜줬다. 파머는 그에게 냉소가 아닌 연민을 보였다. "그럴 수도 있죠. 몰락한 강대국의 공무원이 얼마나 더 친절한 태도를 보일 수 있겠어요."

공항 밖으로 나오니 오후의 태양이 얼어붙은 지평선을 오렌지 빛으로 물들이고 있었다.

다음 날 아침 호텔 창문으로 밖을 내다보니 행인들의 입에서 그리고 건물들의 문틈으로 새하얀 증기가 뿜어져 나오는 모습이 보였다. 거실의 통유리창 너머로는 크렘린궁이 내다보였다. 높은 벽 위로 웅장하게 솟은 탑들은 하나같이 말끔하게 수리된 모습이었다. 그 너머로는 성 바실리우스 성당의 양파 모양 탑 꼭대기가 보였다. 파머는 이 성당을 세계적으로 아름다운 건축물로 꼽으면서도 이반 3세가 타타르족을 말살시킨 기념으로 지었다는 잔혹한 역사적 배경 때문에 그 아름다움이 퇴색된다고 평가했다. 역사 왜곡과 삭제는 언제나 권력자의 이익을 위해 이뤄진다고 그는 말했다. 어쨌거나 나는 그와 함께 성당을 관광하는 사치를 누릴 수 없으리라는 걸 알았다. 우리는 잠시 후 골드파브를 만나기로 돼 있고, 모스크바를 여행하는 그 어떤 관광객과도 다른 '파머식 패키지 투어'를 진행할 예정이었다. 뉴욕에서 비행기를 타고 날아와 교도소를 견학하는 특별한 패키지였다.

○

모스크바의 중앙교도소라고 할 수 있는 마트로스카야 티쉬나 Matrosskaya Tishina 교도소는 규모 면에서 다른 모든 수용시설을 압도했다. 겉에서 봐도 크기가 대단했지만 막상 안으로 들어가니 미로처럼 복잡한 구조 때문에 실제 규모를 가늠하기가 어려웠다. 머리를 숙여야 들어갈 수 있는 낮은 문을 통과하고 오래된 철제 계단을 오르내리고 버려진 지하철역을 연상시키는 구불구불한 복도를 지났다. 중간중간 노란색 표지판 같은 게 보였지만 의미는 알 수 없었다. 파머가 내게 속삭였다. "여름에는 에어컨이 잘 작동하지 않아요. 지난 몇 년간 러시아 교도소들을 견학하면서 자동으로 행형학Penology(수감자의 처우와 생활 등을 다루는 범죄학의 하위분과 – 옮긴이) 전문가가 됐죠." 안내를 맡은 교도관을 따라가는 동안 기후대가 몇 번이나 바뀌었다. 따뜻했다가 갑자기 추워지고 음식 냄새가 나는가 하면 참을 수 없는 악취가 풍기기도 했다. 그 냄새가 뭔지 도대체 알 수 없었지만 하긴 모르는 게 약이었을 것이다.

"잘 따라오세요. 여기서 길을 잃으면 골치 아파집니다." 교도관이 주의를 줬다.

우리는 한 줄로 늘어선 죄수들 곁을 지나쳤다. 다들 벙벙한 바지와 누더기 같은 코트를 입고 낡은 모자를 쓰고 있었다. 희미한 불빛 속에서 그들의 얼굴은 잿빛으로 보였고, 한 사내는 내가 본 것 중 가장 비뚤어진 코를 지니고 있었다. 미로 같은 통로를 한참 따라간 뒤에야 우리는 교도소 병원에 도착했다. "쿠바의 에이즈 수용소를 떠올려보세요." 파머가 속삭였다. "그곳과 비교할 수 없을 정도로 비위생적이죠?" 병원을 안내해준 의료진과 보건당국 공무원은 하나같이 우중충한 카키색 제복을 입고 있었다. 그들 또한 이곳의 열악한 실상을 잘 알고 있었다. 우리는 에이즈 환자들이 격리된 특별 감방의 내부를 견학할 수 있도록 허가를 받았다.

"지금은 평소보다 환자 수가 적은 편이에요." 한 의사가 말했다.

"몇 명인가요?"

"이 방에는 50명밖에 없네요."

파머가 먼저 들어가고 통역사가 그 뒤를 따랐다. 회색 페인트로 칠해진 감방 내부는 미국 일반 가정의 거실보다 작았고, 벽면을 가득 채운 2층 침대 난간에는 온통 빨래가 널려 있었다. 수감자 대부분은 젊은 청년이었다. 그들의 얼굴이 납빛으로 보였던 것은 아마도 조명이 어두워서였으리라. 어느새 파머는 죄수들과 악수를 나누며 그들의 팔과 어깨를 어루만지고 있었다. 얼마 안 가 좁다란 감방은 경쟁적으로 불만을 털어놓는 죄수들의 목소리로 가득 찼다.

"선생님, 법정에 가서 에이즈에 감염된 죄수들의 권리를 주장해주세요."

파머는 통역사를 통해 대답을 전했다. "제가 미국에서는 이미 그런 활동을 하고 있다고 전해주세요. 하지만 저는 러시아 국민이 아니기 때문에…."

감방의 대변인 역할을 맡은 것으로 보이는, 상대적으로 나이가 많은 한 죄수가 자신은 살인사건을 목격했을 뿐인데 에이즈에 감염됐다는 이유만으로 5년 형을 선고받았다고 주장했다. 그와 함께 재판을 받았던 실제 살인자는 3년 형을 받았다고 했다. "출소하면 그 자식의 목부터 따버릴 겁니다." 그가 으르렁거렸다. 의료진과 죄수들 모두 깔깔거리며 웃었다. 파머는 노트에 '에이즈 감염자는 더 중한 벌을 받는다?'라고 메모한 뒤 그들의 증언을 세계은행 에이즈 전문가에게 보고하겠다고 약속했다.

그가 죄수들에게 작별 인사로 감사의 뜻을 표하자 감방 대변인이 답했다. "선생님이 더 자주 오시면 좋겠어요."

"저도 그러고 싶네요."

우리는 에이즈 환자 50명이 우글거리는 감방을 나섰다. 뒤쪽에서 철컹 소리와 함께 문이 잠겼다. 강철과 강철이 부딪치는 둔중한 소음이 희미하게 빛나는 복도를 따라 메아리쳤다. 길고 긴 복도의 끝은 보이지 않았고 메아리도 끝을 알 수 없게 뻗어 나갔다. "이 소리를 저 문 안쪽에서 들으면 어떤 기분이 들지 상상해본 적 있나요?" 나는 파머에게 물었다.

"올 때마다 했어요." 그가 대답했다.

실로 상상하기 어렵지 않은 일이었다. 그리고 러시아에서 이 감방에 들어올 만한 실수를 저지르기란 그 이상으로 쉬웠다. 빵 한 덩어리, 보드카 한 병만 훔쳐도 일단 구치소행이었고 형사사법체계가 엉망인 이 나라에서는 정식 재판을 받기까지 1년에서 4년까지도 기다려야 하는 경우가 허다했다. 재판을 기다리며 수감생활을 하는 동안 결핵에 감염될 확률은 놀랄 만큼 높았다. 러시아의 전체 죄수 가운데 약 80%는 결핵균을 보유하고 있는 것으로 추정됐다. 일단 감염된 후에는 나쁜 위생 상태와 빈약한 영양 섭취, 다른 질병이 만연한 교도소의 특성상 활성 결핵으로 직행하는 경우가 많았다. 심지어 교도소 병원의 재정적인 어려움 때문에 약물치료가 가능한 일반 결핵 환자조차 완치율이 저조했고, 가뜩이나 결핵 감염에 취약한 젊은 죄수들이 부적절한 치료로 다제내성 결핵을 얻게 되는 경우도 흔했다. 빵 한 덩이를 훔친 죄수가 다른 수감자에게 다제내성 결핵에 전염돼 재판을 받기도 전에 사망하는 경우가 점점 늘어나고 있었다.

우리는 또다시 미로 같은 철제 계단 통로로 들어갔다. 구불거리며 이어지는 내리막길은 마치 중세 감옥 같은 공간을 통과하며 끝없이 뻗어 나갔다. 우리는 수레를 밀고 가는 노인 곁을 지나쳤다. 수레 위에는 국자가 꽂힌 금속 재질의 커다란 통이 얹혀 있었다. 그가 감방 문에 달린 구멍 앞에 서자 안쪽에서 누군가 구멍 쪽으로 얼굴을 바싹 들이댔다. "이곳 음식은 생각보다 괜찮아요. 간이 좀 세긴 하지만." 파머가 내게 말했다. 선천성 고혈압을 앓는 의사로서는 최고의 찬사였다.

마침내 우리는 결핵병동에 도착했다. "의사들은 과로에 시달리며 감염 가능성에 노출돼 있습니다." 한 교도소 관계자가 설명했다. "엑스레이 장비는 거의 수명이 다했고 약은 환자 수에 비해 턱없이 모자라요. 모스크바 연구소의 지원도 전무한 상황입니다."

그들은 정확히 몇 명의 죄수가 치료약에 반응하지 않는 종류의 결핵에 감염됐는지 전혀 파악하지 못하고 있었다. 하지만 그 수가 적지 않으리라는 사실만은 분명했다. 파머는 결핵에 감염된 10만 명의 수감자 중 약 3만 명 정도가 다제내성 결핵이리라 짐작하고 있었다. 지난 10월 그는 〈60분60Minutes〉이라는 TV쇼에 출연해 러시아와 구소련에 속했던 국가가 안고 있는 결핵 문제를 꼬집었다.

"이것은 세계적인 공중보건 비상사태로 선언해야 할 만큼 심각한 문제입니다."

"통제 불능 사태가 오기까지 시간이 얼마나 남았다고 보시나요?"

진행자가 물었다.

"이미 우리의 통제를 벗어났다고 봅니다."

결핵병동의 복도에 잠시 서 있는 동안 러시아인 의사 한 명이 말했다. "우리는 이 죄수들이 어디서 왔는지 전혀 모릅니다. 당국에서 자료를 주지 않거든요. 이 교도소는 일종의 환승 시설이라고 보시면 돼요. 최소 절반은 모스크바 출신이 아닙니다."

파머는 결핵에 감염된 죄수가 이곳에서 시베리아 수용소까지 이송되는 데 시간이 얼마나 걸리냐고 물었다.

"대략 한 달 정도요. 그사이에 다른 교도소를 거치기도 하는데 이송되는 중에는 치료를 계속할 방법이 사실상 없어요."

파머는 골드파브를 돌아보며 낮은 목소리로 말했다. "죄수들의 이송 환경은 얼마나 비참할지 안 봐도 훤하군."

우리는 결핵 환자로 가득한 감방 내부로 들어갔다. 전반적으로 에이즈 감방과 비슷했지만 사람이 훨씬 많고 습도도 높은 느낌이었다. 수많은 폐에서 내뿜는 날숨이 공기를 축축하게 적시고 있었다. 몇몇 환자가 발작적인 기침을 토해냈는데 그 소리는 저마다 베이스, 바리톤, 테너 톤으로 화음을 쌓으며 이어졌다. 파머는 이층 침대 옆에 서서 한쪽 팔을 매트리스에 얹은 채 한 죄수에게 말을 걸었다. "컨디션이 좋아 보이는데요?" 그러고는 내부를 죽 둘러보며 물었다.

"기침할 때 피가 나오는 분이 있습니까?"

"아니요."

"그럼 여기 계신 분들은 상태가 호전되고 있는 건가요?"

"더 나빠지지는 않는 것 같아요." 죄수가 대답했다.

파머는 그들에게 어느 지역에서 왔냐고 물었다. 그로즈니, 볼가, 바쿠를 비롯해서 다양한 대답이 나왔다. "저도 바쿠에 가봤다고 얘기해주세요." 그가 통역사에게 말했다. "그곳보다는 여기가 나아요. 저는 3번 교도소 단지에도 가봤거든요."

"3번 교도소에서 선생님을 봤어요! 어떤 여자분이랑 같이 계셨는데…"

"맞아요! 여성 동료와 함께 있었어요." 파머가 놀란 목소리로 외쳤다. 그는 손을 내밀어 젊은 죄수와 악수를 했다. "다시 만나서 반갑군요."

이제 떠나야 할 시간이었다. "여러분 모두 행운을 빌어요." 그가 통역사를 통해 말했다. "모두 회복하길 바란다고 전해주세요."

우리는 다시 교도소 사무실로 향했다. "이곳 의료진은 마음에 드는군요. 최선을 다하는 게 눈에 보여요." 파머는 이렇게 말하더니 통역사 쪽으로 돌아섰다. "루드밀라Ludmilla에게 이곳의 의료진이 대단히 헌신적이라고 얘기해주세요." 굳이 루드밀라를 지목한 것은 그녀가 이탈리아 출신의 인권운동가가 감옥을 시찰하러 와서는 에이즈 환자를 다른 죄수들로부터 격리한 것은 인권침해라고 비판했다는 이야기를 해줬기 때문이었다. 그 일화를 듣고 파머는 펄쩍 뛰었다. "이렇게 결핵 환자가 득시글거리는 환경에서는 격리하지 않는 게 인권침해입니다!"

복도를 걸어가며 파머가 내게 나직이 말했다. "이곳에는 총 700개의 침상이 있는데 그중 500개에 결핵 환자가 누워 있어요.

이건 확실한 단서예요. 뭔가 심각한 문제가 발생하고 있다는 단서요."한 의사가 결핵 환자들이 약물 내성을 보이는 것 외에 매독 감염자가 늘고 있어 골머리를 앓고 있다고 전했다. 매독 감염률이 증가한다는 것은 에이즈 사태가 임박했다는 의미였고, 그렇게 되면 결핵의 확산세 또한 기하급수적으로 빨라질 수 있다. "그렇게 되면 말 그대로 재앙이 닥칠 거예요."겨자색 페인트로 칠해진 교도소 회의실로 들어가며 파머가 말했다.

조잡한 테이블에는 잔칫상이 차려져 있었다. 파머는 감사 인사를 전했다. "정말 고마워요! 제가 좋아하는 음식만 골라서 준비하셨군요."하지만 나는 그가 낮은 소리로 중얼거리는 걸 똑똑히 들었다. "제일 두려워했던 사태로군. 보드카는 딱 질색인데."물론 그는 자리에 앉아서 능청스럽게 만찬을 즐겼다. 아이티에서 제5 식품군도 아무렇지 않게 받아먹던 그에게 이 정도는 문제도 되지 않았다. 건배가 몇 차례나 이어졌을까, 어느새 파머는 수다스러워지기 시작했다.

"저는 젊은 시절부터 아이티에서 20년 가까이 일해왔어요. 몇 년 전 매사추세츠주에서 저를 결핵통제위원회 위원으로 임명하고 싶다고 하더라고요. 그 제안을 받자마자 이런 생각이 들었어요. '여기서 뭘 하라는 거야?' 마침 저는 아이티에서 다제내성 결핵 환자들을 돌보고 있었고 그들의 가래 샘플에 '결핵통제위원회' 라벨을 붙여서 매사추세츠 연구소로 들고 왔어요. 위원 명함을 내밀며 샘플을 검사하겠다고 하니 아무도 제지하지 않더군요. 그때부터 저는 더 많은 샘플을 가져왔고 나중에는 리마 환자들의 샘플도

들여왔어요. 연구소 사람들은 제게 어째서 외국인들의 샘플을 검사하느냐고 묻더군요. 저는 이렇게 대답했죠. '매사추세츠주는 아주 훌륭한 의료시설을 갖추고 있어요. 커다란 결핵 전용 실험실에 수많은 결핵 전문의와 간호사들, 검사 전문가들이 있잖아요. 여기 없는 건 딱 하나뿐이에요. 결핵 환자요.'"

시설 견학의 총 책임자인 러시아 대령이 배를 잡고 웃었다. 그러나 곁에 있던 여성 의사는 심각한 표정으로 말했다. "여긴 결핵 환자만 많고 의료시설은 없어요."

건배와 원샷이 몇 차례 더 이어졌다. 대령이 주머니에 손을 넣어 담배를 꺼내려다 말고 파머에게 물었다. "미국은 민주주의 국가입니까?"

파머의 얼굴이 진지해졌다. "사람들은 자국의 자원이 풍족해지면 민주주의 국가라고 생각하게 되는 경향이 있는 것 같습니다. 저는 저 자신을 미국인이라기보다 의사라고 생각해요. 루드밀라와 저는 '환자를 돌보는 집단'이라는 나라에 속해 있죠. 미국인은 게으른 민주주의자들이에요. 루드밀라와 같은 국적을 가진 동포로서 저는 부자들은 언제나 '나는 민주주의자다'라고 주장하리라고 생각합니다. 하지만 병든 이들은 대개 부자가 아니죠." 나는 그가 대답을 마쳤다고 생각했다. 하지만 통역사가 따라올 수 있도록 잠시 멈췄을 뿐, 그는 다시 말을 이어갔다. "저는 미국인이라는 사실이 매우 자랑스럽습니다. 미국에서 태어난 덕에 많은 혜택을 누리고 있죠. 세계 곳곳을 자유롭게 여행할 수 있고 언제든 새로운 프로젝트를 시작할 수 있어요. 하지만 그건 어디까지나 '특혜'지

민주주의는 아닙니다."

파머가 열변을 토하는 동안 대령은 할 말을 꾹 참는 표정이었다. 그리고 연설이 끝나자마자 웃음을 터뜨렸다. "파머 선생, 나는 그저 담배를 피워도 되는지 양해를 구하고자 했을 뿐입니다."

골드파브가 이마를 찌푸렸다. "파머, 지금 담배 한 개비 피우려는 사람에게 민주주의와 사회주의에 대한 연설을 한 건가?"

"하지만 연설은 훌륭했어요." 대령이 말했다. 정작 파머는 취기가 올라 곯아떨어지기 일보직전이었다.

골드파브가 대령을 향해 말했다. "파머가 내일 세계은행 관계자들에게 이곳 사정을 잘 설명해줄 겁니다."

그 말에 파머가 갑자기 정신을 차렸다. "잘못된 게 하나 있어요. 차관이어서는 안 됩니다. 하지만 세계 각국에서 환자를 치료하는 이들에게는 분명 좋은 일이 될 거예요. 저는…." 그는 말을 잠시 멈추고 기도하듯 양손을 모았다. "모두의 노력이 좋은 결과로 이어지면 좋겠어요."

다제내성 결핵은 전문가 사이에서 언제나 큰 논쟁을 불러오는 주제였다. 그들은 학술지나 신문 기고를 무기 삼아 치열하게 서로를 공격했다. 그러나 하이어트 교수가 지적했듯이 파머와 짐은 적은 비용으로도 이 병을 효과적으로 치료할 수 있다는 사실을 증명했다. 부분적으로는 두 사람이 리마에서 보여준 성과 덕분에, 세계은행 조사단은 러시아에 제공할 차관이 모든 종류의 결핵 통제에 고루 사용돼야 한다는 결론에 도달했다. 다시 말해, 그들은 DOTS와 DOTS 플러스 양쪽에 차관을 투입하도록 권고할 예정이었다. 오래전부터 두 프로그램을 모두 실시하고자 했던 러시아 당국 또한 이 의견에 동의했다. 하지만 차관의 분배 방식에 대해서는 의견이 엇갈렸다. 사실 이 논의에 참여한 인사들은 기본적으로 충돌을 일으킬 여지가 다분했다. 세계은행 측 대표들은 화려한 경력을 자랑하는 만큼 콧대가 높았고, 러시아를 대표하는 장군과 관료, 결핵 전문가들 또한 한때 세계를 호령했던 제국의 자존심을 꺾지 않았다.

알렉스 골드파브의 존재는 상황을 더 복잡하게 만드는 요소였다.

어느 날 저녁, 파머와 함께 칵테일을 마시던 세계은행 조사단원 한 명이 말했다. "저는 개인적으로 골드파브 박사님을 좋아하지만, 그분은 협상 회의장에 들어오지 않는 편이 좋다고 생각해요." 골드파브는 파머의 주요 협력자였다. 파머가 세계은행에 교도소를 중심으로 확산되는 결핵 문제를 설명하는 동안 골드파브는 수감 시설을 운영하는 러시아 법무부의 입장을 대변할 예정이었다. 두 사람의 목표는 교도소가 차관의 혜택 범위에 포함되도록 확실히 못을 박는 것이었다. 이것만으로도 쉽지 않은 상황인데 파머에게는 과제가 하나 더 따라붙었다. "골드파브 박사가 실수하지 않도록 관리하는 임무까지 맡게 됐어요." 그가 내게 볼멘소리를 했다.

모스크바에 머무는 동안 골드파브는 아침저녁으로 파머의 숙소에 찾아와 전략을 의논했다. 덥수룩한 수염에 살짝 구부정한 자세, 트위드와 코듀로이로 된 정장을 입은 그의 모습은 전형적인 대학 교수였다. "제가 생화학 분야에서는 꽤 알아주는 사람이거든요."

그는 내게 자신을 이렇게 소개했다.

"이분 말이 맞아요. 약물 저항성을 유발하는 유전자 중 하나를 발견한 분이죠." 파머가 설명하더니 골드파브 쪽을 보고 씨익 웃으며 이렇게 덧붙였다. "근데 그거 말고는 뭐 대단한 인물은 아니죠."

그리고는 골드파브에게 지금까지 진행된 회의 결과를 브리핑하기 시작했다. 한창 설명을 듣던 골드파브는 파머의 제안을 강경하게 반대하는 세계은행 측 대표 이야기에 버럭 성질을 냈다. "그 머저리는 누구야? 멍청한 데다 거만하기까지 하군. 내일 당장 신문에 그 자식의 실상을 고발해야겠어."

"자네가 그렇게 말할 줄 알았어." 파머가 말했다. 그가 웃겨 죽겠다는 표정으로 나를 바라봤다. "재미있죠? 하지만 이분은 실제로 그렇게 하고도 남을 사람이에요."

골드파브는 쉽게 흥분을 가라앉히지 못했다. "이번 조사단을 보니 터번 두른 인도 사람까지 파견했던데, 이 끔찍하게 추운 나라에서 누굴 죽이려고 작정했나? 게다가 그 작자는 러시아에 대해 아무것도 모른다고! 하여튼 세계은행 자식들은 쥐뿔도 아는 거 없으면서 잘난 척만 하지."

파머가 설명을 이어가려 했지만 골드파브가 계속해서 말을 끊었다. 결국 참다 못한 파머가 그에게 애원했다. "하던 얘기를 마저 끝내게 해주게."

골드파브는 눈 하나 꿈쩍하지 않았다. "아니, 내가 말 좀 해야겠네. 자네랑 같이 있는 그 조사단이라는 사람들 전부 바보 천치라고."

마침내 파머의 언성이 높아졌다. "골드파브 박사님, 제가 빌어 먹을 설명 좀 해도 될까요?" 카페에 있던 사람들이 우리 쪽을 쳐다 봤다. 파머가 목소리를 낮춰 말했다. "그렇게 내 말 끊을 필요 없어. 그냥 원하는 방향대로 제안서를 마음껏 고쳐. 그럼 내가 나중에 검 토해보고 세계은행 측이 문제 삼을 만한 부분을 짚어줄 테니까."

"머저리 같은 놈들." 골드파브가 툴툴거렸다.

골드파브는 이 회의에 참석하는 사람들이 다양한 이해관계에 얽혀 있다고 봤다. 그는 내게 러시아의 결핵 차관과 관련된 정치 지형도를 다음과 같이 설명해줬다. 일단 차관의 세부 조건을 결정 하는 외국인들은 이번 협의 자체에 반감을 품고 있다. 예를 들어, 모스크바에 파견된 세계보건기구 관계자들은 PIH나 소로스 재단 같은 비정부 기구가 자신들의 영역에 침범하는 것을 못마땅해한 다. 한편 소로스 재단 안에서도 파벌이 갈리는데, 이는 부분적으로 경쟁을 부추기길 좋아하는 조지 소로스의 성격 때문이다. 게다가 세계보건기구 사람들 중에는 러시아인과 폴란드인이 섞여 있으 며, 두 국가의 국민 사이에는 여전히 뿌리 깊은 증오가 존재한다.

내가 골드파브의 탁월한 분석력과 스토리텔링 능력에 감탄하 고 있을 때 그가 말했다. "하지만 지금까지 말씀드린 건 그다지 중 요하지 않아요." 가장 심각한 문제는 러시아인 사이의, 구체적으 로는 보건부와 법무부 사이의 내분이라고 했다. 민간 부문 운영을 담당한 보건부는 차관 운용을 직접 통제하고자 했지만 골드파브 는 결핵 퇴치가 아니라 무너져가는 조직 시스템의 재건이 그들의 목표라고 봤다. 그들은 러시아 제약회사들과 모종의 거래 관계를 맺고 있는데 사실 가격과 품질을 놓고 보면 이들 제약회사는 결핵 프로젝트에 치료제를 대량으로 공급할 경쟁력이 없었다. 게다가 파머도 지적했듯이, 보건부 관료들은 국제주의자들에게 근본적인 열등감을 느끼는 데다 평소 그들을 어릿광대라고 비난해온 골드파브에게는 더한 악감정을 품고 있었다.

의도로 따지면 법무부 또한 불순하긴 마찬가지지만 최소한 계획만큼은 이쪽이 훨씬 멀쩡하다는 것이 골드파브의 생각이었다. 당시 러시아에서는 일반 결핵 환자의 절반가량, 다제내성 결핵 환자의 대부분이 교도소에서 고통받고 있었다. 게다가 교도소는 건강한 죄수에게 결핵을 전염시킨 뒤 다시 사회로 내보내는, 골드파브가 '전염병 펌프'라고 이름 붙인 악순환의 중심이었다.

"이 펌프에는 평균 3년에 한 번씩 새로운 죄수들이 채워집니다. 따라서 사회를 깨끗이 정화하는 가장 좋은 방법은 교도소를 정화하는 거예요. 자동차 오일 필터를 갈아주듯이 말이죠."

파머는 그의 의견에 전적으로 동의하며 교도소 수감자들이야 말로 가장 먼저 관심을 기울여야 할 대상이라고 강조했다. "결핵에 노출되는 죄수들이 점점 많아지고 있어요. 당장 그들을 치료하지 않으면 문제가 심각해질 거예요." 그는 법무부 측이 진심으로 결핵에 감염된 수감자들을 치료하길 원한다고 봤다. 어찌 보면 당연한 일이었다. 교도소 내부의 전염병은 법무부 인력의 건강을 위협하는 동시에 그들이 쌓아놓은 제국을 뒤흔들고 있었다. 하지만 바로 그날 있었던 회의에서 세계은행 대표단은 러시아 법무부(즉 죄수들)에 전체 차관의 20%만 할애하는 방향으로 잠정 합의를 봤다.

파머와 골드파브의 목표는 그들의 관점을 바꾸어 법무부의 차관 비율을 50%까지 끌어올리는 것이었다. 그러나 두 사람의 접근법은 또다시 갈렸다.

파머는 골드파브에 비해 보건부를 신뢰하는 입장이었다. 그는 러시아에서 결핵을 몰아내기 위해 오랫동안 투쟁해온 보건부의 전사들에게 호감을 느꼈고, 그들 또한 파머를 신뢰했다. 파머는 적절한 외교 전술과 객관적인 데이터, 인간적인 매력을 바탕으로 접근하면 분파 사이의 대립을 뛰어넘어 결핵균 퇴치라는 공동의 대의 앞에 모두가 뭉칠 수 있다고 믿었다.

골드파브의 생각은 정반대였다. "파머, 자네는 정말 순진하기 짝이 없군." 그가 봤을 때 승리자는 언제나 돈과 권력을 쥔 쪽이었다. 당장은 파머의 계획을 따르겠지만 수가 틀리면 언제라도 플랜 B를 가동하겠다고 그는 선언했다. "사실 나는 플랜 B가 더 마음에 들어. 우리 작전이 실패하고 죄수들이 위기에 처하고 돈은 몽땅 보건부 차지가 되는 거지. 그러면 온 세상이 들도록 난리법석을 떨어서 민간 부문 기금을 끌어올 수 있어."

"하지만 아직은 그 작전을 쓰지 않을 거지? 만약 그렇게 한다면 나는 세계은행 사무실에서 1년간 허송세월한 게 되네."

"대체 거기는 왜 갔나?"

"왜 갔냐고?" 파머가 더는 못 참겠다는 듯 큰소리를 냈다. "자네가 나보고 가달라고 하지 않았나!"

골드파브가 낄낄거렸다. "물론 그러기야 했지."

나는 한동안 골드파브가 옳을지도 모른다고 생각했다. 파머의 방식으로는 죄수 치료에 차관의 절반이 주어질 가능성이 희박해 보였다. 모스크바로 가는 비행기 안에서, 파머는 세계은행 사무실과 회의장에서 끝도 없이 진행되는 회의가 지긋지긋하다고 말했다. 회의장은 숨이 막혔고, 환자 한 명 없었으며, 그의 마음은 자꾸만 머나먼 캉주로 향했다. '내가 없는 사이 뇌수막염 환자가 실려 오면 누가 요추천자 검사를 할 것인가?' 게다가 그는 육체적으로도 완전히 지쳐 보였다. 모스크바에서 맞이한 첫날 아침, 그는 커피 한 잔으로 아침 식사를 때우며 "생물학적 컨디션이 엉망진창이에요"라고 말했다. 챙겨온 셔츠 세 장 중 마지막 한 벌을 입었는데 단추 하나가 달아나고 없었다. 단벌 정장은 마치 입고 침대에서 뒹굴기라도 한 것처럼 구깃구깃했다. 정작 파머는 침대에 누워보지도 못했다. "하지만 그 덕분에 이메일 413통에 전부 답장을 보냈잖아요!" 그의 얼굴에 잠시나마 활기가 떠올랐다.

그의 머리카락은 수탉의 머리카락처럼 4분의 1가량이 쭈뼛 솟아 있었고, 얼굴과 목덜미는 벌겋게 달아오른 상태였다. 모르긴 몰라도 머릿속으로 치열한 논쟁을 벌이고 있는 것 같았다. 지난밤 그가 처리한 이메일 중 한 통에는 세계은행 대표단의 실제 발언이 인용돼 있었다. "교도소에 자금을 지원한다는 이 계획은 말도 안 되는 돈 낭비입니다. 그야말로 헛소리예요." 파머가 커피를 한 모금 삼키며 말했다. "본격적인 전투가 시작됐어요. 이건 10년짜리 프로젝트입니다. 10년은 굉장히 긴 시간이에요. 그러니 오늘 하루 만이라도 싸움을 걸지 않고 최대한 저쪽 의견을 경청해주려고 합니다. 아, 방금 그건 나한테 하는 말입니다. 회의장에서 이 자식한 테 주먹을 날리면 안 된다고 나 자신을 다스리는 거예요."

마음을 다독인 그가 내게 말했다. "죄수들이 죽어가고 있어요. 앞으로도 죽어나갈 거고요." 그가 시계를 보더니 아침 회의에 늦을 뻔했다며 외투를 걸치고 허둥지둥 방을 나섰다. 서류 가방 밖으로 삐져나온 노트북 충전기 코드가 카펫 위로 질질 끌렸다. "선생님!" 호텔 도어맨이 그를 쫓아왔다. "장갑을 떨어뜨리셨어요."

"오, 고마워요! 오늘 눈이 올까요?" 호들갑스럽게 감사 인사를 전하며, 파머는 도어맨이 열어준 문으로 빠져나갔다. 어깨를 한껏 움츠린 채 그는 얼음장처럼 차가운 1월의 모스크바 공기를 헤치고 나아갔다.

저녁 무렵 다시 만난 그는 기운을 조금 차린 것처럼 보였다. 러시아 측 대표단 팀장은 파머가 쓴 기고문 '러시아의 결핵 재유행 Resurgent TB in Russia'의 번역본을 흔들며 이렇게 말했다고 한다. "러시아의 결핵 사태를 제대로 이해하고 있는 사람은 당신밖에 없습니다." 그러자 협상 테이블에 앉은 사람들은 파머가 제시한 교도소 결핵 프로젝트의 초안을 두고 격렬한 논쟁을 벌이기 시작했다. 특히 결핵 감염자들에게 배식을 늘려준다는 부분에 문제를 제기하는 사람이 많았다. 어째서 결핵 감염자에게 다른 죄수보다 더 많은 음식을 줘야 하는가? 음식량이 결핵 통제와 어떤 관계가 있는가? 일부 참석자는 이를 불필요한 조치라고 생각했다.

"우리는 말 그대로 '푸드 파이팅'을 했어요." 파머가 말했다. 하지만 아침에 다짐했던 대로 그 외의 싸움에는 되도록 끼어들지 않으려고 노력했다.

그날 모스크바에는 눈 예보가 있었다. 그는 그 소식에 기분이 좋아진 것 같았다. 파머는 어릴 때부터 폭풍을 좋아했다. "눈보라가 몰아쳤으면 좋겠어요!" 그가 어린아이처럼 외쳤다.

⚲

파머는 국제 공중보건계의 정치게임을 배우는 것이 생각보다 쉽지 않다고 털어놨다. 하지만 말과 달리 그는 정치와 외교에 꽤 소질을 보였고, 모스크바에서 지내는 시간이 길어질수록 미소와 활기를 되찾는 것 같았다. 기분 탓인지 옷차림도 초반보다 말끔해 보였다.

협상팀의 일부 구성원은 감염된 수감자에게 배식을 늘려준다는 계획이 비효율적이라는 주장을 끝내 굽히지 않았다. 그러던 어느 날, 한 전문가가 파머를 불러 묘안을 알려줬다. 예산안에 '비타민 보충제' 항목을 넣고 그 돈으로 환자들에게 여분의 음식을 제공한다는 아이디어였다. 이 작전은 성공을 거뒀고 결국 세계은행 대표단은 법무부에 차관 운용의 절반을 할당하는 데 동의했다. 첫 차관액은 3천만 달러로 잠정 합의됐고, 이 금액에 1억 달러 정도가 추가될 가능성이 높았다. 하지만 최악의 경우 차관 논의 자체가 물거품으로 돌아갈 수도 있었다. 보건부가 예상보다 적은 지분에 불쾌감을 드러낼 것이 뻔했기 때문이다. 어쨌든 파머는 중간 목표를 훌륭히 달성하면서 골드파브의 '플랜 B'를 막아냈다.

호텔 방으로 돌아온 파머가 말했다. "완전한 성공이야. 신나 죽겠어. 어때, 골드파브 박사님? 이제 만족하시나요?"

"그래, 사실 내 마음은 언제나 기쁨 반 걱정 반이야. 이제부터 내가 3천만 달러를 관리해야 한다는 건데, 이상한 놈들이 훔쳐가지 못하게 잘 막아야 한단 말이지."

"그들도 모두 우리 친구라네. 보드카 한 병 사 먹으려고 조금 훔쳐가는 사람도 있을 테고, 여자친구 선물을 사주려고 훔쳐가는 사람도 있겠지. 그게 무슨 큰일이라고."

파머는 창틀에 걸터앉아 있었다. 그의 방 안에 있는 의자는 죄다 서류 더미로 뒤덮여 있었다. 그는 그중에서 무너질 듯 말 듯 위태롭게 쌓인 PIH 편지지 더미를 가리켰다. "골드파브, 자네와 나의 차이점이 뭔지 아나? 저건 PIH에 25달러를 기부해준 사람들에게 보내는 감사장이네."

"아니, 자네. 이런 일도 하나? 그리고 소액 기부자가 저렇게 많다고? 저 사람들을 다 어디서 찾아낸 건가?"

"13년이 넘는 동안 자연스레 모인 사람들이지. 자넨 참 편하겠군. 이런 편지만 쓰면 되잖아. '조지 소로스 님께. 1,200만 달러를 기부해주셔서 감사합니다.'" 파머가 아직 쓰지 못한 감사장을 한 다발 들고 말했다. "나는 말이야, 어디 보자. 우리 할머니의 친구, 학생, 좌파 경제학자, 역사학자, 우리 비서, 관리 직원, 동네 소아과 의사 등에게 일일이 편지를 써야 한다고." 하지만 그렇게 말하는 그의 기분은 날아갈 것처럼 좋아 보였다. 내게는 그가 골드파브에게 은근히 뽐내고 있는 것처럼 보였다.

파머에 대한 골드파브의 생각은 굉장히 흥미로웠다. 우리 둘만
있는 자리에서 그는 "파머는 너무 연약해요"라고 말했다.

"너무 말랐어요. 꼭 체호프Chekhov 같아요. 그의 원동력은 풍부
한 감성이죠. 하긴, 제가 살면서 만났던 능력 있는 사람 중에 자기
가 사실은 감상적이라느니, 더 큰 명분을 위해 일한다느니 하지 않
는 사람은 못 봤어요. 그건 비즈니스 분야에서도, 국제업무 분야에
서도 마찬가졌어요."

한편 파머는 골드파브를 이렇게 평가했다. "그를 사랑할 수 있
는 사람은 오직 어머니뿐일 거예요. 하지만 저는 그를 사랑합니다.
진심으로요. 그리고 우리의 러시아 프로젝트는 잘될 겁니다. 왜냐
고요? 그도 절 사랑하니까요."

그들의 우정은 논쟁 속에서 꽃을 피웠다. 사실 그들의 논쟁거
리는 끝이 없었다. 가령 쿠바의 공중보건 통계 같은 화두가 나오면
골드파브는 파머가 도저히 받아들일 수 없는 얘기를 거리낌 없이
했다. "피델 카스트로 동지는 국민을 통제하는 데 타고난 인물이
야. 쿠바의 공중보건 시스템이 잘 갖춰진 것도 그 덕분이지. 카스
트로가 러시아에 있었다면 시베리아 교도소 문제를 하루 만에 해
치울걸? 넘치는 인원은 다 죽여버리면 되니까."

파머는 러시아 교도소 문제에 대해 이렇게 주장했다. "교도소에
갇힌 사람들이 모두 타락했다고? 그렇다면 큰 사회경제적 위기나
변화의 시기에 수감자 수가 급증하는 현상은 어떻게 설명하지?"

이 문제에 대한 골드파브의 시각은 달랐다. 어느 날 저녁을 같이

먹던 그가 말했다. "죄수들은 멀쩡한 인간이 아니야. 전염병학 측면에서 보면 중요하지만."

"우리 생각이 여기서 갈리는군." 파머가 받아쳤다.

"잠깐, 내가 한 말을 정정하도록 하지. 감옥에 있는 사람 중 반은 거기 갇혀 있어야 할 사람이 아니니까."

"4분의 3이 그렇지. 자네, 모르겠어? 그들 중 상당수는 가난 때문에 어쩔 수 없이 범죄에 손을 댔다고."

"어쨌든 수감자의 25%는 평생 감옥에서 썩어야 할 놈들이야."

"아니, 그렇지 않아. 10%면 몰라도. 내가 순진하다고 생각하겠지?"

"자넨 순진한 게 아니야. 전체의 큰 그림을 본다는 것뿐이지. 하지만 한 가지 중요한 사실을 인정하지 않으려 한다는 건 분명해."

"사람들이 선하지 않다는 거?"

"아니! 세상에 악한 인간들도 존재한다는 거. 자넨 순진하지 않아. 다만 마음에 들지 않는 건 외면하지. 그래서 과학적이지 못하다는 거야. 현실을 직시하려 들지 않으니까."

"그래도 자넨 날 좋아하잖아." 파머가 말했다.

"물론 좋아하지!" 골드파브가 대답했다.

파머는 폭풍우를 정말 좋아했다. 그 말을 할 때면 폭풍이 가난한 사람들에게 더 큰 피해를 입힌다는 점이 마음에 안 든다는 사족을 반드시 덧붙이긴 했지만. 어쨌든 그는 모스크바에 눈보라가 몰아치길 기대했다. 하지만 그가 있는 동안에는 조용한 함박눈만 내렸다. 뼈가 시리도록 추운 밤, 그는 빨간 목도리를 코까지 둘둘

390

감고 서리가 잔뜩 낀 안경을 낀 채 호텔로 돌아왔다. 우리는 와인 세 병을 해치웠다.

"러시아에 도착했을 때보다 살이 더 빠진 것 같아요." 내가 그에게 말했다.

"긴 여정이었어요." 그가 대답했다.

"하지만 굉장히 흥미로운 여정이었죠. 저는 골드파브 박사가 마음에 들어요."

"다행이네요. 참 대단한 사람이죠. 그와 수감자 얘기를 처음 나눴을 때는 정말 화가 났어요. 특유의 러시아 억양으로 이렇게 말했거든요. '죄수들은 나쁜 놈들이지만 전염벼엉학적으로는 주웅요합니다.'"

나는 두 사람이 나눴던 가장 최근의 논쟁을 되짚어봤다. 파머는 교도소에 갇혀 있어야 할 사람의 수를 계속 줄여나갔다. 만약 이야기가 계속 진행됐다면 그 수치는 1%, 혹은 0%까지 내려갔을지도 모른다.

"제가 미쳤다고 생각하나요?" 그가 내게 물었다.

"아니요. 하지만 수감자 가운데 적어도 일부는 끔찍한 죄를 저질렀어요."

"알아요. 저는 역사적 정확성을 믿으니까요."

"하지만 당신은 모두를 용서하잖아요."

"그런 것 같네요. 그건 미친 걸까요?"

"역시 아니에요. 하지만 이길 수 없는 싸움이라는 생각은 드는군요."

"괜찮아요. 나는 늘 패배당할 준비를 하고 있으니까."

"하지만 중간중간 작은 승리도 있겠죠."

"맞아요!" 파머가 외쳤다. "그리고 저는 정말로 그들을 사랑해요!"

취한 탓인지 머리가 멍했다. 내 목소리가 마치 다른 사람의 것인 양 귓가에 흐릿하게 울렸다. 나는 점점 이상한 질문을 던지기 시작했는데, 그때는 이것이 파머의 정처 없는 인생을 꿰뚫어 보는 꽤 통찰력 있는 질문이라고 생각했다.

"당신은 정말 좋은 사람이에요." 나는 그의 어깨에 손을 얹으며 말했다. "하지만 만약 환자들을 치료하지 않는다면 당신은…."

그가 내 말을 끊고 대답했다. "아무것도 아닐 테죠."

—— 5부 ——
가난한 이들에게
우선권을

아이티에
한 다리를 두고서

2000년 7월 게이츠 재단은 PIH를 비롯해 페루 리마에서 결핵 통제 사업을 진행하는 의료단체에 총 4,500만 달러를 지원했다. 사실상 김용이 제시한 금액이 그대로 승인된 것이다. 이러한 성과에는 재단의 과학 분야 고문 윌리엄 포지William Foege의 공이 컸다. 포지가 평소 즐겨 들려주는 일화가 하나 있다. 몇 개의 단체가 수년간 한 가지 공중보건 이슈를 두고 논쟁을 벌였는데 그것을 그가 단번에 해결했다는 것이었다. 방법은 간단했다. 관련 단체의 리더들을 모아놓고 이렇게 말한 것이다. "빌 게이츠 씨가 이 문제를 해결할 기금을 내놓을 예정인데, 하나의 큰 기금으로 통합해서 지원하고 싶어 합니다." 그러자 아웅다웅했던 단체들이 단 두 시간 만에 합의점에 도달했다.

김용은 이 일화를 듣고 같은 전략을 취하기로 결심했다. 그는 세계보건기구의 결핵 분과를 포함해 PIH에 반대하거나 잠재적으로 반대할 가능성이 있는 적을 모두 끌어들여 파트너십을 맺은 뒤 공동으로 지원금을 신청했다. 지원금 자체는 하버드대학을 통해 들어오겠지만, 페루의 결핵 퇴치 사업을 총괄하는 역할은 PIH가 맡을 예정이었다.

이번 지원금은 향후 5년간 진행될 프로젝트의 예산이었다. 짐은 그 기간에 약 2천 명의 만성 다제내성 결핵 환자를 치료하고 최소 80% 이상의 완치율을 달성한다는 계획을 세웠다. 페루의 결핵 사태가 진정되면 다제내성 결핵을 전국적으로 통제할 수 있다는 사실을 전 세계에 보여줄 수 있을 뿐 아니라 결핵 치료에 필요한 기술과 의약품을 더욱 저렴하게 보급할 수 있을 것이다. 물론 프로젝트가 성공했을 때의 이야기지만. 어쨌든 PIH 그리고 뜻을 같이하는 단체들은 이제까지 리마에서만 추진하던 지역사회 프로젝트를 전국 규모로 확장해야 했다. 이러한 '확장'에는 필연적으로 크고 작은 문제가 따를 수밖에 없었다. "가끔씩 머리가 터질 것 같아요." 짐은 내게 털어놓으면서도 성공에 대한 확신을 품고 있었다.

파머 또한 짐의 믿음을 공유했다. 물론 다른 모든 프로젝트를 진행할 때처럼 종종 불안한 모습을 보였지만, 이번만큼은 친구의 짐을 덜어주기 위해 잔걱정을 대신하는 차원에 가까웠다. 사실 파머에게는 다른 부수적인 걱정거리가 있었다. 게이츠 재단의 지원 소식은 〈보스턴글로브〉지 1면에 실릴 정도로 큰 화제를 몰고 왔다. 만약 이 소식을 접한 PIH의 기존 후원자들이 이제 더는 우리를 돕지 않아도 된다고 생각하면 어떡하지? 우리가 지원금을 위해 영혼을 팔았다고 비난하는 사람이 생기지는 않을까? 그들을 붙잡기 위해, 파머는 오랜 파트너와 후원자들에게 연설을 하는 자리에서 '특별한 동맹'이라는 주제를 집어넣곤 했다. 그가 준비한 슬라이드에는 피델 카스트로가 교황, 빌 게이츠, 브리트니 스피어스와 함께 찍은 사진이 등장했다. 청중은 웃음을 터뜨렸다. 파머는 게이츠 재단의 보조금에 대해 이렇게 설명했다.

"우리에게 놀라운 행운이 찾아왔습니다. 덕분에 우리는 페루 프로젝트에 돈 걱정 없이 집중할 수 있게 됐어요. 늘 그랬듯이 우리는 가난한 이들에게 초점을 맞추고 있습니다. 그들의 문제는 결핵 하나가 아니죠. 사고, 창상, 화상, 각종 임신 관련 질환 등 해결해야 할 문제가 산더미예요. 하지만 게이츠 재단에 이렇게 광범위한 제안을 한다면 아마 이런 대답이 돌아올 거예요. '저희도 절차가 있어서요. 보조금 매뉴얼 제3권을 보면 아시겠지만 이런 문제에 대한 지원은 포함돼 있지 않습니다.' 맞습니다, 우리는 행운을 얻었어요. 하지만 우리의 행운은 아이티와 록스베리, 치아파스에 있는 우리 자매 단체가 직면한 모든 문제를 해결해주지 못합니다."

그는 이 지점에서 잠시 연설을 멈추고 눈앞에 있는 PIH의 오랜 친구들을 둘러봤다. 그리고 힘주어 말을 이었다. "그러므로 여러분은 아직도 할 일이 많습니다."

실제로 보건의료 분야의 단체를 지원하는 큰 재단들은 사업 범위가 일반인에게 잘 알려진 질병에 국한된 프로그램을 선호했다. 다시 말해, 장미 라장테 같은 빈곤국의 종합 의료 시스템을 위해 매년 지원금을 내놓을 기관은 사실상 존재하지 않는다. 캉주는 여전히 톰 화이트가 자산을 깎아서 충당하는 예산과 개인 후원자들의 기부금으로 굴러갔다. 게다가 재정 여건이 위태로운 상황에서도 파머는 에이즈 캠페인의 범위를 계속 넓혀나갔다. 어느새 장미 라장테에서 에이즈 치료를 받는 환자 수는 250명으로 늘었다. 파머는 의료진의 관리 아래 약을 복용하도록 하고 매달 생활비까지 지원하는 캉주의 결핵 프로그램에 에이즈 진료를 추가했고, 초반부터 상당한 성과를 거뒀다. 수많은 환자가 목숨을 건졌고 자칫 고아가 될 뻔했던 아이들이 부모를 잃지 않았다. 그러나 치료를 받지 못한 채 죽어가는 대기자 명단은 날로 길어졌고, 에이즈 치료에 필요한 항바이러스제는 여전히 부족했다.

쿠바 회의에서 만났던 페기 맥어보이는 파머를 돕기 위해 사방으로 뛰어다녔지만 유엔에이즈계획은 결국 파머가 제출한 지원금 신청서를 기각했다. 그가 구입하고자 하는 에이즈 치료제가 너무 비싸서 향후 아이티 환자들이 자력으로 구입할 가능성이 낮다는 이유에서였다. 지원금을 요청한 다른 모든 재단과 기관에서도 같은 대답이 돌아왔다.

파머는 제약회사를 찾아다니며 의약품을 기부하거나 최소한 가격을 조금만 인하해달라고 요청했지만, 그들은 이미 매겨진 정가에 손을 댈 수 없다며 차라리 지원금 신청을 알아보라고 했다. 하지만 그들이 추천한 기관은 이미 파머에게 퇴짜를 놓은 곳이었다. 캉주의 에이즈 프로젝트는 말 그대로 근근이 버티고 있었다. 다행히 소로스 재단의 아이티 지부가 약간의 기부금을 내놨고, 톰 화이트가 특별한 선물도 해주어 당분간은 어떻게든 사업을 현상태로 꾸려갈 수 있게 됐다. 그리고 PIH는 케임브리지의 본사 건물을 매각해 수익금의 일부를 캉주의 에이즈 환자에게 사용하기로 결정했다.

하버드 의과대학 교수진은 이미 PIH를 일종의 부설기관처럼 받아들였고 내부적으로 '전염병 퇴치 및 사회 변화 프로그램Program in Infectious Disease and Social Change'이라는 이름까지 붙여줬다. (이에 질세라 브리검 병원 또한 PIH 활동을 지원하는 특별 분과를 만들고 '사회 의료 및 보건 불평등 해소 부문Division of Social Medicine and Health Inequalities'이라는 이름을 붙였다.) 파머는 그들의 호의를 감사히 받아들이고, 헌팅턴 가에 위치한 의과대학 건물 두 개에 PIH 전용 사무공간을 확보했다. PIH의 새 사무실은 낡은 벽돌 건물에 내부는 토끼장처럼 비좁았지만 분위기만큼은 활기찼다.

그곳을 갈 때마다 나는 사무실이 이사했다는 이야기를 들었고 새로운 이름과 얼굴, 직함을 익히느라 정신이 없었다. 며칠 전까지만 해도 PIH의 잡무(가령 파머가 공항에서 분실한 짐을 찾아온다든지)를 담당하던 자원봉사자가 어느 순간 전염병 자료를 분석하는 연구원이 되어 있는 식이었다. 직원들은 마감 일정에 맞추기 위해 소파에서 교대로 쪽잠을 자며 밤새 일했다. 그중에는 임시 고용된 행정, IT, 제안서 분야의 전문가도 포함돼 있었는데, 그들은 PIH의 고유 은어는 물론이고 내부 관행도 전혀 몰랐다.

오필리아는 수년간 본부의 운영을 맡으며 직원들이 난관에 부딪힐 때마다 공정하고 침착한 성격으로 문제를 중재해나갔다. 하지만 새로운 인력이 계속 영입되면서 그녀에게는 이제껏 겪어보지 못한 새로운 임무가 생겼다. 짐의 표현을 빌리자면 PIH를 하나의 직장으로서 '정상화'하는 임무였다. 그녀는 직원들이 마음 편히 출산 휴가를 가고, 정시에 퇴근하고, 휴가를 쓸 수 있는 환경을 만들고자 했다.

하루는 본부에 들렀다가 새로 입사한 직원 자리에 붙어 있는 문구를 봤다. "파머가 우리의 모델이라면, 더할 나위 없다." 하지만 자세히 보니 뒷부분은 덧대어진 종이 위에 쓰여 있었다. 덧댄 종이를 들어내니 이런 문장이 나왔다. "파머가 우리의 모델이라면, 우린 작살났다." 사실 이는 짐이 평소에 입버릇처럼 하는 말로, 언뜻 들으면 파머를 비난하는 것처럼 느껴질 수 있다. 하지만 이는 젊은 PIH 직원에게 보내는 일종의 경고였다. 그들이 자칫 파머의 삶을 모방하는 것만이 바르게 사는 길이라고 믿게 될까 봐 걱정하는 의미였고, 실제로 짐이 우려했던 오류에 빠진 자원봉사자가 많았다.

그는 PIH의 일을 함으로써 개선하고자 하는 것은 나 자신이 아니라 빈민의 삶이라고 강조했다. 파머 또한 늘 같은 부분을 강조했다. "PIH를 통해 개인적인 효용을 추구해서는 안 됩니다." 게다가 파머의 삶을 똑같이 따라 하기란 애초에 거의 불가능하다. PIH의 구성원이 그로부터 배워야 할 것은 모두가 안 된다고 하는 일도 반드시 극복해낼 수 있다는 산 증거지, 인생을 바르게 살기 위한 지침이 아니다.

짐은 신입 직원의 자리에 붙은 문장을 가리키며 말했다. "파머는 우리가 자신을 모방하지 않으면서도 인간으로서 옳은 길을 택할 수 있는 일종의 로드맵을 만들었어요. 그는 우리가 해야 할 일이 무엇인지 온몸으로 보여줍니다. 하지만 그 일을 어떻게 해야 한다고는 강요하지 않아요. 사람들이 그의 업적을 칭송하고 그를 통해 영감을 받도록 하는 건 좋죠. 하지만 누구에게도 그와 똑같이 해야 한다거나 그렇게 할 수 있다고 얘기해서는 안 됩니다. 만약 가난한 사람들에게 혜택을 제공하기 위해 파머 같은 사람이 여럿 있어야 한다면, 그 프로젝트는 그 자체로 실패한 거예요."

파머의 견해 또한 다르지 않았다. 하루는 한 학생이 보낸 이메일을 놓고 고심하고 있었다. 파머의 신념에는 동의하지만 자신은 그와 같은 일을 할 자신이 없다는 내용이었다. 그는 노트북 모니터에 대고 소리쳤다. "난 내가 하는 일을 똑같이 하라고 말한 적 없어. 그저 누군가는 해야 할 일이었다고 말했을 뿐이지." 그러고는 아주 온화한 톤으로 답장을 썼다.

PIH는 변하고 있었지만 처음 모습이 완전히 없어진 것은 아니었다. 특유의 정신없는 분위기는 여전했다. 원룸 사무실에서 지내던 시절, 오필리아는 파머가 아이티 여행을 마치고 모습을 나타내면 다음 순간에 펼쳐질 일을 직감할 수 있었다. 몇 분 후면 그의 여행가방에 들어 있던 서류들이 온 바닥에 펼쳐지고 직원들은 갑자기 쏟아진 업무와 새로운 프로젝트를 처리하기 위해 정신없이 뛰어다닐 것이다. 그사이 파머는 또 어디론가 떠나버리고, 오필리아는 멍한 표정으로 짐에게 묻는다.

"방금 뭐가 지나간 거지?"

파머는 여전히 오필리아가 '작은 허리케인'이라고 부르는 일을 벌여놓곤 했다. 나 또한 PIH 사무실에 들렀다가 이 난리통을 직접 목격했다. 파머는 몇 시간 전에 떠났고, 그의 일정과 각종 예약과 편지 관리를 담당하는 자원봉사자들은 넋을 놓고 울고 있었다. 짐은 고개를 절레절레 흔들며 웃었다. 오필리아는 "파머가 못되게 굴어서 이 사람들을 울린 게 아니에요"라고 말했다. 나는 경험상 그 말이 사실임을 알았다. 짐은 그들의 눈물이 극도의 긴장이 풀리면서 나온 반응이라고 설명했다. "압박의 신 폴 파머로부터 해방됐을 때 나오는 눈물이죠."

PIH의 검소한 재정 운영 방식도 여전했다. 그들은 여전히 기부금의 약 5%만 조직 운영예산으로 책정하고 나머지는 모두 환자를 위해 썼다. 게이츠 재단의 지원금을 받고 몇 개월이 지난 뒤, 파머는 PIH 구성원에게 공개적인 메시지를 발송했다. 그는 PIH가 '윤리적인 길'을 잃어버리지 않을까 염려하고 있었다. 그는 일부 직원이 초과근무 수당을 요구했다는 이야기를 들었다. 그리고 "빈민을 위한 일에 초과근무란 있을 수 없습니다. 우리는 오로지 우리가 부족한 면을 채우기 위해 겨우겨우 애쓰고 있는 정도입니다"라고 썼다. 오필리아는 기본적으로 그의 의견에 동의했다. 그녀는 PIH가 다른 기관의 규칙에 얽매이거나 그로 인해 제약을 받도록 내버려두지 않을 생각이었다. 하지만 개중에는 타협해야 할 부분도 있었다. 가령 하버드대학교와의 공식적인 파트너십은 더 많은 환자를 치료할 수 있게 해줬지만 이 관계를 유지하려면 최저 급여를 받는 일부 직원에게 초과근무 수당을 지급해야 했다. PIH의 재정 담당으로서 오필리아는 그 문제를 원칙에 맞게 처리했다. 다만 파머에게 얘기하지 않았을 뿐이다.

내가 PIH 본사에 처음 방문한 것은 1999년이었다. 당시 보스턴에 있던 사무실에서는 약 20명의 직원과 자원봉사자가 일하고 있었다. 하지만 이 원고를 쓰는 시점을 기준으로 본사 구성원은 두 배가 넘는 50여 명으로 늘어났고 록스베리 지부에도 열 명이 더 있었다. 이 외에도 아이티 본부에 약 400명, 페루 본부에 120명이 있었고 얼마 전부터 시작한 시베리아 프로젝트를 관리하기 위해 러시아 지부를 신설해 열다섯 명을 추가 채용했다.

사실 러시아 지부 설립은 전혀 계획에 없었던 일이며, 알렉스 골드파브가 영국으로 망명한 러시아의 과두정부 실세 보리스 베레조프스키Boris Berezovsky와 모종의 관계를 맺지 않았다면 끝까지 일어나지 않았을지도 모르는 일이었다. 두 사람의 관계에 대해서는 여러 얘기가 떠도는데 그중 책으로도 출간된 한 설에 따르면 전 KGB 요원이 베레조프스키를 암살하라는 명령을 받았지만 그를 죽이는 대신 오히려 그에게 이 사실을 알렸다고 한다. 덕분에 베레조프스키는 스위스 은행 계좌로 재산을 빼돌린 뒤 무사히 탈출했고, KGB 요원 또한 터키를 경유해 탈출에 성공했다. 이때 KGB 요원의 탈출을 도운 사람이 바로 골드파브였다는 것이다. 러시아 정부는 문제의 요원에게 법적인 책임을 물을 정당한 사유가 있다고 주장했고 골드파브는 괴씸죄에 걸렸다. 이 정치적인 사건의 불똥은 골드파브가 지휘하던 러시아 결핵 프로젝트와 그 자금을 대던 소로스 재단에까지 튀었다. 당연한 얘기지만 골드파브는 당분간 러시아에서 일하기 어렵게 됐다.

　쏟아지는 항의와 문의에 견디다 못한 소로스 재단은 PIH 측에 시베리아 톰스크Tomsk에서 운영되던 프로젝트를 맡아달라고 요청했다. 톰스크에서는 러시아의 결핵을 통제하기 위한 시범 사업이 진행되고 있었다. 그들의 목표는 교도소와 주거지, 상업지구에서 일반 결핵과 다제내성 결핵을 동시에 통제하는 방법을 찾아내는 것이었다. "톰스크 프로젝트는 반드시 성공해야 합니다." 골드파브는 모스크바에서 우리에게 말했다. 파머와 짐 모두 그의 생각에 동의했다. 이 프로젝트의 가치는 엄청났고 짐은 이미 페루와 보스턴의 사업을 동시에 책임지고 있었음에도 이 일에 욕심을 냈다.

　파머는 마음이 무거웠다. PIH의 규모는 이미 그가 감당하기 어려울 만큼 커졌다. 지나친 욕심을 내다가 기존 활동의 성과가 주춤하기라도 하면 가난한 나라에서 에이즈와 다제내성 결핵을 치료할 수 없다고 주장하던 반대파에게 오히려 힘을 실어주는 꼴이 될 것이다. 하지만 그는 결국 톰스크 프로젝트를 맡기로 했다. 단, 그는 직접적인 치료에만 관여하고 운영과 협상을 비롯한 관리 업무는 짐이 전담한다는 조건이었다. 짐은 당장 일을 시작하겠다고 했지만 그로부터 약 한 달 뒤 파머, 오필리아와 함께 저녁을 들 때까지도 러시아에 아직 한 발도 들여놓지 않은 상태였다. 케임브리지의 한 레스토랑에서의 그날 모임에는 나도 동석했다.

　"톰스크 프로젝트에 참여하자고 한 건 너야." 파머가 자리에 앉자마자 말했다. 언성을 높이지는 않았지만 목소리에는 분명한 힐난이 담겨 있었고 말투는 점점 격앙됐다. "네 입으로 약속했잖아!

그런데 어떻게 한 번도 안 갈 수가 있지?"

짐은 사정이 있었다고 설명했다. 당장 이번 달에라도 톰스크에 갈 생각이었지만 알고 보니 예전부터 벨라지오에서의 결핵 회의가 잡혀 있었다는 것이다. 록펠러 재단이 주최하는 그 회의는 놓칠 수 없는 중요한 행사였다.

"어쩌라고!" 파머가 소리쳤다. 그의 얼굴이 빨갛게 달아올랐고 목에서는 힘줄이 튀어나왔다. "벨라지오, 벨라지오, 염병할 놈의 벨라지오! 네가 가야 할 곳은 모스크바와 톰스크야. 네가 진짜 해야 할 일은 그곳에 있다고. 그런 다음에 그 옛 같은 벨라지오에 가서 잘난 하버드 교수님 행세를 하면 되잖아." 그는 오필리아 쪽으로 고개를 돌렸다. "짐은 러시아에 가야 해. 내가 그동안 저 자식한테 몇 번이나 사정했지? '러시아에 가자. 회의는 다음에 하면 되잖아. 너를 믿어. 톰스크 사람들이 너를 기다리고 있어…' 그런데 이제 와서 벨라지오라고? 록펠러 재단이 어쨌다고? 다 꺼지라고 해. 나는 죽는 날까지 벨라지오에는 얼씬도 안 할 거야." 그는 짐이 평생 모스크바에 한 번밖에 가지 않았으며 그나마 공항 밖으로는 나가지도 않았다며 비난을 퍼부었다.

"그건 사실이 아니야." 짐이 차분한 목소리로 부인했다.

"그래, 그 볼쇼이 어쩌고 광대 쇼를 본다고 시내에 나가긴 했지."

"그러려고 했지. 하지만 공연이 취소됐잖아."

파머가 그것 보라는 듯이 오필리아를 바라봤다. "들었지, 오필리아? 공연이 취소됐대. 하지만 그러지 않았다면 갔을 거라는 얘기잖아? 나는 올해도 러시아에 몇 차례 방문할 거야. 거기서 짐 저

자식이 중요하다고 했던 바로 그 일을 할 거라고." 그는 짐을 쏘아 봤다. "그게 뭐였지? 네 입으로 말해봐."

짐이 미소 지으며 대답했다. "볼쇼이 공연이랑…."

"마장마술." 오필리아가 그의 말을 받았다.

파머는 웃지 않았다. 그 대신 오필리아를 향해 호소했다. "나는 지금 짐에게 러시아 환자들의 고통을 줄여달라고 말하는 거야."

"짐도 잘 알고 있어, 파머." 오필리아가 부드럽게 대답했다.

"그래? 그럼 저 자식한테 내 말대로 하라고 좀 얘기해줘."

짐 또한 오필리아를 바라봤다. "오늘따라 파머가 나를 너무 괴롭히는 것 같지?"

"그러게 말이야." 그녀가 말했다.

최근에 이 세 친구는 함께할 시간을 거의 내지 못했다. 하지만 이날 밤만은 향수를 불러일으키는 추억 이야기도 정겹게 들리지 않았다.

오필리아가 파머에게 말했다. "기억 나? 네가 공항에 도착하면 항상 짐이 데리러 나갔잖아."

"한때는 그랬지." 파머가 뚱하게 대답했다.

"너는 한 번도 나를 데리러 온 적 없잖아." 짐이 꼬집었다.

"또 그 얘기야? 그래서 네가 대체 어딜 다녀왔는데? 로스앤젤레스? 아이고, 죄송해라."

"어쨌든 네가 나를 데리러 오지 않았던 건 사실이야."

"네가 마중씩이나 나갈 만한 여행을 다녀오긴 했니? 기껏해야 로스앤젤레스, 시카고 몇 번 왔다 갔다 한 게 전부면서."

"제발 그만하자." 오필리아가 지친 목소리로 사정했다.

"나는 늘 아이티에 다녀왔어. 공항에서부터 네게 할 얘기가 있었다고. 데리러 온 너한테 내가 시시껄렁한 농담이나 하는 거 봤어? 항상 아이티에 대한 중요한 얘기를 했잖아." 파머가 말했다.

"어쨌든…." 오필리아가 말을 끊으려 했지만 파머는 아랑곳하지 않고 독설을 이어갔다.

"지금 보니 내가 큰 실수를 했네. 다시는 안 그럴게. 두 번 다시 너한테 데리러 나오라는 부탁 따위 하지 않을 거야. 됐지?"

"중요한 건 그게 아니야. 지금 우리 대화의 요점은 네가 한 번도 나를 데리러 오지 않았다는 거야." 짐이 말했다.

오필리아는 파머가 종종 화를 내긴 하지만 그래도 PIH의 활동에 해를 끼치지 않는 선은 칼같이 지킨다고 설명했다. 그는 가끔씩 친구들 앞에서 이성을 잃었지만 짐과 오필리아는 개의치 않았다. 안전하니까. 두 사람은 오히려 이런 식의 분출이 파머의 정신건강에도 좋으리라고 생각했다. 그날 저녁 식사 후, 오필리아가 내게 말했다.

"아까 상황이 나빴다고 생각하시나요? 오늘 파머가 짐에게 낸 화는 아무것도 아니에요. 1점에서 10점까지 점수를 매긴다면 기껏해야 5점 정도였을 거예요."

나는 아마도 그녀의 말이 맞으리라고 생각했다. 잠시 후 레스토랑 문을 나선 파머는 짐의 어깨에 팔을 두르고 있었다. 짐 또한 친구를 따뜻하게 포옹했다. 두 사람은 동시에 웃음을 터뜨렸다. 몇 주 후 짐은 톰스크로 떠났고 나도 동행했다.

톰스크는 모스크바에서 비행기로 네 시간 떨어진 곳에 있었다. 우리가 탄 기종은 러시아에서 자체 생산한 투폴로프 154였고, 사방에 흠집이 난 기내 화장실의 목재 변기가 무척 낡아 보였으나 비행기 본체보다 더 낡았을 리는 없다고 추측했다. 톰스크의 인구는 약 50만 명이었다. 강철과 유리, 시멘트로 지어진 현대식 건축물과 수차례의 겨울을 버티며 살짝 기울었으나 여전히 아름답고 화려한 목조 가옥이 동시에 보였다. 고전적인 외관을 자랑하는 높다란 공공건물도 여럿 있었는데, 그중 하나인 톰스크대학교는 시베리아에서 가장 긴 역사를 자랑하는 명문 교육기관이었다. 이 외에도 톰스크에는 이름난 의과대학과 전구, 성냥을 만드는 공장이 있었다. 거리에는 주요 교통수단인 전동차가 지나다녔고 다섯 개의 통신 회사가 경쟁적으로 제공하는 인터넷 서비스도 누릴 수 있었다.

그러나 톰스크항공Tomsk Air이 파산한 이후로 한때 '노동자의 공항'이라 불리던 톰스크 공항은 하루에 약 50대의 항공기가 뜨고 내리던 화려한 과거를 뒤로한 채 지금은 하루 운행량이 다섯 대쯤 될까 말까 했다. 게다가 우리가 도착할 무렵에는 얼마 전 일어난 홍수로 인해 식수가 오염된 상태였다. 톰스크는 깔끔하게 관리되는 전쟁기념관 너머로 주택가의 쓰레기 더미가 흩어져 있는 그런 도시였다. 우리가 묵은 호텔은 바닥이 경사진 데다 지나친 난방 때문에 숨이 막히도록 더웠다. 첫날 밤, 나는 벌판에 대리석으로 만든 전쟁기념비가 가득하고 그 위에 낡은 자동차들이 얹혀진 이상한 꿈을 꿨다.

톰스크와 그 인근의 광활한 지역은 하나같이 다제내성 결핵 때문에 골머리를 앓았지만 골드파브 박사를 비롯한 여러 사람의 노력으로 얼마 안 가 문제를 해결할 수 있으리라 기대하고 있었다. 하지만 골드파브와 KGB 요원이 연루된 스캔들 이후, 이 지역에는 결핵 프로젝트를 추진하는 사람은 적국에서 파견한 스파이고 환자를 앞세워 러시아를 전복하려 음모를 꾸미고 있다는 흉흉한 소문이 돌았다.

현지의 의혹을 잠재우기 위해 러시아의 교도소 운영을 총괄하는 법무부 차관이 직접 톰스크를 방문하여 TV 프로그램을 촬영하기로 결정했다. 그는 카메라 앞에서 결핵 통제 프로젝트를 홍보하고 PIH의 활동을 소개할 예정이었다. 한 러시아 장군이 내게 귀띔해준 정보에 따르면 그의 결정은 어디까지나 파머와의 개인적인 친분 때문에 내려진 것이라고 했다. 차관을 위한 환영 만찬이 준비됐고 당연히 파머도 초대받았다. 하지만 정작 파머는 파리 공항에 갇혀 오도 가도 못 하게 됐다. 최근에 보스턴 본부에서 채용한 비서가 실수를 저질러 비자가 제 날짜에 발급되지 않은 것이다. 결국 짐은 다음 날 도착할 파머를 대신해 만찬에 혼자 참석하기로 했다.

만찬은 아직 건설 중인 대규모 아파트 단지와 쇼핑센터의 한쪽 구석에 자리한 작고 고급스러운 호텔에서 열렸다. 보안이 철저한 VIP 전용 공간이었다. 이 지역은 어떤 이유에선지 모르겠지만 '파리Paris'라는 이름으로 불렸다. 장소의 이름이야 어쨌든 이 만찬은 매우 중요했다. 교도소를 실질적으로 관리하는 군 관계자들의 도움 없이 러시아에서 DOTS 플러스가 제대로 운영될 가능성은 희박했다. 짐이 그들의 신뢰를 얻어내지 못한다면 톰스크 프로젝트는 시작도 못 한 채 실패하게 될 것이다. 하지만 식사가 시작된 지두 시간이 지나고 수십 번의 건배와 쌓여가는 보드카 병이 무색하게도 딱딱한 분위기는 전혀 누그러지지 않았다.

기다란 연회 테이블 한쪽에는 법무부 차관과 칙칙한 카키색 군복을 입은 러시아 장군 10여 명이 앉아 있었고, 맞은편에는 PIH에 소속된 러시아 의사와 외국인 전문가들이 자리 잡고 있었다. 마주 보고 앉은 두 그룹 사이에는 영원히 해소되지 않을 것 같은 팽팽한 긴장이 흘렀다. 연회장을 둘러보던 짐은 앞쪽에 설치된 대형 TV에 노래방 기능이 있다는 사실을 알아챘다. 생선 요리가 서빙되는 사이 그가 내게 나직이 말했다. "제가 나서야겠어요." 그러고는 잔을 들고 자리에서 일어섰다. "제가 노래를 잘하진 못하지만 제 모국인 한국에는 진심으로 좋아하고 존경하는 분을 모실 때 쑥스러움을 무릅쓰고 노래를 불러서 흥을 돋우는 문화가 있습니다. 그런 의미에서 오늘 참석하신 여러분을 위해 제가 한 곡 올리겠습니다."

그는 프랭크 시나트라의 〈마이웨이〉를 목청껏 불렀다. 노래 가사와 화려한 배경화면이 TV를 수놓고 스피커에서는 오케스트라 반주가 울려 퍼졌다. 중간에 기계가 오작동을 일으켜 반주가 몇 번 끊겼지만 짐은 아랑곳하지 않고 음정도 몇 번씩 틀려가면서 끝까지 노래를 불렀다. 박수갈채가 쏟아졌다. 다음 타자로는 PIH의 파트너 기관이자 영국계 보건 단체인 메를린Merlin의 대표가 〈서머타임〉을 불렀고, 이어서 러시아 육군 소장이 경쾌한 멜로디의 러시아 노래를 예약했다. 유리 이바노비치 칼리닌Yuri Ivanovich Kalinin 차관은 다른 장군들과 함께 리듬에 맞춰 박수를 쳤다. 그사이 한 장군이 소로스 재단 소속의 의사에게 춤을 신청했고, 불곰처럼 거대한 덩치를 자랑하던 톰스크 현지의 민간 결핵사업 책임자는 이미 메를린의 젊은 여성 연구원과 춤을 추고 있었다.

짐이 〈라밤바〉를 부르고 또 다른 장군이 러시아 노래를 이어서 부르는 동안 TV 화면에는 번쩍이는 브로드웨이와 젊은 청춘으로 가득한 카리브 해변이 펼쳐졌다. 그때 갑자기 마법 같은 일이 일어났다. 아무런 예고도 없이 심지어 노래방 반주도 없이, 칼리닌 차관이 자리에서 노래를 부르기 시작한 것이다. 그는 깊고 정확한 바리톤 음색으로 느리고 애절한 러시아어 발라드를 열창했고, 이윽고 곁에 있던 장군과 법무부 관계자들도 따라 불렀다. 러시아 교도소의 관리자들이 발라드를 합창하다니. 밤늦은 시간 덕이었는지, 엄청난 양의 보드카 덕이었는지, 아무튼 그 순간만큼은 누가 봐도 소속과 국적을 가리지 않는 순수한 동지애가 연회장을 가득 채우고 있었다.

행사의 마무리 순서로 진행된, 모두가 돌아가며 던진 고별사에 각자의 진심 어린 애정이 담겨 있었다고 느낀 건 나만이 아니었을 것이다. 한 장군이 말했다. "친애하는 동지 여러분. 그냥 예의상 하는 말이 아니라 여러분이 제 진짜 동지라고 느낍니다." 보드카 원 샷이 이어지고 다음 장군이 말을 받았다. "오늘 이 멋진 만찬에 함께한 동지들이 같은 감정을 공유하고 있다는 걸 느낍니다. 우리는 이 세상을 위해 좋은 일을 하고자 합니다. 다 함께 이번 프로젝트를 성공으로 이끌어봅시다!" 그는 잔을 들고 바로 앞에 있던 보드카 병을 가리켰다. "직접 관리 치료, 아시죠? 잔을 끝까지 비우는지 제가 다 살펴볼 겁니다."

바깥에는 눈송이가 흩날리고 있었다. 장군들은 경찰의 호위를 받으며 푸른색 경광등이 달린 의전차량을 타고 어둠 속으로 사라졌다. 짐은 눈처럼 푸근한 미소를 지으며 떠나는 그들의 뒷모습을 지켜봤다. "구소련의 지하감옥 간수들이 노래방 파티를 하다니. 살면서 이런 장면을 다시 보긴 어렵겠죠?"

짐은 다음 날 아침 톰스크를 떠났고 그와 교대하여 파머가 도착했다. 파머가 머물 수 있는 시간도 딱 하루뿐이었지만 그는 그 짧은 시간에 다제내성 결핵 환자를 진찰하고 차관과 기자회견을 진행하는 등 바쁜 일정을 소화했다. 그날 저녁에도 전날처럼 작고 기묘한 호텔에서 만찬이 열렸다. 참석자는 전날보다 적었고 분위기도 전반적으로 더 조용했다. 식사 도중 칼리닌 차관이 잔을 들고 건배를 제의했다. "알렉스 골드파브 동지와 그가 열정을 바친 프로젝트를 위하여."

파머 또한 잔을 들었다. "내 친구 알렉스 골드파브를 위하여. 그가 더는 말썽을 일으키지 않기를 바라며 건배!"

식사가 반쯤 진행됐을 무렵 낯선 남자 한 명이 연회장 안으로 비틀거리며 들어왔다. 잔뜩 헝클어진 머리에 마치 고야의 그림에서 튀어나온 듯 붉은 낯빛과 풀린 눈을 보아하니 얼큰하게 취한 것 같았다. 통역관은 파머에게 그가 톰스크의 과두정치인이라고 알려줬다. 시베리아의 가스와 유전에다 이 호텔 지분까지 소유하고 있는 상당한 거물이라고 했다. 과두정치인으로 소개된 그 남자는 망설임 없이 테이블 상석으로 향하더니 어깨를 으쓱하고는 사람들을 향해 말했다. "우리 호텔을 찾아주신 손님들께 한 말씀 드리고 싶어서 찾아왔습니다. 에너지는 생명의 힘입니다. 톰스크는 석유와 석탄이 나는 곳이죠." 그러더니 혀를 쯧 차고 자신이 한 말을 정정했다. "아니, 톰스크에 석탄은 없습니다. 어쨌든 우리에겐 점점 더 많은 석유가 필요할 겁니다. 톰스크에서 나는 기름으로 다른 지역의 에너지까지 공급해드리겠습니다!"

"브라보!" 테이블에 앉아 있던 장군 한 명이 외쳤다.

"에너지 프로그램 만세!" 파머도 덩달아 외쳤다.

"제가 하고 싶은 말은 에너지가 모든 생명의 원천이라는 겁니다. 시베리아에 오신 것을 환영합니다."

"저는 시베리아를 사랑합니다!" 파머가 긴 테이블의 한쪽 끝에서 다른 쪽 끝까지 들릴 정도로 우렁차게 선언했다.

과두정치인은 잠시 물러나는 것 같더니 의자를 가져와서 테이블 한편에 아예 자리를 잡고 앉았다. "만찬을 방해해서 미안합니다." 그는 잠시 목청을 가다듬었다. "저는 이미 나름대로 노력하고 있었어요. 도시의 문화와 의료 서비스를 위해 투자를 아끼지 않고 있거든요."

그를 둘러싸고 이런저런 대화가 오가는 동안 정작 그는 뭔가 혼잣말을 하는 것 같았다. "지금 저분이 뭐라고 중얼거리는 건가요?" 내가 통역사에게 물었다.

"러시아 국민의 삶이 왜 이렇게 힘든지에 대해 이런저런 추측을 하고 있습니다."

마침내 그는 들어올 때처럼 비틀거리며 자리를 떴다. 잠시 후 만찬도 파장 분위기에 들어갔고 사람들은 저마다 고별사와 작별 인사를 나누며 호텔 로비로 향했다. 파머는 모피로 뒤덮인 러시아식 모자를 쓰고 차관에게 세 번째 작별 인사를 건넸다. "어제 참석하지 못해서 조금 불안했는데, 지금 보니 모든 게 잘될 것 같습니다. 차관님의 지시만 기다리고 있겠습니다." 그가 차관에게 군대식 경례를 붙이는데 석유와 가스의 지배자가 허리에 두른 수건 한 장을 빼면 완전히 벌거벗은 상태로 다시 나타났다. 그는 당구장 쪽으로 향했고, 차관은 웃음을 터뜨린 뒤 어깨를 으쓱하고는 다시 사람들에게 작별 인사를 건넸다. 잠시 후 당황한 표정의 호텔 지배인이 하이힐을 신고 로비를 가로질러 과두정치인을 쫓아갔다. 나는 어안이 벙벙했고 파머 또한 황당하기는 마찬가지였겠지만 천진난만한 미소를 지으며 추격전을 즐겁게 구경했다.

우리는 다음 날 파리로 출발했다. 파머는 투폴로프 154 항공기의 차디찬 좌석에 엉덩이가 닿자마자 무릎담요를 찾더니 이렇게 중얼거렸다. "내 나이가 벌써 이렇게 됐나? 어느새 비행기에서 담요를 덮을 정도로 나이 든 건가?" 나는 러시아에서 들었던 결핵 관련 수치를 언급하며 파머에게 기술적인 질문을 했다. "그 사람의 말이 맞는 걸까요?"

"원래 누구의 말이나 부분적으로만 옳아요." 그가 웃으며 대답했다. "제 의견만 빼고요. 러시아인들은 정말 저랑 딱 맞아요."

"지난번에도 그런 얘기를 했던 것 같은데요."

"PIH 직원은 제가 누구에 대해서나 이렇게 말한다고 놀리곤 하죠. 하지만 이건 제 직업을 고려하면 꽤 유용한 능력이에요. 사람을 좋아하는 능력이요." 그는 의사가 되어서는 안 되는 유형을 쭉 열거했다. "구두쇠, 사디스트⋯."

잠시 후 그는 짧았던 톰스크 여행의 마무리 '착지'에 들어갔다. 핵심은 치료제 확보에 대한 고민이었다. 원래대로라면 저렴한 2차 치료제가 곧 러시아에 도착할 예정이었지만 온갖 장애물 때문에 일정이 차일피일 미뤄지고 있었다. 러시아에서 다제내성 결핵을 치료하는 대부분의 단체는 손을 놓고 치료제 도착만을 기다렸지만, 파머와 짐은 톰 화이트에게 15만 달러를 빌려 당장 수십 명분의 약을 매우 비싼 가격에 구입했다. 그들은 어째서 그런 선택을 했을까? 조금만 기다리면 같은 금액으로 100명분의 약을 구입할 수 있는데, 어째서 고작 서른일곱 명을 위해 15만 달러라는 큰돈을 한꺼번에 써버린 걸까? 파머는 프로젝트 담당자들은 지연되는 일정을 기다릴 수 있지만 환자는 그럴 수 없다고 설명했다.

"이 전염병을 막으려면 상당한 자원이 필요합니다. 그 자원을 구하기 위해 돈을 내야 한다면 내야지요. 돈이든 조개껍데기든 뭐든, 약을 구할 수만 있다면 기꺼이 낼 겁니다."

잠시 후 파머는 잠이 들었다. 비행기가 우랄산맥 상공을 나는 동안에도 그는 깨지 않았고 나는 그 옆에서 조금 전에 나눈 대화를 이해하려고 애썼다. 파머와 짐이 지금처럼 돈을 아끼는 법을 배우지 못한다면 PIH는 언제까지나 재정적인 위기를 벗어나지 못할 것이다. 하지만 그들은 애초에 그런 사람이었다. 결핵으로 죽어가는 러시아 죄수들 앞에서 저렴한 약을 기다리지 못하고, 에이즈로 죽어가는 아이티 농민들 앞에서 의료센터 설립을 기다리지 못하는 사람. 돈에 대한 두 사람의 접근법은 완전히 비현실적이었다. 하지만 신기하게도 그 접근법은 효과를 거두는 것처럼 보였다.

파머는 그 어느 때보다 잦은 여행을 다녔다. 익숙한 페루와 러시아는 물론(두 시간짜리 회의를 하기 위해 캉주에서 톰스크까지 날아간 적도 있다. 다행히 그날 회의 결과는 성공적이었다) 파리(가족과 더 많은 시간을 함께하기 위해 이곳에서 권위 있는 강연 시리즈를 맡기로 했다), 뉴욕(추방당할 위기에 놓인 아이티인 에이즈 감염자를 지키기 위해 법정에서 증언을 했다) 등을 누볐다. 그사이 미국과 캐나다의 수십 개 대학에 초정돼 '가난한 이들에게 우선권을'이라는 주제로 강연을 했고 남아프리카공화국에서 열린 국제 에이즈 회의에 참석해 세계은행 관계자들과 논쟁을 벌이기도 했다. (세계은행 관계자가 아프리카인이 성욕을 자제하는 법을 배워야 한다는 취지로 발언했을 때, 파머는 전에 없이 신랄한 반론을 펼쳤다. "저는 금융 관계자 분들에게 묻고 싶군요. 꼭 세계은행뿐만 아니라 금융권 전반에서 일하시는 분들 말입니다. 여러분은 평소에 만족스러운 성생활을 하지 못하시나요? 그러니까 제 말은, 은행에 다니는 사람들이 돈으로 성을 사면서 가난한 이들을 유린하는 걸 너무 많이 봐서 말이지요.") 과테말라에서 유기된 시신을 발굴하는 작업에도 참여했다(마침 PIH가 과테말라에서 진행하려 했던 정신건강 프로젝트를 후원해주겠다는 기관이 나타났다. 이 프로젝트에는 군부에 의해 무자비하게 학살된 뒤 아무렇게나 버려진 마야 인디언의 시신을 발굴해 정식으로 매장하는 활동이 포함돼 있었다). 한번은 캉주에서 넘어져 팔과 꼬리뼈가 모두 부러졌는데 바로 며칠 뒤에 지구 반 바퀴를 돌아 아시아에서 열린 결핵 회의에 참여하기도 했다.

나는 이메일을 통해 그와 연락을 계속했다. 그는 거의 매일 답장을 보냈고 때로는 직접 만날 시간을 내주기도 했다. 멕시코 치파아스주의 산스크리스토발San Cristóbal 지역으로 그를 찾아갔을 때, 나는 오필리아와 함께 조금 떨어진 거리에 서서 좁은 인도를 성큼성큼 걸어가는 그의 뒷모습을 바라봤다. 흰 피부에 마르고 길쭉한 체격, 검은 정장을 차려입은 그가 화려한 숄을 두른 구릿빛 피부의 여인들 사이를 민첩하게 비집고 나가는 장면이 매우 인상적이었다.

오필리아는 그런 그의 모습이 꼭 그레이엄 그린의 소설에 나오는 불가사의한 인물 같다고 평했다. 구겨진 정장을 입은 저 남자는 누구이며, 저렇게 서둘러 어디로 가고 있는 것일까? 나는 문득 이 질문에 대한 실제 답변도 그린의 소설과 어울릴지 궁금했다. 파머가 이곳에 온 가장 큰 목적은 PIH의 작은 멕시코 지부를 설득해 공중보건 프로젝트의 범위를 치아파스의 빈민촌까지 확대하는 것이었다. 이 노력이 성공을 거둔다면 그와 오필리아와 짐은 더 많은 기금을 모아야 할 것이다. 어쨌든 지금 그가 저렇게 서두르는 이유는 로스앤젤레스의 한 라디오 방송국과 진행하기로 한 전화 인터뷰 시간에 맞추기 위해서였다. 그들은 에이즈 사태에 대한 파머의 의견을 듣고 싶어 했다.

파머는 매년 그랬듯이 브리검 병원에서 한 달 동안 근무하기 위해 보스턴으로 돌아왔다. 나는 그를 따라다니면서 진료하는 모습을 관찰했고, 그 과정에서 몇몇 인상적인 케이스를 목격했다. 멕시코 이주노동자 출신 환자도 그중 한 명이었다. 그는 '푸르니에 괴저Fournier's Gangrene'라는 진단을 받고 메인주 병원에서 브리검까지 이송돼 왔다. 19세기 프랑스에서 최초로 발견된 이 병은 일명 '번개처럼 빠른 음경 괴저'라고도 알려져 있었다. 외과 전문의들이 괴사된 조직을 제거하고 남은 그의 허리와 사타구니는 도축된 쇠고기 단면처럼 흉측했다. 일부 의료진은 차라리 그를 호스피스 시설로 보내서 편안히 생을 마감하도록 해주는 편이 낫다고 주장했다. 하지만 파머는 쾌활하게 말했다.

"이 환자는 두 다리로 걸어서 퇴원할 겁니다."

한 달 뒤, 그의 말은 현실이 됐다. 대학원에 다니는 젊은 남성 환자가 빈사상태로 실려 온 적도 있었다. 즉시 호출되어 달려온 파머는 1차 병원이 내린 오진을 정정하고 처방을 변경했다. "이건 독극물 쇼크예요." 2주 뒤 그 청년은 열에 들뜬 채 이빨이 부딪치는 소리가 복도까지 들릴 정도로 심하게 몸을 떨었다. 손가락과 발가락 끝은 검게 변해 있었다. 내가 그를 바라보며 오늘 밤을 넘기지 못하리라 생각하고 있을 때 보호자에게 설명하는 파머의 목소리가 들려왔다. "앞으로 2주 정도는 더 고생을 하겠지만 이제 최악의 고비는 넘겼어요. 아드님은 무사히 퇴원할 겁니다."

환자의 어머니가 눈물을 흘리며 말했다. "저희는 선생님만 믿어요. 정말 감사합니다." 2주 뒤, 그의 아버지는 파머에게 아들을 살려준 은혜를 꼭 갚겠다며 필요한 게 없는지 물었다. "자동차라도 한 대 사드릴까요?"

하루는 보스턴 시내를 운전하던 파머에게 전화가 걸려왔다. "전염병 전문의 폴 파머입니다." 옆에서 들어보니 전화를 건 사람은 동료 의사인 것 같았다. 그는 어떤 환자의 케이스에 대한 소견을 묻고 있었다. 파머는 연신 "응. 그래. 그렇군" 하고 추임새를 넣었다. 잠시 후 상대가 설명을 마쳤는지 파머가 질문을 던졌다. "그 원숭이 종이 뭐였는지 확인됐나?"

그는 브리검 병원에서 환자를 돌보는 일이 너무 만족스러워서 오히려 이 일을 그만둬야 하는 게 아닌지 고민하곤 했다. 이곳에는 매일같이 흥미로운 의학적 사례가 펼쳐졌고, 최고 수준의 장비와 의료진을 갖춘 병원에서 일하는 즐거움도 누릴 수 있었다. 마음만 먹으면 언제든 뇌 조직검사를 할 수 있었고 환자의 치료비를 마련하기 위해 기금을 모을 필요도 없었다. 그는 보스턴에 머무는 동안 새로운 의학 지식을 마음껏 충전했다. 하지만 이곳에서도 쉴 수 없기는 마찬가지였다. 오필리아는 의류 수거함에서 꺼낸 것 같은 그의 옷차림이 거슬렸지만 그를 백화점에 데려갈 수 없다는 사실을 인정하고 비서들에게 줄자를 들려 브리검 병원으로 보냈다. 그러나 파머는 한 달 동안 옷 치수를 잴 시간조차 내지 못했고, 결국 입고 왔던 옷을 그대로 입은 채 아이티로 돌아갔다.

매일 이메일을 주고받는다고 해서 그의 소재지를 알고 있는 건 아니었다. 그는 종종 자신이 어디에 있다고 말하는 걸 잊어버렸다. 하지만 나는 그의 여행이 대부분 아이티에서 시작하여 아이티에서 끝난다는 사실을 알고 있었다. 아직도 그의 친구와 동료 가운데는 그가 아이티에서 보내는 시간을 줄이고 세계적인 규모의 프로젝트에 집중해야 한다고 생각하는 이들이 있었다. 특히 하워드 하이어트 교수는 이런 주장을 가장 강하게 펼쳤었다. 하지만 장미 라장테를 직접 방문한 뒤 그의 생각은 완전히 바뀌었다. 얼마 후 보스턴으로 돌아온 그는 〈뉴욕타임스〉에 이런 사설을 기고했다.

"나는 지금 막 서반구에서 가장 가난한 국가인 아이티의 한 보건시설을 견학하고 돌아왔다 (…) 그곳의 에이즈 통제 수준은 보스턴과 다를 바 없을 정도로 훌륭했다. 환자들 또한 보스턴의 대학병원과 비교해도 손색없는 치료와 보살핌을 받고 있었다."

장미 라장테는 그가 지금껏 본 어떤 의료시설보다 큰 감동을 줬다. 하이어트는 파머가 캉주에서 이뤄낸 성과가 반드시 '복제'돼야 한다고 내게 말했다. 그 목표를 이루는 데 자신의 남은 생을 쏟겠다는 결심도 전했다.

지속 가능성과 복제 가능성은 적어도 캉주에서는 서로 떼어놓고 생각할 수 없는 개념이었다. 김용은 그 관계를 이렇게 설명했다. 큰 재단이나 국제기구의 지원 없이 장미 라장테의 활동은 결코 지속될 수 없다. 한편 이러한 지원을 받기 위해서는 장미 라장테의 성과가 이례적인 업적이 아니라 전 세계에서 복제 가능한 일종의 시범케이스라는 사실을 증명해야 한다. 사실 이런 종류의 대화는 파머의 신경을 건드렸다. 2002년 겨울 그는 내게 말했다.

"지속이니 복제니 하는 게 다 무슨 얘기죠? 저는 가난한 사람들을 위해 겸허히 봉사하는 것만으로 충분하다고 생각합니다."

그러나 그로부터 몇 달 후, 장미 라장테의 '복제'는 그의 가장 큰 관심사가 됐다.

1990년대 후반 효과적인 에이즈 치료제가 개발된 이래로 이 약물을 어디서, 어떻게 사용해야 할지에 대한 논쟁은 끊임없이 계속됐다. 이 논쟁은 대단히 크고 복잡했으나 근본적으로는 다제내성 결핵 치료를 둘러싼 논란과 상당히 흡사했다. 많은 전문가가 아이티나 사하라 사막 이남 아프리카처럼 가난한 나라에서 에이즈 치료를 진행하는 것은 무리이며 오직 예방 프로젝트만이 유의미한 해결책이라고 주장했다. 반면 액트업Act Up 같은 단체는 빠른 속도로 확산되는 에이즈를 치료하지 않고 방관하는 것이 비도덕적일 뿐 아니라 어리석은 행위라고 확신했다. 예방만으로는 이 무서운 전염병의 확산세를 막지 못하리라는 것이 그들의 주장이었다.

한편, 파머는 예방과 치료를 구분하는 것 자체가 인위적이고 기만적이며 현실을 회피하는 핑계라고 봤다. 그는 다양한 연설과 저서, 논문을 통해 계속해서 같은 주장을 펼쳤고 2001년 8월 마침내 영국 의학저널 〈랜싯The Lancet〉에 캉주의 에이즈 예방 및 치료 프로그램을 자세히 설명하는 보고서를 실었다. 그날부터 PIH에 본부에 조언과 정보를 요청하는 연락이 쏟아졌다. 나는 그 횟수를 세다가 100건이 넘어가면서부터 포기했다. 세계의 전 대륙에 걸친

보건당국, 자선단체, 컨설팅 기관에서 자문 요청이 들어왔다. 하버드대학교는 교수진 140명이 서명한 '합의 선언문Concensus Statement'에서 에이즈 퇴치를 위한 세계적인 노력의 필요성을 촉구하며 파머의 캉주 프로젝트 보고서를 인용했다. 세계보건기구 결핵 분과의 신임 책임자 또한 〈뉴욕타임스〉에 서한을 보내 파머의 성과에 대한 찬사를 아끼지 않았다. 경제학자 제프리 삭스Jeffrey Sachs 는 〈랜싯〉에 실린 보고서를 더 널리 배포했다.

삭스는 장미 라장테를 직접 방문한 뒤 하이어트 교수와 비슷한 감동을 받았다. 그는 내게 보낸 편지에 이렇게 썼다.

> 파머의 업적은 (그리고 그가 제창한 '가난한 이들을 위한 양질의 의료 서비스'라는 개념은) 엄청난 영향력을 발휘했습니다. 저는 지난 몇 년 동안 미국 의회와 세계보건기구 거시경제 및 보건 위원회, 백악관, 미국 재무부, 유엔 사무총장 회담을 비롯한 세계 유수의 회의에서 파머의 캉주 프로젝트를 주요 예시로 인용했어요. 코피 아난Kofi Annan 사무총장과 함께한 '에이즈, 결핵, 말라리아 퇴치를 위한 글로벌 기금Global Fund to Fight AIDS, Tuberculosis ad Malaria' 설립에도 파머의 보고서가 중요한 역할을 했습니다.

"우리처럼 작고 부족한 프로젝트가 모범이 된다는 건 부끄러운 일이에요." 파머가 내게 말했다. "사람들이 꼭 필요한 일을 제대로 하지 않고 있다는 뜻이겠죠." 사실 '모범사례'라는 이름을 붙이기에 캉주 프로젝트는 원인과 결과가 기형적으로 비대칭을 이루긴 했다. 전 세계에 에이즈를 앓는 사람은 약 4천만 명에 이르는데, 아이티 시골에서 고작 125명의 환자를 치료한 프로그램이 엄청난 의미를 지니게 된 것이다. 그러나 장미 라장테의 프로그램이 효과적인 것은 사실이었고 적어도 파머가 〈랜싯〉에 보고서를 실을 무렵에는 독보적인 성과를 올리고 있었다. 가난한 국가에서 에이즈 예방 및 치료 프로그램이 시행된 경우가 더러 있긴 했지만, 장미 라장테처럼 빈곤한 농촌 지역에서 환자의 지불 능력을 전혀 따지지 않고 오직 의학적인 소견만으로 치료 여부를 결정한 뒤 무상으로 진료를 제공한 사례는 전무했다.

제프리 삭스가 창설하는 데 기여한 유엔 글로벌 펀드는 각국 정부와 재단이 공동으로 재정적인 지원을 하는 신생 단체였다. 그들은 '세계 3대 유행병'이라 불리는 에이즈, 결핵, 말라리아와 싸우기 위해 매년 수십억 달러의 기금을 모금한다는 목표를 세웠다. 2002년 초까지만 해도 모금액은 목표에 턱없이 못 미쳤다. 그럼에도 여러 곳에서 사업지원금 신청서를 보내왔고 일부는 승인을 받았다. 그중에는 PIH의 도움으로 마련된 아이티의 에이즈 퇴치 사업도 포함돼 있었다. 계획안에 따르면 장미 라장테는 이 보조금을 바탕으로 아이티 중부 고원지대 대부분 지역을 대상으로 매우 치밀한 에이즈 치료와 예방 프로그램을 실시할 계획이었다. 유엔 펀드 측은 그들의 계획이 아이티에서 실시 중인 다른 여덟 개 의료 프로그램처럼 전 세계 빈곤국가에 하나의 모델이 될 수 있기를 희망한다고 밝혔다.

그러나 넘어야 할 산이 많았다. 그중에서도 정치적 이해관계는 문제를 더 복잡하게 만들었다. 1994년 아리스티드 정부가 복권됐을 때만 해도 여러 국가와 국제 개발은행들은 아이티 재건에 힘을 보태기로 약속했다. 그러나 2000년 말 아리스티드 대통령이 재선될 무렵에는 이미 원조금이 현저히 줄어들고 있었다. 심지어 미국은 아이티 정부에 대한 원조를 차단하기 위해 국제적 연합까지 주도했다. 미국의 지원을 중단하는 것은 물론 상수도와 도로, 교육, 공중보건 시스템을 재건하는 데 필수적인 타 기관의 원조와 차관까지 막으려는 움직임을 보인 것이다. 왜 이런 결정을 했는지에 대해 미국은 이런저런 핑계를 댔다. 하지만 진짜 이유는 아마도 아리스티드 정권에 대한 오랜 불신, 아이티 경제의 지속적인 쇠퇴가 미국 탓이 될지도 모른다는 두려움, 그리고 아이티와 관련된 온갖 문제에 대한 피로 등이었을 것이다. 파머는 내게 쓴 편지에서 이 상황을 언급했다.

"가끔 내가 미친 걸까 하는 의문이 들어요. 아무것도 없는 사람들로부터 깨끗한 식수를 얻을 기회를 빼앗고, 높은 문맹률을 알면서도 방치하고, 아주 기본적인 공공의료조차 누릴 수 없도록 만드는 게 정상인가요? 사실은 이게 정상인데 나만 모르고 있는 걸까요?"

적어도 캉주에서는 원조 차단과 함께 그 영향이 즉시 드러났다. 2002년이 되자 근근이 버티던 중부 고원지대의 공공 진료소가 예산 부족으로 모두 폐쇄됐다. 장미 라장테는 빈곤한 농민이 찾을 수 있는 '유일한' 병원이 됐고 2년 전보다 무려 네 배나 많은 환자가 몰려들기 시작했다. 병동에는 빈 침대, 빈 의자 하나 없었고 바닥까지 빽빽하게 환자들이 드러누워 있었다. 그들은 사실상

글로벌 펀드가 장미 라장테에 바라는 것과 정확히 똑같은 일을 해 달라고 간청하고 있었다.

어려운 상황에서도 장미 라장테는 산모에게서 아이로 전염되는 HIV 확산을 막기 위한 프로그램을 우선적으로 실시하기로 했다. 이는 유엔 글로벌 펀드에 제안했던 시범 프로그램 중 하나로, 지금껏 빈곤국에서 실시된 모든 공중보건 프로그램 중에서 가장 복잡하고 까다로운 프로젝트로 손꼽혔던 페루의 다제내성 결핵 프로그램 이상으로 험난한 과정이 예상됐다.

아이티 시골 여성의 약 80%가 그 어떤 의료 서비스도 받지 못하는 상황에서 에이즈 감염률은 5%에 달했다. 감염자를 찾아내기 위해 PIH 직원들과 장미 라장테 의료진, 지역 공중보건 요원, 현지 의료당국 공무원들로 구성된 검사팀은 약 1천km²에 달하는 산악지대에 흩어져 지내는 50만여 명의 농민 가정을 대상으로 에이즈 검사와 교육을 실시한다는 어마어마한 임무를 받았다. 그뿐이 아니었다. 그들은 날씨가 가장 좋은 날에도 접근하기 어려운 오지에 검사소와 실험실을 세워야 했다. (파머는 PIH 직원들에게 주요 교통수단을 안내했다. "지프와 오토바이, 자전거, 당나귀를 이용할 수 있습니다.") 일단 시설이 세워진다 해도 전기가 밥 먹듯이 끊기거나 아예 공급되지 않는 환경에서 전문 인력을 훈련시킨기란 쉬운 일이 아닐 터였다. 게다가 신생아에게는 일주일 동안, 산모에게는 최소 9개월 동안 이틀에 한 번씩 약을 가져다주고 복용을 관리할 지역 공중보건 요원들도 추가로 양성해야 했다. 그 이후로도 모유를 통해 HIV 바이러스가 전염될 가능성을 차단하기 위해 수유기 내내 분유를 공급해야 했으며 분유를 타는 데 사용될 수십 곳의 지역 식수원을 정화하는 작업은 덤이었다.

5년에 걸쳐 지급될 1,400만 달러의 글로벌 펀드 지원금은 주로 항바이러스제 구입과 현지 보건요원 고용, 기존에 남아 있던 몇 안 되는 공공 진료소의 수리비로 사용될 예정이었다. 하지만 에이즈를 제대로 통제하려면 결핵 예방 및 치료가 반드시 병행돼야 했고, 이 두 질병을 치료하기 위해 병원을 열면 골절과 감염, 장티푸스, 박테리아성 뇌수막염을 비롯한 온갖 추가 환자들이 몰려들 게 뻔했다. PIH는 운영 방침상 어떤 질병의 치료도 거부할 수 없었고, 결국 그들의 목표는 넓고 험준한 중부 고원지대 전체에 장미 라장테의 복제판을 퍼뜨리는 데까지 확장됐다. 행운이 따르고 열심히 절약한다면 1,400만 달러로 뭔가를 시작해볼 수는 있을 것이다.

상황이 이토록 아슬아슬한데도 파머는 순수한 기쁨만을 느끼는 것 같았다. 글로벌 펀드 지원금이 승인됐다는 소식을 듣자마자 그는 내게 편지를 썼다. "눈물이 나올 것 같아요. 아이티인들은 정말로 이런 지원이 꼭 필요한 사람들이에요." 그는 스케줄을 검토해서 불필요한 일정을 모두 취소하고 아이티에서 더 많은 시간을 보내겠다고 선언했다. 하지만 그는 몇 주 후 톰스크를 방문하여 환자들을 만나며 프로그램 경과를 검토했고 바로 며칠 뒤에는 바르셀로나에서 열린 연례 국제회의에서 에이즈를 주제로 연설을 진행했다.

몇 달의 여행 끝에 겨우 보스턴에 도착한 파머는 오필리아에게 두 개의 목소리가 마음을 괴롭힌다고 말했다. 하나는 세계의 큰

보건 이슈에 집중해야 한다는 친구와 동료의 충고였고, 하나는 고통에 찬 아이티 환자들의 신음이었다. "이 회의는 중요해." 세계의 목소리가 말했다. "우리 아이를 살려주세요." 아이티의 목소리가 말했다. 나와 비좁은 비행기 좌석에 나란히 앉아 어딘가로 향하던 중, 파머는 은퇴해서 캉주에 영영 눌러사는 것이 자신이 꿈이라고 말했다. "저는 그냥 평범한 시골 의사가 되고 싶어요." 하지만 나는 그 말을 완전히 믿지 않았다.

여행할 수 있는 한 그는 끊임없이 아이티를 떠나 리마와 톰스크 등을 왕복할 것이다. 한 곳에서는 환자를 치료하고, 다른 곳에서는 세계적인 전염병과 불평등에 맞서 싸우고, 또 다른 곳에서는 치료제의 단가를 낮추기 위해 고군분투하며, 그는 어디서나 자기 역할을 다할 것이다. 하지만 그가 돌아갈 곳은 언제나 캉주였다. 내가 볼 때 파머는 자신의 삶에 대해 분명한 계획을 갖고 있지 않았다. 그가 사는 방식은 마치 컴퍼스 같았다. 한 다리는 아이티에 단단히 박혀 있고 나머지 한 다리는 지구 곳곳을 휘젓는 그런 컴퍼스 말이다.

꺼져가는
작은 생명

젊은 의대생 시절, 파머는 캉주와 보스턴을 오가며 심한 정신적 혼란을 겪기도 했다. 영양실조에 걸린 아이들이 가득한 오두막을 떠나 마이애미 공항에 도착하면 명품 옷을 차려입은 사람들이 다이어트 이야기를 늘어놓고 있었다. 아이티에서 마이애미로 가든 마이애미에서 아이티로 오든 양쪽 모두가 그에게는 큰 충격이었다. 어느 날은 보스턴의 종합병원에서 최고 수준의 의료 교육을 받고, 바로 다음 날에는 온 얼굴에 먼지를 뒤집어쓴 채 과적 트럭을 타고 댐 위에 지어진 무단 거주자 정착촌으로 들어갔다. 그곳에는 병원이라는 게 존재하지도 않았다. 하지만 시간이 갈수록 그는 평정심을 유지하면서 변화를 만들어가는 법을 배웠다.

"어느 순간부터는 분노하지 않고 환자를 치료하는 법을 알게 됐죠."

그 무렵부터 그는 분노를 더 좋은 에너지로, 다시 말해 보스턴과 캉주 사이의 의료적 불평등을 해소하는 원동력으로 활용하겠다고 다짐했던 것 같다.

실현 가능성이 현저히 낮은 꿈이었지만 그는 결코 포기하지 않았다. "캉주에서 골수 이식 수술을 하겠다는 게 아닙니다. 다만 어떤 병이든 검증된 방법으로 치료하고 싶다는 거죠." 한 강연에서 그는 이렇게 말했다. "우리가 용납할 수 있는 유일한 목표는 형평성을 달성하는 겁니다." 그의 목표는 실제로 성과를 거뒀다. 이제 장미 라장테는 완벽한 위생과 적절한 장비가 갖춰진 수술실을 포함해 꽤 괜찮은 시설을 갖추게 됐다. 하지만 첨단기술이 적용된 고가의 장비는 여전히 부족했다. 혈액은행은 고사하고 CT 스캐너도 없었다. 파머는 언젠가 이런 결점까지도 보완할 계획이었다. 하지만 당분간은 캉주로 치료제를 가져가거나 환자를 보스턴으로 데려오는 방법을 써야 했다.

2000년 초반, PIH는 월낫이라는 젊은 남성 환자를 브리검 병원으로 이송했다. 그는 매우 희귀한 선천성 심장질환을 앓고 있었는데, 브리검 병원은 그의 수술을 무상으로 지원했다. 같은 해 8월, 아이티의 힌셰Hinche 지역에 사는 한 여성이 장미 라장테를 찾았다. 그녀는 지역 병원의 끔찍한 시설을 견디지 못하고(마룻바닥은 썩어가고, 하수시설은 개방되어 악취를 풍기고, 그 와중에 돈이 없는 환자의 진료는 거부했다) 아픈 아들을 치료하기 위해 캉주까지 걸어서 왔노라고 했다. 소년의 이름은 존이었다. 수많은 아이티인의 죽음이 기억되지 않듯이 그들의 출생 또한 제대로 기록되지 않는 경우가 많았다. 존의 생년월일도 불분명했으나 발육 상태로 미루어 대략

열한 살에서 열두 살쯤으로 짐작됐다. 그와 어머니는 가족의 유일한 생존자였다. 아버지와 다른 세 명의 형제는 지난 몇 년 사이에 각기 다른 질병으로 세상을 떠났다. 그들의 사망 원인이 무엇이었는지 짐작할 수 있겠냐고 물었을 때, 파머는 《코미디언스》에 나오는 풍자적인 대사를 인용해 대답했다.

"아이티요. 그들은 아이티 때문에 죽었습니다."

존의 어머니는 자신의 삶을 '재앙의 연속'이라고 묘사했다. 물론 아이티에는 그 이상으로 불행한 사람이 차고 넘쳤지만, 다행인지 불행인지 그녀의 아들은 임상적 특이 케이스로 인정되어 특별 긴급 치료 대상으로 분류됐다.

존의 목 이곳저곳에서는 물혹 같은 부종이 보였다. 언뜻 보면 경선 종창 같았다. 경선 종창은 경부 림프선 결핵의 한 증세로 아이티에서는 그리 드물지 않았다. 하지만 경선 종창으로 생긴 혹은 보통 물렁물렁한데 파머의 손끝에 닿은 아이의 부종은 상당히 딱딱했다. 게다가 혈중 백혈구 수치가 일반적인 폐외결핵 환자보다 훨씬 높았다. 파머는 불편한 마음으로 암이 의심된다는 진단을 내렸다.

보스턴 병원에서는 몇 시간이면 끝날 검사도 아이티와 보스턴을 오가며 진행하다 보면 몇 주 이상을 잡아먹기 십상이다. 얼마 전 양팔을 걷어붙이고 월낫의 후원자를 물색해주고 보스턴 이송비와 입원비를 마련해준 사람은 브리검 병원의 동료 의사 세레나 쾨닉Serena Koenig이었다. 세레나는 이번에도 존의 조직검사를 무료로 진행해준다는 매사추세츠 종합병원 소속의 암 전문의를 찾아냈다. 조직검사를 진행하려면 당연히 환자의 조직 샘플이 필요했다. 하지만 상당한 기술이 필요한 조직 샘플 채취는 파머의 전문 분야가 아니었고, 그는 고민 끝에 미레발레에 있는 암 전문의에게 지원을 요청했다. 비록 아이티에서는 어마어마한 액수인 수천 달러의 출장비를 요구하긴 했지만 어쨌든 미레발레의 전문의는 장미 라장테에서 아이의 조직 샘플 채취를 진행하는 데 동의했다. 하필 그날 폭우가 쏟아지면서 미레발레와 캉주 사이의 진흙 길에 있는 개천이 불어나는 바람에 의사가 도착하기까지는 무려 열두 시간이 걸렸다. 샘플 채취는 동이 틀 때까지 계속됐고 파머는 작업이 끝나자마자 아침 비행기를 타고 보스턴으로 날아갔다. 세레나는 파머가 건네준 샘플을 비닐봉지에 담아 종합병원으로 가져갔다. 장미 라장테에는 시료를 냉동 보존할 장비가 없었기 때문에 존의 조직 샘플은 포름알데히드에 담겨 있었고, 이 때문에 보통 하루면 끝나는 검사 과정에 나흘이나 소요됐다.

고생 끝에 얻은 검사 결과는 좋지 못했다. 존은 비인두암이라는 희귀암 진단을 받았다. 모든 소아 악성종양 중에서도 1% 미만에 해당하는 드문 병이었지만, 다행히 조기에 발견하면 60~70% 확률로 완치를 기대할 수 있었다.

처음에 파머는 캉주에서 화학요법으로 존을 치료할 수 있다고 생각했다. 그는 세레나에게 매사추세츠 종합병원에서 치료에 필요한 처방전과 약을 얻어다 달라고 부탁했다. 그녀는 처방전대로 시스플라틴, 메토트렉세이트, 류코보린 같은 약을 구입하려 했지만, 이를 알게 된 브리검 병원의 암 전문의 동료가 만류하며 말했다.

"세레나, 그 아이를 죽이려거든 그보다 덜 고통스러운 방법도 있어." 사실 존의 병에 적절히 대처할 수 있는 장비와 경험을 가진 병원은 미국에서도 극소수에 불과했다. 결국 파머와 세레나는 소년을 보스턴에 데려와서 치료하기로 결정했다. 물론 파머는 너무 바빴기 때문에 주로 아이티에서 연락을 주고받으며 치료 과정을 지켜봤다. 아이의 병세를 실질적으로 관리한 것은 세레나였다. 존의 병원비는 대략 10만 달러 정도로 예상됐다. 세레나가 3주 동안 쉬지 않고 설득한 끝에, 매사추세츠 종합병원은 아이를 무상으로 치료해주는 데 동의했다.

하지만 이 시점에는 존이 처음 장미 라장테를 찾은 때로부터 이미 한 달이 지나 있었다. 게다가 세레나는 아직도 존의 체류 비자 발급을 위해 병원과 영사관에 제출할 온갖 서류를 준비해야 했다. 존의 부모님 이름조차 몰랐던 그녀는 시간을 더 지체하지 않기 위해 장 폴과 욜란데라는 이름을 꾸며냈다. 세레나는 아이가 가여웠다. 평생 아이티 밖을 벗어난 적 없는 어린 소년이 어머니도 없이 미국에서 치료를 받기가 얼마나 두렵겠는가. 하지만 그녀는 크리올어를 한마디도 할 줄 몰랐다. 결국 그녀는 브리검 병원의 소아내과 레지던트인 아이티계 미국인 캐롤 스마스Carole Smarth에게 도움을 청하기로 했다. 캐롤은 아이티에서 어린 시절을 보냈고 크리올어를 유창하게 구사했으며 PIH의 후원자이기도 했다. 심지어 장미 라장테에서 몇 주간 일한 경험도 있었다. 그녀는 기꺼이 세레나와 함께 캉주로 날아가서 존을 데려오기로 했다.

세레나는 해외 출장 중인 파머에게 전화를 걸었다. 그녀는 지난한 달 사이에 존의 병세가 악화됐을까 봐 두려워하며, 혹시 아이를 보스턴으로 데려오는 데 문제가 될 만한 요소가 있는지 물었다.

"전혀. 그것만이 아이를 살릴 유일한 기회야." 파머가 대답했다.

"사람들이 왜 아이티 환자를 여기까지 데려왔냐고 물으면 뭐라고 대답하죠?"

"'그 아이의 어머니가 우리에게 아이를 데려왔으니까요. 우리는 존을 살리기 위해 최선을 다할 겁니다'라고 하지."

處음으로 목격한 캉주의 실상은 세레나를 충격에 빠뜨렸다. 장미 라장테의 모습은 그녀의 마을을 뒤흔들었다. 아이티 환자를 보스턴으로 데려와 치료한 경험이 자신의 삶을 영영 바꿔놓을 것이라고, 그녀는 생각했다. 세레나는 지금도 브리검 병원과 하버드 의과대학 소속이지만 그날 이후로는 틈날 때마다 PIH에서 자원봉사를 하며 파머, 짐과 어깨를 맞대고 일한다.

PIH의 봉사자는 기본적으로 배경이 다양했지만 상당수가 고학력자였고, 종교를 가진 이가 많았으며, 절대 다수가 여성이었다. 그중에는 오필리아가 묘사한 것처럼 '뛰어난 외모를 지닌' 이들도 많았다. 세레나와 캐롤은 이 모든 조건에 해당됐고 나는 두 여성과 함께 로건 공항에 들어서면서 주위 시선이 집중되는 것을 느꼈다.

세레나는 여행가방을 두 개 챙겼다. 그중 하나에는 캉주의 소아병동에 입원한 어린이 환자들에게 줄 인형과 장난감이 가득 들어 있었다. 캐롤은 미국에서 고국으로 돌아가는 전형적인 아이티인처럼 거대한 가방을 준비했는데, 그 안에는 존이 일으킬 수 있는 모든 증상에 대비한 약품이 담겨 있었다. 그녀는 가방 외에도 귀여운 금붕어 두 마리와 물이 담긴 비닐봉지를 들고 왔다. 캉주의 집에 작은 연못을 마련한 파머가 너무 번거롭지 않다면 구해다줄 수 있겠느냐고 부탁한 것이었다.

정작 우리가 도착했을 때 파머는 유럽에서 열린 학술회의에 참가하느라 자리를 비운 상태였다. 소로스 재단 대표가 참석을 특별히 부탁한 건이라 거절하기가 쉽지 않았던 것이다. 그 시점에 파머는 독일의 한 고성에 있었다. 하지만 그의 젊은 동료들은 세계 최고의 병원에서 일하는 일류 의료진이었고, 내가 봤을 때는 이번 임무를 완벽하게 수행하기 위해 모든 준비를 마친 것 같았다. 세레나는 존의 여행에 필요한 준비물을 챙기느라 어젯밤 한숨도 못 잤다고 했다. 비행기가 이륙할 때까지도 그녀는 목록을 훑어보며 자신이 해야 할 일을 순서대로 외우고 있었다.

그들의 계획은 포르토프랭스에 도착하자마자 존의 비자를 발급받고, 자동차로 캉주까지 이동한 뒤 다음 날 환자를 보스턴으로 데려오는 것이었다. 존과 캐롤은 일등석에 앉을 예정이었다. 아낄 땐 아끼고 쓸 땐 쓴다는 신념을 지닌 파머가 존의 건강상태를 고려해 자신의 마일리지로 일등석을 예약하라고 이메일로 강력히 주장했다.

일단 초반에는 모든 일이 순조롭게 풀렸다. 모두 파머의 오래된 현지인 친구인 티 피피Ti Fifi 덕분이었다. 파머가 '아이티의 대부'라는 별명을 붙여준 그녀에게 그는 많은 부분을 의지했다.

자그마한 체구에 늘 밝은 표정을 짓는 그녀는 공항으로 우리를 마중 나와 미리 부탁했던 존의 여권을 건네줬다. 이 여권을 발급받기 위해 티 피피는 존의 가짜 출생증명서부터 만들어야 했다. 세레나가 물었다. "혹시 어머니 이름을 '욜란데'로 해서 출생증명서를 하나만 더 꾸며주실 수 있나요?"

모두가 웃음을 터뜨렸다. 나 또한 불안감을 잊고 즐거운 분위기에 도취됐다. 도덕과 정의 구현을 위한 이들의 모험을 지켜보고 있자니 왠지 덩달아 즐거워지면서 마치 휴가를 온 듯한 느긋한 기분마저 느껴졌다. 미국 영사관은 즉시 비자를 발급해줬다. 그날 늦은 오후, 우리는 장미 라장테에서 보낸 트럭을 타고 북쪽의 캉주로 향했다.

거의 1년 전에 나는 모른 카브리 산기슭에서 3번 국도의 재건 공사가 곧 시작되리라는 안내판을 봤다. 그 안내판은 여전히 같은 자리를 지키고 있었고, 변한 거라곤 녹물이 흘러내려 있다는 점뿐이었다. 하지만 엉망진창인 도로에 비하면 녹슨 표지판은 거의 새 것이나 다름없었다. 산기슭에서 바위 몇 개를 치운 것 같긴 했지만 '도로'라는 이름이 무색할 정도로 거칠고 울퉁불퉁한 흙길은 여전했다. 게다가 흙을 치우는 장비도 언덕 중앙에 방치된 폐차 하나를 제외하면 모두 사라지고 없었다.

"어떻게 된 거죠?" 나는 티 피피에게 물었다.

그녀는 늘 있는 일이라는 듯 어깨를 으쓱하며, 유럽과 남미의 토건업자들이 공사 예산을 횡령했다는 소문을 들었다고 말했다.

산길을 조금 더 올라가니 부서진 트럭이 전복돼 길을 완전히 막고 있었다. 주변에는 버스와 다른 트럭들이 가득했고, 사람들은 차에서 내려 전복된 차량의 잔해를 구경하고 있었다. 한참의 논쟁과 몇 번의 실패를 거듭한 끝에 사람들은 힘을 합쳐 트럭을 길 한쪽으로 밀어냈다. 그 과정에서 몇 명은 거의 압사당할 뻔했다. 사고를 수습하는 데 생각보다 시간이 걸리는 바람에 우리가 장미 라장테에 도착했을 때는 이미 날이 완전히 저물어 있었다.

정문을 지나자 매끄러운 포장도로의 그리운 감촉이 느껴졌다. 하지만 안도감을 만끽할 새도 없이, 나는 차에서 내리는 세레나와 캐롤을 따라서 소아병동으로 허둥지둥 달려갔다. 그곳은 지난번에 봤을 때와 왠지 느낌이 다른 것 같았다. 평소처럼 청결한 것 같지도 않았고, 하얀 벽에는 군데군데 얼룩이 묻어 있었다. 공기도 전에 비해 후텁지근하게 느껴졌고 공중을 날아다니는 파리조차 예전보다 더 억세 보였다. 어쩌면 실제로는 아무것도 달라지지 않았을지 모른다. 단지 파머가 없다는 사실만으로 아이티에 있는 의료시설이 덜 믿음직스러워 보이는 걸까? 한창 이런 생각에 빠져 있던 나는 침대에 누워 있는 존의 모습을 보고 큰 충격에 빠졌다.

한 달 전에 찍은 사진 속 존은 그저 아파 보였을 뿐이다. 그러나 이제 아이의 팔다리는 비쩍 말라서 뼈가 드러날 지경이었고 팔꿈치와 무릎 관절은 툭 튀어나와 있었다. 존은 얼마 전 기관 절개 수술을 받았다. 목 앞쪽에는 영양공급을 위한 튜브를 지탱해줄 둥근 못 형태의 기구가 박혀 있었고 그 주변의 살점은 혹처럼 부풀어 있었다. 목을 압박하는 부종 때문에 혓바닥은 입 밖으로 튀어나온 상태였다. 아이는 조금이라도 목이 덜 불편한 자세를 찾기 위해 잠시도 쉬지 못하고 몸을 뒤틀더니 별안간 컥컥 기침을 했다. 분비물이 기도를 막은 것이다. 대기하고 있던 간호사가 다급히 석션으로 분비물을 흡입했다. 게다가 존은 열이 심했다.

도저히 아이를 계속 지켜볼 수 없었던 나는 다른 곳으로 시선을 돌렸다. 계단 쪽 병상에 영양실조로 누워 있는 어린 여자아이가 보였다. 겁에 질린 초식동물처럼 커다란 눈을 가진 아이였다. 나는 다시 존의 어머니를 바라봤다. 검은 피부에 앙상하게 마른 그녀는 침대 구석에 앉아 멍하니 허공을 바라보고 있었다. 모든 감정이 사라진 표정이었다. 세레나를 보니 그녀 역시 나처럼 시선 둘 곳을 찾지 못해 안절부절못하는 것 같았다. 잠시 존의 침대 위쪽 벽을 바라보던 그녀의 입술이 뭔가 말하려는 듯 달싹였다. 하지만 그녀는 바로 입을 꾹 닫았고 한마디도 하지 않았다. 몇 분 뒤에야 겨우 정신을 차린 그녀는 머리카락을 손으로 쓸어 올리며 말했다.

"자, 일단 열이 나는 이유를 알아내야 해. 지금 무슨 약을 먹고 있는지부터 확인해볼까?"

그녀는 존의 차트를 훑어봤고 그사이 캐롤은 아이의 침대 곁으로 다가갔다.

존은 손가락으로 캐롤의 검은 핸드백을 가리켰다. 안에 무엇이 들어 있는지 궁금하다는 뜻 같았다. 캐롤은 핸드백을 열어 보여줬다. 아이는 그 안에 손을 넣어 몇 번 휘적이더니 금방 멈췄다. 마치 '뭐야, 재미있는 게 하나도 없잖아'라고 말하는 듯했다.

캐롤은 아이의 얼굴 쪽으로 고개를 숙이고 크리올어로 부드럽게 말했다. "빠 뻬Pa pe." 두려워하지 말라는 뜻이었다. 나는 소아병동의 희미한 불빛 아래서 존의 뺨을 타고 흘러내리는 눈물을 볼 수 있었다.

두 의사와 티 피피는 의논을 위해 병상에서 물러났다. "일단 존이 평범한 어린아이라는 게 가장 안심이에요." 캐롤이 말했다. "비장과 간은 정상 크기를 유지하고 있어요. 문제는 울혈 같은데…."

"눕히는 것보다 앉히는 편이 낫지 않을까?" 세레나가 말했다. 그녀는 내일 아이를 태우고 비행기를 탈 계획을 세우고 있었다. 아마 담요로 목을 덮어줄 수 있을 것이다. 하지만 아무리 생각해도 보스턴까지 안전하게 여행하는 건 무리였다. "아이를 일반 여객기에 태우는 게 옳은 선택일까? 어쩌면 항공사 측에서 탑승을 거부할지도 몰라. 차라리 다른 비행기에 태우는 편이 나을 것 같아. 캐롤, 일단 아이를 여객기에 태울지 말지부터 결정하자."

"가장 큰 문제는 분비물이에요. 까딱하면 기도를 막을 수 있으니까요. 이런 환자를 석션도 없이 일반 비행기 좌석에 앉히는 건 의사로서 무책임한 행위라고 생각해요." 캐롤이 말했다.

세레나는 상황을 신중하게 파악했다. 매사추세츠 종합병원의 담당의는 암이 뼈까지 전이되지만 않았다면 아이를 살릴 수 있을 거라고 했다. 하지만 캉주에서는 전이 여부를 확인할 방법이 없었다. "그래도 싸워볼 기회는 줘야 해." 세레나가 결심한 듯 말했다.

그때 티 피피가 아이디어를 냈다. "여기서부터 포르토프랭스 공항까지 헬리콥터로 이동하고 거기서 다시 응급 환자 수송 전용기를 타면 어떨까?" 그녀는 잠시 생각에 잠겼다가 말을 이었다.

"하지만 비용이 얼마나 들지는 모르겠어. 아마 어마어마할 텐데."

"2만 달러 정도 들 거예요." 캐롤이 말했다.

"까짓 거 그냥 내자." 세레나가 말했다. "돈은 아무것도 아니야. 문제는 존이 비행기에서 잘못될 가능성인데… 만에 하나라도 그렇게 된다면 우리와 PIH는 무책임하다는 비난을 뒤집어쓸 거야. 일단 짐 교수님이 날 죽이려고 하겠지. 한 달 전에 아이를 데려왔어야 했어. 일단 이건 다 내 책임이고, 다음 번에는 더 신속하게 움직여야겠어."

"한 달 전에는 아이의 병명도 정확히 몰랐잖아요." 캐롤이 말했다.

"알아. 그래도 아이를 한 달 동안 이곳에 방치해뒀다는 데 스스로 너무 화가 나서 그래. 우리는 결과를 기다린다는 핑계로 너무 많은 시간을 낭비했어."

캐롤이 고개를 숙였다. 그때 바닥에 내팽개쳐져 있던, 금붕어가 담긴 비닐봉지가 눈에 들어왔다. "맙소사, 여기까지 어떻게 가져왔는데! 이렇게 죽일 수는 없어."

그들은 잠시 휴식 시간을 갖고 머리를 식히기로 했다. 캐롤은 손전등을 들고 도로 건너편에 있는 파머의 티카이로 가서 연못에 조명을 켰다. 그녀가 봉지를 내려다보며 말했다. "너는 장이고 너는 욜란데야. 너희가 그리울 거야. 여기서 친구들 많이 사귀어야해." 캐롤은 장과 욜란데를 연못에 풀어줬고 두 금붕어가 다른 물고기들 사이로 헤엄쳐가는 모습을 하염없이 바라봤다.

다음 날 새벽, 세레나와 티 피피는 환자 수송 전용기를 찾기 위해 포르토프랭스로 향했다. 긴 하루였다.

장미 라장테의 운전사 알릭스는 모른 카브리 산기슭의 어설픈 포장도로에서 시속 70km로 차를 몰았다. 닭과 난쟁이 염소들이 사방으로 달아났다. 도시에 진입한 후에도 버스와 트럭을 추월하며 2차선 갓길로 질주했고, 앞지르기를 시도하는 다른 차량보다 더 빨리 가기 위해 존재하지 않는 네 번째 차선으로 달리기도 했다. 캐롤은 포르토프랭스의 운전자들이 코너를 돌 때 종종 반대 차선으로 진입하고, 그때마다 독특한 패턴의 경적을 울려 신호를 보낸다는 사실을 알고 있었다. 아이티에서 어린 시절을 보내며 그녀는 그 소리를 들을 때마다 마주 오는 차량과 부딪칠 거라면 차라리 확실히 부딪쳐 즉사하게 해달라고 기도했다. 어설프게 다쳐서 끔찍한 중앙 병원으로 실려 가느니 차라리 바로 하늘나라로 가는 편이 낫다고 생각한 것이다.

그 이야기를 듣는 동안 문득 나라면 어땠을까 하는 생각이 들었다. 만약 내가 아이티 사람이었다면 다른 이들과 마찬가지로 생계를 위해 돈이 될 만한 일이라면 물불 안 가리고 뛰어들었을 테고, 목숨을 건 운전도 마다하지 않았을 것이다. 그 순간 한 소년의 목숨을 살리기 위해 위험천만한 곡예 운전을 하고 있는 지금 이 상황이 너무 역설적으로 느껴졌다. 알릭스는 운전석에 앉아 사람 좋은 미소를 지으며 벌써 여러 사람의 목숨을 앗아갈 뻔했다. 방금만 해도 트럭 사이드미러가 자전거를 탄 두 소년의 어깨를 스치듯 지나갔다. 트럭이 공항 근처의 교통체증에 갇혀 어쩔 수 없이 속도를 줄였을 때, 나는 잠시나마 안도감을 느꼈다.

우리는 종일 거북이 운전과 과속을 번갈아 겪어가며 인터넷이 연결된 티 피피의 집으로, 공항으로, 다시 팩스 기기를 갖춘 티 피피의 친구네 사무실로, 거기서 다시 공항으로, 또다시 티 피피의 집으로 향하는 정신없는 하루를 보냈다. 그사이 시내 풍경을 실컷 감상했다. 밝은색 페인트로 칠해진, 희망이 없는 이들에게 희망을 팔아 연명하는 복권 가판대에는 '뉴욕 로또 은행'이라는 간판이 붙어 있었다. 길가에는 온갖 쓰레기와 폐타이어, 콘크리트 더미, 뼈대만 남은 트럭과 소형차의 잔해가 너저분하게 널려 있었다. 주유소 앞에는 여지없이 엽총을 든 남자들이 경비를 서고 있었다. 다 죽어가는 남녀 걸인과 목발을 짚은 사람, 잘린 다리를 아이스크림콘 모양의 보조대로 지지하고 있는 사람이 보였다. 우리 트럭 앞쪽으로 버스가 질주하고 있었다. 버스 꽁무니에 누군가 써둔 '망할 모른 카브리!'라는 문구는 오늘 내내 세레나와 티 피피가 고민한 문제를 한 줄로 요약하고 있는 것 같았다.

포르토프랭스에서 보스턴까지 가는 환자 수송용 비행기는 생각보다 쉽게 확보됐다. 전화 몇 통과 교통체증 한 번이면 대가 치고 나름대로 괜찮았다. 하지만 1만 8,540달러라는 가격은 결코 만만치 않았다. 세레나는 일단 돈을 내고 나중에 모금할 방법을 찾아보자고 했지만, 파머의 승인이 필요하다는 티 피피의 말을 듣고 이메일을 썼다.

"존의 병세가 심각해요. 겉보기엔 그저 호기심 많고 얌전한 소년이고 의식도 멀쩡하지만 아마도 항공사에서 탑승을 거부할 가능성이 큽니다. 교수님, 미친 소리처럼 들릴지도 모르지만, 저는 아직 싸워볼 가치가 있다고 생각해요. 덩치만 큰 국소 종양일 수도 있고, 아직 전이가 안 됐을지도 몰라요. 수송 비용은 제가 책임지겠습니다. 교수님의 회신을 기다리며 절차를 밟고 있을게요."

하지만 파머는 비용도 비용이지만 환자 수송용 비행기를 사용했다는 전례를 남기는 것을 걱정했다. 그의 답장에는 이렇게 쓰여 있었다. "세레나, 다른 가능성을 찾아볼 수는 없겠나?"

파머의 메시지를 본 티 피피의 표정이 어두워졌다. 늘 미소 짓는 그녀가 인상을 찌푸리는 모습은 처음 봤다. "평소였다면 '여러분을 믿어요. 당장 추진하세요'라고 했을 텐데. 하지만 우리가 밀고 나가야 한다고 생각했다면 빙빙 돌리지 않고 바로 이야기했을 거야."

"그럼 이건 확실한 거절이라는 거죠?" 세레나가 물었다.

"그렇다고 봐야지. 게다가 이메일을 보니 파머가 뭘 걱정하는지 알겠어. 우리가 존만 치료하고 장미 라장테를 닫을 게 아니잖아. 다음 번에 또 이런 사례가 생기면 어떡하지? PIH 본부에서도 왜 이렇게 큰돈을 썼냐고 추궁할 테고. 파머는 그런 걸 염려하는 것 같아."

"하지만 난 지금 존을 살려야 한다는 생각밖에 없어요."

"바로 그게 문제라는 거야." 티 피피가 심각하게 말했다. "심장 수술을 기다리는 아이들도 많고 사방에서 예산이 모자라다고 아우성인데 환자 한 명을 전용기로 이송하는 건 합리적인 판단이 아니야." 그녀는 마치 혼잣말처럼 나지막이 덧붙였다. "이제 어느 마을에서라도 아픈 아이가 나오면 장미 라장테로 데려가라는 말이 나오겠지. 거기 가면 애를 보스턴으로 보내서 치료해준다고. 중부 고원지대에서 이런 소문이 퍼지는 건 시간문제야."

"좋은 생각이 있어요!" 세레나가 외쳤다. "그냥 내가 사비로 돈을 댈게요. 캉주 사람들에게도 그렇게 전하면 되잖아요. 비행기만 타면 아이가 살 수 있을지도 모르는데 여기서 이렇게 죽도록 내버려둘 순 없어요."

"안 돼. 비용은 공식적으로 처리해야 하고 반드시 파머의 허가가 있어야 해." 티 피피는 단호했다. "난 파머의 판단이 옳다고 믿어."

세레나는 금방이라도 울음을 터뜨릴 것 같았다. 티 피피가 일어나서 그녀를 안아줬다. 키가 세레나의 어깨에 겨우 닿을 정도인 그녀가 까치발을 들고 팔을 벌리자 세레나는 무릎을 굽혀 포옹을 받았다. 티 피피가 부드럽게 웃으며 위로했다. "장미 라장테의 환자는 계속 늘고 있어. 이건 아무것도 아니야. 여기 있다 보면 매일, 매시간 이런 상황이 생겨. 누군가는 아프고, 누군가는 목숨을 잃지."

그리고 티 피피는 컴퓨터 앞에 앉아서 파머에게 답장을 보냈다. "파머 선생님, 예스인지 노인지 정확히 답변해주세요."

나는 바이에른 성에서 이메일을 확인하는 파머의 모습을 상상했다. 회신은 신속히 도착했다. "고민해봤는데, 일단 이송료가 생각보다는 비싸지 않은 것 같군. 나도 24시간 안에 그곳에 도착할거야. 결과가 어찌 되든 책임을 묻지는 않을 테니 걱정 말게. 자네들이 최선을 다했다는 사실을 잘 알아. 존을 보스턴으로 옮기도록 하지. 그게 아이의 생명을 살리는 유일한 방법이라면 그렇게 하는 게 맞아. 내 대답은 '예스'네." 회신의 말미에는 이런 문장이 적혀 있었다. "대부분의 아이티인처럼, 그 아이도 아이티를 떠나는 것만이 살 길이겠지."

하지만 3번 국도를 타고 존을 포르토프랭스 공항까지 이동시키는 문제가 여전히 남아 있었다. "그 소년을 차에 태우면 길바닥에서 죽을 거예요." 장미 라장테의 현지인 의사는 단호하게 말했다. 의료 지식이 전무한 나조차 그의 말이 옳다는 걸 알 수 있었다. 티 피피가 공항을 뛰어다니며 수소문했지만 포르토프랭스에는 헬리콥터가 한 대도 없는 것 같았다. 최소한 우리가 지금 당장 이용할 수 있는 헬리콥터는 없었다. 그녀는 광범위한 인맥을 총동원하여 사방에 연락을 돌렸지만 결과는 달라지지 않았다. 소형 비행기까지는 구할 수 있을 것도 같았지만 캉주 근처에는 활주로가 없어서 착륙이 불가능했다. 결국 존은 3번 국도를 타고 공항까지 갈 수밖에 없었다. 티 피피는 그 아이디어가 마음에 들지 않는 듯했다. "난 절대 존을 포기 안 해." 그녀가 세레나에게 말했다. "그렇지만 어떻게 해야 가장 안전하게 움직일 수 있을까?"

"엄마 무릎에 눕힌 상태로 트럭에 태울게요. 아이가 많이 약해진 건 사실이지만, 시도조차 해보지 않는 건 죄악이에요." 세레나가 말했다. "그래." 티 피피가 동의했다.

"존을 트럭에 태우는 건 파머 선생님과도 의논했던 일이에요. 다 괜찮을 거예요."

"하지만 파머는 여기 없는걸." 티 피피가 말했다. 그녀는 한숨을 푹 내쉬더니 다시 평소의 미소로 돌아갔다. "하지만 우리끼리 논쟁해봤자 무슨 소용이겠어. 계속 원점으로 돌아가기만 하지."

"수동 흡입기만 가져왔어도…." 세레나가 아쉬움 가득한 목소리로 말했다. 이것이 바로 그들이 봉착한 가장 큰 문제였다. 흡입기로 분비물을 제때 제거해주지 않으면 존은 공항에 도착하기도 전에 질식으로 목숨을 잃을 것이다. 그러나 장미 라장테에 있는 흡입 장치라곤 전원에 연결해서 사용하는 석션이 전부였다. 당연히 트럭에서는 사용할 수 없었다.

티 피피가 석션이 장착된 앰뷸런스를 구해보겠다고 나섰다. 여기저기 전화를 넣었지만, 결국 캉주 인근에서 사용 가능한 공공 앰뷸런스는 딱 한 대뿐이며 그나마도 현재는 고장 나서 수리 중이라는 소식을 들었을 뿐이다. 그녀는 이 실망스러운 소식 앞에 고개를 저으며 허탈한 미소를 지으며 말했다. "이제 우리가 믿을 데라곤 오직 하나님뿐이야." 하지만 잠시 후, 그녀는 다시 수화기를 집어 들더니 민간 앰뷸런스 회사 전화번호를 수소문하기 시작했다.

우리와 연결된 회사는 존 브라운 애비뉴에 위치한 '샘스 서비스 앰뷸런스Sam's Service Ambulance'였다. 그들은 당장 기동 가능한 앰뷸런스 한 대를 소유하고 있다고 했다. 차량은 1970년식 링컨을 개조한 '케네디스'였고, 잘 관리되긴 했지만 너무 낡은 데다 사륜구동도 아니었다.

그럼에도 회사 대표인 랠프는 캉주까지 운행을 시도해보겠다고 했다. 근육질의 건장한 사내인 랠프는 10년 동안 미군에서 복무하다가 아이티로 돌아와서 작은 앰뷸런스 사업체를 운영하고 있었다. 그는 고국을 돕기 위해 조금이나마 힘을 보태고 싶다고 말했다. 아이티에는 구급차가 필요한 일이 많지만 비용을 댈 수 있는 사람이 없어서 사업도 잘되지 않는다고 그는 낙심한 목소리로 말했다. 어떻게 보면 그가 이번 일을 수락한 것도 이런 이유 때문이었다. 어차피 장사도 안 되는데, 까짓, 좋은 일이라도 한번 하는 게 낫잖아?

그와 부하직원 네 명은 '샘스 서비스 앰뷸런스'라고 쓰인 유니폼과 흰색 안전모를 쓰고 차에 올라탔다. 잠시 후 앰뷸런스가 사이렌을 울리며 출발했고, 차량 위에 설치된 확성기에서 랠프의 목소리가 울려 퍼졌다. "우리 뒤를 따라오세요!" 우리는 포르토프랭스를 빠른 속도로 빠져나갔다.

앰뷸런스는 모른 카브리 중턱에서 처음으로 멈춰 섰다. 날은 어둑어둑했고 비까지 쏟아지고 있었다. 우리는 장미 라장테 트럭을 절벽 부근에 주차하고 앰뷸런스 엔진에 윤활유를 주입하는 랠프와 직원들의 모습을 바라봤다. 두 차량의 헤드라이트 불빛이 가파른 산기슭 위로 뻗어나갔다. 나는 빗줄기가 굵어지고 있다는 사실을 알아챘다. 국도라고 부르긴 하지만 실제로는 마른 강바닥에 불과한 길 부근의 작은 도랑물은 어느새 시냇물 정도의 수위를 이루고 있었다. 비가 그치지 않으면 어떡하나, 슬슬 걱정되기 시작했다. 낙오한 여행자들을 습격한다고 알려진 도적단 장글랑도Zenglendo는 또 어떻고? 침착함을 빼면 시체인 티 피피조차 장글랑도가 무서워서 해가 진 뒤에는 모른 카브리 근처에 얼씬도 하지 않는다고 했다. 하지만 파머는 아이티 사람들이 비 맞는 것을 매우 싫어한다고 말했다. 그 원칙은 아마 도적단에게도 적용될 것이다.

우리는 트럭에 앉아 30분 정도 기다렸다. 앰뷸런스가 없으면 흡입 장치도 없다. 캉주에는 단순한 수동 흡입기 하나 없었기 때문에 이 기회를 놓치면 존은 목숨을 잃을 수도 있었다. 한창 이런 생각에 잠겨 있을 때 세레나가 말했다. "우린 여기까지 해냈어. 존은 내일 보스턴으로 떠날 수 있을 거야."

"아직은 확신할 수 없잖아요."

"맞아요. 하지만 자축할 거리가 조금이라도 있어야 힘이 나죠." 그녀가 내 지적을 받아쳤다. 하지만 잠시 후 그녀는 누가 봐도 너무 이르다 싶은 걱정을 하기 시작했다. "내일 비행기 시간에 맞춰 구급차가 포르토프랭스 공항에 도착하겠지? 존은 늦어도 5시 전에 병원에 도착해야 해. 왜냐하면…."

지금 생각하면 너무 창피하지만 나는 앰뷸런스가 공항은 고사하고 캉주에도 도착하기 어려울 것 같다고 중얼거렸다. 그 말을 들은 세레나는 울음을 터뜨렸다. 내가 막 사과하려는데 티 피피의 휴대전화가 울렸다. 랠프가 몇 미터 밖에서 건 전화였다.

"될 것 같대요?" 세레나가 물었다.

"계속 해보겠대."

"세상에, 너무 좋은 분들이에요!"

"역시 하나님은 우리를 지켜보고 계셔." 세레나가 웃으며 말했다.

하지만 정상까지 3분의 1가량 남은 지점에서 앰뷸런스는 또다시 멈춰 섰다. 우리 헤드라이트가 비추는 범위 안에서만 봐도 후드 밑으로 뿜어져 나오는 김이 선명히 보였다. 랠프와 직원들은 바퀴 뒤쪽에 큰 돌을 괴어놓고 차를 살펴보기 시작했다. "노력은 했지만 윤활유가 떨어졌고 이제는 여분도 없대."

"우리에게 석션이라도 빌려줄 수 없대요?" 세레나가 물었다.

"만약 그렇게 해준대도 뭔가 대가를 지불해야 할 것 같은데." 티 피피가 대답했다.

"비용은 많이 들어도 괜찮아요."

랠프는 잠시 생각하더니 이쪽의 제안에 동의했다. 세레나의 얼굴에 다시 활기가 돌았다. 그녀와 티 피피는 트럭에서 내려 앰뷸런스에서 석션을 떼어내는 과정을 지켜봤다. 트럭 안에 있던 장미 라장테 직원 파트리스가 혀를 내둘렀다. "세레나 선생님이라고 했나요? 저분은 포기를 모르는 것 같아요."

그녀는 마치 여자 폴 파머 같았다. 하지만 석션을 빌리는 전략이 얼마나 효과적일지는 알 수 없었다. 어차피 전기가 없으면 작동하지 않는 것 아닌가? 칠흑처럼 어두운 데다 폭풍까지 몰아치는 모른 카브리의 산비탈에서 장미 라장테의 트럭에 의료장비를 연결하려면 최소한 기계공학 전문가가 있어야 할 것이다.

몇 시간이 흘렀다. 최소한 내게는 그렇게 느껴졌다. 그 사이 비는 그쳤고, 나는 트럭 밖에 서서 랠프와 직원들이 일하는 모습을 바라봤다. 쾅 하는 둔탁한 충돌음과 지지직 하고 긁는 소리가 반복적으로 들렸다. 마치 구급차 전체를 찢기라도 하는 느낌이었다. 대체 무슨 작업을 하는지 보려고 앰뷸런스 뒷문으로 고개를 들이미는데,

랠프가 티 피피에게 영업하는 소리가 들렸다. "앞으로 장미 라장테의 운송은 저희에게 맡겨주세요. 신속하게 처리해드리겠습니다."

이미 고장 난 앰뷸런스를 분해하는 중이면서 잘도 저런 소리를 한다는 생각이 들었다. 하지만 따지고 보면 못할 건 또 뭔가. 물질적으로 가난하면 마음까지 가난하리라는 편견을 지닌 것은 오히려 내 쪽일지도 몰랐다.

나는 절벽 끝에 서서 저 아래로 보이는 포르토프랭스의 불빛을 바라봤다. 얼마쯤 시간이 흘렀을까, 세레나가 앰뷸런스 뒤쪽에서 엄지손가락을 치켜들며 나오는 모습이 보였다. 잠시 후 랠프가 트럭으로 장비를 옮겼다. 어디선가 구해온 판자에 장비를 얹고 시거잭에 플러그를 연결하자… 기계가 빙빙 돌아가기 시작했다. 세레나가 손뼉을 쳤다.

티 피피는 오늘 밤에라도 포르토프랭스로 돌아가서 다른 트럭을 구해와야겠다고 말했다. 이 트럭 한 대에 그녀와 세레나, 파트리스, 나까지 들어갈 자리가 없다는 이유에서였다. 하지만 세레나가 반대하고 나섰다. "안 돼요. 그렇게 하면 일정이 하루 더 늦어지잖아요." 자신과 나는 트럭 뒤쪽 짐칸에 타면 된다고 그녀는 말했다. "파머도 그렇게 말했을 것 같네. 그럼 당장 차에 타세요. 빨리 캉주로 돌아갑시다."

3번 국도를 가로지르는 시냇물은 이제 상당히 불어 있었다. 헤드라이트 불빛 아래로 세차게 흐르는 급류가 보였다. 첫 번째 시내를 만났을 때, 알릭스는 잠시 차를 멈췄다가 액셀러레이터를 밟고 있는 힘껏 직진했다. 트럭 헤드라이트가 잠시 물속에 잠겼지만 결국 우리는 무사히 건너편 기슭에 닿았다. 훗날 세레나는 그 순간 너무 두려웠다고 털어놨다. '이대로 죽으면 어떡하지?' 수면 아래로 들어가는 헤드라이트를 보며 그녀는 생각했다. '안 돼. 난 죽을 수 없어. 아직 할 일이 얼마나 많은데.' 트럭이 마치 물을 털어내는 짐승처럼 부르르 떨며 마른 땅에 올라섰을 때는 이렇게 다짐했다. '이 순간을 영원히 기억하자. 세상에 나 자신의 생명만큼 소중한 건 없어.'

⦿

우리는 다음 날 아침 포르토프랭스를 향해 출발했다. 여느 때처럼 장미 라장테 안뜰에는 환자들이 모여 있었다. 현지인 의사 위고 제롬이 존을 안아서 트럭에 태우자 숙연한 분위기가 감돌았다. 제롬은 소년에게 키스로 작별 인사를 건넨 뒤 뒷좌석의 엄마와 캐롤 사이에 앉혀주었다. '닥터 J'라는 별명으로 불리는 제롬 선생은 무슨 일이 있어도 장미 라장테를 지키리라는 믿음이 가는 사람이었다. 언젠가 나도 함께한 술자리에서, 파머는 아이티산 럼주를 따르며 그에게 말했다. "당신은 내가 아는 가장 훌륭한 아이티인이에요."

알릭스는 닥터 J의 배턴을 훌륭히 이어받았다. 그는 사방이 움푹 파인 3번 국도의 거친 자갈길과 가파른 흙길을 최대한 조심스럽게 운전했다. 트럭 안에서는 캐롤과 어머니가 존을 지극정성으로 돌봤다. 아이는 작은 흔들림에도 극심한 통증을 호소했다. "지금 존이 느끼는 고통은 보통 사람이 아주 심한 목감기에 걸렸을 때

느끼는 인후통의 1천 배쯤 될 거예요." 캐롤이 말했다. 불행 중 다행으로 트럭에 장치한 석션은 공항에 도착할 때까지 한 번도 문제를 일으키지 않았고, 우리는 환자 수송 전용기를 타고 몇 시간 뒤 무사히 보스턴에 도착했다. 모르긴 몰라도, 존은 전용기에 탑승한 최초의 아이티 서민이었을 것이다. 로건 공항에서 대기하고 있던 앰뷸런스는 매사추세츠 종합병원으로 직행했다. 나는 조수석에 앉았는데, 차에 타자마자 운전사가 말했다. "상당히 험할 거예요."

"무슨 말이죠?"

"도로 말이에요. 여기서 병원까지 가는 도로가 형편없거든요."

이 운전사는 우리가 아이티에서 어떤 길을 거쳐 여기에 왔는지 상상이나 할 수 있을까? 그렇게 생각하니 웃기다가도 캉주의 비참한 상황이 떠올라 문득 울적한 기분이 들었다.

우리가 탄 전용기는 세관 문제 때문에 노스캐롤라이나주 윌밍턴 공항을 잠시 경유했었다. 세관 직원은 세레나에게 형식적인 질문을 던졌다. "아이티에서 가져오신 게 있나요?" 그러더니 농담이랍시고 한마디 덧붙였다. "하긴, 거기서 병균 말고 뭐 가져올 게 있나요."

비행기로 돌아온 세레나는 내게 말했다. "그 여자 턱에 주먹이라도 날리고 싶었지만, 제가 평화주의자라 겨우 참았어요."

그녀는 윌밍턴 공항에서 옷을 갈아입었다. 지금까지 입고 있던 옷은 3번 국도에서 뒤집어쓴 흙먼지로 엉망이 됐기 때문이다. "이렇게 지저분한 꼴로 아이를 병원에 데려갈 수는 없어요." 그녀는 종합병원 의사와 간호사들이 존을 보고 뭐라고 할지 염려했는데,

나중에 보니 그것은 매우 일리 있는 걱정이었다.

소아과 중환자실의 의료진은 빠르고 능숙한 솜씨로 존을 침대에 눕혔다. 하지만 세레나는 당직 의사가 상급자에게 전화로 보고하는 소리를 들었다. "아이가 완전 뼈다귀예요!" 잠시 후 파머와 통화하면서 세레나가 말했다. "교수님, 우리는 옳은 일을 한 거죠?" 파머의 목소리는 들리지 않았지만, 이쪽의 반응으로 보아 그가 열렬히 동의한다는 사실을 짐작할 수 있었다. 세레나는 주문이라도 걸 듯 같은 말을 반복했다. "그러니까 우리는 옳은 일을 한 거예요. 반드시 해야만 하는 일을 한 거예요."

잠시 후 나와 세레나는 병원에서 저녁을 먹었다. 젊은 인턴이 우리와 합류했는데 의과대학을 갓 졸업한 듯한 그녀는 전공의인 세레나에 비해 거의 사춘기 소녀만큼이나 어려 보였음에도 감정을 주체하지 못하고 당돌한 질문 세례를 던졌다. "아이 상태가 어떻게 저 지경이에요? 아이티 병원에서는 그 아이에게 식사를 주지 않았나요?" 그리고 마치 후배를 가르치듯이 덧붙였다. "화학치료를 받다가 사망하는 게 얼마나 끔찍한지 아시죠?"

세레나는 입술을 깨물었다. 하지만 곧 침착하게 아이티가 어떤 곳인지, 그곳 환자를 보스턴으로 데려오는 게 얼마나 힘든지 설명을 시작했다.

"존이 영양실조 상태인 것은 분명하지만 의학계의 권위자인 폴 파머 선생님의 관리 아래 적극적으로 영양공급을 했고, 심지어 아이티에서는 이례적으로 삽관 시술까지 진행했어. 게다가 매사추세츠 종합병원의 소아암 전문의라 하더라도 이런 종류의 암에 걸린 아이를 살찌울 수는 없어. 그럼에도 존은 여전히 싸워볼 여지가 있는 환자야."

그때 검은 정장을 차려입은 마르고 작달막한 체형의 중년 남성이 식당으로 들어왔다. 소아과 과장 앨런 에스코비츠_{Alan Ezekowitz}박사였다. 세레나에게 설교하는 인턴의 목소리를 들은 걸까? 그는 세레나를 보자마자 크고 우렁찬 목소리로 말했다. "흠, 이 아이를 치료하는 건 쉽지 않은 도전이겠지만, 우리는 더 심한 케이스도 성공시킨 적이 있으니 걱정 말게."

세레나가 초조한 미소를 지으며 대답했다. "저도 기대하고 있습니다. 이 분야에서 세계 최고인 매사추세츠 종합병원에 왔으니까요." 그녀의 평가는 단순한 과장이 아니었다. 실제로 의료진들은 '매사추세츠 종합병원_{Massachusetts General Hospital}'을 뜻하는 머리글자 MGH를 '인간계 최고의 병원_{Man's Greatest Hospital}'으로 바꿔 부르곤 했다.

에스코비츠 박사가 껄껄 웃었다. "세계 최고라고 믿고 안주하는 순간 최고의 자리를 뺏기는 법이지." 그가 젊은 인턴을 향해 물었다. "그렇지 않나? 우리는 앞으로도 계속 발전할 거야."

인턴이 고개를 숙이며 대답했다. "맞습니다. 에스코비츠 박사님."

⚲

다음 날 오후, 세레나가 전화를 걸어왔다. 방사선과 전문의, 소아과 전문의, 암 전문의가 존의 엑스레이와 뼈 스캔 사진, CT 사진을 놓고 한 시간 이상 회의를 하다가 돌아갔다고 했다. 수화기에 대고 정신없이 흐느끼면서, 그녀는 단숨에 모든 말을 쏟아냈다.

"암이 전이됐대요. 입안부터 척추를 타고 상반신 전체에 퍼졌어요. 아이가 지금껏 얼마나 큰 고통을 견뎌왔을지 상상하기도 어려워요. 경부에서 천골까지 전이된 환자는 방사선 치료도 못 해요. 존은 살 수 없어요. 다들 성의껏 회의에 참여했지만 어째서 이런 환자를 굳이 여기까지 데려왔냐는 눈치를 숨기지 못했죠. 글쎄요. 왜였을까요? 첫째, 그애는 인간이고, 둘째, 저는 그 아이가 이런 상태라는 걸 몰랐거든요. 그리고 셋째, 존에게는 조금이라도 편안한 환경에서 숨을 거둘 권리가 있어요. 아이티에서 태어난 아이는 변변한 치료도 받지 못한 채 진흙 바닥에서 죽는 게 당연한가요? 그 아이의 어머니는 파리 떼가 들끓는 곳에서 아들의 죽음을 받아들여야 하나요? 완화치료를 받으면서 편안한 임종을 거둘 권리가 그 아이와 어머니에게는 없나요?"

매사추세츠 종합병원에 입원해 있는 동안 존은 최고 수준의 치료를 받았다. 필요한 약을 필요한 만큼 처방받았고, 극심한 통증에 시달리는 일도 없었다. 세레나와 캐롤은 2주 동안 간이침대에서 자며 교대로 존의 병실을 지켰다. 두 사람은 아이가 가장 좋아하던 장난감인, 휴대전화 모양의 고장 난 녹음기를 가지고 전화 놀이를 해줬다.

"지금 누구랑 얘기해?" 캐롤이 수화기 모양의 마이크에 대고 크리올어로 물었다.

"우리 엄마요."

"엄마한테 뭐라고 했는데?"

"빨리 오시라고 했어요." 그는 마치 수화기에 대고 같은 말을 해달라는 듯 캐롤을 향해 손을 흔들었다. 캐롤이 고장 난 수화기 너머로 "빨리 오세요" 하자 아이는 만족한 표정이 되었다.

존의 어머니는 며칠 만에 도착했다. 그녀와 함께 온 티 피피가 여러 가지 수속을 도왔다. 파머는 존의 병실에서 많은 시간을 보냈다. PIH 본부의 모든 직원이 문병을 왔고, 보스턴에 사는 아이티 교민도 여러 명 다녀갔다. 찰스 강이 내려다보이는 아이의 고층 병실은 선물받은 장난감으로 가득 찼다. 세레나는 자신의 집에 존만을 위한 임시 호스피스 시설을 꾸렸다. 그곳으로 옮겨진 지 며칠 후, 아이는 잠이 들더니 더 이상 깨어나지 않았다. 캐롤은 침대 곁에 앉아 존의 손목에 손가락을 얹고 호흡에 귀를 기울였다. 얕고 빠른 호흡이 얼마간 지속되더니 약 1분간 호흡 정지 상태가 이어졌다. 이윽고 맥박이 멎었다.

아이티의 열악한 상황을 고려할 때, 나는 존이 최선의 환경에서 세상을 떠났다고 생각했다. PIH 사람들도 서로를 위로하며 격려했고, 어떤 이들은 "그 아이가 그곳에서 죽지 않을 수 있어서 다행이에요"라고 말했다. 하지만 이 결과에 완전히 만족하는 사람은 없었다. 모두가 아이를 아이티에서 조금만 더 일찍 데려왔더라면 살 수 있었을지도 모른다는 생각을 떨치지 못했다. 하지만 아이가 떠난 후, 놀랍고 위안이 되는 여러 가지 일이 일어나기 시작했다.

파머는 존의 어머니를 장미 라장테에 고용했고, 각지에서 그녀를 위한 기부금이 전해졌다. 티 피피는 그 돈을 한 번에 주는 대신 조금씩 나눠서 전달해야 한다고 주장했는데, 이 판단은 지극히 현명한 것으로 밝혀졌다. 그녀는 아이티처럼 모두가 가난한 지역에서는 선의가 위험으로 돌변할 수 있다는 사실을 잘 알고 있었던 것이다. 중부 고원지대에서는 말이 발보다 빠르다. 아이를 전용기에 태워 '돈의 나라' 미국에 데려간 엄마라면 분명 상당한 현금 부자일 것이라는 소문이 돌았고, 실제로 그녀의 집에 한 차례 도둑이 들었다. 하지만 티 피피의 지혜 덕분에 훔쳐갈 만한 것은 아무것도 없었고 결국 두 번째 도둑은 찾아오지 않았다. 한편 아픈 가족을 보스턴에 보내달라는 요구가 빗발치리라는 파머와 티 피피의 염려는 현실로 이뤄지지 않았다. 다음 번에 캉주에 방문한 나는 장미라장테의 행정 직원 티 장에게 현지 사람들의 반응을 물었다. 그는 캉주 전체가 이 사건으로 떠들썩했다고 말했다.

"다들 놀랐어요. 세상에 우리를 이렇게 생각해주는 사람들이 있다는 사실에 감동했죠."

세레나는 이번 케이스를 끝으로 매사추세츠 종합병원이 더는 아이티 환자를 받지 않을까 봐 걱정했다. 하지만 존이 떠난 지 한 달도 채 되지 않아, 그녀는 아이티에서 또 다른 아이를 데려올 수 있었다. 캉주 건너편 마을 출신인 여자아이는 신장에서 악성종양이 발견됐지만 완치 가능성이 높고 건강상태가 양호해서 민간항공기로도 무리 없이 이송할 수 있었다. 병원 측은 소녀의 치료비를 면제해주기로 했다.

병원의 소아과 의료진은, 특히 에스코비츠 과장은 세레나와 캐롤에게 깊은 인상을 받았다. 그는 두 사람이 환자에게 기울인 노력을 모두가 본받을 수 있도록 적극적으로 격려했으며, 세레나를 찾아가 말했다. "자네는 환자를 지키는 의사의 귀감이야. 자부심을 느껴도 좋네."

그녀가 담담하게 대답했다. "그럴 수 없어요. 지금도 아이티에서는 환자들이 죽어가고 있습니다. 그곳의 비극적인 상황을 보면 환자 하나를 돌봤다고 해서 자부심을 느낄 수는 없어요." 하지만 그녀는 이 절호의 기회를 놓치지 않았다. "과장님. 저는 환자 치료에 협력이 중요하다고 생각합니다. 혹시 폴 파머 박사님을 만나보지 않으시겠어요?"

에스코비츠는 이미 파머에 대해 알고 있었고, 적극적으로 만나고 싶어 했다. 훗날 파머를 만난 에스코비츠는 내게 말했다. "정말 대단한 사람이더군요." 매사추세츠 종합병원처럼 큰 의료기관은 존과 같은 어려운 환자에게 무상 진료를 제공할 책임이 있다고 그는 말했다.

"무상 진료는 인간에 대한 관심을 환기한다는 점에서 중요한 의미가 있습니다. 미국인이 아이티 같은 지역의 빈곤을 개인적으로 실감하기란 쉽지 않아요. 하지만 눈앞에서 목격하면 현실감이 생깁니다."

두 사람의 첫 논의는 잘 마무리됐다. 파머는 말했다. "솔직히 말씀드리자면 우리는 도움이 절실히 필요합니다. 혹시 1년에 환자 두세 명 정도를 맡아주실 수 있을까요?"

"저도 최소한 그 정도는 해야 한다고 생각합니다" 에스코비츠가 대답했다.

PIH가 존을 구출하는 과정을 지켜보면서, 순간적으로 그들이 환자보다도 자신을 위해 이런 일을 하는 게 아닌가 하는 의심이 들었다. 아이의 생명을 구하는 것보다 조직의 영웅적 능력을 입증하는 게 목적이 아닐까? 하지만 만약 존이 내 아들이었다면 나는 결코 이런 생각을 하지 못했을 것이다. 만약 아픈 사람이 나 자신이었다면 나는 그들의 선택이 불합리하다는 의심을 추호도 하지 않았을 것이다.

그럼에도 나는 이번 경험이 파머가 벌여놓은 사업의 어려움을 객관적으로 보여주는 중요한 사건이라는 인상을 받았고, 어쩌면 그가 하는 일이 종국에는 아무런 결과도 얻을 수 없는 허무한 발버둥일지도 모른다는 불안마저 느꼈다. 나는 그에게 이번 일에 대해 더 자세히 물어보기로 마음먹었다. 마음을 정리할 수 있을 정도로 시간이 충분히 지난 후에.

끝없는
패배 뒤에는

12월이 찾아왔다. 아이티에서 보스턴으로 환자 수송용 헬기를 날려보낸 지 두 달이 지난 것이다. 나는 다시 파머와 함께 아이티를 찾았다. 낮 시간의 포르토프랭스 변두리는 이전의 수많은 여행에서 봤듯 혼란스럽고 지저분하고 비참한 모습이었다. 도시를 벗어나 모른 카브리를 향해 차를 몰면서, 우리는 범퍼에 사회 비판적인 구호를 붙여 놓은 트럭 몇 대를 지나쳤다. 파머가 껄껄 웃으며 크리올어로 쓰인 구호를 내게 번역해줬다.

"주여, 세상이 왜 이 모양입니까."

언제나처럼 속도를 내 산기슭으로 진입하자 크고 작은 돌멩이와 진흙 위에서 굳은 바큇자국 때문에 차체가 심하게 요동쳤다. 나는 파머에게 요즘은 이메일을 몇 통이나 받느냐고 물었다. "하루에 200통 정도요. 아직은 할 만해요." 하루에 70~80통씩 메일을 받던 1년 전에도 그의 대답은 똑같았다.

"일을 조정하긴 해야 하는데… 하지만 이미 말했듯이 아직은 지치지 않았거든요." 이 말을 내뱉고, 나는 계기판 불빛에 비친 그의 표정이 순간적으로 딱딱하게 굳는 것을 봤다. 그는 내가 뭐라고 생각할지 걱정된다는 듯 단호하게 덧붙였다. "이 일을 좋아하기도 하고요."

우리는 다시 한번 캉주에 도착했다. 날이 완전히 저물었지만 아무런 사고도 없었고, 강도를 만나지도 않았다. 파머는 불편한 정장을 벗어던지고 아이티 옷으로 갈아입었다. 우리는 덩굴이 주렁주렁 달린 그의 티카이 정원 테이블에 자리를 잡고 앉았다. 티 장이 저녁을 준비해줬고, 우리는 다 함께 식사를 했다.

티 장은 거친 미소를 지닌 근육질의 남성으로, 이 지역 소작 농민의 아들이었다. 나이는 서른 살쯤 됐을까? 그사이 그는 캉주의 모든 변화를 똑똑히 지켜봤을 것이다. "놀랍다는 말밖에 안 나오죠." 그가 말했다. "한때 모든 사람이 돼지우리 속의 돼지처럼 살았는데 이제는 누구의 집에 방문하든 노크부터 해야 하잖아요!" 그는 집에 두드릴 문이 생겼다는 사실 자체가 믿기지 않는다고 했다.

장미 라장테의 자잘한 잡무를 처리하는 동시에 티 장은 파머의 가장 가까운 조력자 역할을 했다. "티 장은 장미 라장테의 지휘자예요." 파머는 그를 이렇게 소개하곤 했다. 실제로 그는 그 역할에 적임자였다. 적은 봉급의 일부를 자신보다 더 가난한 사람들에게 나눠줬고 3번 국도의 보수 작업에 대해서도 적극적으로 목소리를 냈다. "우리가 도로를 고치면 어떨까요? 도로를 정비해서 1년에 환자를 몇만 명씩 더 받는 편이 장미 라장테의 취지에 맞잖아요. 그것이 우리의 소임이니까요." 그는 종종 철학자 같은 말을 했다. 만약 부모에게 자신을 학교에 보내줄 정도로 충분한 돼지가 있었다면 아이티의 부르주아 계급에 관한 책을 썼을 것이며 그 책 내용은 분노로 가득했을 거라고 그는 말했다. 어느 정도의 의학 지식도 갖추고 있었으며, 전통적인 민간요법에 특별한 지위를 부여하는 관점을 비판한다는 점에서 파머와 견해가 일치했다. 그들은 마을에 대대로 전해 내려오는 약초 치료법이 정식 치료제보다 낫다는 믿음을 경계했다. 여기에 더해, 티 장은 지역의 종교에 대해 알려주는 파머의 주요 정보원 중 한 명이었다.

티 장에게 동물은 겉모습과 다른 의미를 지닐 때가 많았다.

"파머 선생님, 저 검은 개 보이시죠? 혹시 어제도 여기 있었나요?"

"아닌 것 같은데."

"저 개가 두 번 짖었나요?"

"맞아."

그러면 티 장은 그럴 줄 알았다는 듯이 고개를 끄덕였다. "흐음…"

파머가 그동안 배운 내용에 따르면 티 장의 세상에서는 교활한 인간이 동물로 변할 수 있다. 때로는 주술사들이 벌을 주기 위해, 혹은 단순히 식량을 만들기 위해 인간을 짐승으로 변신시키기도 한다. 파머는 이 모든 이야기를 '윤리를 조명하는 거대한 연극이자 사회 불평등에 대한 논평'이라고 해석했다. '단순한 미신이 아니다'라는 전제도 덧붙였다.

식사를 마친 뒤, 파머는 연못 조명을 켜고 안을 들여다보며 물고기 하나하나의 학명을 읊었다. 착한 손님이라면 그와 함께 물고기를 구경해야 한다. 최근 그는 원예 고문 대신 이 취미에 푹 빠진 것 같았다.

내가 그렇게 말했을 때 그는 연못에 시선을 고정한 채 단칼에 부정했다. "아니에요. 이건 원예 고문과 차원이 다르죠."

티 장은 연못을 꾸미는 데 돈이 많이 들었다고 얘기하며 파머에게 말했다. "하지만 돈이 더 많이 들었대도 만들어드렸을 거예요. 선생님을 행복하게 하는 건 한 가지가 아니니까요. 환자들만 진료해야 했다면 행복하지 않으셨을지도 모르죠."

"여행은 어때? 그것도 나를 행복하게 만드는 것 같나?" 파머가 물었다.

티 장은 파머가 여행을 많이 하긴 한다고 인정하며 대답했다. "하지만 그럴 때면 선생님은 둥지 잃은 새 같으세요."

"내 둥지가 어딘데?"

"당연히 아이티죠. 세계 어디에 계셔도 이곳이 선생님의 집이에요."

⸮

이전 방문에서 만났던 환자 중 상당수는 오래전에 땅에 묻혔고, 더 많은 환자가 집으로 돌아갔으며, 일부는 여전히 병실에 머물러 있었다. 질병 예방 교육을 담당하는 직원들은 대부분 이곳에서 치료를 받고 완치된 환자 출신으로, 그들의 가르침은 열정적인 동시에 믿음직스러웠다. 그중 한 명은 1년 전까지만 해도 가족 전원이 다제내성 결핵으로 치료를 받고 있었다. 하지만 지금은 모두 완치되어 퇴원했고, 아들인 그만이 장미 라장테에 직원으로 남았다. 그는 가족들에게 병을 전염시켰다는 죄책감이 너무 심한 데다 다른 여러 사정 때문에 복합적인 노이로제를 겪고 있었다. 이런 그를 가혹한 식량 투쟁 전선에 내보낼 수 없다고 판단한 파머는 그를 '결핵 봉사 인력'으로 고용하기로 결정했다. 과거 파머에게 닭이나 돼지를 선물하고 싶다고 했던 티 오파는 에이즈 치료약을 복용하면서 체중이 4kg 가까이 늘었다. 아들이 주술을 걸어 형제를 죽였다고 믿던 노파는 오랜 설득 끝에 아들과 화해했다. 파머가 고용한 변호사는 마침내 살인 혐의로 수감됐던 경비원 청년을 무죄 석방시켰다. 하지만 약이 부족하고 법체계가 엉망인 데다 식량을 구하기가 그 어느 때보다 힘든 상황에서, 아이티 사람들은 앞으로도 계속 주술사를 찾아갈 것이고 무고한 사람들이 짓지도 않은 죄로 잡혀가는 모습을 봐야 할 것이다. 물론 장미 라장테를 찾는 환자들도 계속 늘어날 것이다.

몇 달 전, 알칸테라는 소년이 장미 라장테의 소아병동에 입원했다. 존처럼 목에 혹 같은 부종이 나 있었지만, 다행히 암이 아니라 림프샘 결핵scrofula으로 확인됐다. 약물치료를 통해 호전되며, 아이의 체중은 원래 몸무게의 약 10%인 4kg가량 늘었고 감염 부위는 몇 개의 작은 흉터만 남긴 채 무사히 가라앉았다. 알칸테는 만 13세였지만 또래보다 작고 순진해서 나이보다 훨씬 어려 보였다. 작지만 균형 있는 체형에 검고 반짝이는 눈동자, 귀여운 보조개를 갖춘 그는 낯선 사람의 손을 스스럼없이 꼭 잡을 줄 아는 아이였다. 알칸테는 소아병동의 우울한 분위기를 완전히 바꿔놓았고, 파머 또한 이곳을 찾을 때마다 느껴지던 답답함이 많이 줄었다고 털어놨다. 지금까지 파머에게 소아병동이란 장미 라장테에서도 가장 끔찍한 광경과 고통스럽게 죽어간 유령들이 넘쳐나는 곳이었다. 알칸테는 그런 그의 수호천사가 되어줬다. 아이가 집으로 돌아갈 수 있을 정도로 회복한 뒤에도 파머는 여러 주 동안 아이를 입원시켜 곁에 뒀고, '나의 포로'라는 별명으로 부르며 지극히 아꼈다. 하지만 결국에는 그를 퇴원시켜 가족의 품으로 돌려보냈다.

아이가 림프샘 결핵을 앓는다면 보통 같은 병을 지닌 부모와의 신체 접촉을 통해 감염됐을 가능성이 크다. 이런 이유로, 파머는 지역 공중보건 요원을 통해 알칸테의 가족을 모두 불러 결핵 검사를 실시했다. 예상대로 아버지를 포함한 여러 명이 감염돼 있었고, 아버지는 이미 약물치료를 받고 있는 상태였다. 사태를 파악한 파머는 알칸테의 집이 어떤 환경인지 파악하기 위해 가정방문을 하기로 결심했다.

"이 가족은 너무 힘든 일들을 감당하고 있어요." 그가 말했다. 그리고 생각난 듯이 덧붙였다. "알아요. 어떤 사람들은 이런 접근법이 비효율적이라고 말하겠죠. 그럼 우리는 이렇게 대답할 거예요. '전혀 그렇지 않습니다.' 아픈 사람과 그 가족을 직접 만나봄으로써 무엇이 문제이고 무엇이 필요한지 정확히 확인할 수 있거든요."

알칸테는 카세Casse 라는 마을에 살았다. 장미 라장테와의 거리는 예전에 나와 함께 방문했던 몽 미셸보다 멀지만 다행히 길은 훨씬 평탄하다고, 파머는 출발 전날 내게 말했다. 하지만 우리와 함께할 터 장이 손전등을 챙겨 나온 것으로 보아 길고 만만찮은 여행이 되리라는 예감이 강하게 들었다.

내가 쓸 손전등을 챙기지 않았던 나는 다시 들어가서 가져오겠다고 했다. 하지만 파머의 생각은 달랐다. 지금 들어가면 높은 확률로 예기치 못한 비상사태에 휘말리게 될 테고, 그렇게 되면 출발 시간은 하염없이 지체될 것이다. 어쩌면 오늘 안에 출발 자체가 어려울 수도 있다. 파머는 머리에 비해 한참 큰 야구 모자를 눌러쓰고 있었다. 그 모습에서 나는 키만 훌쩍 큰, 아버지를 따라 야구 경기를 보러 가는 10대 소년을 그려봤다. 그의 마른 체격과 반짝이는 눈빛, 때때로 드러나는 순수한 모습이 이런 상상을 도왔다. 그는 전염병의 경제적 분포를 주제로 복잡한 담화를 하다가도 느닷없이 이런 말을 던져서 상대방을 당황시키곤 했다.

"《반지의 제왕》에 대해서라면 뭐든 제게 물어보세요."

실제로 파머는 열한 살 때 처음 읽은 《반지의 제왕》을 지금까지 몇 번이고 다시 읽었다. 그러나 장미 라장테의 문을 나서는 이 순간 그는 다시 맡은 일에 책임을 지는 의사이자 리더가 되어 있었다. 그런 그를 보니 손전등에 대한 걱정 따위는 사라졌다. 의심 많은 내 성격상 이것은 굉장히 특별한 일이었다. 다른 사람이 나를 어딘지 모를 곳으로 데려간다면 불안했겠지만, 파머만큼은 믿을 수 있었다.

우리는 펠리그르 호수를 둘러싼 흙길 언덕을 따라 걸었다. 곧 가파른 침식 절벽이 나타났다. 꼭대기까지 기어오를 때쯤 내 온몸은 땀으로 흠뻑 젖었지만, 파머는 정상에서 여유롭게 나를 기다리고 있었다. 나는 몽 미셸로 향하던 험난한 여정을 떠올렸다. 파머는 앞서가며 어깨 너머로 농담인 양 가슴 통증이 느껴지면 즉시 보고 하라고 했다. 누렇게 마른 잔디를 가로지르며 나는 챙겨 간 물을 꿀꺽꿀꺽 들이켰다. 파머는 수년 전에 혼자 앉아 《에이즈와 비난》의 첫머리를 집필했던 '마을을 둘러싸고 우뚝 선 유난히 가파른 언덕'을 가리켰다.

티 장은 장미 라장테에서 수돗물을 받아다 채운 커다란 물통을 지고 있었다. 여행 중에 마실 식수였다. 현지인인 티 장이나 아이티의 모든 미생물에 면역이 된 듯한 파머와 달리, 나 같은 보통 외국인들은 이곳 수돗물을 마셨을 때 생명의 위협까지 받는 건 아니더라도 위장에 탈이 날 수 있었다. 나는 직접 정수한 물을 개인 물병에 따로 챙겨 왔는데, 많지 않은 양이었지만 첫 번째 휴식 시간에 이미 절반 이상 사라지고 없었다. 그러나 티 장과 파머, 우리와 함께 온 장미 라장테의 현지인 약사는 가져온 물통의 뚜껑조차 열지 않았다.

파머는 카세로 향하는 도중에 다른 환자의 집에도 잠깐 들르기로 했다. 산속 어딘가에 있는 방 두 칸짜리 오두막에는 흙바닥이 깔려 있었고 지붕은 어설프게 엮은 바나나 잎이었다. 나이 지긋한 노부부는 아리스티드 대통령의 포스터가 붙은 방 안에 돗자리를 깔고 나란히 앉아 있었다. 파머는 병원에서 챙겨온 남성 환자의 차트를 꺼내 큰 소리로 읽어줬다. "1989년부터 장미 라장테에서 혈압약을 받아 가셨고, 저랑 마지막으로 본 1997년에는 말라리아로 병원을 찾으셨네요. 여기 이렇게 쓰여 있어요. '목요일에 추가 내원하여 진료 예정.' 하지만 다시 오지 않으셨죠? 아이고, 여기 이런 말도 쓰여 있네요. '서 있는 자세를 불편해함.' 그리고 아드님이 약을 받으러 대신 병원에 왔었죠."

파머는 흙바닥에 무릎을 꿇고 노인의 맥박과 혈압을 잰 뒤 가슴에 청진기를 대고 귀를 기울였다. 밖에서 수탉 우는 소리가 들렸고, 집 안 공기는 뜨겁고 습했다. 공중에 파리 몇 마리가 날아다녔다. 노인은 가슴 중앙에서 약간의 통증이 느껴지다가 다리 힘이 빠지기 시작했다고 말했다. 그 얘기를 들은 파머가 내게 영어로 말했다. "이제 뭘 해야 할지 알겠군요. 환자분의 혈압을 떨어뜨린 뒤에 캐나다산 목발 한 쌍을 가져다드려야겠어요. 뇌졸중이 왔던 것 같은데 회복할 수 있을 것 같아요. 다행히 손상 범위가 최소한이었던 것으로 보입니다. 일단 목발을 여기까지 가져다줄 사람을 부르고, 혈압 문제도 해결해야겠어요. 사실 여기가 브리검이었다면 혈압 관리 정도는 식은 죽 먹기지만 아이티에서는 그조차도 쉽지가 않거든요. 환자분이 약물치료를 잘 받으시는지 어떻게 확인한다…"

그때 옆에 있던 노인의 아내가 자신도 혈압을 재보고 싶다고 말했다. 파머는 그녀 앞에 무릎을 꿇으며 영어로 말했다. "이분은 만 62세예요. 미국 나이로 치면 거의 100살이죠." 그리고 마치 자신에게 말하듯 낮게 중얼거렸다. "이곳은 브리검에서 너무 멀리 떨어져 있거든." 아내의 혈압도 상당히 높았다. 환자를 진찰하는 파머를 바라보며, 나는 1년쯤 전에 그가 했던 얘기를 정확히 떠올리기 위해 애썼다. 당시 그는 보스턴 외곽의 멋진 저택 침실에 편안히 누워 있는 자신과 환자의 오두막 흙바닥에 무릎을 꿇고 있는 자신 사이의 심오한 관계에 대해 내게 설명했었다. 하지만 그 와중에 자꾸만 따끔거리는 왼쪽 가슴이 신경 쓰였다. 첫 번째 절벽을 오른 뒤부터 왼쪽 가슴 부위에 희미한 통증이 반복되는 게 은근히 신경쓰였다.

결국 나는 파머에게 가슴 통증을 털어놓으며 미리 얘기하지 못해 미안하다고 사과했다. "무슨 소리예요. 사과할 시간이 있으면 증상이나 자세히 설명해봐요." 그는 내게 10여 가지 질문을 던지더니 단순한 가슴앓이 증세가 온 것 같다고 진단했다. "하지만 통증이 더 심해지면 반드시 얘기해야 해요. 그렇게까지 해서 알칸테를 오늘 꼭 봐야 하는 건 아니니까요. 아시겠죠?"

어린아이 몇 명이 문가로 다가와서 우리를 구경했다. 파머는 슬픈 표정을 짓고 있는 노파를 가리키며 아이들에게 물었다.

"할머니가 좋다고? 할머니께도 그렇게 말씀드렸니? 의사 선생님한테 거짓말하면 못 쓴다."

아이들이 킥킥 웃고, 노파도 따라서 미소 지었다. 파머는 벌거벗은 채 엄지손가락을 빨고 있던 한 아이 쪽으로 고개를 살짝 까딱하며 내게 말했다. "저애가 갖고 있는 장난감 보이세요?" 입속으로 들어간 손 외에 나머지 한 손에는 거칠게 짠 노끈이 들려 있었고, 그 끝에는 작은 돌멩이가 묶여 있었다.

"'락스저러스(Rocks'R'Us, 미국의 대형 장난감 브랜드 '토이저러스 Toys'R'Us'를 패러디한 농담 – 옮긴이)'예요."

나는 폭소를 터뜨렸다. 멈추려 했지만 자꾸만 웃음이 새어 나왔다. 파머 또한 낄낄 웃으며 말했다. "이번에는 제 가슴에 통증이 있네요. 이런 농담을 하니까 하나님이 절 벌주시려는 건가 봐요."
그는 혹시 모르니 다시 출발하기 전에 먹으라며 내게 알약을 건넸
다. 그때까지도 나는 웃음을 멈출 수 없었다.

"하나님은 정말 절 벌주실지도 몰라요." 그가 다시 한번 말했
다. "제게 허락된 것보다 더 많은 물을 마셔서, 겸손하게 살지 못해
서, 그리고 저질 유머를 던져서요. 하지만 마지막 죄는 키더 씨 당
신 때문이에요. 듣는 사람이 있으면 자꾸 농담을 하고 싶어진단 말
이에요."

하지만 적어도 내가 보는 동안 그는 아직 물을 한 모금도 마시
지 않았다.

파머는 노인 부부에게 알약을 주며 복용법을 자세히 알려줬다.
아이티의 작별 인사는 항상 길다. 겨우 밖으로 나왔을 때 파머가
말했다. "이번 방문은 '벨 쿠 나Bel Kout Nas'예요. 그물 하나로 두 마
리 고기를 잡았다는 뜻이죠. 할아버지를 살펴보러 왔는데 할머니
까지 진료했잖아요. 겨울이 오기 전에 치료제를 처방할 수 있어서
다행이에요."

나는 그가 상황을 고기잡이에 비유하는 것을 여러 번 봤다. 우
연히 환자를 발견하면 그는 '운 좋게 고기를 낚았다'고 말했다. 마
치 장미 라장테에 환자가 부족하기라도 한 것처럼.

"아직 많이 남았나요?" 다시 걷기 시작하며 내가 물었다.

"그럼요. 여기가 4분의 1 지점입니다."

"4분의 1이라고요?"

존이 세상을 떠난 뒤, 나는 그 일에 대해 물어볼 타이밍을 잡으

려고 노력해왔다. 1년 전 바로 이 언덕에서 파머는 말했다. "우리는 고통을 비교해야 합니다. 의학에서는 치료의 우선순위를 결정하기 위해 환자를 상태별로 분류하는데, 이런 작업을 '트리아지Triage'라고 하죠."

트리아지의 유래는 '추려내다'라는 의미의 중세 프랑스어 동사 '트리예Trier'로, 원래는 양털을 질 좋은 순서대로 구분할 때 쓰이는 단어였다. 현대 의학에서 이 용어는 완전히 상반되는 두 가지 의미를 지닌다. 먼저 전쟁터처럼 의료진과 의료기기가 심각하게 부족한 상황에서는 부상자 중에서도 가장 생존 가능성이 높은 이를 선택하여 치료하는데, 이 과정을 트리아지라고 한다. 이때 트리아지의 목표는 최대한 많은 사람을 살리는 것이며, 선택받지 못한 부상병은 방치된 채 죽음을 맞이할 가능성이 크다. 그러나 인력과 의약품이 풍부한 평화시 의료 환경에서는, 가령 미국 종합병원의 응급실에서는 이 용어가 정반대 의미로 쓰인다. 어떤 환자도 방치하지 않을 수 있는 상황이라면 오히려 가장 상태가 심각한 환자를 우선 치료해야 하며, 이때 환자의 심각도를 분류하는 작업도 트리아지다.

파머는 트리아지의 두 번째 정의를 중심으로 자신의 삶을 만들어왔다. 의학에서 '가난한 이에게 우선권을 주는 선택'이 달리 어떤 의미를 지니겠는가? 그러나 사실 아이티의 상황은 늘 평화시보다 전쟁 중에 가까웠다. 파머의 뒤를 따라 걸으며, 나는 하나를 선택하는 것이 다른 하나를 선택하지 않는다는 의미가 될 수도 있겠다고 말했다. 이때 '선택하지 않는다'는 것은 단순히 시기를 미루는 것이 아니라 완전한 포기를 의미할 것이다.

"사는 게 다 그렇죠." 그가 말했다.

"의사로 일하면서 그런 상황을 자주 겪으셨겠죠?"

"네. 매일같이요. A 대신 B를 하겠다는 식이죠. 하루도 거르지 않고 매 순간 그런 선택을 하고 있습니다. 어떻게 보면 의사의 일이란 뭔가를 하는 게 아니라 하지 않는 것일지도 몰라요."

나는 물었다. 그럼 존은요? PIH가 그를 아이티에서 빼내기 위해 비행깃값으로 지불한 2만 달러는요? 존이 떠난 지 얼마 안 됐을 때, PIH의 한 신입 직원은 내게 2만 달러로 할 수 있는 일이 얼마나 많았을지 자꾸만 떠올라 자책하게 된다고 털어놨다. 파머라면 그에게 뭐라고 대답했을까? "당신의 선택을 비판하려고 하는 얘기는 아니에요." 나는 그의 속도를 따라잡기 위해 허둥지둥 걸으며 덧붙였다.

"알아요." 그가 어깨 너머로 말했다. "저도 그 정도로 예민하진 않아요. 하지만 이 얘기는 이미 여러 번 하지 않았던가요? 제 설명이 부족했거나 키더 씨 입장에서는 납득하기 어려웠나 보네요. 어쩌면 당신은 우리가 한 선택이 옳았다는 걸 평생 이해하지 못할지도 몰라요."

나는 오늘만큼은 그의 신경을 자극하고 싶지 않았다. 그는 당장 내 곁에 있는 유일한 의사이자 가이드였으니까. 하지만 나는 오랜 경험을 통해 그의 목소리를 읽을 수 있었다. 파머는 화가 난 게 아니라, 다만 본론을 꺼내기 위해 서두를 시작하고 있을 뿐이었다.

그는 걸음을 재촉하면서 말을 이어갔다. "원하신다면 존의 케이스가 왜 특별했는지 몇 가지 예를 들어서 알려드릴게요. 일단 존은 희귀하지만 보스턴에서라면 치료 가능성이 높은 악성종양을 앓고 있었어요. 그리고 매사추세츠 종합병원에 도착할 때까지만 해도 우리는 아이의 병세를 정확히 몰랐죠. 그쪽에서 처음 내린 진단에 따르면 생존 확률은 60%에서 거의 70%에 육박했고, 이 정도라면 존을 이송하기로 결정하는 데 충분한 근거였다고 생각합니다. 캉주에서는 암이 어디까지 전이됐는지 확인할 방법이 없었잖아요. 그렇게 하려면 정밀한 검사 기계가 필요한데 캉주에 그런 게 있을 리 없으니까요. 여기까지 얘기하면 왜 다른 많은 환자를 두고 존에게 특별히 적극적인 치료를 했냐고 물으시겠죠? 그 이유는 어머니가 아이를 우리에게 데려왔고, 그래서 존이 그 타이밍에 우리 병원에 있었기 때문이에요."

"만약 세레나와 캐럴이 아이를 데리러 왔을 때 당신이 있었어도 이송 결정을 내렸을까요? 존은 이미 뼈만 남은 상태였고, 누가 봐도 여행을 견디기 힘들어 보였어요."

"그것만으로는 저를 포기시킬 수 없었을 거예요. 내가 그 아이를 직접 봤고, 그래서 상태가 얼마나 악화됐는지 알았다 해도 저는 가능한 한 존을 보스턴으로 보내려 했을 겁니다. 왜냐고요? 다시 말씀드리지만, 우리는 매사추세츠 병원에 도착하기 전까지 암이 척추에까지 전이됐다는 걸 몰랐으니까요."

눈앞에 또다시 가파른 경사가 나타났다. 나는 숨이 차서 제대로 말을 잇지 못할 지경이었다. 파머도 힘에 부치는지 잠시 말이 없더니 이윽고 다시 입을 열었다. "하지만 그 신입 직원이 했다는 말은 조금 염려스럽군요. 우리는 다 함께 일해야 하거든요. 제가 가장 싫어하는 일 중 하나가 동료들을 설득하느라 에너지를 낭비하는 겁니다. 이번에는 어쩔 수 없이 그렇게 해야겠지만, 솔직히 정말 내키지 않네요. 아이티에 살다 보면 잘못된 사람과 엮이는 바람에 비극이 생긴 경우를 정말 많이 보고 듣게 되죠."

"혹시라도 오해하지는 않으셨으면 좋겠어요. 그 직원은 절대 존을 보스턴으로 데려오지 말았어야 했다고 얘기한 게 아닙니다. 다만 아이 하나를 옮기는 데 2만 달러라는 큰돈을 써야 하는 현실이 안타깝다고 얘기했을 뿐이에요. 그 돈이면 많은 일을 할 수 있잖아요."

"무슨 말인지 알아요. 하지만 같은 말이라도 어떻게 하느냐에 따라 의미가 달라집니다. 가령, 그 직원은 이렇게 얘기할 수도 있었어요. '항공사는 막대한 돈이 있으면서 어째서 그 아이의 항공료 하나 면제해주지 않았을까요?' 이렇게 말했다면 초점이 완전히 달라졌겠죠. 어떤 사람은 이 문제를 이런 관점에서 바라볼 거예요. 가난한 이들을 살리려는 도전은 끝없는 패배의 연속이고, 이번 일은 그 패배의 목록에 한 줄을 추가한 것뿐이라고요. 실제로 저는 한평생을 그 패배와 싸우며 살아왔어요."

"끝없는 패배의 연속이라…."

"맞아요. 저는 패배와 끝없이 싸워왔고 다른 많은 사람을 이 투쟁에 끌어들였어요. 이제 와 한 번 더 졌다고 해서 포기하지는 않을 겁니다. 솔직히 저는 가끔 우리가 승리할 수도 있다는 생각을 해요. 늘 지긴 하지만 사실 저는 이기는 걸 좋아하거든요. 키더 씨에게도 이 얘기를 여러 번 했죠."

"자꾸 같은 얘기를 반복하게 해서 미안해요."

"아니에요. 불평하는 게 아닙니다. 저와 당신, PIH에서 일하는 대부분의 사람은 패배보다 승리가 더 익숙한 삶을 살아왔어요. 그러나 우리가 여기서 하려는 일은 오히려 패배자들과 공동의 대의를 이뤄내는 일이죠. 두 개의 삶은 굉장히 다릅니다. 이기는 편에 서고 싶은 건 인간의 본능이지만, 그러기 위해 패배한 이들에게 등을 돌려야 한다면 그건 가치 없는 승리입니다. 그래서 우리는 패배와 길고 긴 싸움을 하는 겁니다." 그가 문득 멈추더니 걱정스럽다는 듯 물었다. "그러고 보니 몸은 좀 어때요? 가슴 통증은 가라앉았나요?" 온몸이 후끈거렸지만 다행히 따끔거리는 통증은 다시 찾아오지 않았다.

파머는 말을 이어갔다. "사람들이 트리아지에 대해 물어올 때는 겉으로 드러나지 않더라도 바탕에 깊은 불신이 깔린 경우가 많습니다. 이미 답을 정해두고 물어보는 거죠. 그런 질문에 대답한다는 건 그저 에너지 낭비예요. 왜냐하면 우리가 받는 질문의 상당수에는 그, 뭐냐… 갑자기 단어가 생각이 안 나네요."

"적의요?"

"맞아요! 적의가 있거든요."

내리막길을 걷는 동안 파머는 말이 없었다. 그러다가 평지에 도착하자 다시 입을 열었다. "부유한 국가에 사는 의사의 연봉은 어때요? 왜 사람들은 그 돈에 대해서는 얘기하지 않는 걸까요? 의사 한 명의 연봉이면 정말로 많은 일을 할 수 있을 텐데요."

나는 또다시 웃음이 터졌다. "그렇네요. 그건 정말 생각도 못 했어요."

"당연하죠. 진짜 겸손한 사람들은 말을 꺼내기 전에 먼저 그런 것들을 생각합니다. 그런 의미에서 저는 겸허하지 못해요. 노력은 하고 있지만요. 말이 나온 김에 저도 키더 씨에게 질문 하나 할게요. 사람들이 그런 생각을 하지 않는 이유는 뭘까요? 어째서 미국의 젊은 의사들은 이런 이야기를 듣고도 '세상에, 내 연봉이 존을 태운 환자 수송기보다 다섯 배나 높다고? 나는 이제 겨우 서른인데!'라는 생각을 하지 않는 거죠? 누군가 이런 얘기를 한대도 대부분은 존경하기보다 재수 없다고 생각할 거예요. 하지만 이상하게도 그 반대의 얘기를 하면 모두가 검소하고 사려 깊은 사람이라고 칭찬해주죠. '2만 달러면 많은 일을 할 수 있을 텐데요' 따위의 이야기 말이에요. 그런 상황에 저 같은 놈이 끼어들어 '하지만 존의 주치의는 나이 서른에 10만 달러를 벌어요. 그 돈이면 이런 소년의 생명을 다섯 번이나 살릴 수 있거든요'라고 말하면 저만 분위기 파악 못 하는 인간이 되는 거죠. 같은 세계, 같은 숫자, 같은 화폐를 놓고 얘기하는 건데 어째서 이런 차이가 생기는 건지 모르겠어요. 아니, 솔직히 지금은 알아요. 아주 오랜 시간이 걸리긴 했지만 드디어 깨달았어요. 하지만 그 이유를 설명하려면 너무 긴 시간이 걸리고, 반드시 누군가 불쾌해지죠. 지금 무슨 생각 하세요?"

"끝없는 패배에 대한 얘기가 마음에 든다는 생각이요."

"기나긴 패배야말로 가난한 이들을 위한 선택의 기본 전제니까요. 계속 진대도 상관없어요. 우리는 옳은 일을 하기 위해 노력할 겁니다."

"하지만 당신은 승리를 추구할 거잖아요."

"물론이죠! 우리는 마조히스트가 아니니까요. 그리고 승리는 언제나 매력적이죠. 승리를 추구하지 않았다면 지난 18년간 패배와 기나긴 싸움을 하다가 어느 결에 지쳐서 포기해버렸을지 몰라요. 가령 케놀의 팔꿈치 관절을 끝내 살리지 못했을 때라던가 그런 순간에요." 케놀은 장미 라장테의 소아병동에 입원해 있는 어린 환자였다. 사탕수수를 베다가 중세에나 썼을 법한 구식 기계에 팔을 찔려 괴저가 생겼고, 결국 얼마 전 팔꿈치 관절 위에서 팔을 잘라내는 수술을 받았다. (수술이 끝난 뒤 아이는 라디오가 갖고 싶다고 말했다. 파머는 마이애미에 다녀오는 길에 라디오를 사다 줬고, 장미 라장테의 기금으로 아이를 학교에 보내기로 결정했다.)

"가슴 통증은 어때요?" 파머가 물었다.

이제 가슴은 그다지 아프지 않았다. 사실 그보다는 물병에 물이 한 모금 정도밖에 안 남았다는 사실이 더 걱정됐다. 파머는 내게 티장이 가져온 아이티 수돗물은 가급적 마시지 말라고 주의를 줬었다. 그러니 당장은 목이 말라도 조금 참는 편이 좋을 것 같았다.

파머는 이야기를 계속했다. "사람들은 말해요. 만약 우리가 싸워봐야 어차피 싸움에서 질 '패배자'를 걸러내서 그들에게 쓸 시간과 에너지를 아낀다면 세상이 더 잘 굴러갈 거라고요. 존처럼 말이에요. 그렇죠? 하지만 가난한 이들에게 우선권을 준다는 신념의 관점에서 본다면 그건 있을 수 없는 일이에요. 절대로 해서는 안 될 모험이죠. 우리는 존과 같은 사람들을 포기하기 전에 고민하고 또 고민해서 그를 구하는 것이 정말로 절대 불가능한 일인지 확인해야 합니다. 존의 가족에 대해 알면 알수록 사실상 그들이 멸종했다는 사실을 확인할 수 있어요. 맞아요. '멸종'이라는 단어를 썼습니다. 존이 마지막 아이였거든요. 그 아이마저 죽으면서 친가와 외가의 핏줄이 완전히 끊긴 셈이죠. 이렇게 말하면 무슨 다윈의 진화론처럼 들리지만, 제가 무슨 말을 하는지 아시리라 생각해요. 가난한 이에게 우선권을 주는 의사가 되려면 환자를 포기할지 말지 결정하기에 앞서 이런 기본적인 정보를 다 확인하는 게 당연합니다. 모든 환자는 신의 계시이고, 모든 환자는 신의 시험이에요. 방금 만났던 환자를 떠올려보세요. 제가 그 할아버지에게 캐나다산 목발 한 짝을 갖다주려면 얼마나 많은 비난을 감수해야 하는지 아십니까? 아이티 산골짜기에 캐나다산 목발은 과하지 않느냐는 인간들이 산처럼 쌓여 있거든요."

"그게 적정 기술이 아니라는 거겠죠?"

"맞아요. 이제 효율성을 부르짖는 그 작자들의 실상이 뭔지 아시겠죠? 하지만 저는 이런 설명에 들어가는 시간을 최대한 아끼려고 해요. 안 그러면 영혼이 바싹 말라버릴 테니까요. 예의를 갖춰 설명하려면 이렇게 말할 수 있을 거예요. '이 환자에게는 정말로 캐나다산 목발이 필요합니다. 목발도 필요하고 양철 지붕도 필요하고 시멘트 바닥도 필요해요.' 좀 더 공격적으로 나가려면 이렇게 쏘아붙일 수도 있겠죠. '웃기시네, 당신이 뭘 알아? 나는 이미 아이티에 집을 1천 채는 지었어. 그동안 당신은 어디서 뭘 하고 자빠져 있었지?' 하지만 어느 쪽도 먹히지 않긴 마찬가지예요. 어찌 됐든 저들은 이런 일을 해낸 의사를 비난할 거예요. 나 자신을 방어하거나 논쟁에 뛰어들어 시간을 허비하면 진짜 중요한 일을 해낼 수 없어요. 티 장이 '적정 기술' 따위를 운운하지 않을 땐 다 그럴 만한 이유가 있는 법이죠."

파머는 지금 우리가 걷고 있는 이곳이 노예제도가 존재하던 시절부터 미군 해병대가 아이티를 지배하던 시절까지 반군이 활동하던 기지였다고 설명했다. 주위를 둘러보니 캉주 인근과는 사뭇 분위기가 달랐다. 농토는 물론이고 언덕 꼭대기조차 캉주의 척박한 땅보다 훨씬 비옥해 보였다. 하지만 그런 만큼 이 지역에는 인구가 밀집돼 있었다. '길'이라고 부르기에도 민망한 수풀을 헤치며 걸어가는데도 모퉁이를 돌 때마다 사람과 마주쳤다.

우리는 중간에 큰 강을 건넜다. 둑을 파헤치는 돼지들과 물속으로 떨어지는 흙덩어리가 보였다. 나도 모르게 흙덩어리를 받아서 다시 강둑에 되돌려놓아야 할 것 같은 충동을 느꼈다. 그렇게 몇 시간이나 걸었는지 모르겠다. 출발한 지 최소 네 시간은 됐을 것이다. 그사이 여러 개의 언덕을 넘었지만 어딜 가나 PIH의 흔적이 눈에 띄었다. 물건이나 시설(가령 장미 라장테가 산중턱에 지은 학교 등)도 있었지만 대부분은 파머의 손길을 거친 환자들이었다. 처음에는 그들의 숫자를 셌지만 중간부터는 너무 많아서 포기했다. 상대적으로 건강해 보이는 사람들이 사방에서 다가와 파머에게 크리올어로 인사를 건넸다. "우리 선생님, 안녕하시죠?" "몸은 좀 어떠세요, 선생님?" 개중에는 아직 치료를 받고 있는 환자도 있었다. 가장 기억에 남는 환자는 얼마 전에 목과 가슴에 큰 화상을 입은 소녀였다. 얼굴 아래쪽의 살점이 녹아내렸다가 그대로 굳어졌는지

쭈글쭈글한 흉터가 기다란 턱수염처럼 보였다. 턱에서 가슴, 어깨로 이어진 흉터는 아이가 자라나면서 점점 팽팽하게 당겨질 것이다. 흉터도 흉터지만, 1~2년 후면 아이는 입을 다물 수 없게 될지도 모른다. 성형외과에서 수술을 받는다면 얘기가 달라지겠지만 아이티에 그런 서비스가 있을 리 만무했다. 파머는 아이를 미국에 데려가 수술할 방법을 찾기 위해 노력 중이었다. "그건 제 할 일 목록에 당연히 포함돼 있어요." 그가 말했다.

"카세는 아직 멀었나요?"

"글쎄요. 아직은 모르시는 편이 나을 텐데요." 그가 웃으며 대답했다. 그러더니 멈춰 서서 저 멀리 보이는 언덕 꼭대기를 가리켰다. "이제 저 언덕을 넘을 거예요. 그러고 나면 설명해드릴게요. 저기가 분수령이랄까요? 카이버 고개, 루비 능선, 레드혼 패스, 뭐 그런 거죠. 미안해요. 마지막 건 《반지의 제왕》 얘기였어요. 여기 이거 냄새 좀 맡아보세요. 로그우드 열매인데, 기운이 조금 날 거예요."

이미 물병에 남은 물은 마지막 한 모금까지 마셔버렸고, 나는 약간의 어지럼증을 느꼈다. 입술이 바짝 말라서 뭔가 말하려고 해도 쉰 소리만 났다.

파머가 내 상태를 알아채고는 농가만 나오면 "오렌지 있나요?" 하고 외치기 시작했다. 그 결과는 싱싱한 오렌지 여섯 알로 돌아왔고, 나는 나무 그늘에 앉아 숨도 쉬지 않고 차례로 오렌지를 먹어치웠다. 마침내 우리는 카세에 도착했다.

그곳은 갈색 흙먼지와 양철 지붕으로 뒤덮인 목조 건물로 가득한 작은 읍내였다. 파머가 가게에서 사다 준 콜라 덕분에 내 끔찍한 갈증은 완전히 해소됐다.

"지금 기분이 얼마나 좋은지 말로 설명할 수가 없어요."

"가뭄에 단비를 맞은 기분이겠죠."

장미 라장테의 지역 공중보건 요원인 여성이 맨발에 원피스 차림으로 달려나와 알칸테의 집으로 안내했다. (파머는 마을의 낯선 사람들에게 길을 묻는 대신 그녀가 우리를 발견할 때까지 기다렸다. 아이티인들은 질문에 엉뚱한 답을 내놓을 때가 많기 때문이라고 그는 설명했다. "이곳에서 3~4년 쯤 지내다 보면 당신도 알게 될 거예요.") 마을 입구에서 30분 정도 들어가자 알칸테 가족이 사는 농가가 나타났다. 농가라고 해봤자 기장이 자라는 밭 한 뙈기와 돌덩이 세 개로 만든 아궁이가 있는 부엌, 진흙과 나무 막대기로 지은 오두막이 전부였지만. 바나나 껍질로 된 지붕은 여기 저기 구멍까지 뚫려 있었다.

"알칸테! 다시 만나니 너무 반갑구나." 파머가 외쳤다.

"저도 선생님을 만나서 기뻐요." 아이가 눈동자를 빛내며 말했다. 그는 오두막에서 하나둘씩 모습을 드러내는 누이들에게 큰 소리로 부탁했다. "누나! 의자 더 없어? 선생님이 앉으실 의자가 필요해!"

"아무튼 꼬마 대장이라니까요." 파머가 흐뭇하게 말했다. "이 아이는 완전히…." 여기서 그의 목소리가 잦아들었다. 알칸테에 대해 설명하려다가 말고 대신 그는 환한 미소를 지어 보였다.

우리가 도착했을 때 알칸테의 아버지는 한쪽 면에 페인트를 칠한 유리조각을 거울 삼아 면도를 하고 있었다. 비누도 물도 없었다. 이윽고 그가 면도를 마치자 오두막에서 다른 가족들이 하나둘 나오기 시작했다. 그 모습을 보며 나는 작은 차에서 사람이 끝도 없이 나오는 서커스 묘기를 떠올렸다. 오두막은 기껏해야 가로 3m, 세로 6m쯤 돼 보였는데 식구는 열 명도 넘었다. 파머는 그들이 사는 공간을 물끄러미 바라봤다. "집 안은 볼 필요도 없겠어요. 10점 만점에 1점이 될까 말까 하네요."

긴 대화가 이어졌다. 파머는 그중에서 내가 알아둘 만한 이야기를 추려서 설명해줬다. 알칸테의 가족 중에는 결핵 환자가 여럿 있는데 그중 아버지만이 가래 샘플 검사에서 양성 판정을 받았다. 전염성 있는 폐결핵 환자가 아버지 한 사람이라는 의미였고, 이는 역학적으로 중요한 케이스다. DOTS 프로그램은 정책상 이런 환자만을 치료 대상으로 삼는다.

"여기 결핵 환자로 득실대는 집안이 있어요. 하지만 DOTS의 기준에 따르면 치료가 필요한 환자는 딱 한 명뿐입니다." 파머가 말했다. "나머지 가족들은 폐외결핵을 앓고 있는데, 이 역시 환자를 죽음에 이르게 할 수 있는 치명적인 질병이지만 저들에게는 이게 중요한 문제가 아니라는 거예요." 이 이야기를 덧붙이며 그는 잠시 리마 프로젝트의 추억을 떠올리는 것 같았다. "기존에 있는 결핵 프로그램을 없애자는 게 아니에요. 다만 맹점을 보완하고 약간의 유연성을 확보하자는 거죠."

알칸테의 가족으로부터 얻을 수 있는 사회적, 정치적 통찰도 있었다. "알칸테 가족을 보세요. 아이들은 밝고 영리합니다. 온전한 가족이에요. 하지만 아버지는 걷지 못하고 이 상태로는 생계조차 유지할 수 없죠. 끔찍하게 불공평한 일이에요. 수년 전에 한 여인이

제게 물었죠. 만물엔 복합적인 측면이 있다는 걸 이해하지 못하겠느냐고요. 그 순간 저는 깨달음을 얻었어요. 결핵의 원인이 주술이라고 믿는 사람들은 치료해줄 가치가 없나요? 오염된 물을 마시며 사는 사람들에게 그 원인을 정확히 알고 진지하게 요청하지 않으면 상수도 정화 작업을 해주지 않겠다고 으름장을 놓는 것과 뭐가 다르죠? 저만 해도 어릴 때는 오염된 물속에 있는 미생물이 질병을 옮긴다는 걸 몰랐어요. 그렇다면 그때의 저는 그냥 더러운 물을 마시면서 살아야 마땅했던 건가요?"

이 이야기를 끝으로 그는 '마무리 착지'에 들어갔다.

"오늘 이곳에 와서 너무 다행이에요. 이곳 상황이 얼마나 심각한지 알았으니, 이제부터 적극적으로 도움을 줄 방법을 생각해야 겠네요."

나는 파머가 말하는 '도움'이 무엇인지 잘 알았다. 일단 집에 콘크리트 바닥을 깔고 양철 지붕을 올리고, 가족의 영양 상태를 개선할 수 있는 조치를 취하고, 아이들을 학교에 보낼 수 있도록 교육비를 지원할 것이다. 전형적인 파머식 치료법이다. 일차적으로 환자가 앓고 있는 질병을 치료한 뒤, 애초에 그가 감염될 수밖에 없었던 취약한 조건을 근본적으로 개선하는 것.

나는 이런 식의 접근법이 훌륭하다고 치켜세우면서도 한편으로는 파머식 치료법의 한계를 보여주는 사례라며 비판할 사람들이 많다는 사실을 안다. 파머는 저명한 인류학자이자 의료 외교관이자 공중보건 행정가이자 전염병 전문의로서 가장 심각한 국제 이슈에 영향력을 행사하고 어려운 사람들에게 희망을 줄 수 있는 존재였다. 그런 사람이 환자 한 명의 집을 방문하기 위해 무려 일곱 시간을 통째로 할애한 것이다. 아이티에 절박한 환자들이 얼마나 많은가? 그런데 그가 일곱 시간을 들여 방문한 집은 중간에 들른 노인 부부의 오두막을 포함해도 고작 두 곳뿐이었다.

하워드 하이어트 교수의 한 재력가 지인은 PIH에 기부해달라는 제안을 받고 고민하다가 결국 거절했다. 파머가 아이티에서 이룬 업적에 깊은 인상을 받았지만, 그가 없다면 같은 성과를 이뤄낼 수 없을 것 같다는 이유에서였다. 나는 이와 비슷한 이야기를 수없이 들었다. 폴 파머와 김용은 아무도 해낼 수 없는 일을 한다, 파머가 세상을 떠나면 장미 라장테는 사라질 것이다, PIH는 극소수의 천재에게 지나치게 의존하는 조직이다 등등. 사람들이 짐짓 심각하고 관대한 척하면서 내놓는 비판은 크게 두 종류로 분류할 수 있다. 첫째, 환자 한두 명을 보기 위해 몇 시간 동안 산길을 걷는 것은 너무 비효율적이다. 둘째, 만약 그렇지 않더라도 그의 본보기를 따를 사람이 거의 없기 때문에 결국 파머의 선택은 세상을 변화시키기에는 부족하다.

하지만 그들이 입을 모아 주장하는 효율성과 비용 효과성, 혹은 큰 인물은 큰일을 해야 한다는 관점이 항상 더 나은 결과를 가져왔느냐 하면 꼭 그렇지만도 않다. 오래전 노스캐롤라이나주에서, 파머는 수녀들이 이주노동자를 대신해 기꺼이 허드렛일을 하는 모습에 큰 감명을 받았다. 몇 년 뒤, 그는 캉주와 카라바이요 프로젝트의 성공 비결로 '하찮은 잡일을 기꺼이 하려는 마음'을 꼽았다. "비밀을 하나 더 알려드리자면, 사람들이 이런 일을 오래 지속하지 못하는 이유는 하찮은 잡일을 꺼리는 마음 때문입니다."

빈곤한 지역에서 공중보건 사업을 추진할 때는 종종 이론이 실천을 앞지른다. 환자 개개인은 잊히고 작아 보이는 문제는 간과된다. 그러나 처음에는 별것 아닌 듯 보였던 그런 문제가 지속적인 무관심 속에 결국에는 다제내성 결핵처럼 큰 사회적 문제로 자라나게 되는 것이다. 김용은 "초점을 환자 개개인에 맞추면 적당히 하려야 할 수가 없게 됩니다"라고 말했다.

이러한 접근법은 실제로 PIH가 실시한 많은 프로젝트에서 효과를 거뒀다. 아마도 파머는 아무도 자신을 본보기로 따르지 않아도 상관없다고 할 것이다. 그래도 그는 여전히 환자를 위해 몇 시간이고 산길을 걸을 것이다. 어떤 이는 빈곤 가정 두 곳을 방문하는 것이 일곱 시간을 투자하기에 너무 작은 목표라고 주장할지 모른다. 하지만 이런 주장에는 그 두 개의 가정에 달린 목숨이 다른 대단한 일들보다 하찮다는 전제가 깔려 있으며, 이렇게 목숨에 경중이 있다는 생각이야말로 세상에 수많은 문제를 일으키는 근본적인 원인이다. 그날 아침 파머는 다른 일을 제쳐둔 채 굳이 '환자를 위한 여행'을 택했고, 나는 그것이 어느 정도 필연적인 선택이라는 인상을 받았다. 그가 환자의 집을 직접 찾는 이유 중 하나는 지금 하는 일을 계속할 수 있는 추진력을 얻기 위함이리라.

"저는 어려운 사람을 도울 때 진정으로 살아 있다는 기분을 느끼거든요."

어느 비행 중에 그가 내게 한 말이다. 그는 정기적으로 가난한 환자들을 찾아간다. 하버드대학교나 세계보건기구 같은 집단에 그의 선행을 증언해줄 '흰둥이' 증인 하나 없이, 그는 청진기를 귀에 꽂고 진흙 바닥에 기꺼이 무릎을 꿇는다. 내 생각에는 그가 남들이 보지 않는 곳에서 환자를 진료하는 것을 중요하게 여기기 때문인 것 같다. 어쩌면 그는 가끔이나마 자신이 무명의 의사이며, 의사로서 자신이 옳은 일을 한다는 감각을 느껴야만 하는지도 모른다.

옳은 일을 제대로 해내면 헛됨을 피할 수 있다. 파머가 직접 방문한 환자들은 신체적으로 건강이 개선됨은 물론이고 마음의 평화도 얻는다. 그리고 그는 그가 보살핀 환자들의 모습과 그가 사는 낡은 오두막을 마음속 깊숙이 담아간다. 이를 통해 그는 열정과 권위를 재충전하고, 이를 원동력 삼아 1년에 수십만 킬로미터를 여행하며 인류의 건강을 증진시킬 계획을 세우고 그에 대한 글을 쓴다. 나는 환자 치료야말로 그가 지닌 힘의 원천이라고 생각한다.

사실 그의 메시지는 매우 단순하다. 이 사람은 아프고, 나는 의사다. 모든 사람은 아팠던 경험이 있거나 최소한 아픔을 상상할 능력이 있고, 그렇기에 고통을 겪는 타인을 이해하고 동정할 수 있다. 의사와 약이 없는 세상이 얼마나 절망적일지 헤아리기는 그리 어렵지 않다. 파머는 인간의 보편적인 불안과 양심의 가책에 접근하여 자신도 몰랐던 '내면의 모순'을 깨닫게 하는 능력을 지니고 있다. '내면이 모순'이란 일부 운 좋은 이들이 무의식적으로 느끼는, 그러나 대개 자각하지 못하는 세상에 대한 불편함이다. 그는 자신의 삶 또한 이러한 불편함에 무뎌지지 않도록 설계한다고 말한다.

오필리아는 말했다. "가정방문이야말로 폴이 하는 가장 멋진 일이에요. 우리는 작은 행동의 힘을 믿어야 합니다. 결국은 이러한 실천이 모여 큰 결실을 이루거든요." 그날 아침, 파머는 자신이 다른 사람들을 이 '끝없는 패배'에 동참시켜왔다고 말했다. 실제로 그 수는 한둘이 아니다. 그들 중에는 성직자와 공무원, 티 장을 비롯한 농민, 캉주와 리마와 시베리아의 빈민촌에서 일하겠다고 선뜻 나선 수십 명의 의료진과 학생이 포함돼 있다. 어떤 이들은 무료로 봉사하고, 어떤 이들은 다른 곳에서 받을 수 있는 것보다 훨씬 적은 돈을 받고, 또 다른 이들은 다른 기관에서 지원금을 받아 자신의 급료를 스스로 마련한다. 파머는 언젠가 내게 자신이 나타나기만 해도 일이 착착 진행되는 그런 날이 오면 좋겠다고 푸념한 적이 있다. 문득 나는 그런 날은 이미 오지 않았나 하는 생각이 들었다. 그가 아이티와 리마, 톰스크, 록스베리를 비롯해 지구 곳곳에 벌여놓은 일은 이제 그의 손길이 없어도 잘 굴러가고 있다. 그 사이 의료계와 공중보건계에는 '할 수 있는 일'과 '효율적인 일'에 대한 정의가 다시 쓰였다. 그가 일으킨 작은 실천의 파문은 지금도 여전히 잔물결을 퍼뜨리고 있다.

위대한 재능을 지닌 한 사람은 어떻게 세상에 영향력을 발휘할 수 있을까? 적어도 파머는 완전히 비현실적이고 누가 봐도 어리석은 선택을 통해 그런 결과를 만들어냈다. 그가 하는 일의 절반은 미친 짓이며, 카세 여행은 그중 하나에 불과하다.

⸹

이제 장미 라장테로 돌아가는 여정이 남았다. 알칸테의 집을 떠날 무렵에는 이미 날이 저물기 시작했다. 아침에 넘었던 산등성이 위로 잿빛 구름이 소용돌이쳤다. "해질 무렵에 하늘이 심술을 부리는군요." 파머가 말했다.

그와 티 장은 돌아갈 방법을 의논했고, 손전등도 없이 컴컴한 산길을 오르내리고 강을 건너는 건 무리라고 판단했다. 무엇보다도 그들은 내가 그 여정을 감당할 수 없으리라고 생각했다. 두 사람의 이런 태도가 그리 달갑진 않았지만 한편으로는 안심되기도 했다. 우리는 일단 밤이 되기 전에 카세 시내로 내려왔다. 흙길을 걷는 우리 곁으로 말을 탄 노인이 지나갔고, 뒤이어 오토바이를 탄 청년이 지나갔다. 파머는 오토바이를 불러 세우더니 우리 일행 중 약사만이라도 캉주까지 태워다줄 수 없겠냐고 부탁했다. 청년은 100달러를 주면 그렇게 하겠다고 했다.

"이름이 뭐니?" 파머가 크리올어로 물었다.

"재키요." 그가 대답하더니 뭔가 생각난 듯이 물었다. "혹시 당신이 폴 파머 선생님인가요?"

"맞아. 나는 네 오토바이가 기름을 먹는다는 걸 알고, 당연히 기름을 채워줄 거야. 여기 사는 어느 가족을 위해 돈을 좀 가져오긴 했는데, 그들은 너와 달리 많이 가난하단다. 만약 네가 아파서 나를 찾아온다면 나는 네게 치료비로 100달러를 청구하지 않을 거야."

어느새 그들 주변으로 작은 군중이 모여들었다. 파머의 말을 듣고 재키와 마을 사람들은 다들 웃었다. 약사는 재키와 함께 캉주로 돌아갔고, 도착하면 파머와 티 장과 나를 위해 트럭을 보낼 것이다. 여기까지 오는 동안 땀 한 방울 흘리지 않던 파머는 심지어 조금 더 걷고 싶다고 말했다. ("사람들은 이상하게도 내가 건강하지 않다고 생각하죠. 실제로는 말처럼 건강한데 말이에요." 언젠가 그가 내게 말했다.) 우리 셋은 토몽드Thomonde 마을로 향하는 흙길을 따라 걷기 시작했다.

햇빛은 거의 사라졌고, 절절 끓던 한낮의 대기는 따스한 밤공기로 바뀌었다. 추운 북쪽 지방에 사는 사람들이 간절히 꿈꿀 만한 딱 좋은 온도였다. 어느 방향으로도 전깃불 하나 보이지 않았지만 다행히 밝은 별빛이 길을 희미하게나마 비춰줬다. "이거 좋은데요." 파머가 말했다. "병원과 비행기에서 벗어나 휴식을 취하는 기분이요. 여러분은 다리가 좀 아프실 수도 있겠어요. 하지만 전 걷는 걸 아주 좋아하거든요." 그는 진정으로 편안해 보였다. 우리는 마치 꿈나라에 가야 할 시간에 밖으로 나온 세 명의 어린이처럼 잔뜩 들떠서 평소 같으면 하지 않았을 이야기까지 떠들어댔다. 나는 문득 떠오른 군대 행진곡 한 소절을 불렀다. "멋진 집을 뒤로한 채 떠나왔다네."

"멋진 버스를 뒤로한 채 걷고 있다네." 파머가 노랫말을 받았다.

시도 때도 없이 우는 아이티의 수탉이 목청을 뽐내고 간간이 개 짖는 소리도 들렸다. 그때 저쪽에서 뭔가 우리 쪽으로 다가오는 소리가 들렸다. 무거운 물체로 바닥을 긁는 듯한 이상한 소리였다. "뭐지?" 파머가 티 장에게 물었다.

"좁 파알Job pa-l." 티 장이 아이티어로 대답했다. 직역하자면 "자기 일이요"라는 뜻이고, 의역하자면 "알려고 하지 마세요"쯤 되는 말이었다. 잠시 후 두 명의 사내가 모습을 드러냈다. 그들은 톱으로 베어낸 나무를 끌고 카세 쪽으로 향했다. 한참 걷고 있자니 또

삐걱거리는 소리가 다가왔다. 파머가 이번엔 뭐냐고 묻자, 티 장은 더욱 단호하게 "자페 붕다알_{Zafe bounda-l}!"이라고 대답했다. 직역하면 "자기 엉덩이요", 의역하면 "닥치고 신경 *끄세요*"라는 뜻이었다. 얼마 뒤 낡은 자전거를 탄 사람이 별빛 속에서 우리를 지나쳐 갔다. 이런 일이 몇 번이고 계속됐다. 한번은 또 다른 소리가 들려와 파머가 "안녕하세요"라고 인사했더니 티 장이 황급히 그를 저지했다. 그러더니 앞으로는 절대 입을 열지 말라며, 한밤중에 길에서 사람을 만나면 가능한 한 침묵을 지켜야 한다고 했다. 만약 상대가 "당신은 누구입니까?"라고 물으면 반드시 "나는 당신입니다"라고 대답하고, "무슨 일을 하고 있습니까"라고 물으면 "당신이 하는 일을 하고 있습니다"라고 대답해야 한다는 것이다.

뭐가 그리 위험하기에? 파머가 궁금해했다.

티 장은 이 풍습이 영혼을 납치하는 악마에 대한 두려움에서 비롯됐다고 설명했다. 아이티인들은 어두운 밤길에서 낯선 이와 말을 섞으면 아침에 일어나서 구토와 설사에 시달리고, 병원에서 장티푸스나 말라리아 진단을 받게 된다고 믿는다. "거기서 끝이 아니에요. 약도 먹어야 하지만 반드시 부두교 사제를 찾아가 저주를 풀어야 하거든요."

우리는 계속 걸었다. 파머는 티 장이 들려준 이야기 덕분에 부두교 의식을 수십 번씩 찾아다니던 아이티 생활 초창기가 떠올랐다고 말했다. 책에서 읽은 무시무시한 묘사와 달리, 실제로 지켜본 의식은 너무 평범하고 지루해서 실망스러울 지경이었다. "대부분 아픈 사람을 낫게 하려는 목적이었어요." 그는 티 장에게 실제로도 부두교 의식의 주된 목적이 환자의 치료냐고 물었다.

"4분의 3은 그럴 거예요."

"놀랍지 않나요?" 파머가 내게 물었다. "이 명백한 사실이 부두교에 대한 수많은 연구 자료에 언급조차 되지 않았다는 사실이요."

카세에서 출발한 우리는 거의 세 시간을 걸었고, 오늘 걸은 시간을 다 합치면 꼬박 열한 시간은 됐다. 마침내 내 다리에는 한계가 왔다. 내가 상태를 얘기하자 파머는 즉시 걷기를 중단하고 쉬자고 했다. 우리는 언덕 꼭대기의 울퉁불퉁한 흙길 한쪽에 동쪽을 바라보고 앉았다. 내 주머니에 있던 초코바 하나를 셋으로 쪼개 먹으며, 나는 마치 별빛 아래 야영을 하는 보이스카우트가 된 기분이었다. 티 장은 저 멀리 보이는, 도미니카공화국 국경 부근의 라디오 송신탑에서 깜빡이는 빨간 불빛을 가리켰다. 불빛을 멍하니 보고 있는데 파머가 몸은 좀 어떠냐고 물어왔다. 평소의 그와는 다른, '의사 파머'의 부드러운 목소리였다. 나는 꽤 피곤하지만 기분은 괜찮다고 솔직히 얘기했다. 오늘의 마지막 환자였던 내 상태까지 확인하자 그는 드디어 모든 의무에서 벗어난 듯 바닥에 벌렁 드러누워 별을 보기 시작했다.

"저기 오리온자리가 보이네요."

언덕 아래 어디선가 북소리가 들려왔다. 그 소리에 나는 중부 고원지대의 미군 기지에서 지내던 아이티 생활 초창기를 떠올렸다. 한밤중이면 부두교 의식을 치르는 북소리가 미레발레의 막사까지 둥둥 울려왔고, 그 의미를 이해하지 못했던 나와 군인들은 불안에 떨었다. 그 소리가 아픈 사람을 치료하기 위한 기도라는 사실을 알았다면 우리가 느낀 기분은 분명 완전히 달라졌을 것이다. 청진기 너머 약동하는 환자들의 심장 박동을 연상시키는 그 소리를, 지금의 나는 무척 좋아한다.

뒷이야기

잭 루신 신부님이 세상을 뜬 지 일곱 해가 지난 2002년 6월, 세계
보건기구는 다제내성 결핵 통제 프로그램에 새로운 약물치료법을
채택했다. PIH가 카라바이요에서 활용했던 것과 사실상 동일한
처방이었다. 이 사건은 김용에게 길고 긴 캠페인의 끝을 의미했다.
그는 제네바에서 PIH의 모든 회원에게 이메일을 보냈다.

"어제 세계는 바뀌었습니다."

2차 결핵 치료제의 가격은 계속 떨어졌고, 그린라이트 위원회
를 통해 비교적 순조롭게 빈곤 지역으로 전해졌다. 그중 페루는
이 프로그램 덕분에 1천여 명의 만성 환자가 완치되거나 치료 혜
택을 받았다. 한편 세계보건기구의 노력 덕분에 러시아 보건부는
마침내 세계은행 차관 조건에 동의했고, 1억 5천만 달러의 예산
으로 국토 전체에 퍼져 있는 전염병과 싸우기 시작했다. 톰스크
에서만도 약 250명의 다제내성 결핵 환자가 치료제를 무상으로

공급받았다.

　물론 그 이후로도 에이즈와 결핵은 교차감염으로 상승효과를 일으키며 아프리카와 아시아, 동유럽, 라틴아메리카 지역에서 기승을 부렸다. 통계적 추정치에 따르면 2010년까지 전 세계 에이즈 감염자는 1억 명을 넘어설 것으로 추정되며, 이 사태가 현실화되면 말 그대로 재앙이 일어날 것이다. 미 행정부의 일부 인사들은 빈곤국가에서 에이즈를 치료하는 것은 불가능하다는 주장을 굽히지 않았지만, 이러한 견해는 점점 힘을 잃고 있다.

　에이즈 치료에 필요한 항바이러스제 가격은 2차 결핵 치료제보다도 빠른 속도로 떨어졌다. 그 바탕에는 에이즈가 있는 곳이라면 어디서든 에이즈 치료를 위해 노력해야 한다는 세계적인 캠페인과 그에 따른 인식 변화가 있었다. 김용은 에이즈와 결핵에 대한 국제사회의 대응 방식이 현세대의 도덕적 수준을 평가하는 기준이 되리라고 말했다. 2003년 취임한 세계보건기구의 새 사무총장은 김용에게 선임고문 자리를 제안했다. 한편, 장미 라장테의 입지는 점점 강화됐고 오늘날 캉주는 미국 정치인과 각국의 공중보건 정책 담당자가 즐겨 방문하는 명소가 됐다.

　글로벌 펀드 기금의 지급은 늘 그렇듯 지연됐지만 파머는 돈이 들어오기를 기다리지 않고 2002년 여름에 장미 라장테의 확장을 추진했다. 에이즈 프로그램을 비롯한 각종 질병통제 프로그램의 가동 범위를 중부 고원지대 전체로 확장하기 시작한 것이다. 기금이 도착할 때까지 당장 필요한 비용을 마련하기 위해 PIH는 보스턴의 한 시중 은행에서 200만 달러를 대출했다. 톰 화이트는 보증을 서는 동시에 원금 일부를 기부 형태로 즉시 상환했고, PIH 직원 중에서 높은 연봉을 받는 사람들은 나머지 대출금에 대한 이자 부담을 나누어 졌다. 최종적으로 파머는 중앙 고원지대의 보건 시설들, 무엇보다 캉주 인근 지역의 인프라를 살찌우고자 했다.

그는 아이티의 세 도시에 미국인과 아이티인으로 구성된 의료진과 기술진 팀을 파견했다. 그중 한 팀은 캉주에서 북쪽으로 몇 킬로미터 떨어진 정착촌 라스카호바Lascahobas로 향했다. 그들이 도착했을 당시 마을의 의료시설은 거의 폐허나 다름없는 개인병원 하나와 텅 빈 공공 진료소가 전부였다. 변변한 약품도 없고, 전기도 하루에 몇 시간만 공급됐으며 그나마 계속 끊겼다. 그곳 의료진은 의사 한 명과 간호사 다섯 명으로 구성됐는데 모두 오후 1시면 퇴근했다. 라스카호바 팀의 일원이었던 세레나 쾨닉은 상황이 그야말로 악몽 같았다고 묘사했다. 하지만 약 한 달간의 '살찌우기' 작전을 실시한 결과, 진료소에는 발전기와 실험 장비가 설치됐고 충분한 의약품이 구비됐으며 상시 대기하는 의료진까지 갖춰졌다. 그곳은 곧 환자로 가득 차, 매일 200명, 많을 때는 300명이 찾는 주요 의료시설이 됐다. 아이티와 아이티 정부에 대한 해외 원조는 날이 갈수록 줄어들었지만 캉주로 찾아오는 환자의 행렬은 여전했다. 하지만 이제 라스카호바에서 이곳으로 오는 환자는 소수에 불과했고, 라스카호바와 장미 라장테를 연결하는 버스 노선은 승객이 줄어들어 운행을 중단했다.

표토가 바다로 쓸려 내라가듯 아이티는 여전히 피 흘리고 있다.

파머는 저서에 아이티에서 벌어지는 모든 상황을 "썩었다"라는 말로 표현하면서, 그럼에도 "작은 희망이 엿보이는 곳도 있다"라고 덧붙였다. 캉주 주민들은 티 피피의 도움을 받아 아리스티드 대통령에게 전력 공급을 요청하는 탄원서를 보냈다. 같은 해 10월 말, 펠리그르 댐에서 캉주까지 하루에 몇 시간 정도 전기를 공급할 수 있는 전봇대를 설치하는 공사가 시작됐다. 적십자사는 장미 라장테에 수혈 센터를 세우겠다는 계획을 발표했다. 파머가 혈액 부족으로 죽어가는 환자를 속수무책으로 지켜봐야 했던 그날로부터 20년 만에 비로소 중부 고원지대에는 독자적인 혈액은행이 생겼다. 캉주의 환자들은 이제 수도까지 가서 돈을 내고 혈액을 구입할 필요가 없어졌다. "이제 피 때문에 우는 일은 없을 거예요"라고 파머는 이메일로 전했다.

이 외에도 그는 종종 기쁨과 열정이 넘치는 이메일을 보내왔다. 한번은 "PIH는 정말이지 비약적으로 성장하고 있어요!"라며 스스로 감탄하는 메시지를 보내기도 했다. 현재 장미 라장테에는 200명 이상의 지역 공중보건 요원, 10여 명의 간호사, 열두 명의 의사가 근무하고 있다. 의료진 중에는 쿠바 출신의 외과 의사와 소아과 의사가 포함되어 있다. 장미 라장테는 3천 명 이상의 에이즈 환자를 돌보며 그중 350여 명에게 에이즈 치료제를 제공하고 있다. 또한 자체적으로 에이즈 검사를 실시할 수 있는 첨단 장비와 전문인력도 확보하고 있다. 한편 라퐁탕 신부는 두 번째 수술실을 짓는 데 성공했고, 2002년에는 브리검과 사우스캐롤라이나에서 파견된 의료진이 캉주에서 최초의 심장 개복 수술을 진행했다.

파머에게 묻고 싶었다. 그가 늘 말하던 '적정 기술'이 바로 이런 의미였을까? 어쩌면 나는 답 자체보다도 열을 올리며 설명하는 그의 목소리가 못내 듣고 싶었던 것인지도 모른다.

2009년 3월

2003년 《꿈은 삶이 된다》가 출간된 이후 수많은 대학과 중고등학교, 공립도서관이 이 책을 필독도서로 지정했다는 소식을 들었다. 말할 필요도 없이 작가로서 너무나 영광스러운 일이다. 한편 PIH의 운영진은 이 책 덕분에 다수의 잠재적 기부자를 확보했으며 그들의 대의를 널리 홍보하는 데 큰 도움이 됐다고 감사 인사를 전해왔다.

이 원고를 쓰던 당시 나의 가장 큰 목표는 우연히 발견한 흥미로운 이야기를 되도록 정확히 묘사하는 것이었다. 내가 이 책을 쓴 것은 좋은 일을 하기 위해서가 아니었다. 그러니 어쩌다 그 결과가 좋은 방향으로 흘러갔다 해도 결코 내 덕이라고 하기 어렵다. 어쨌든 여기 담긴 이야기는 내가 창조한 것이 아니며, 나는 세상을 바꾸기 위한 노력이나 그에 수반되는 온갖 고되고 지루한 일도 전혀 하지 않았다.

여전히 PIH의 운영을 책임지고 있는 오필리아 달은 언젠가 내게 말했다. "아이티는 이곳을 본 사람의 뇌리에 문신처럼 새겨지는 그런 나라예요." 그녀가 처음 아이티를 방문한 지 어느덧 25년이 지났지만, 그녀는 여전히 아이티 수도의 상당 부분을 차지하고 있는 거대한 빈민가 '라 살린느'가 내려다보이는 창가에 섰던 순간을 생생히 기억한다. 도시를 뒤덮은 움막과 끝없이 펼쳐진 슬럼가, 병균에 오염된 진흙 바닥은 마치 수십 킬로미터 이상, 어쩌면 바다까지도 이어진 것처럼 보였다. 그때 오필리아는 겨우 만 열여덟 살이었다. 그녀는 그 광경에 감당하기 어려운 절망을 느꼈고, 다섯 살 많은 파머에게 라 살린느 빈민의 비참한 삶에 자신이 어떤 의미 있는 도움을 줄 수 있을지 모르겠다고 호소했다. 그곳에는 거대한 넓이만큼이나 헤아릴 수 없이 많은 문제가 쌓여 있었다. 그녀는 그 순간 파머가 했던 대답을 지금도 기억한다. 그는 오필리아의 어깨에 손을 얹고 부드럽게 말했다. "그럼 우리가 할 수 있는 일이 뭔지 알아보는 데서부터 시작할까?"

책에도 묘사했듯이, 파머는 캉주에서 PIH의 첫발을 내딛던 순간 오필리아에게 말했다. "우리는 가장 넓은 의미의 보건을 늘 염두에 둬야 해." 파머와 그의 친구들이 1980년대 초반 캉주에서 시작한 작은 진료소는 이 책이 출간된 이후 처음과 비교할 수 없을 정도로 커졌다. 장미 라장테는 환자를 진료할 뿐 아니라 갈 곳 없는 아이티인을 위해 수백 채의 집을 지어주고, 3천 명 가까운 현지인에게 일자리를 제공하고, 상수도를 정화하는 동시에 환자들의 집에 정수 시설을 설치해주고, 학교 하나 없던 지역에 교육시설을 지어 매년 약 9천 명의 아이들을 교육시키고, 하루에도 수천 명의 빈민에게 식량을 제공하는 대규모 공중보건 및 의료 시스템으로 성장했다. PIH는 지금도 아이티에서 나무를 심거나 소규모 사업에 자본을 출자하는 등 다양한 사업을 직접 주도하거나 간접적으로 지원하고 있다. 그들이 구축한 시스템에 도움을 받은 아이티인은 공식적인 통계로만 봐도 무려 전체 인구의 7분의 1 이상인 100만 명가량이며, 장미 라장테가 제공하는 진료나 복지 혜택을 받기 위해 전국에서 몰려드는 인구를 감안하면 비공식 수치는 그보다 훨씬 많으리라 예상된다.

내가 폴 파머를 처음으로 따라다니기 시작한 2000년에는 PIH 이름으로 운영되는 병원이 딱 하나밖에 없었다. 그로부터 10년도 채 지나지 않은 지금, PIH는 아이티에 여덟 개의 병원과 보건소를 관리하며(그중에는 새로 지은 것도 있고 폐쇄된 시설을 복구한 것도 있다) 그 외에도 다수의 이동식 진료소를 운영하고 있다. 덕분에 아이티의 환자들이 선택할 수 있는 치료의 폭이 크게 넓어졌다. 모든 시설의 의료 서비스는 최고 수준이며 기본적으로 무료로 제공된다. 게다가 이 시설은 소수를 제외하면 대부분 현지인 인력으로 운영되고 있다. PIH는 아이티 보건부와 파트너십을 맺고 이 모든 확장을 긴밀한 협력하에 진행해왔다.

장미 라장테의 의료진과 지역 공중보건 요원은 중부 고원지대에 있는 에이즈 감염자를 100% 파악하고 있다고 자신 있게 말한다. 환자에 따라 적절한 치료도 제공하는데 가령 2007년에는 총 3,562명이 항레트로바이러스 치료를 받았다. 같은 해 PIH는 영양실조에 걸린 빈민에게 454톤의 식량을 나눠줬고, 매달 약 420명의 출산을 도왔으며 750명 이상에게 피임 교육을 실시했다. 특히 임상 부분에서는 지금까지 거의 200만 건에 가까운 직간접적인 의료 상호작용을 수행했는데, 이는 일반적으로 연간 10억 달러 이상의 예산을 운영하는 보스턴의 대형 종합병원 하나(어쩌면 둘)와 맞먹는 실적이다. PIH가 2007년 한 해 동안 아이티에서 지출한 금액이 의료와 연구, 공중보건('공중보건'이라는 개념에는 많은 일이 포함된다)을 모두 합쳐 1,600만 달러에 불과하다는 사실을 고려하면 믿기 어려운 성과가 아닐 수 없다.

파머의 하루는 다른 사람의 한 달과 같다고 누군가 말했다. PIH 사람들은 모두 이 말에 동의한다. 이제 그의 영향력은 국제적인 수준으로 성장했다. 오늘날에는 아이티나 사하라 이남 아프리카 같은 지역에서 에이즈를 치료해야 한다는 의견에 대부분의 전문가가 동의하며, 여기에는 파머의 힘이 큰 몫을 했다. (이는 부분적으로 그가 주도한 치료제의 가격 하락 덕분이기도 하다. 이 책을 쓰던 2000년대 초반까지만 해도 에이즈 환자 한 명에게 드는 1년 치 약값은 약 1만 4천 달러에 육박했지만 내가 가장 최근에 들은 바로는 125달러까지 하락했다.)

현재 다제내성 결핵 통제를 위해 PIH의 프로그램을 채택한 국가는 128개국에 달한다. PIH는 약물 저항성을 지닌 결핵도 치료할 수 있다는 사실을 전 세계에 증명했을 뿐 아니라 효과적인 방법론까지 고안해냈다고 해도 지나치지 않다. 오늘날에는 국제적인 움직임이 된 결핵 퇴치 프로젝트 역시 치료제의 비용을 낮추려는 김용의 기발하고 끈질긴 노력이 성공하지 못했다면 결코 이뤄지지 못했을 성과라고 하겠다.

이 책이 출간됐을 때 김용은 이제 막 세계보건기구에서 일하기 시작한 상태였다. 2003년 당시만 해도 '개발도상국'이라고 뭉뚱그려지던 나라에서 에이즈 치료를 받는 환자 수는 다 합해서 30만 명이 될까 말까 했다. 세계보건기구에서 김용은 2005년까지 치료 인원을 300만 명으로 늘린다는 목표를 세운 뒤 '3×5'라고 이름 붙인 캠페인을 시작했다. 많은 사람이 불가능하다고 생각했고 실제로 그들이 옳았다. 하지만 2005년이 됐을 때 30만이라는 숫자는 100만까지 늘어났고, 특히 아프리카 대륙에서는 치료받는 환자 수가 여덟 배나 늘어났다. 김용의 '실패'가 만들어낸 변화의 정도를 구체적으로 측정하기는 어려웠지만 불과 2년 전까지만 해도 보편적인 에이즈 치료에 반대표를 던지던 세계보건기구 관료 가운데 상당수가 마치 처음부터 찬성 측이었던 것처럼 입장을 바꿨다. 김용이 국제 보건평의회High Councils of International Health에서 직접 설명했듯 3×5 캠페인은 '체스판에 던져진 볼링공' 같은 효과를 가져왔다. 그 후 그는 다시 보스턴으로 돌아가 PIH의 자매 병원인 브리검 병원이 주도하는 글로벌 헬스 에쿼티 지부Division of Global Health Equity를 경영했고, 2009년 다트머스대학교 총장으로 임명됐다.

PIH의 변화를 한 걸음 떨어진 거리에서 관찰하면서 나는 순수한 놀라움과 함께 머리를 한 대 얻어맞은 듯한 충격을 번갈아 느꼈다. PIH는 지금도 페루와 러시아의 다제내성 결핵 통제 프로젝트를 추진하고 있다. 그들은 주로 다양한 국제단체와 지역 당국에 지원과 자문을 제공하는 역할을 한다. (PIH가 톰스크 교도소에서 처음 결핵 통제 프로그램을 실시했을 때 이 병은 수감자의 주요 사망 원인이었다. 그러나 2003년 결핵 사망률은 0에 수렴했고 지금까지도 굉장히 낮은 비율을 유지하고 있다.) 보스턴의 가난한 에이즈 환자를 돌보는 프로젝트와 멕시코, 과테말라를 지원하는 소규모 프로젝트 또한 현재 진행형이다. 물론 새로운 소식도 있다. 그들은 아프리카에서도 극도로 빈곤한 지역으로 분류되는 말라위Malawi와 최악의 에이즈 희생양으로 꼽히는 작은 산악국가 레소토Lesotho에 도움의 손길을 내밀었고, 르완다에서 진행하던 대규모 프로젝트를 한층 확장해 이웃 국가인 국가 브룬디Burundi로까지 영역을 넓혔다. 당시 브룬디는 13년간 나라를 갉아먹은 내전의 상처에서 이제 막 회복하려는 상태였다. 현재 PIH는 200만 명의 환자를 직접적으로 돌보고 있으며 폴 파머가 아이티에서 오랫동안 진행해온 '확장된 의미의 공중보건' 또한 꾸준히 실현하고 있다.

가끔은 PIH가 영역을 너무 공격적으로 넓히는 게 아닌가 하는 우려도 든다. 정부나 민간 재단에서 상당한 보조금을 받고 있지만 가난한 국가의 국민이 겪는 질병을 치료하기에는 턱없이 부족하다. 게다가 감염증이나 임신 관련 질환을 포함한 일반 진료에는 에이즈만큼 넉넉한 예산이 책정되지도 않는다. 이런 이유로 PIH는 언제나 개인의 기부에 크게 의존하고 있으며 조직 운영비와 인건비를 최대한 줄여서 의료 예산을 한 푼이라도 더 늘리려고 노력한다. 책 본문에도 소개된, 총수입의 5%만을 운영 예산으로 사용하는 PIH의 정책은 지금도 유효하다. 이곳의 직원과 봉사자는 조직을 성장시키기 위해 파머가 늘 강조하는 '도덕적 의무'를 달성해야 한다고 믿는다. 3,300만 인구를 감염시킨 HIV 바이러스를 비롯해 세계를 위협하는 공중보건 이슈가 산적해 있는 이 시대에 그 신념이 틀렸다고 말할 수 있는 사람은 많지 않을 것이다.

PIH의 활동 범위는 지리적으로 곳곳에 흩어져 있지만 그들은 언제 어디서나 '고통을 줄이고 예방한다'는 동일한 목표를 추구한다. 활동 방식에도 공통된 중심축이 있다. 가령 PIH는 어떤 프로젝트를 운영하든 직접 교육한 뒤 급여를 지급하는 지역 공중보건 요원을 중심으로 움직인다. 이는 아이티에서 시작해서 25년간 이어온 PIH의 전통이 됐다. 그들은 심지어 보스턴 프로젝트에도 현지 공중보건 요원을 적극적으로 활용하는데, 의료 서비스가 전혀 없던 아이티에서 개발된 시스템을 병원이 넘쳐나는 미국으로 옮겨왔다는 점에서 보면 세계적으로도 유례없는 기술 이전 방식이라고 할 수 있다. 르완다에서 진행한 프로젝트는 범위와 기술을 포함한 많은 면에서 아이티를 닮아갔다. 2005년에 꾸려진 첫 르완다 의료팀은 미국인 의료진뿐 아니라 노예로 납치된 아프리카인의 후손인 아이티 의사와 간호사로 구성됐다. 그들 대부분은 장미 라장테에서 훈련받은 인력으로 조상이 같은 먼 친척들에게 도움을 주기 위해 긴 세월과 먼 거리를 뛰어넘어 다시 아프리카 대륙으로 돌아온 것이다.

일부 국제 원조 단체는 도움을 줘야 할 사회를 오히려 약화하는 실수를 너무나 자주 저지른다. 그들은 부유한 나라의 전문가들에게 지나치게 의존하고, 프로젝트를 현지 환경에 맞게 적응시키는 방법을 모른다. 이렇게 진행된 프로젝트가 성장은커녕 지속되기도 어려운 것은 어찌 보면 당연하다. 그러나 PIH는 다르다. 6,500여 명의 정규직원 중 대다수는 그들이 봉사하는 빈곤국가 출신의 현지 인력으로, 미국 출신은 100명도 채 안 된다.

⸎

나는 이 책을 쓰일 자료를 수집하기 위해 오랜 기간 폴 파머를 따라다니며 함께 여행했다. 지금 와서 돌이켜보면 그 여행은 대개 견디기 힘든 고통의 연속이었다. 파머는 내가 그때까지 겪었던 것보다, 어쩌면 상상했던 것보다 더 많은 절망을 보여줬다. 그럼에도 그와 함께 다니던 그 시간은 내 인생에서 가장 흥미로웠다. 2000년대 초반의 PIH는 규모 면에서 여전히 보잘것없는 단체였지만 부유한 나라에서 성공적으로 치료할 수 있다면 가난한 나라에서도 그 질병을 성공적으로(동시에 경제적으로) 치료할 수 있다는 생생한 증거를 곳곳에서 만들어내고 있었다. 그 증거를 바로 곁에서 목격하며 느낀 감동은 이루 말로 설명하기 어렵다. 고통의 현장을 수동적으로 목격하는 경험과 고통에 빠진 이를 치유하기 위해 노력하는 사람들을 목격하는 경험은 완전히 다르다.

그 여행에는 분량 관계상 아쉽게 싣지 못했던 인상적인 순간이 수없이 많았다. 어쩌면 아바나에서 보낸 한 주에 대해, 그 기간에 파머를 도왔던 쿠바의 전염병 전문의 호르헤 페레즈에 대해 더 많은 이야기를 쓸 수도 있었을 것이다. 페레즈는 내가 쿠바에 갖고 있던 편견을 완전히 바꿔줬다. 수년간 들었던 악의적인 소문 때문에 나는 그곳이 칙칙하고 인색하며 무미건조한 공산주의 국가라고 제멋대로 상상했었다. 아바나에서 머물던 어느 날 밤, 우리는 유럽 자본으로 개조된 고급 호텔 바에 들렀다. 과거 페레즈에게 치료를 받았던 호텔 매니저 닌파가 저녁을 대접하겠다고 우리를 초대했던 것이다. 식사 도중에 페레즈가 닌파에게 농담을 던졌다. "닌파라니, 정말 예쁜 이름이에요. 하지만 부모님이 그 이름을 지어주실 때는 따님이 이렇게 아름다운 숙녀로 성장하리라고 생각하지 못하셨겠죠?" 닌파는 활짝 웃으며 나를 향해 말했다. "페레즈는 여성 환자들을 치유하는 방법을 안다니까요." 그러더니 이렇게 덧붙였다. "우리 모두가 그와 자고 싶어 했죠."

그 순간 쿠바가 더는 칙칙하고 무미건조하게 느껴지지 않았고 사람들이 쿠바에서 꽤 좋은 시간을 보낼 수 있겠다는 느낌이 들었다. 물론 파머는 이미 그곳에서 좋은 시간을 보내고 있었다. 그에게 '좋은 시간'이란 환자들을 방문하는 시간이었기에. 자신의 환자가 없는 장소에서는 늘 그러하듯이, 그는 다른 의사들의 환자를 보러 다녔다. 페레즈의 회진을 함께 따라다니면 파머가 페레즈를 살살 긁는 장면을 보는 재미가 있었다. 아니, 사실 파머는 쿠바를 여행하는 내내 페레즈에게 장난을 쳤다. 그의 환자 중에는 여성이 많았고 임산부 비율도 높았다. 나는 '임신 중'이라는 표시를 볼 때마다 걱정이 돼 계속 물었다. "이분도 임신을 하신 건가요?" 그때마다 그는 참을성 있게 똑같은 대답을 들려줬다. "네, 제가 임신을 하진 않았을 테니까요."

나는 브리검 병원에서도 파머와 제자들을 따라 회진에 여러 번 참석했다. 저녁 무렵 시작해서 밤늦게까지 이어지기 일쑤였던 회진은 대부분 심각함과 우스꽝스러움이 절묘하게 뒤섞인, 어쩌면 첨단 기술과 인력과 장비가 모두 갖춰진 최고의 병원이기에 가능할지도 모르는 유쾌한 분위기로 진행됐다. 나는 또한 캉주에 있는 PIH의 중앙 병원에서 보낸 수많은 낮과 밤을 기억한다. 하루는 결핵 환자들이 파머의 생일을 축하하기 위해 패션쇼를 열었다. 갑상선 기능 저하증을 앓는 환자들도 가장 좋은 옷을 차려입고 워킹을 선보였다. 당시 나는 그 파티가 앞으로 나올 책에 반드시 들어가리라고 생각했다. 그 생각이 현실로 이뤄지지 못했던 건 아마도 그 환상적인 시간 속에서 정신없이 웃고 떠들던 와중에 메모하는 것마저 잊어버렸기 때문일 것이다.

환자를 방문하기 위해 걸었던 길고 긴 산길과 그사이에 티 장과 나눴던 수많은 대화도 선명히 떠오른다. 티 장은 수다스러우면서도 화끈한 성격의 사내로, 장미 라장테의 환자 가운데서도 더 가난한 이들을 위해 셀 수 없이 많은 집을 지었다. 한번은 나를 들쳐 안고 불어난 강을 건넌 적도 있고, 어느 날엔가는 나와 파머를 초대해서 뿔닭으로 만든 멋진 요리와 칵테일을 대접하기도 했다. 그는 몇 해 전에 세상을 떠났다. 사인은 총상이었고 명백한 사고였다. 나는 지금도 그가 그립다. 그는 파머가 자신의 수다에 끼어들 때마다 "닥치세요"라고 말하곤 했다. 말 많기로 유명한 파머조차 티 장의 엄포에는 순한 양처럼 조용히 입을 다물었다.

의료 봉사를 하는 곳에서, 가령 페루 리마의 진료소 같은 곳에서 아기가 태어났을 때 파머는 신생아의 세례식에서 기꺼이 대부가 되어줬다. 그 모습을 보며 나는 생각했다. "이건 정말 멋진걸.

파머는 전 세계에 자신을 대부님이라 부르는 아이들이 있는 거야. 그야말로 마피아보다 화려한 '패밀리'로군."

장미 라장테 안주인 만미토 여사가 파머가 15년 전에 했던 행동까지 들먹이며 나를 꾸짖었던 기억도 난다. 여사에게 꼼짝도 못하는 파머는 내게 왜 우리가 열한 시간 거리를 걸어서 환자의 집을 방문해야 했는지 여사에게 대신 설명해달라고 간청했다. 뭣도 모르고 중재에 나섰다가 된통 꾸중을 들었던 것이다.

뉴욕의 작고 지저분한 법정에서 증언하던 파머의 모습도 어제 일처럼 생생하다. 그는 이민국으로부터 추방 통보를 받은 아이티인 에이즈 환자를 변호하며 그를 돌려보내는 것은 사형 선고나 다름없다고 호소했다. 담당 검사는 거친 말투에 무뚝뚝한 인상의 여성이었는데 파머에게서 아이티의 상황을 듣더니 반대신문도 잊은 채 자신에게 불리한 게 분명한 질문을 던지기 시작했다. 파머가 열심히 대답하는 동안 그녀는 간간이 "하나님 맙소사", "그렇게 심각하다니…" 같은 추임새를 던졌다. 그 재판에 얽힌 재미난 에피소드가 하나 더 있다. 법정으로 향하는 동안 파머는 별안간 자신의 넥타이가 너무 화려해서 재판부에 좋지 못한 인상을 줄 것 같다고 걱정하기 시작했다. 그가 상대적으로 얌전한 내 넥타이에 대놓고 눈독을 들이기에 나는 순순히 바꿔줬다. 그때 그에게 받은 불꽃처럼 새빨간 넥타이는 지금도 갖고 있지만 아직까지 한 번도 착용하지 않았다.

파머와 모스크바에서 보낸 시간 중 유달리 기억에 남는 저녁이 있다. 그날 우리는 저명한 공중보건 전문가와 함께 식사를 했다.

사실 그와 파머는 불과 몇 시간 전까지만 해도 회의장에서 격렬한 설전을 벌였었다. 논쟁의 주제는 우유였던 것으로 기억한다. 파머는 결핵을 앓는 러시아 죄수에게 매일 우유 한 잔을 지급하자고 주장했고 상대는 이를 불필요한 조치라고 생각했던 것이다. 식사를 마치고 모스크바 거리를 걷는데 와인의 취기 때문인지 문득 파머를 조금 괴롭히고 싶다는 생각이 들었다. 나는 우선 국제 공중보건 회의에서 전문가들이 자주 던지는 비판을 인용했다. "의사들은 정말 착해요. 눈앞에 있는 환자가 세상에서 가장 중요하다고 생각하죠. 하지만 우리는 그보다 더 중요한 것, 즉 인류 전체의 건강을 고려해야 합니다." 그러고는 저녁 식사를 함께한 전문가를 두둔했다. "아까 그분은 공중보건 전문가잖아요. 그러니 그쪽을 더 중요하게 생각하겠죠."

"저도 공중보건을 중요하게 생각해요! 하지만 어디까지가 '공중'의 범위에 포함되는 거죠? 가족인가요? 아니면 마을? 도시? 국가? 게다가 자기들 멋대로 공중보건을 규정하는 그 작자들은 대체 뭐 하는 사람들인가요?" 이렇게 말하는 파머는 웃고 있었고 말투도 우스꽝스러웠다. 얼핏 보기엔 그 또한 와인 몇 잔에 긴장이 풀린 것 같았다. 하지만 그 무렵의 나는 그의 이런 태도가 중요한 진심을 포장하는 일종의 위장술이라는 걸 알고 있었다. 나는 그가 그날 했던 이야기를 '모스크바 성명'이라고 부르며, 지금도 종종 곱씹으며 의미를 생각한다.

PIH는 수십억 인구를 괴롭히는 끔찍한 가난과 질병을 한꺼번에 해결하는 방법을 알지 못한다. 그 조직의 누구도 그런 식의 과장된 호언장담을 한 적 없으며 설사 방법을 알고 있다 해도 에이즈나 결핵, 말라리아 같은 무서운 전염병을 그들만의 힘으로 통제하는 것은 불가능하다. 이것은 질병에만 해당하는 이야기가 아니다. 그들에게는 무분별한 삼림 벌채로 황폐해진 아이티의 토지를 단독으로 살려낼 힘이 없다. 수백 년 전 프랑스가 노예 식민지를 건설한 순간부터 차곡차곡 쌓아온 이 문제는 결국 얼마 전 수많은 인명을 앗아간 홍수 사태로 이어지고 말았다. 그러나 PIH는 극도로 가난한 지역에서도 질병을 통제할 수 있으며, 집단감염을 일으키는 원인 중 최소한 일부는 공동의 노력으로 바로잡을 수 있다는 사실을 증명해냈다. 그들이 아이티에서 일으킨 희망의 물결은 페루와 러시아를 거쳐 아프리카로 퍼져 나갔다. 다른 무엇보다도 PIH는 미국을 필두로 한 '선진국' 무리에 비판과 책임을 동시에 지우고 스스로 주장한 대의를 행동으로 증명하면서 진정한 의미의 희망을 선보였다. 그들은 아이티와 페루, 러시아, 보스턴, 얼마 전부터는 아프리카에서 환자들을 돌보며 이러한 성과를 이뤄냈다. 어쩌면 세상에서 가장 평범한 환자 개개인이야말로 그들에게 가족을, 마을을, 도시를, 나라를, 나아가 세계를 대하는 방법을 가르쳐준 장본인이 아니었을까?

마지막으로 당부하고 싶은 말이 있다. 이 책은 폴 파머라는 주인공을 집중적으로 조명하고 있지만, 알다시피 한 명의 영웅이 세상을 변화시킨다는 관점은 온전한 진실이 아니다. 파머는 PIH의 초창기 업적이 자신만의 작품이라고 여겨지는 것을 원치 않았다. 만약 이 책의 저자가 그랬다면 아마도 자신 이상으로 톰 화이트,

김용, 라퐁탕 신부, 오필리아 달, 로네 비우드Loune Viaud(티 피피의 본명), 토드 맥코맥, 혼 서시Haun Saussy 등에게 많은 분량을 할애했을 것이다. 하지만 난 그럴 능력이 없었고, 애초에 능력 밖의 시도를 하지 않아서 다행이라고 생각한다.

이 책으로 인해 파머가 겪게 된 여러 가지 불편에 대해 진심으로 미안하게 생각한다. 《꿈은 삶이 된다》로 인해 일부 독자가 파머를 향해 도덕적 질투심을 품었다는 사실을 떠올리면 마음이 무거워진다. 또 어떤 이들은 이 책을 읽고 이런 반응을 보였다. "난 인생을 낭비했어. 폴 파머처럼 치열하게 살았어야 했는데…." 사실 이 정도면 양반이고 더 험악한 반응도 있었다. "이 재수 없는 인간과 비교하니 내가 패배자처럼 보이잖아." 그러고는 파머의 결점을 찾아 들쑤시거나, 찾지 못했을 때는 만들어서라도 그를 비방했다.

나라고 해서 질투가 없는 사람이 아니고, 다른 사람의 삶을 무작정 신격화하고 싶은 생각도 없다. 하지만 파머를 따라다니며 지낸 3년 동안 나는 그를 향한 부러움에 면역이 됐다. 그가 해낸 일을 내가 똑같이 할 수 없다는 사실은 분명하다. 한창 젊었다 해도 차마 시도하지 못했을 것이다. 나는 여전히 그와 자주 이메일을 주고받으며 1년에 몇 번씩 만나서 시간을 보낸다. 이제 더는 그의 삶을 자세히 파헤치지 않으므로 지금의 그는 내게 단순한 친구에 가깝다. 나는 그를 신격화하고 싶지 않다. 그저 그가 나와 같은 세상에 살아줘 감사할 뿐이다.

감사의 말

이 책에 등장하는 모든 분께 감사의 인사를 전하고 싶다. 그중에서도 하이메 바요나, 오필리아 달, 하워드 하이어트, 김용, 톰 화이트 씨에게 이 책이 나올 수 있도록 도와주신 데 감사드린다. 그리고 누구보다도 폴 파머 박사에게 감사의 말을 전한다. 그와 인연을 맺게 된 것은 내게 더할 나위 없는 행운이었다.

편집자 케이트 메디나와 리처드 토드에게는 큰 빚을 졌다. 그들은 원고를 쓰는 내내 나를 격려하고 지지했으며 힘겨운 편집 과정을 인내로 이끌어줬다. 〈뉴요커〉의 존 베넷, 앤 골드스타인, 마리나 하스, 데이비드 렘닉에게도 감사한다. 동료 작가인 스튜어트 다이벡, 조너선 하르, 크레이그 노바, 존 오브라이언, 덕 와이노트도 많은 도움을 줬다. 프랜, 냇, 앨리스 그리고 조지 보르하르트, 에반 캠필드, 벤저민 드레이어, 에이미 에델만, 존 그레이프, 제이미 킬브레스, 제시카 커쉬너, 마이클 시겔 등에게도 감사한 마음을 전하고 싶다.

디디 파머와 캐서린 파머, 세레나 쾨닝, 캐롤 스미스, 메쉬 베세라를 비롯한 PIH 구성원도 중요한 역할을 했다. 특히 아니아 바르시악, 도나 배리, 하이디 베포루즈, 아라츄 카스트로, 크리스 더글러스, 엘리자베스 폴리, 켄 폭스, 해미쉬 프레이저, 니콜 가스티노, 멜리사 길룰리, 라즈 굽타, 앤 하이슨, 키스 조지프, 캐스린 켐튼, 키다 메이트, 엘렌 멜처, 조이스 밀렌, 캐롤 미트닉, 마크 모슬리, 조이아 무케르지, 크리스틴 넬슨, 데니스 페인, 마이클 리치, 신시아 로즈, 아론 샤코프, 젠 싱글러, 메리 케이 스미스-포지, 로라 타터, 크리스 밴더워커, 데이비드 월턴, 미쉘 웰쉬한스에게 많은 도움을 받았다. 진 버크먼, 에드 나델, 피터 그몰은 다제내성 결핵과 관련해 자문을 해줬다.

이 외에도 이 책 뒤에는 다양한 사람들의 도움과 조력이 있었다. 존 아야니언, 이던 캐닌, 제니 라밤, 앤 맥코맥, 토드 맥코맥, 혼서시, 잭키 윌리암스는 인터뷰를 통해 소중한 추억과 통찰력을 전해줬다. 레온 아이젠버그, 바이런 굿, 아서 클라인만은 파머의 학창시절과 그 이후의 커리어에 대해 자세히 들려줬다. 귀도 바커와 리처드 랭은 의약품 가격 책정 방식에 대해 많은 정보를 줬다. 리엄 하트, 아론 샤코프는 공리주의 사상과 비용 효과성에 대한 자문을 제공했고, 크리스틴 콜린스는 브리검 병원을 안내해줬으며, 엘리너 오소와 아리예 나이어는 각각 카라바이요의 소시오스 프로젝트와 러시아의 열린사회연구소 프로젝트를 자세히 설명해줬다. 세계보건기구의 고치 아라타 박사와 이종욱 제6대 사무총장은 말할 필요도 없고 제네바에서 길고 즐거운 대화를 통해 많은 정보를 전해준 마리오 라비글리오네에게도 큰 도움을 받았다. 의사로서 파머가 겪은 여정을 자세히 전해준 제이미 맥과이어와 마셜 울프, PIH의 활동과 국제 공중보건 이슈에 대한 긴 인터뷰를 수락해준 줄리어스 리치먼드, 파머의 활동에 관한 대화를 나누고 그 과정에서 결핵에 대한 내 편견과 오해를 정정해준 줄리어스 리치먼드, 시베리아 여행을 가능하게 해준 옥사나 포노마렌코, 그곳에서 즐겁고 유익한 시간을 보낼 수 있게 도와준 팀 힐링, 사샤 파세체니코츠, 사샤 느루소프, 다양한 이슈에 대해 토론해준 마크 로젠버그에게도 감사한다.

김옥숙 씨와 파머 박사의 모친, 파머 박사의 형제인 지니, 케이티, 제프, 제니퍼, 페기께 특별한 감사의 말씀을 드린다. 이분들은 나를 친절히 맞아주고 애정을 듬뿍 담아 파머의 어린 시절 추억을 나눠주셨다.

이 책에 등장하는 몇몇 아이티인은 성을 밝히지 않거나 가명을 사용했다. 그 이유는 간단하다. 그곳에 언제 제도적이고 폭력적인 억압이 다시 찾아올지 모르고, 그때 '슈슈 루이'와 같은 피해자가 발생해서는 안 되기 때문이다. 마지막으로 장미 라장테에서 만난 모든 직원과 환자들이 베풀어준 눈부신 친절과 호의를 꼭 언급하고 싶다. 그중에서도 티 피피와 페르네 레안드르, 위고 제롬, 티 장, 라퐁탕 신부와 만미토 여사에게 진심 어린 감사를 전한다.

세상이 자신의 환자이길 바랐던 사람

2022년 2월 24일

20여 년 전 나는 운 좋게도 폴 파머 박사와 오랫동안 아이티, 페루, 쿠바, 러시아, 멕시코를 여행할 수 있었습니다. 그의 삶에 관한 책을 집필하기 위해서였습니다. 그는 재미있고 수다스러웠으며, 쿠바에서 럼주를 너무 많이 마셔서 아팠을 때 나를 돌봐주기도 했습니다. 파머 박사는 함께 여행하기에 좋은 동반자였습니다. 그는 다음 목적지에서 만날 사람들을 위해 공항에서 선물을 사곤 했는데, 다 들고 다닐 수 없을 정도가 돼서야 선물 사기를 멈췄습니다. 그의 여행은 관광지를 돌아보는 보통의 여행과 달랐습니다. 예를 들어 러시아에는 볼쇼이 발레단을 보기 위해서가 아니라 수감자들이 다제내성 결핵으로 죽어가는 어려운 상황에 처한 교도소 의사에게 조언을 하러 갔습니다.

'모든 인간은 동등한 존중과 보살핌을 받을 자격이 있으며, 특히 아플 때는 더더욱 그러하다.' 이것이 폴의 기본 신념이었습니다.

그는 국가 간, 혹은 국가 내에 존재하는 말도 안 되는 의료 불평등에 분노하고 이를 개선하는 운동을 시작하는 것이 자신의 꿈이라고 말했었습니다. 1994년 아이티에서 그를 처음 만났을 때 그는 이미 극도로 빈곤한 지역에 의료 시스템을 구축한 상태였습니다. 나는 그가 이미 많은 일을 해냈다고 생각했는데 지금 돌이켜보면 그는 막 한 발을 뗀 셈이었습니다.

1987년 그는 몇몇 친구와 함께 PIH라는 단체를 설립했습니다. 현재 PIH에는 수천 명에 달하는 젊은 회원이 있으며, 이들 중 상당수는 폴이 가르치고 멘토링한 젊은이입니다. PIH가 활동하는 국가의 수많은 지지자와 동료가 회원으로 가입해 있습니다. 폴은 많은 부분에서 어떻게 노력해야 하는지 깊은 영감을 불어넣어줬습니다. 아이티와 르완다 같은 나라에서 의료 교육을 실시하고 병원을 세웠으며, 다제내성 결핵, 에이즈, 에볼라 등의 질병 퇴치 캠페인을 펼쳤습니다. 그리고 각종 질병과 부상을 치료하지 못하는 곳에서는 수술과 화학 요법을 제공했습니다.

그와 함께하면서 인상 깊었던 수많은 순간이 있지만, 페루 리마에서 다리뼈가 부러질 정도로 중증 다제내성 결핵에 시달리던 소년과 그를 치료했던 폴이 재회했던 때가 가장 생생히 기억납니다. 다른 환자의 일로 페루 의사들을 만나기 위해 병원을 방문했던 폴은 소년의 어머니와 아버지를 우연히 만났고, 소년이 병원 복도에서 달려오는 모습을 봤습니다. 소년은 단순히 치료된 것을 넘어 회복돼 있었습니다. 기쁨의 눈물 속에 포옹을 나누고, 폴이 페루 의사들과의 회의를 마치고 주차장으로 향할 때 누군가 우리를 따라왔는데 돌아보니 어린 소년의 어머니가 고개를 숙이고 다가왔습니다. 그녀는 폴에게 다가와 스페인어로 "정말 진심으로 감사합니다"라고 감사 인사를 했습니다. 폴은 곧바로 그녀의 손을 잡고 스페인어로 "제가 오히려 영광입니다"라고 말했습니다.

폴도 여러분이나 저와 마찬가지로 완벽한 인간은 아니었습니다. 그가 항상 모든 사람을 잘 대한 것은 아니었지만 그의 환자가 된다는 건 큰 행운이었습니다. 그는 재능 있는 의사이자 깊은 자비심을 지닌 의사였으며, 모두가 만나고 싶어 하는 그런 의사였습니다.

계속되는 장애물과 실망감을 이겨내는 그의 힘과 인내심의 궁극적인 원천은 의술에 대한 사랑이라고 저는 믿습니다. 그는 전 세계를 자신의 환자로 삼고 싶어 했고 그 첫걸음을 잘 내디뎠습니다.

폴은 대규모 협동조합의 일원으로서 다른 사람들과 함께 일하면서 자신이 한 일을 '동행'이라고 표현했습니다. 그는 르완다 동료들과 함께 병원이 없는 시골 지역에서 대규모 의료 프로젝트를 구상하고 결실을 얻었습니다. 이 팀은 현재 아름다운 종합 의료시설을 완성했고, 그곳은 르완다 전역의 암치료센터이자 글로벌 헬스 에퀴티 대학교University of Global Health Equity 의 캠퍼스로 사용되고 있습니다. 폴은 첫 번째 의대생인 코호트의 화이트코트 세리머니 (병원 임상실습 전 의사 가운 착복식 – 옮긴이)를 축하하기 위해 그곳을 방문했고, 월요일에 캠퍼스에서 세상을 떠났습니다.

전날 밤 늦게까지 진료를 봤다고 들었는데, 제 경험으로 미뤄 보면 아마 밤을 새웠을 겁니다. 다음 날 아침 피곤함을 느낀 그는 낮잠을 자려고 누웠다가 일어나지 못했습니다.

　많은 사람이 그의 죽음에 깊은 슬픔을 느낍니다. 냉소와 탐욕이 중요한 덕목이 되고 연민과 품위가 바보스럽게 느껴지는 이때 그가 없는 세상을 상상하기는 어렵습니다. 하지만 폴의 계획과 꿈은 그의 모범을 따르기를 열망하고 또 따를 준비가 된 수많은 사람의 마음속에 살아 숨 쉬고 있습니다. 저는 그가 행복하게 생을 마감했다고 생각하려 합니다.

트레이시 키더

이 글은 폴 파머의 부고 이후 〈뉴욕타임스〉에
'He Wanted to Make the Whole World His Patient'라는 제목으로 실렸다.

토론을 위한 10가지 질문

1 폴 파머는 자신과 전혀 다른 배경을 지닌 사람과도 능숙하게 관계를 맺는다. 그의 비결은 무엇일까? 그 비결을 모든 사람이 활용할 수 있을까?

2 파머는 "누군가 희생을 하고 있다고 해봅시다. 정해진 규범을 무의식적으로 따르는 게 아니라면 아마도 그 사람은 뭔가 마음의 불편함을 덜기 위해 그러한 행동을 하고 있을 거예요"라고 말한다(p.45). 그가 말하는 '자신의 평안을 위한 희생'에 동의하는가? 당신은 무엇을 위해 희생을 택하며, 사람들이 무엇을 위해 희생해야 한다고 생각하는가?

3 파머는 현존하는 자원과 의약품의 분배 방식에 불만을 표한다. 이러한 형태의 분배에 대해 어떻게 생각하는가? 만약 바꿀 수 있다면 어떤 부분을 바꾸고 싶은가?

4 파머는 연구를 통해 아이티인이 지닌 모순된 믿음, 즉 결핵의 원인이 주술이라는 믿음과 의학을 통해 치료할 수 있다는 믿음 사이의 상관관계를 확인했다. 그는 가난한 환자들 사이에 존재하는 문화적 신념의 상대적 중요성과 물질적 빈곤의 관계를 어떻게 파악했는가? 그의 발견이 더 넓은 범위에서도(가령 미국 사회를 대상으로도) 적용될 수 있다고 생각하는가?

5 이 책의 원제는 'Mountains beyond Mountains(산 너머에 또 다른 산이 있다)'라는 아이티 속담에서 따왔다. 아이티의 문화에서 이 속담은 어떤 의미를 지니며, 파머가 한 일과는 어떤 연관성이 있을까? 당신은 이 속담을 적용할 수 있는 개인적 상황 혹은 사회적 상황을 떠올릴 수 있는가?

6   파머는 특수한 어린 시절을 보냈고, 성인이 되어서는 비범한 업적을 이뤘다. 그가 자라난 환경과 선택한 삶 사이에 상관관계가 있을까? 당신의 배경은 당신이 살아가는 방식을 결정하는 데 어떤 영향을 미쳤는가?

7   장미 라장테와 소시오스 엔 살루드 프로젝트를 비교해보자. 두 프로젝트의 출발점, 의사와 환자 사이의 관계, 국제사회의 참여도에는 어떤 차이가 있는가?

8   저자 트레이시 키더는 파머와 PIH 동료들을 비판하는 일부 학자의 견해를 보여준다. "왜 너희를 찾는 환자들을 빈민이라고 부르지? 그들 스스로는 그렇게 부르지 않는데 말이야.(p.172)" 파머와 김용은 자신의 환자들을 진솔하게 대하기 위해 어떤 방법을 택했는가? 같은 급부에서, 두 사람은 서로를 진솔하게 대하기 위해 어떤 방법을 택했으며 그들 사이에서만 사용되는 다양한 약자나 은어('HG', '명확한 도덕성의 영역' 등)는 관계에 어떤 영향을 미쳤는가?

9   오필리와 달과 톰 화이트는 이 책과 PIH의 활동 모두에서 중요한 역할을 한다. 연민에서 나온 두 사람의 행동과 파머의 행동은 어떻게 다른가?

10   키더는 다른 글에서 '관점'의 선택이야말로 논픽션 집필의 핵심이라고 밝힌 바 있다. 또한 좋은 관점이란 적절한 구조에서 나오며, 이러한 구조는 이론이 아니라 이야기와 소재 자체에 대한 작가의 몰입을 통해 결정된다고 말했다. 그는 이 작품 이전에는 자기 자신이 등장하는 책을 쓴 적이 없다. 그가 자신을 등장시키는 첫 작품으로 이 책을 택한 이유는 무엇일까?

꿈은 삶이 된다

초판 1쇄 인쇄   2023년 7월 21일
초판 1쇄 발행   2023년 7월 28일

지은이 ｜ 트레이시 키더
옮긴이 ｜ 서유라
발행인 ｜ 김동균

펴낸곳 ｜ (주)DKJS
출판등록 ｜ 2009년 11월 18일(제2009-000323호)
주소 ｜ 서울특별시 강남구 강남대로 84길 23 1408-2호
전화 ｜ (02)552-3243   **팩스** ｜ (02)6000-9376
이메일 ｜ information@dkjs.com

ISBN ｜ 979-11-959777-8-9 (03300)